大方
sight

走遍世界寻国宝

常青 著

中信出版集团 | 北京

图书在版编目（CIP）数据

走遍世界寻国宝 / 常青著 . -- 北京：中信出版社，
2025. 6. -- ISBN 978-7-5217-7484-9

Ⅰ . K87-49

中国国家版本馆 CIP 数据核字第 20253B6N57 号

走遍世界寻国宝

著者： 常青
出版发行：中信出版集团股份有限公司
（北京市朝阳区东三环北路 27 号嘉铭中心　邮编　100020）
承印者： 北京盛通印刷股份有限公司

开本：787mm×1092mm　1/16　印张：28　　字数：364 千字
版次：2025 年 6 月第 1 版　　印次：2025 年 6 月第 1 次印刷
书号：ISBN 978-7-5217-7484-9
定价：128.00 元

版权所有·侵权必究
如有印刷、装订问题，本公司负责调换。
服务热线：400-600-8099
投稿邮箱：author@citicpub.com

目录

前言：中国文物流失海外之谜 ———————————————— 1

● 英国

伦敦大英博物馆 ———————————————————— 16
康侯簋 /《女史箴图》/ 隋代白石立佛像 / 敦煌绢画 / 河北易县辽三彩罗汉像
行唐县明代三菩萨壁画 / 德化窑产欧洲家庭瓷塑

维多利亚和阿尔伯特博物馆 ————————————————— 36
北魏造像碑 / 响堂山石窟石雕坐佛像 / 中国古代各朝代瓷器

● 法国

巴黎吉美博物馆 ———————————————————— 48
伯希和的图木舒克塑像 / 龙门石窟莲花洞迦叶头像 / 敦煌绢画
马萨林明代玉杯 / 清代十二叶百鸟屏风

● 德国

柏林亚洲艺术博物馆 —————————————————— 64
商代青铜钺 / 吐鲁番文物 / 焉耆天人像 / 铁铸亚支祈像 / 明宣德孔雀明王铜像
清代皇室珍藏 / 佚失的北凉沮渠安周造佛寺碑

科隆东亚艺术博物馆 —————————————————— 81
修定寺唐塔砖雕 / 明代闵齐伋《西厢记》版画 / 静宜园宝玺

iii

意大利
从图齐到罗马国立文明博物馆 —————————————— 94
天龙山石窟的唐代石雕佛头像 / 德化窑白瓷塑 / 文殊菩萨坐像

荷兰
阿姆斯特丹国立博物馆 —————————————————— 108
天龙山石窟唐代第 14 窟菩萨雕像 / 金代木雕水月观音坐像 / 明代壁画残片

元明木雕罗汉像 / 清代粉彩绘武松打虎瓷瓶

瑞士
苏黎世瑞特保格博物馆 —————————————————— 120
北魏神龟三年造像碑 / 东魏天平三年造像碑

北齐天保八年比丘僧法阴等造像碑 / 天龙山石窟第 17 窟半跏坐菩萨像

北响堂山石窟石雕佛头像 / 云冈石窟北魏菩萨头像

瑞典
安特生与斯德哥尔摩东亚博物馆 —————————————— 136
仰韶文化彩陶 / 马家窑文化彩陶 / 半山类型人头形器盖 / 簋形玉杯

俄罗斯
圣彼得堡艾尔米塔什博物馆 ———————————————— 152
唐卡 / 新疆库车地区石窟壁画及彩塑 / 敦煌藏经洞文物 / 清代珍宝

日本

正仓院与奈良国立博物馆 —————————————— 170
西安宝庆寺石刻造像 / 中国砖佛像 / 南宋陆信忠绘《十王图》
金银平脱琴 / 鸟毛立女屏风 / 平螺钿背八角镜 / 螺钿紫檀五弦琵琶
银熏球 / 螺钿紫檀阮咸 / 木画紫檀碁局

东京国立博物馆 —————————————— 190
龙门石窟北魏菩萨头像 / 西安宝庆寺石造像 / 唐代海矶镜
唐代黑漆七弦琴 / 梁楷绘《出山释迦图》

京都国立博物馆 —————————————— 206
南宋《维摩诘居士》挂轴 / 元吴镇《白衣观音图》挂轴
清恽寿平《花坞夕阳图》手卷 / 清王原祁《仿黄公望山水图》挂轴
唐摹《十七帖》拓片

美国

弗利尔和他的美术馆 —————————————— 218
东晋顾恺之《洛神赋图》手卷 / 北魏龙门石窟宾阳中洞的维摩诘像
隋代卢舍那法界佛像

凡诺罗萨与波士顿的亚洲艺术 —————————————— 237
传唐阎立本《历代帝王图》卷 / 宋徽宗摹唐张萱《捣练图》卷
隋代石雕观世音立像 / 隋金铜阿弥陀佛坛像 / 唐四天王浮雕像
南宋林庭珪《五百罗汉图轴：施饭饿鬼》/ 传南宋马和之《〈诗经·小雅〉六篇书画卷》

v

纽约大都会艺术博物馆探秘 —————————————————— 253
商至西周祭坛套装13件青铜器 / 北魏金铜弥勒佛会坛像
龙门石窟《孝文帝礼佛图》浮雕 / 元《药师经变》壁画
唐韩干《照夜白》卷 / 传五代董源《溪岸图》挂轴
元赵孟頫赵雍赵麟《吴兴赵氏三世人马图》卷 / 阿斯特庭院

从华尔纳到赛克勒：哈佛大学的珍藏 ———————————— 269
商代提梁卣 / 战国谷纹玉璧 / 十六国金铜坐佛像 / 天龙山石窟第21窟坐佛雕像
清八大山人《明月与西瓜》图

宾夕法尼亚大学考古与人类学博物馆 ———————————— 290
唐太宗的昭陵二骏 / 河北易县的辽代三彩罗汉像
广胜下寺《药师经变》《炽盛光佛经变》

芝加哥艺术研究所 ———————————————————— 302
北魏晚期石棺床残件 / 西魏大统十七年造像碑 / 唐代二菩萨石雕坐像
唐开元十二年石塔残件 / 元王蒙《林麓幽居图》轴

纳尔逊和史克曼在堪萨斯城的贡献 ————————————— 315
龙门石窟《文昭皇后礼佛图》浮雕 / 北宋李成《晴峦萧寺图》轴
辽金木雕水月观音像 / 广胜下寺元代《炽盛光佛经变》壁画
北京智化寺明代万佛阁藻井

布伦戴奇旧金山赠奇珍 —————————————————— 334
西周凤鸟形青铜尊 / 东汉陶座西王母仙境青铜摇钱树
后赵鎏金铜坐佛像 / 龙门石窟擂鼓台中洞唐代主佛头像
明仇英《竹林七贤》扇面 / 明代藏传佛教护经板

李雪曼和三家博物馆藏珍记 ——————————————— 350
　　战国时代嵌错鸾鸟青铜莲盘 / 北凉石塔 / 唐代十一面观音雕像
　　唐代夹苎干漆菩萨坐像 / 明代周臣《流民图》卷
　　清代郎世宁绘《乾隆帝及后妃图卷》/ 金代磁州窑梅瓶

圣路易斯艺术博物馆 ——————————————— 371
　　商代卧虎形玉佩饰 / 西周青铜面具 / 北宋刘寀《落花游鱼图》卷
　　明代青铜道教神像 / 清代青铜香炉 / 清代珐琅彩装饰镀金时令花卉复合花瓶
　　清代石涛《山水》轴

加拿大

多伦多皇家安大略博物馆 ——————————————— 384
　　洛阳金村出土的西周青铜错银车具 / 金代木雕彩绘菩萨像
　　稷山兴化寺元代《弥勒经变》壁画 / 元代道教《朝元图》壁画
　　明末清初墓葬神道双峰骆驼石雕 / 明代铁铸地狱六王与三侍者像

澳大利亚

墨尔本维多利亚国立美术馆 ——————————————— 406
　　北宋李公麟《马》/ 明董其昌《山水》轴 / 清代诰命龙凤冠
　　清代玉米形瓷鼻烟壶 / 清代犀角杯

后记：走遍世界寻国宝 ——————————————— 419
附录：收藏中国文物的重要海外博物馆 ——————————————— 427
延伸阅读 ——————————————— 431

前言

中国文物流失海外之谜

国宝流失的历史背景

在中国五千年的历史中，19世纪下半叶至20世纪上半叶是最为跌宕、巨变的100年，也是中国文物古迹遭受重大破坏的100年。在1949年以前，由于鸦片战争、太平天国运动、英法联军侵华、义和团运动、八国联军侵华（图1）、辛亥革命、北洋军阀混战、第一次国内革命战争、第二次国内革命战争、抗日战争等动乱与战争的灾难，

图1 1900年八国联军中俄罗斯的亚历山大·冯·卡尔巴尔斯（Alexander von Kaulbars）将军（居中者）和他的士兵［莫理循（Morrison G. E.）藏品，澳大利亚新南威尔士州立图书馆藏，编号：PXA 208］

毁坏了众多的古迹。又由于战争和改朝换代等因素而导致的家庭衰落，致使无数的贵族家庭以变卖自己的收藏和家产维生。在寺院里生活的僧人也不例外。为了生存，他们便有了出售寺院文物的举动。

与此同时，在20世纪初的和平年代，由于一些人的主观意志，对文物古迹的破坏往往比战争更为彻底。例如，在民国初年的河南开封，笃信基督教的冯玉祥将军（1882—1948）在20世纪20年代治理河南期间，曾经拆毁不少地上的古迹。他为了开辟开封小南门，扩展马路，将著名的卧龙宫拆毁；为开阔开封龙亭贯穿南北的驰道，他下令拆除了万寿观牌坊，还逐散道士，毁坏了吕祖庙及火神庙中的泥塑神像。冯玉祥还把开封大相国寺改为"中山市场"，直到1949年该寺的宗教功能才得以恢复。冯玉祥把开封二曾祠的大门改为西式建筑，使其原有的祭祀功能不复存在，导致这所晚清古迹最终消失于20世纪60年代。1927年，冯玉祥还在河南废寺逐僧，并发动了全省毁佛运动，将所有寺院的僧人、尼姑一律驱逐，寺产没收，把寺院改为学校，或作为救济院、图书馆等，或成为娱乐场所。继河南之后，直、鲁、秦等各行省也都纷纷跟从，致使华北佛教因此几乎衰绝。

在上述历史背景之下，大量的文物就从收藏者的手中流入了古董市场，因西方国家对中国古代艺术的好奇、兴趣与需求流失海外。

1840年的鸦片战争，英国人用炮火打开了中国的通商大门。1868年在日本开始的明治维新，使日本人主动"脱亚入欧"，投入了西方的怀抱。从此，在西方发达国家的文化领域里掀起了一股去遥远的东方探险的热潮。他们不仅在其国内兴起东方文化（特别是中国文化）热，还认为在古代贯通欧亚的丝绸之路上蕴藏着丰富的古代文化宝藏。于是，西方的探险家们沿着古老的丝绸之路，纷纷踏上了中国这片东方神秘的国土，在那寂寞荒凉、杳无人迹的沙漠之中，在那残垣断壁的佛寺之中，在那无人问津的山崖间的石窟之中，去探寻中国古代的文化宝藏。

这些西方探险家们的所谓壮举，不久便引起了外国收藏家与古董商们的极大兴趣。于是，在20世纪上半叶，大量的外国收藏家与古董商前往中国搜求古代艺术品，而中国的古董商们也不甘落后，抓紧这些商机。还有不计其数的中国本土的破落贵族的败家子、穷途末路的不法之徒、为图暴利的各阶层人士也纷纷加入了使不计其数的中国文物流往西方与日本的大军。就在这些中外人士的合作谋利的活动中，为了满足西方人对中国艺术的喜爱，数百万件文物流往外国的大小博物馆与个人收藏之中，包括从寺院、石窟中拿走或凿下的雕塑与壁画，严重破坏了文物古迹的完整性。西方与日本各大博物馆的中国艺术品收藏便是这种大的历史背景之下的产物。

西方与日本的中国艺术品收藏来源有三种情况。第一种人是学者与策展人亲自前往中国探险，做考古调查与发掘，并将其所得入藏某个博物馆。策展人就像是中国博物馆里的研究员，他们的主要工作是策划展览，还有为博物馆扩大收藏而收购文物的职责。有的策展人亲自前往中国购买文物，或在西方古董商行中购买，还有鉴定与吸引收藏家的藏品的工作。第二种人是古董商，他们以便宜的价格收购中国文物，转卖到西方或日本牟取暴利。买者主要是博物馆与私人收藏家。第三种人就是收藏家，他们向古董商买文物，向学者或策展人咨询专业知识。所以，这三种人之间有着密切的关系。很多私人收藏的最终去向都是博物馆。

下面，我们来看看这三种人是如何促成中国国宝外流的，从而解开中国文物流失海外、入藏西方博物馆的谜团。

前往中国探宝的西方学者与策展人

与中国不同，西方博物馆一般都是私营的，或是私人捐赠由政府代管的，或是财团法人的经营方式。运作博物馆的经费庞大，却往往得不到政府方面的财政资助。于是，博物馆相当于"捧着金饭碗的乞丐"，馆里虽然收藏着价值连城的宝贝，却不得不到处募捐。所以，一般的博物馆都组织了董事会，由捐赠者或潜在的捐赠者组成，一般都是社会名流，每年2—3次审议馆长提交的博物馆运作报告，其中就包括为博物馆收购艺术品或文物。而为博物馆工作的学者和策展人的一大任务就是扩大馆内收藏，他们会有目的性地去一个地方，或联系一些人，给博物馆收购藏品。而每个博物馆建立中国收藏的目的，都是为了构成一个综合性的中国艺术品收藏，向观众展示完整的中国艺术发展史，这便需要学者和策展人的研究作为基础。可以说，西方博物馆的中国艺术综合收藏，就是在这些学者和策展人的努力下逐渐建立的。

1895年12月，瑞典地理学家斯文·赫定（Sven Anders Hedin，1865—1952）来中国探险，在新疆完成了一次穿越塔克拉玛干沙漠的危险旅行。此行虽没有达到预期目的，并以失败告终，但给了西方人以极大的精神鼓舞，激发了更多的西方学者前往中国探险的干劲。1899年9月，在瑞典国王奥斯卡二世（Oscar II，1829—1907）和百万富翁诺贝尔（Alfred Bernhard Nobel，1833—1896）的支持下，赫定再次进入塔克拉玛干沙漠，发现了湮废已久的楼兰古城，震惊了西方世界。他还发现了和田等地的古代寺院遗址。赫定在中国的发现现收藏于瑞典斯德哥尔摩的民族学博物馆（The Museum of Ethnography）。

斯文·赫定无疑是西方探险家中的先行者。步其后尘，英国人、日本人、俄国人、德国人、法国人、美国人相继登上了历史舞台，而其中的佼佼者便是斯坦因（Marc Aurel Stein，1862—1943）（图2）。他是世代居住于匈牙利的犹太人，曾在印度北部旁遮普大学任督学，在东方学院任校长。1900年，作为考古学家的斯坦因在新疆塔克拉玛干沙漠南沿米兰、和田发掘古代佛寺遗址，发现了大量珍贵的建筑、雕塑与壁画。他于1904年入了英国国籍，并在随后的1907年中国之行中收获颇丰——从敦煌莫高窟新发现的藏经洞中获取了九千多卷古代写本和三百多幅唐、宋时期的佛画。这些文物现收藏于英国伦敦大英博物馆（The British Museum）、大英图书馆（British Library）与印度新德里国立博物馆（National Museum, New Delhi）。

1902—1905年，德国考古学家格伦威德尔（A. Grünwedel，1856—1935）、勒科克（Albert von Le Coq，1860—1930）等人

图2　1933年的斯坦因签名照

在新疆吐鲁番发掘了高昌故城与柏孜克里克石窟、拜城克孜尔石窟、焉耆七个星石窟等遗址，搬走了大量的佛教泥塑像，切割走了许多精美的佛教壁画。这些德国人获得的绝大部分中国佛教文物现藏柏林亚洲艺术博物馆（Museum für Asiatische Kunst，Berlin），但有相当一批大型壁画毁于二战的战火。

在日本京都净土真宗西本愿寺第22代门主大谷光瑞（1876—1948）的资助下，1903年，日本人渡边哲信（1874—1957）和崛贤雄在新疆一带探险时，从拜城克孜尔石窟中切割走了一批佛教壁画。1911年，日本人吉川小一郎和橘瑞超（1890—1968）在敦煌莫高窟得到了三百六十多卷中国古代写经。目前，大谷旧藏的大部分藏品现藏东京国立博物馆和中国旅顺博物馆。

在对中国中亚地区的探险中，还有十分积极的俄国人。1907—1909年，俄国考古学家彼得·库兹米奇·柯兹洛夫（Pyotr Kuzmich Kozlov，1863—1935）在位于今内蒙古额济纳旗的西夏（1038—1227）与元代（1271—1368）修筑的黑水城遗址发掘了三百多幅佛教绘画与大量的雕塑，还有众多的古代文书，现藏于圣彼得堡艾尔米塔什博物馆（The State Hermitage Museum，Saint Petersburg）。1909—1915年间，俄国著名东方学家谢尔盖·费多罗维奇·奥登堡（Sergey Fyodorovich Oldenburg，1863—1934）组建了两次考察队，在喀什、吐鲁番、库车、敦煌等地挖掘和考察古代遗址，特别是对敦煌莫高窟的考察，获得了大量文物，包括古代彩塑像、壁画、文书等，也收藏在艾尔米塔什博物馆。

法国汉学家伯希和（Paul Pelliot，1878—1945）于1906—1909年来中国考查，从新疆图木舒克一座佛寺的遗址中切割走了三幅大型彩塑像，还从敦煌莫高窟获取了古代文书六千余卷与二百多幅佛画，现藏于法国巴黎的吉美博物馆（Musée Guimet）。

美国人也不甘落后。兰登·华尔纳（Landon Warner，1881—1955）是美国考古学家与东亚艺术史学家，1924年，在他担任哈佛大学教授与福格艺术博物馆（Fogg Art Museum）东方艺术策展人时，组织考古队远赴中国考察丝绸之路。他在莫高窟用胶布粘去与毁损的唐代石窟壁画26方，共计32 006万平方厘米，还搬走了唐代开凿的第328窟中高120厘米的半跪式彩塑菩萨像一尊，现藏哈佛艺术博物馆。纽约大都会艺术博物馆东方艺术策展人普爱伦（Alan Priest，1898—1969）则看上了河南洛阳龙门石窟北魏宣武帝（499—515年在位）为其父孝文帝（471—499年在位）及其皇后造功德而开凿的宾阳中洞前壁的大型浮雕《孝文帝礼佛图》。他与北京琉璃厂的古玩商人岳彬（？—1954）签订了一个买卖合同，愿付1.4万银元从岳彬手中买下此浮雕。最后，他如愿以偿，这幅无与伦比的《孝文帝礼佛图》现展出于大都会艺术博物馆。

龙门石窟宾阳中洞前壁还有一幅《皇后礼佛图》浮雕，表现北魏孝文帝的文昭皇后率众礼佛的场面，后来辗转来到了美国堪萨斯城的纳尔逊艺术博物馆。这是当时的策展人史克曼（Laurence Sickman，1907—1988）的功劳。《皇后礼佛图》的入藏经过了一个曲折的历程。它先是被古董商从石窟中凿了下来，成了一堆碎片，被运到了北京。因为整个浮雕太贵，没有遇到大买主，古董商就把它分块卖掉，有人买一个头部，有人买一个身子，就这样流散到了世界各地。史克曼是中国艺术史专家，他知道《皇后礼佛图》的重要价值，就在纳尔逊博物馆的资助下潜心留意收集。经过他的不懈努力，终于将《皇后礼佛图》收购齐全，于1941年在纳尔逊博物馆展出。史克曼后来担任了纳尔逊艺术博物馆馆长，在他的持续努力下，终于使该馆成了北美重大中国古代艺术品收藏地之一。

上述学者与策展人的努力，成就了前面提到的各大博物馆中国收藏的基础。而世界上各博物馆的中国藏品的主要来源则是另外两种人的努力，那就是古董商与收藏家。

游走在中国和西方之间的古董商

西方学者与策展人在中国的成功，引起了外国收藏家与古董商的极大兴趣，他们是使中国文物外流的第二、第三类人。一件中国古代艺术品销往国外并进入一个公共或私人的收藏过程需要以下因素：中国文物的出售者或获得者，中国与西方古董市场中的古董商，西方的收藏家或博物馆中的策展人。首先，中国文物的出售者可以是某个家传收藏的继承者，在家道中落的情况下不得不出卖家传收藏以获取生活或娱乐费用。还有一类文物的出售者不一定是家传收藏的继承者，笔者称他们为文物的获得者，即为了牟求古董市场之利润而特意去搜求古董之人，获得之后再将它们卖给古董商。这些文物获得者可以是走街串巷的文物二道贩子，也可以是主动去历史遗址盗窃文物的，如盗墓贼等。古董商是这个文物流散渠道的中间环节：由他们之手收购文物，再由他们之手出售文物，从中牟取差价。在当代，拍卖行也起着古董商的沟通卖家与买家的桥梁作用。而西方的文物购买者则是这个流通领域的最后一个环节。绝大多数文物购买者是私人收藏家，他们出于对古代艺术品的热爱与兴趣而购买文物加以收藏，放在自己家里欣赏。但随着他们的年老或离开人世，他们中的相当一部分人将其收藏捐赠给了博物馆，或自建博物馆以向公众展出自己的毕生藏品。策展人则是代表博物馆的文物购买者，他们可以在某个基金的资助下直接从卖家、古董商、拍卖行或私人收藏家手中为博物馆购买艺术品，在馆内收藏与展出。这种流通渠道是造就西方大小博物馆艺术品收藏的主要来源。

在20世纪上半叶，大量的外国收藏家与古董商前往中国搜求古代艺术品，在中外人士合作牟利的过程中，使数百万件文物流往外国的大小博物馆与个人收藏之中。古董商便是沟通文物产地和收藏界的桥梁。其中有两位古董商最为出名，他们是卢芹斋和山中商会。

卢芹斋（C. T. Loo，1880—1957）是西方著名的古董商。他生于浙江湖州，后到法国经商，在巴黎开办了卢吴古玩公司，主要从事把中国文物贩卖到欧美。后来生意做大了，在纽约也开了一家分店。他在西方古董界活跃了三十多年，经他之手卖往国外的中国文物精品不计其数，比如著名的唐太宗昭陵六骏中的"飒露紫"和"拳毛䯄"，河南洛阳龙门石窟唐代万佛洞外的石雕狮子，还有纳尔逊艺术博物馆收藏的来自山西洪洞广胜下寺主殿的元代大幅壁画《炽盛光佛经变》等。西方人对他的评价相当高："他让欧美收藏者、学者欣赏中国墓葬文物、墓葬雕刻、青铜器、陪葬玉器、陶俑、佛像等，他以精湛的文物专业知识和天才的商业眼光逐渐征服了欧美社会。"但是中国对他的评价则完全相反："帝国主义的走狗，文物盗窃分子。"

中国是一个文明古国，文物的构成有其群体组合特征，即一个完整的文物组合展示着一个区域文化的完整面貌。如果一个文物群体部分被销往国外或是破坏了，它所包含的文化体系也就不完整了。就拿昭陵六骏来说吧，被人拿走了两骏，只剩下四个在国内，群体组合就被破坏了，再也无法完整地向世人展现当年唐太宗六骏在沙场上的雄姿了。

在1940年出版的展览图录的"前言"里，晚年的卢芹斋以些许内疚的心情评价自己的一生："作为国宝流失的源头之一，我感到羞耻。唯一能让我们辩解的是：没有一件艺术品直接出自我们之手，都是在公共市场与其他买家竞争获得的。中国失去了她的国宝，但唯一令我们安慰的是：艺术无国界。这些被学者们及公众欣赏的流往世界各地的雕塑也许能比任何活着的大使令中国更多地获益。通过这些艺术品，中国能在其外面的世界更加闻名。由于中国的战乱与巨变，我们的历史丰碑们也许会在别的国家得到更好的保护。我们失去的国宝将作为真正的信使让世界了解我们的古代文明、文化，从而服务于创造对中国与中国人民的热爱与更好的了解。"

我知道有很多中国人认为这些文物如果不让外国人拿走，放在中国也会在接下来的历史时期被毁掉。我觉得这个问题应该一分为二地分析。首先，在1949年以前，把这些文物从它们的原始地点拿走，离开它们的祖国，就是个悲剧。很多文物在接下来的历史时期被破坏，也是个悲剧。不能因为我们已经知道了以后的结果，就认为提早被人拿到国外是正确的。应该历史地看问题，才能客观面对历史事件。

我想提到的另一个古董商是日本的山中商会。按照日本习俗，在手工业、艺术界组织行会或者小团体，喜欢用创始人的姓来命名，山中就是这个古董商会创始人的姓。山中商会的实际发展人是山中定次

图3 1928年的山中定次郎

郎（1866—1936）（图3），创建地是日本大阪。山中定次郎原名安达定次郎，出生在大阪古董商家庭，有家传经营古董商铺的背景。因此，他从幼年起便随其父在家庭古董店中学习古董知识，引起了他对古董行浓厚的兴趣。安达定次郎在十三岁时进入当时大阪颇有名气的山中吉兵卫古董商店当学徒。后来，古董店主人山中吉兵卫把自己的长女许配给他为妻，他便入赘山中家族，改姓山中，名山中定次郎，开始努力将山中商会的古董生意引入欧美市场。1894年，他在美国纽约开设了山中商会的古董店，之后在波士顿、芝加哥等地陆续开设分店。1900年在伦敦、1905年在巴黎也开设了代理店。于是，山中商会在欧美的古董界建立发展了自己的销售东方艺术品网络，尽力满足欧洲上流社会对于东方文化与艺术品的需求。

山中商会的主要古董来源之一就是历史悠久、文物与艺术品珍藏丰富、古董市场交易最活跃的中国。山中商会把从中国得到的文物卖到日本、美国、欧洲等。与卢芹斋相似，当山中商会收购一批文物以后，便在他们的画廊展出并出售，每次展出都要出版图录（图4）。在其图录中，我们可以看到来自中国的瓷器、家具、绘画等文物，以及来自山西太原天龙山石窟的雕刻作品。凡是卢芹斋从中国购得的文物，没有太多确切的证据证明是他自己盗窃或以非法手段干的。但山中商会则不同。例如，1924—1926年，山中定次郎参观了山西太原天龙山石窟，他深深地被那里的精美佛教雕刻震撼了。于是，在1927年以后，经过管理石窟的天龙寺僧人的同意，山中商会对天龙山石窟造像进行了盗凿，在开凿于东魏、北齐、隋、唐时期的25所洞窟里，有150多件精美的雕刻被凿走，基本毁掉了整个石窟群。

我不敢说这些被凿下的全部雕刻均出自山中商会之手，至少大部分是经他们之手流散到了国外，进入纽约大都会艺术博物馆、堪萨斯城纳尔逊艺术博物馆等处。华盛顿弗利尔美术馆则从山中商会购得了来自河南巩县石窟、洛阳龙门石窟、河北邯郸响堂山石窟的石雕作品。如果现在去天龙山石窟参观，看到的大部分洞窟造像是复制品，

9

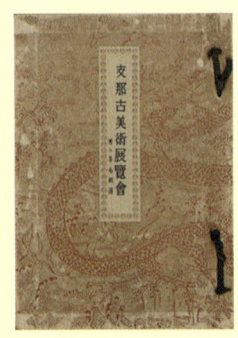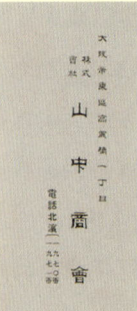
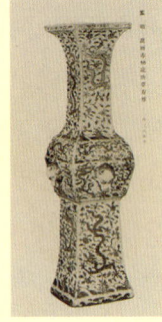

图4　1935年山中商会出版的《支那古美术展览会》图录

或是有身无头,只有几尊唐代的大像,因为太大无法搬走而留了下来。天龙山石窟为什么能够引起山中商会的兴趣?一是因为它是唐代佛教雕刻艺术的杰作;二是因为最早调查天龙山石窟的就是日本人,他们出版过《天龙山石窟写真集》,在日本产生了很大的影响。除了石窟雕像之外,山中商会还收购、出售了大量的中国单体造像与造像碑、中国历代器物等文物。

收藏家的贡献

西方各大博物馆所藏艺术品的主要来源是私人收藏之捐赠。欧美各西方国家,有着全民热爱艺术的氛围,这是以经济高度发展为前提的。研究艺术的学者、教授在西方拥有较高的社会地位,并受人尊敬。西方国家的工商业巨子以及以各种渠道致富的人们大多没有吃喝嫖赌的恶习,也没有将财产传给后人的社会风俗(欧美孩子18岁以后父母便没有了抚养的义务，而孩子们也以成人后向父母伸手要钱为耻），而是将他们的钱建立慈善基金会，或将财产捐赠给各种社会公益事业，包括教育与博物馆。因此，西方的大小博物馆基本都是由私人捐赠建立的，馆内的藏品也多来自私人捐赠，或用私人捐赠得来的钱购买。这种私人捐赠的目的一是为了回报社会，二是为了使自己永世留名。于是，私人捐赠的博物馆或展厅往往以捐赠者的名字来命名，如法国的吉美博物馆，美国的弗利尔、亚克兰、纳尔逊等博物馆。另外，在每个展览的展品说明牌上，都要写明展品的出资购买者或捐赠者的名字。在上百年的私人收藏捐赠之下，西方国家涌现了几所世界闻名的亚洲艺术品（包括中国艺术品）收藏丰富的博物馆，如英国伦敦大英博物馆，法国巴黎吉美博物馆，美国纽约大都会艺术博物馆、克里夫兰艺术博物馆、纳尔逊艺术博物馆等。下面介绍三位大收藏家对美国的几个著名博物馆中国艺术品收藏做出杰出贡献的大收藏家。

位于加利福尼亚州旧金山市的亚洲艺术博物馆的中国艺术藏品基础的奠基人是收藏家布伦戴奇（Avery Brundage，1887—1975）。布伦戴奇是第十五届（1952—1972）国际奥林匹克委员会主席。他拥有良好的亚洲艺术知识，具有购买一流艺术品的能力，很少被那些不良古董商人欺骗。他收藏了数量众多的中国、日本、朝鲜半岛的文物与古代艺术品，包括凿自龙门石窟、响堂山石窟的佛教雕刻，以及数件来自河南安阳修定寺唐代亭阁式塔上砖模浮雕等。1959 年，布伦戴奇同意将其部分收藏捐赠给旧金山市。第二年，旧金山市民投票通过了一项 272.5 万美元的债券发行，用以安置布伦戴奇的捐赠品。这就是亚洲艺术博物馆，于 1966 年向公众开放，原址位于金门公园。2003 年，该馆迁入位于市民中心的新址。1969 年，布伦戴奇立下遗嘱，在他死后将所有剩下的藏品捐赠给亚洲艺术博物馆。今天，该馆拥有约 7 700 件布伦戴奇的藏品，而整个博物馆的亚洲艺术藏品是 1.7 万多件，包括许多中国玉器、陶瓷器、漆器、丝织品、家具、兵器、佛教单体造像与造像碑，非常系统地展示着亚洲与中国的艺术史。

再来看看美国最大的博物馆——位于纽约的大都会艺术博物馆，

其藏品主要来自私人收藏。在众多的私人捐献者中，有一位很重要的收藏家就是赛克勒（Arthur Mitchell Sackler，1913—1987）（图5）。他是美国著名的精神病专家、企业家与慈善家。他的财富来自他的医学广告业、医学治疗出版物、柜台上出售的非处方药产品。他建立了一些以他的名字命名的医学研究所，被誉为"当代制药广告业之父"。但同时，赛克勒还是一位研究艺术的学者与收藏家，他于1950年开始购买艺术品。他常常是买一个他认为的好收藏家的全部藏品。到了20世纪60年代，他已收藏了数千件中国与古代近东艺术品，包括大量高质量的中国艺术品，有些文物是直接来自山中商会与卢芹斋之手。他还向许多艺术博物馆捐赠，如哈佛大学赛克勒艺术博物馆、北京大学赛克勒艺术与考古博物馆、华盛顿史密森尼学会（Smithsonian Institution）的赛克勒美术馆（Arthur M. Sackler Gallery）等。他还给一些博物馆捐赠展厅，如大都会艺术博物馆与普林斯顿大学艺术博物馆。他在捐赠博物馆或展厅时，往往都伴随着他的一大批收藏，如华盛顿的赛克勒美术馆。他的捐赠中不乏中国的艺术精品，如大都会艺术博物馆收藏的来自山西洪洞广胜下寺大殿的宏伟巨大的元代壁画《药师经变》，是以他母亲的名义捐赠的。

图5 美国收藏家赛克勒（1976年摄于日本）

很多中国人到大都会艺术博物馆参观时，看到中国艺术品的第一个反应就是：这都是美国人参加八国联军时抢走的。我想在此辟谣：这个说法是一种误解。美国当年参加八国联军的时候，并没有在中国特别是在北京抢掠文物。大都会的中国藏品大多是私人捐献的，有的则是由馆里的策展人用私人捐赠的钱购买的。其中最不光彩的一件事就是该馆东方艺术部策展人普爱伦在20世纪30年代雇中国古董商盗凿了龙门石窟宾阳中洞的北魏《孝文帝礼佛图》浮雕。

位于美国首都华盛顿的弗利尔美术馆创始人弗利尔也是一位杰出的私人收藏家。弗利尔（Charles Lang Freer, 1854—1919）是一位火车制造商，退休之后全身心投入自己爱好的东方艺术品收藏之中。他对亚洲艺术的爱好与收藏是从日本艺术开始的，他去日本买了很多日本艺术品。直到1907年，他在经由中国去日本之时，偶然逛了中国香港和上海的古董店，才发现中国的文物比日本的更早、更棒。于是在1909年、1910—1911年，他两次专程来到中国，购买了大量的中国文物。弗利尔的两次中国之行重点考察了开封、巩县、洛阳和杭州四个城市的古迹，还访问了上海、青岛、北京、天津、沈阳、大连、旅顺等地，购买了大量中国文物。但他没有在所经过的地方把文物偷走或盗凿，特别是他对龙门石窟的考察，这点与山中商会的做法有着天壤之别。他的古董收藏都是来自中国的古董市场，总共买了近万件，打包、装箱、运到美国。他的日记现在在中国出版了，从日记上可以看到，他对中国文化非常热爱和欣赏，对中国人民非常友好。

弗利尔在美国的收藏界和博物馆界影响非常大，因为他建立了一系列的博物馆管理体系。比如他发明的文物编号法沿用至今。1923年5月2日，他建立的美术馆正式对外开放，归属史密森尼学会。根据他的遗嘱，他将所有文物全部捐献给美国人民，用于学生的教育和学者的研究。20世纪80年代，赛克勒给史密森尼学会也捐了一座亚洲艺术博物馆，于1987年对外开放。这个博物馆就建在弗利尔美术馆的旁边，使用了同一套行政与研究班子，并将这两个博物馆合起来称作弗利尔-赛克勒美术馆（Freer Gallery of Art and Arthur M. Sackler Gallery），也叫国立亚洲艺术博物馆（National Museum of Asian Art）。

综上所述，学者和策展人、古董商、私人收藏家为西方国家博物馆的中国收藏做出了重要贡献。可以说，学者和策展人用他们对中国艺术史的知识为博物馆挑选和购买有历史、艺术价值的文物，收藏家以他们的个人兴趣爱好为自己收藏，而古董商是沟通文物产地和学者、策展人、收藏家的桥梁。在古董行业中，20世纪上半叶的两个最出名的古董商就是卢芹斋和山中商会。私人收藏家的收藏，大部分的最终去向都是各地大大小小的博物馆，因为只有把自己的东西捐献给博物馆，他们的收藏与名字才能被人类永久地保留与纪念。西方各国的大小博物馆都是以私人收藏家的捐赠为基础的。

据不完全统计，大约有 160 万件中国文物被世界各地的博物馆收藏，但还有约 800 万件中国文物则在私人收藏家手里。总共外流的中国文物约有 1 000 万件。这是一个非常巨大的文物与古代艺术宝库，值得我们去探寻。而本书介绍的只是保存着中国文物的海外 27 所主要博物馆。各民族的文物都凝聚着本民族的情感。看到书中介绍的无法复制的中国绝世精品国宝，您也许会在心中涌现震撼、惊叹、悲伤的情感。面对那些经历了百年沧桑的中国文物，我们已无力挽回当年的损失，也无意指责参与其中的前辈同胞，因为那是历史留给中国人的巨大遗憾！也许，我们所能做的，就是以崇敬的心情，去海外探访收藏在西方各国博物馆中的国宝，以慰藉当年创作那些稀世精品的祖先们！

BRITISH

英国

1
伦敦大英博物馆

2019年6月28日,我来到了梦寐已久的世界四大博物馆之一的大英博物馆(The British Museum)。这是一座仿古希腊式的平面方形的巨大建筑,周围绕以廊柱(图1-1)。让我至今铭记在心的是在进口安检时所遇到的事。当时,一名保安正在对我安检时,我忍不住咳嗽了两声,没想到他立即紧张了起来,对身边的其他保安说:"他咳嗽!"但接下来没有人回应他,我便顺利地进入了博物馆。我至今不明白他为什么对我的咳嗽紧张,当时心想是不是咳嗽对裸展的文物不好?不过,今

图1-1 英国伦敦大英博物馆外观
(常青拍摄于2019年6月28日)

16

天想起来,难道他预见了半年以后会发生的新冠疫情?

大英博物馆并不是我见过的面积最大的博物馆,但它以密集的形式展出了极多来自世界各地的文物与古代艺术品。中国和亚洲其他国家的文物陈列在一楼长长的亚洲展厅,一头从中国开始,另一头从印度开始,向世界观众展示亚洲两大文明古国的文化。位于中印两国之间的是日本、韩国、南亚、东南亚等国的文物。当时,我的主要精力放在了中国展厅,紧张地记录、拍摄。在这里,我看到了早已在前人书籍中看到并熟悉的英国考古学家斯坦因从敦煌拿来的绢画,还有他从新疆和田等地搬运来的佛教彩塑等。在印度文物与世界各国的展厅里,我也领略到了当年的"日不落"国家称霸世界的"威武"。大英博物馆的收藏史不愧为英国近代史的缩影。它展出的艺术品,可以使大众领略全世界艺术史的风采。

大英博物馆营建史

大英博物馆位于英国伦敦,是世界上最著名的四大综合性博物馆之一,以收藏与展出来自全世界的古代艺术品为主。它成立于1753年,1759年1月15日正式对公众开放。目前该博物馆拥有藏品800多万件。但因其空间有限,在展厅内展出的艺术品仅占其所有藏品的1%。

大英博物馆历史的开端,是伴随着英国这个"日不落"国家全盛期到来的。那时,由于英国有条件觊觎它的势力所能触及的世界其他国家和地区,也就有条件通过各种方式获得世界各地的文物与古代艺术。于是,私人对文物与艺术品的收藏,最终成就了这个博物馆。

大英博物馆收藏的最早建立可追溯到汉斯·斯隆爵士(Hans Sloane,1660—1753)。斯隆是18世纪的一名内科医生,也是一位博物学家和收藏家,因为这是他的业余爱好。他生前的个人藏品达到了 7.1 万件，包括大批植物标本以及书籍、手稿等。他希望这些藏品在自己去世后可以完好地保存，最好的方法就是保存在一个由国家管理的公共机构。于是，他将所有的收藏遗赠给了国王乔治二世（George II，1683—1760），得到的回报是给他的继承人 2 万英镑。根据遗赠协议，在他 1753 年去世后，斯隆的所有藏品都捐赠给了国家。为了收藏与展出他的藏品，英国政府在 1753 年 6 月 7 日由议会讨论通过法案，批准建立大英博物馆，建立的方法是向公众募款，以便筹集到足够的建立博物馆的资金。

1759 年 1 月 15 日，大英博物馆建成，并正式对公众开放。但最初的建筑并非我们今天看到的，虽然位置依然是在现今博物馆的所在地——布隆斯伯里区（Bloomsbury）。那是一幢 17 世纪风格的大楼——蒙塔古大楼（Montagu House），建于 17 世纪 90 年代（图 1-2）。所有参观者都可免费进入。

当一所博物馆建立后，它的目的都是将其建设成一个能拥有综合性藏品的博物馆，使观众在展厅里能学到更多综合性知识。大英博物馆也不例外，它不会只局限于斯隆的收藏范围。

图 1-2 大英博物馆的最初建筑——蒙塔古大楼（铜版画，作者：John Stow，1754 年）

于是，在此后的年代里，大英博物馆不断增加藏品的广度与深度，通过英国人在世界各地的各种活动获取了大批珍贵文物和艺术品。这样一来，大英博物馆便从一开始的倾向于收集自然历史标本，到收集大量文物、书籍、艺术品，吸引了越来越多的参观者。

到了19世纪初，由于藏品的增多与观众量的暴增，最初使用的蒙塔古大楼显得狭小而陈旧，无法再适应新时代的需求。1823年，英王乔治四世（George IV，1762—1830）将其父亲的图书馆（国王图书馆）作为礼物捐赠给国家，促使英国政府在1824年决定在蒙塔古大楼北面建造一座新馆，就是我们今天见到的由罗伯特·斯默克爵士（Sir Robert Smirke，1780—1867）设计的四边形大楼。它是一座规模庞大的仿希腊复兴式建筑，入口的中间部分是仿雅典的帕提农神庙的正面大门，显得十分壮观，象征着对欧洲古老文明的继承。这个博物馆的核心建筑占地约5.6万平方米，在正门的两旁各有8根粗大的希腊爱奥尼式柱（Ionic Order）。整体建筑在19世纪40年代完成，而旧的蒙塔古大楼不久即被拆除。

新馆建成不久，又在中央的院子里建了对公众开放的圆形图书阅览室（Reading Room）即大英图书馆，于1857年建成。此后，西方博物馆里一般都建有图书阅览室，同样对公众开放。

到19世纪80年代，由于博物馆的藏品日益增多，再次面临无法适应公众需求的局面。于是，大英博物馆便将全馆收藏进行了分类与分离，以便为观众提供更多的参观与学习空间。他们首先将馆藏的自然历史标本与考古文物分离，大英博物馆的原址专门收藏考古文物与古代艺术品。自然历史类收藏品则被转移到南肯辛顿区（South Kensington），在那里建了一座新的自然历史博物馆。到了1973年，大英博物馆的图书馆成了大英图书馆的一部分。1997年，博物馆将书籍、手稿等藏品分离，

图1-3 伦敦大英图书馆内景(常青拍摄于2019年7月1日)

图1-4 大英博物馆大中庭与阅览室(常青拍摄于2019年6月28日)

转移到圣潘克拉斯(St Pancras)的新的大英图书馆(图1-3)。

在21世纪初期,大英博物馆继续扩建,主要是针对博物馆的中心大中庭(Great Court)进行重建,于2000年12月建成并对公众开放。这个中心庭目前可谓是欧洲最大的有顶广场,它的顶部是用3 312块三角形的玻璃片组成的(图1-4)。大中庭的中央就是大英博物馆的阅览室,也对公众开放。这个地方原来属于大英图书馆,现在仅作为博物馆的阅览室。

在2008年和2009年,大英博物馆又开放了4个新的永久展馆,其中包括中国陶瓷馆和斐西瓦乐·大维德收藏馆(Percival David,95号展览室)。目前,大英博物馆正在筹备一个新的建筑项目——世界保护与展览中心(World Conservation and Exhibitions Centre),它将包含一个新的临时展览场地。

来自世界各地的丰富藏品

由于本书主要针对的是海外收藏的中国古代艺术品，我们将主要介绍留在原址的以收藏文物与艺术品为主的大英博物馆。该馆目前分为10个研究和专业馆，包括非洲、大洋洲和美洲馆，古埃及和苏丹馆，亚洲馆，不列颠、欧洲和史前时期馆，硬币和纪念币馆，保护和科学研究馆，古希腊和罗马馆，中东馆，便携古物和珍宝馆，版画和素描馆等。中国的文物和艺术品位于亚洲馆。

大英博物馆收藏了来自世界各地的众多文物和图书、文书珍品，其藏品之丰富、种类之繁多，实为全世界博物馆所罕见，不愧为世界四大博物馆之一。前文已述，在大英博物馆建立之初，它的藏品主要是书籍、手抄本以及自然历史标本等，还有一些钱币、徽章、版画和素描等藏品。1757年，英王乔治二世给博物馆捐献了英国君主"老王室图书馆"（Old Royal Library）的藏书。自博物馆主体建筑落成后，藏品迅速扩大，主要是英国人在18—19世纪对外扩张中以各种方式得来的。那时的英帝国向世界各地扩张，建立殖民地，在全球范围内建立了所谓的"日不落"帝国。他们在各殖民地进行文化掠夺，将大量珍贵文物和古代艺术品通过多种方式运抵伦敦。在建馆以后的200多年间，他们陆续收集了英国和世界各地的藏品，包括埃及、巴比伦、希腊、罗马、印度、中国等古老文明国家的文物。

埃及文物馆是大英博物馆中最大的陈列馆（图1-5）。该馆来自埃及的藏品有10万多件，仅次于位于开罗的埃及博物馆，表现着古埃及的文明史。在这些埃及藏品中，有大型人兽石雕和为数众多的木乃伊文物，还有1802年入藏的闻名于世的罗塞塔石碑（Rosetta Stone），高1.14米，制作于公元前196年，刻有古埃及国王托勒密五世（Ptolemy V，公元前204—前181年）

登基的诏书，是人们了解古埃及象形文字（一种符号文字）的重要资料。还有多种埃及碑刻、壁画、金玉首饰、镌石器皿等，以及金字塔和狮身人面像的模型。有的古埃及文物的年代可追溯到5000年前。

在古代希腊、罗马部的展厅里（图1-6），展出有古罗马历代皇帝的半身雕像，希腊雅典卫城出土的雕塑、黏土版文书、陶壶、金器等，以及1816年入藏的一组来自帕特农神庙的雕刻。大英博物馆的古亚述藏品也很丰富，包括很多楔形文字（古代中东的一种古文字）雕刻。可以看出，早在19世纪初，大英博物馆就已经拥有许多知名度很高的来自不同世界文明地区的藏品，为博物馆的总体收藏奠定了基础。奥古斯塔斯·沃拉斯顿·弗兰克斯爵士（Sir Augustus Wollaston Franks，1826—1897）是19世纪为大英博物馆扩充收藏的主要人物。他于1851年被委派到博物馆，负责收藏与管理英国和中世纪文物[1]。弗兰克斯还向新的领域扩大收藏，他不仅收集英国和中世纪的文物，还收集欧洲其他国家和欧洲以外的史前文物、有关人种学和考古学的资料，甚至把目光投向了亚洲艺术品和其他地区的

图1-5（左） 大英博物馆中的古埃及文物馆之一（常青拍摄于2019年6月28日）

图1-6（右） 大英博物馆古罗马文物馆之一（常青拍摄于2019年6月28日）

---

[1] 本书中的文物、艺术品分类为国外分类方式直译，因此会有地区、时代并列情况。

文物。经过他的努力，大英博物馆成了名副其实的展示世界文明的庞大博物馆。

中国文物收藏

大英博物馆的亚洲文物收藏也很丰富，有来自中国、中亚、南亚、日本、印度及其他东南亚国家的文物十多万件，展示着亚洲古代文明的灿烂文化。中国文物是大英博物馆的重要收藏之一，总藏品多达 2.3 万余件，包括许多文物艺术珍品。在亚洲馆中，中国陈列馆占地面积巨大（图 1-7），展出着中国上下五千年的文明史，有新石器时代的石器、玉琮、玉刀、玉斧，仰韶文化彩陶，商周时期的青铜器，秦汉铜镜，汉代的漆器，北朝的佛教造像，南朝的青瓷器，唐代的三彩低温釉陶器，还有宋代的官窑、哥窑、定窑、钧窑等瓷器，元代的青花瓷瓶、釉里红瓷器，明代的掐丝珐琅、景泰蓝，明清的金玉制品、刺绣等。大英博物馆的中国陶瓷馆也很有特色，收藏和展

图 1-7　大英博物馆中国文物馆部分（常青拍摄于 2019 年 6 月 28 日）

图 1-8　大英博物馆中国陶瓷馆部分（常青拍摄于 2019 年 6 月 28 日）

出的陶瓷器上自汉唐，下至明清，各色各样的瓷器按年代、产地、种类排列，应有尽有，完整地展示着中国陶瓷发展史（图1-8）。馆藏著名的中国文物有商代青铜双羊尊，西周的康侯簋、邢侯簋，汉代玉雕驭龙，北齐的白石大立佛像，唐代的三彩陶俑、黄玉坐犬，来自河北易县的辽代三彩罗汉，10册《永乐大典》等。

大英博物馆收藏的中国绘画极为丰富。有来自敦煌莫高窟藏经洞的200多幅唐、宋间的绢画，还有宋、元、明时期的名画等。其中有东晋画家顾恺之（345—409）《女史箴图》的唐（或宋）摹本，还有中国绘画史上"北宗"之祖、唐代画家李思训的《青绿山水图》，五代江南画派代表人物巨然的《茂林叠嶂图》，北宋三大山水画名家之一范宽的《携琴访友图》，北宋著名画家李公麟的《华严变相图》，唐宋八大家之一苏轼的《墨竹图》等，都是不可多得的绝世珍藏。在中国厅一端中央的墙上，展示着17.2平方米的来自河北省石家庄市行唐县清凉寺的明代三菩萨壁画，是中国馆的标志性文物。

大英博物馆还以收藏敦煌文书而闻名于世，主要得益于斯坦因在中国的考古所得，目前这些文书已经转交收藏于大英图书馆。斯坦因是世代居住于匈牙利的犹太人，曾在印度北部旁遮普大学任督学，在东方学院任校长。1900年，作为考古学家的斯坦因在新疆塔克拉玛干沙漠南沿米兰、和田发掘古代佛寺遗址，发现了大量珍贵的佛寺建筑、佛教雕塑与壁画。这些发掘品的大部分现藏于大英博物馆，部分陈列于中国文物馆。斯坦因于1904年入了英国国籍，并在1907年的中国之行中收获颇丰——从敦煌莫高窟新发现的藏经洞中获取了九千多卷古代写本和二百多幅唐宋时期的佛画。这些文物现藏于大英博物馆与印度新德里国家博物馆（National Museum, New Delhi）。在现藏于大英图书馆的近万件中国5—11世纪古代文书中，还不乏佛经中的版画作品。经卷中除佛经以外，还有拜火教、摩尼教、景教的经典，都是十分珍贵的史料。此外，大英图书馆还收藏中国珍贵文献和古籍六万多种，有甲骨文、竹简、刻本善本古书等，是研究古籍版本的珍贵资料。

中国古代艺术撷英

康侯簋

在大英博物馆的中国藏品中，康侯簋，又称"沬司徒疑簋"，是一件珍贵的西周青铜器，1931年出土于河南省浚县辛村卫国墓地。浚县辛村遗址，是西周时期重要的诸侯国——卫国王陵所在地。1931年，辛村村民在此地挖窑洞时，发现了康侯簋（图1-9）。不久，随着挖掘的深入，当地村民又发现了大大小小的青铜器和陶器，随即消息不胫而走，引来了大批盗墓者和文物走私商，将这批20余件文物倒卖到了欧美。康侯簋也开始了它的"背井离乡"之旅。从1932—1934年，前"中央

图1-9 大英博物馆藏康侯簋（西周，前11世纪，编号：1977,0404.1，大英博物馆提供照片）

研究院历史语言研究所"与河南古迹会曾先后对辛村卫国墓地进行了四次发掘,清理出西周墓葬82座,出土铜、陶、石器120箱。1977年,商人银行家布鲁克·休厄尔将康侯簋捐献给大英博物馆。

康侯簋制作于约公元前1100—前1000年,高21厘米。在簋内底部刻有4行24字铭文,记载了周成王征伐商邑的武庚叛乱返回后,"令康侯啚于卫",也就是封康叔于卫。该簋被考古专家认定为西周早期青铜器。这件簋上的铭文证明,文王第九子姬封(或叔封),在武王伐纣的次年(公元前1045年)被封康城(今河南禹州),依"胙之土而命之氏"的古制,始有康氏,姬封才称康叔(或康叔封),康叔即为康姓得氏始祖。成王平定"三监之乱"后又徙封卫国。康侯簋既是弥足珍贵的青铜重器,又是证明海内康氏以封国得姓的难得一见的实物资料。

《女史箴图》

东晋顾恺之,是中国已知现存作品的最早画家。他的传世作品有《女史箴图》和《洛神赋图》的后代摹本等,而《女史箴图》就收藏在大英博物馆,可能是唐代摹本。这幅手卷画是根据西晋诗人张华在292年作的《女史箴》一文绘制的。在西晋惠帝时期(290—306),贾后专权,祸乱后宫。贾后失败之后,张华作《女史箴》,是用来告诫皇帝后宫中的女性尊崇妇德的文章,并列举了一些历史上坚守妇德的所谓模范之例,作为遵守妇女道德的标准。由此可见,顾恺之绘制此画的目的,大有为东晋皇帝维持后宫的所谓和谐稳定服务,并且很有可能就是受东晋皇帝的敕令而绘制的。

大英博物馆所藏的这幅画卷并不完整,十二幅场景中的前三幅已经丢失。北京故宫博物院还收藏了《女史箴图》的南宋摹本,有完整的十二幅场景,依次为:引言、樊姬感庄、卫姬

图 1-10 大英博物馆藏东晋顾恺之《女史箴图》之"冯婕妤挡熊"（唐代摹本，编号：1903,0408,0.1，大英博物馆提供照片）

谏齐桓公、冯婕妤挡熊、班婕妤辞辇、山景和猎人、化妆、卧室、家庭、拒绝、收获、女史。我们可以据此复原大英博物馆所藏的此画卷的前三个场景。张华的诗歌以题记的形式摘录放在每个场景的右侧，可使人们了解每个场景的内容。场景四"冯婕妤挡熊"，描绘的是在西汉建昭元年（公元前38年），汉元帝在虎圈观兽搏斗，他的众妃嫔都在座奉陪。一只熊突然跑出了圈外，众妃嫔纷纷躲避，只有冯媛挺身而出，挡熊救驾。这个场景展示了冯婕妤敢于直面黑熊，与两位手持长矛的侍卫一起救皇帝（图1-10）。场景五是"班婕妤辞辇"，右侧的题记写着"班妾有辞，割驩同辇。夫岂不怀？防微虑远！"。画面描绘的是汉成帝（公元前33—前7年在位）与班婕妤出游，想邀她与自己同辇，但却遭到班婕妤的拒绝。她认为古代的圣贤之君都有名臣在侧。夏、商、周三代的亡国昏君才会有嬖幸的妃子陪在身旁。此举表明了她的贤德。

这幅手卷画上并没有顾恺之的签字和印章，也没有发现顾恺之绘制此画的文字记载。最早提到这幅画的是北宋书法家、画家米芾（1052—1108），认为是顾恺之所作。后来此画被收录到宋徽宗于1120年编成的《宣和画谱》之中，这是由官方主持编撰的宫廷所藏绘画作品的著录著作。此后，《女史箴图》

便一直被认为是顾恺之的作品。到了1816年，清代学者胡敬（1769—1845）第一次指出《女史箴图》不是顾恺之的原作，而是唐代摹本。在20世纪，还有学者根据画作景物的描绘风格，认为它不是顾恺之的作品。1986年，在山西大同的北魏司马金龙（？—484）墓出土的漆案上就绘有班婕妤辞辇等与《洛神赋图》相同的故事场景，还有着相似的构图与人物服饰。于是，学者们认为大英博物馆所藏的这幅画描绘的正是东晋南北朝时期人们的社会风俗与时代审美风尚，而不是《女史箴图》的唐代摹本，作者很可能就是顾恺之。

由于此画收录于宋徽宗的《宣和画谱》，在以后的几百年间被大量藏家收藏并留有他们的印章。在清朝，这幅画卷最后成了乾隆皇帝（1736—1795年在位）的案头爱物。乾隆皇帝对这幅《女史箴图》非常喜爱，在1746年重新做了装裱。他把《女史箴图》和传为宋代李公麟的《潇湘卧游图》《蜀川胜概图》《九歌图》并称为"四美"，藏在紫禁城内的静怡轩。乾隆皇帝在《女史箴图》上盖了37个收藏章。慈禧太后（1835—1908）执政时期，《女史箴图》被移往颐和园。

1900年，八国联军攻入北京，慈禧逃往西安。当时驻扎在颐和园的英军第一孟加拉骑兵团的克劳伦斯·A. K. 约翰逊上尉（Captain Clarence A. K. Johnson，1870—1937）趁乱将《女史箴图》盗走。据约翰逊上尉家人的说法，《女史箴图》是一个被约翰逊救过的贵妇人赠送给他的。约翰逊于1902年回到伦敦后，由于他并不懂《女史箴图》的价值，仅以25英镑的价钱就把《女史箴图》出售给了大英博物馆。此画卷随即成为大英博物馆的镇馆之宝，后位列BBC《展示世界历史的100件文物》第三十九名。

隋代白石立佛像

卢芹斋是20世纪初活跃在中国与西方的著名古董商。1935

图1-11 大英博物馆藏白石立佛像（隋，编号：1938,0715.1，常青拍摄于2019年6月28日）

年在伦敦皇家艺术学院（Royal Academy of Arts）举办了中国艺术世界博览会，卢芹斋带去的五米多高的隋代白石立佛像，在尺寸、造型和材质方面都令人惊叹，引起了人们的关注。在这个中国首次参展的艺术博览会上，他将石佛捐赠给中国政府，再由中国政府以友谊名义赠送给大英博物馆。他在给中国驻伦敦公使郭泰祺（1888—1952）的信中说："捐赠这尊珍贵的石佛旨在帮助中国树立形象，同时也可以为鄙人公司提高知名度。"最终，大英博物馆决定用以下文字介绍佛像的来源："由卢芹斋先生赠予中国政府，再由中国驻英公使转赠大英博物馆。谨此纪念1935—1936年伦敦中国艺术世界博览会。卢芹斋先生为巴黎艺术商人，此展品由他的纽约分店于1935—1936年期间为世界博览会提供。"

即使在世界四大博物馆之一的大英博物馆，这座巨大而又沉重的佛像也很难安置。直至今日，它一直陈列在博物馆一层上楼梯的台阶处，观众可以从脚到头欣赏到佛像的精致雕刻（图1-11）。根据底座上的铭文，这尊阿弥陀佛像是于开皇五年（585）献给今河北省韩翠村崇光寺的。如今这个寺址已经无法寻觅，只能根据其所用的白色大理石质大致推断它在河北省保定附近，而河北的曲阳正是白石原材料的产地。隋代的两任皇帝都是虔诚的佛教徒，将佛教奉为国教。这也是为何有如此巨大的单体雕像的原因。隋代佛像依然受印度笈多风格的影响，但已基本趋于本土化，并开始向后期的自然主义转型。隋代仅持续三十多年，但留下的佛教文物却十分庞大，有铭文的造像也不少，但这尊佛像从造型的精美、尺寸的高大、材质的高贵等综合方面来看都是独一无二的，在中国佛教艺术史上有着重要的价值。于近处观察这尊汉白玉雕像，还可以看到在白色的石质表面有着斑驳的金箔和彩绘，使我们可以想象这尊隋代雕像曾经的辉煌灿烂。

英国

斯坦因的敦煌唐宋绢画

1900年,守护敦煌莫高窟的道士王圆箓(1849—1931)在现编第16窟的甬道壁上发现了著名的藏经洞,内有300多件唐宋时代的纸本、绢本、麻布本的绘画作品,表现着中国艺术史上的光辉成就。唐、五代、宋绘画,传世的没有多少,但均被美术史学者青睐,反复研究,发表与出版的成果无数。藏经洞中发现的这些绘画作品,无疑就是一批丰厚的国宝了。其中被斯坦因拿走的有200多件,现藏于大英博物馆。被法国汉学家伯希和拿走的有100多件,现藏于巴黎吉美博物馆。

在斯坦因带走的画中,题材从特定的菩萨许愿画,到描绘西方极乐世界的净土图,应有尽有。有些画是以幡的形式来表现的,非常窄长,并配有三角形的幡头和自由飞舞的长方形飘带,飘带的尾部一般坠有重物。在这些旌幡上,一般绘有本生故事画,或是描绘单尊佛或菩萨像。观音的形象最为常见,因为在佛教徒的眼里,他是能够拯救众生的大菩萨。有的则是挂轴画,面积最大的几幅描绘的是佛教中的极乐世界,特别是阿弥陀佛所在的西方极乐世界的盛况美景。这些画的题材可以通过图中描绘的与某个佛经相对应的故事得到验证。这些绘画中的佛教主要人物莫不雍容大方、庄严富丽,可以推见当时有名画师的作风。有的是以手卷画的形式,来表现富有故事情节的内容,如描绘众鬼魂们依次接受地狱阎王们审判的情景。

由于篇幅有限,在此仅举一例。在斯坦因拿走的敦煌绢画中,有不少是描绘菩萨像的。有一幅绘制于北宋太平兴国八年(983)的观音菩萨图,为彩绘绢本,总高102厘米,宽75.5厘米,画面的左上角有榜题曰"南无观世音菩萨"(图1-12)。位于画面上部中央的观音结跏趺坐于莲花之上,左手托着火焰宝珠,有着唐朝以来的丰满面庞,宝冠上的小坐佛像是他的最显著标志。他的身后有圆形头光和背光,头光两侧各有一身飞天。观音的右侧站着善童子,左侧是怀抱书卷的恶童子,都穿

图1-12 大英博物馆藏敦煌藏经洞发现的观音菩萨图[北宋太平兴国八年(983年),绢本着色,高102厘米,宽75.5厘米,大英博物馆提供照片]

着汉民族传统服装,展示着佛教艺术在北宋的中国化。这里的善恶童子主管记录人一生的善恶行为,以便决定未来的轮回转世。因此,这幅观音图像有其独特之处。画面的下方是两排供养人像。上排画的是施主米连德和妻曹氏,以及三子及其儿媳。下排画的是米家的二孙、二孙媳和他们的四子。可知这幅画是由米家出资绘制的,为的是给他们家族的四代人建立功德。

河北易县辽三彩罗汉像

河北省易县西北五十五里的八佛洼在峨眉寺沟底之东北,也称百佛洞、百佛山。这里原来保存着三彩瓷塑佛像72尊。其中包括一组辽代的等身三彩十六罗汉坐像,在20世纪初被盗运出境，售往国外。可惜的是，在盗运过程中有数件被毁，如今有 11 尊保存在西方博物馆内，其中美国波士顿美术馆藏 1 尊（头部补塑），美国克利夫兰艺术博物馆藏 1 尊（残），美国纽约大都会艺术博物馆藏 2 尊，美国堪萨斯城纳尔逊艺术博物馆藏 1 尊，美国宾夕法尼亚大学考古学与人类学博物馆藏 1 尊，加拿大皇家安大略博物馆藏 1 尊，法国巴黎吉美国立亚洲艺术博物馆藏 1 尊，俄罗斯圣彼得堡艾尔米塔什博物馆（冬宫）藏 1 尊（仅存胸像），日本私人收藏家松方幸次郎旧藏 1 尊（明代），英国伦敦大英博物馆藏有 1 尊。

十六罗汉信仰起自唐代，盛行于五代以后。辽代继承唐三彩的制作工艺，将其用在佛教艺术之上，造就了这组享誉海内外的雕塑精品。这批瓷塑罗汉容貌逼真，表情生动，衣纹流畅，颇具写实感，将人体的比例把握得恰到好处，具有高超的塑像工艺水平，是辽代写实主义塑像的杰作。大英博物馆所藏的这尊三彩罗汉坐像，表现的是一位汉族中年僧人形象（图 1-13）。

图 1-13 大英博物馆藏河北易县三彩罗汉（辽，编号：1913,1221.1，大英博物馆提供照片）

他紧锁双眉，面带忧虑，似乎在体恤着民间疾苦，但又包含着睿智。他的双手叠放于腹前，与打坐禅定的手印相似，似正在入定修禅。他身披双领下垂式僧衣，内有僧祇支，并在胸前束带，左侧的外衣上有田相方格。身下坐的是模仿自然山石的台座，象征着正在山间修行。在所有现存海外的来自易县的辽代三彩罗汉中，大英博物馆的这尊是其中的佼佼者。

行唐县明代三菩萨壁画

1190年，在河北省行唐县建成了一座寺院，名叫清凉寺。据清康熙十九年（1680）的《行唐县新志》记载，清凉寺建于金大定年间（1161—1189），它的最初使命是让南方前往山西五台山进香的僧侣们在此歇脚。位于山西的五台山最早是道家圣地，被称为"紫府山"。其山在盛夏时凉爽，故又有"清凉山"的美名，后被中国佛教徒指定为文殊菩萨的道场。位于行唐县的清凉寺相当于五台山的下院，直属五台山管理，住持就是五台山派遣的高僧。各朝都曾对清凉寺进行修缮或重建，最近一次有记载的大修是明永乐年间的己亥年（1419）春。1424年，五台山寺院特别派遣僧人来行唐县的清凉寺绘制壁画，并在前殿西墙上绘制了"三菩萨"壁画，最终完工于1468年。到了民国时期，这一壁画被古董商看中，被分割成12块售往海外，入藏大英博物馆。

行唐清凉寺的三菩萨壁画高4米、宽3.9米，近似于正方形，是大英博物馆收藏的面积最大的壁画作品之一（图1-14）。三菩萨均为站立的姿态，面容丰腴，雍容华贵，潇洒飘逸，具有很高的画技。中间的观音菩萨身穿白衣，宝冠上有阿弥陀佛像，身躯略微扭动，两手并放于腹下，原是数珠观音的标准姿态。位于左边的是普贤菩萨，他的右手执拂子，身躯扭向其右侧，但将头部转向主尊观音一侧。位于右侧的文殊菩萨也是将身体扭向右侧，向着主尊观音，并且手持如意。在佛教中，观

图 1-14 大英博物馆藏河北省行唐县清凉寺三菩萨壁画（明，编号：1927,0518,0.8，大英博物馆提供照片）

音主慈悲，普贤主行愿，文殊主智慧。可以看出，在画家的笔下，三菩萨既有主次，又有互动关系，共同体现着佛教的教义与精神力量。同时，三菩萨所着的服装已经完全摆脱了印度式的袒裸上身样式，完成了身披长袍的中国化进程。

德化窑产欧洲家庭瓷塑

明末清初，位于福建的德化窑产品崛起，以其白瓷塑人物而闻名于世。德化窑的白瓷塑造型以佛教人物为主，特别是各种观音形象。在清代，德化窑产品已远销欧洲，受到欧洲各国的欢迎。这件表现一个欧洲家庭的德化瓷塑就是特意为欧洲人定制的，主要展示了一位戴着三角帽、穿着纽扣式礼服和及膝马裤的欧洲绅士与一位戴着高头饰和身穿长裙的女士。他们手里拿着小杯子，坐在一张中国小桌子旁边，桌上放着一碗面包。他们的旁边是与父母亲穿着类似衣服的男孩和女孩，还有

图 1-15 大英博物馆藏德化窑产欧洲家庭瓷塑（清代，约 1700—1750，高 16.50 厘米，编号：1980,0728.666，大英博物馆提供照片）

英国

两只宠物狗（图 1-15）。可以看出，这件瓷塑表现的是一个欧洲四人家庭聚餐时的场景。

在清代，欧洲人很喜欢中国瓷器，他们曾经尝试向中国瓷器作坊发送自己的订单，以期能得到令他们赏心悦目的中国瓷器。这组瓷塑人物表现的很可能是一个荷兰家庭，代表着当时欧洲家庭的一个模式。而这种"荷兰家庭"模式早在 1701 年就已经出现在英国东印度公司的货物销售清单中了。

大英博物馆的藏品众多，绝不是现有的展厅面积所能展示的。即使参观大英博物馆现有的展厅，一天时间也是看不完的。凡是参观完该馆的人，怕都会说这样一句话："太多好东西了，只能走马观花！"确实如此。特别令人遗憾的是，斯坦因带回的敦煌绢画，每次只展出 3—5 幅，每次展出 3 个月左右。如此一来，想要在展厅内看完所有来自敦煌的绢画，怕要一辈子守着大英博物馆才行。

2

维多利亚和阿尔伯特博物馆

    维多利亚和阿尔伯特博物馆（Victoria and Albert Museum），简称 V&A 博物馆，是以维多利亚女王（Queen Victoria，1819—1901）和她的夫婿阿尔伯特亲王（Prince Albert of Saxe-Coburg and Gotha，1819—1861）命名的。这是一座专注于应用与装饰艺术的博物馆，以收藏美术品和工艺品为主，包括珠宝、家具等。因为其藏品丰富多彩，在伦敦诸多博物馆中拥有重要的地位，也是规模仅次于大英博物馆的英国第二大国立博物馆（图 2-1）。

图 2-1 英国伦敦 V&A 博物馆外观（常青拍摄于 2019 年 6 月 29 日）

建馆历史

V&A 博物馆的历史可追溯到 1837 年。当时的英国政府在伦敦萨默塞特府成立了政府设计学院（Government School of Design），学校便有了一批数量不多的教学用品，这便是该博物馆的收藏之始。万国工业博览会（Great Exhibition）于 1851 年在伦敦水晶宫举办后，在 1852 年 5 月，英国政府将博览会的展品搬入了设计学院的马尔伯勒大楼（Marlborough house），并称其为工艺品博物馆（Museum of Manufactures），从此正式开始了 V&A 博物馆的历史。

经营这家博物馆的经费来自博览会的盈余，由阿尔伯特亲王负责筹办。而博览会组织者之一的科尔（Henry Cole），则成为博物馆于 1852 年创立时的首任馆长。为了使博物馆的展品更加丰富，科尔开始扩大收藏。与此同时，博物馆还利用万国工业博览会的利润购买了海德公园以南的大片土地，于 1857 年迁入新址，并将博物馆更名为南肯辛顿博物馆（South Kensington Museum），正式对公众开放。

这座博物馆是世界上首家提供煤气照明的博物馆，并且率先在馆内开设了餐厅。如今，在世界上的各大博物馆一般都有餐厅，这也许是中国博物馆在未来应做的一件事。到了 19 世纪 90 年代，南肯辛顿博物馆已经包括了办公室、展厅长廊和图书馆三部分。但直到 1909 年克伦威尔路（Cromwell Road）的立面完工之后，博物馆的外观才基本定型，展现出今日所见之面貌。

在 1860—1880 年间，南肯辛顿博物馆进行了调整，将重点放在了艺术品上，凡涉及科学方面的藏品被移到其他地方。1899 年 5 月 17 日，维多利亚女王为博物馆的侧厅动工举行了奠基礼，并正式将该馆更名为"维多利亚和阿尔伯特博物馆"，以纪念她的丈夫阿尔伯特亲王为该馆的建立所做的贡献（图 2-2）。

V&A 博物馆是一栋按照文艺复兴风格设计的用红砖和赤陶

图 2-2 维多利亚女王和阿尔伯特亲王（1861 年 3 月拍摄）

图 2-3 2019 年 6 月 29 日作者于 V&A 博物馆院内留影

土建造的建筑，占地约 5.1 万平方米（图 2-3）。博物馆的大部分装饰工作是由政府的艺术学校负责的，他们的工作室就在博物馆内。这种从博物馆建立之初就和艺术学校的密切联系一直持续到 20 世纪 90 年代，在那时，艺术学校搬迁到一幢新的建筑，现为英国皇家艺术学院。

以工艺美术为主的藏品

V&A 博物馆共有 4 层楼，145 个展厅，馆藏艺术品超过 227 万件，涵盖了瓷器、玻璃制品、纺织品、服装、银器、铁器、珠宝、家具、雕塑、印刷品、绘画和摄影等多种门类，时代跨越上下五千年，涉及欧洲、北美、亚洲和北非等多个文化圈，其中以欧洲艺术品居多。为了研究与展出这些艺术品，博物馆分设了四个收藏与展览部门：亚洲；家具、纺织品、时装；雕塑、金属器、瓷器、玻璃器；文字与图像（Word & Image）。其中亚洲文物主要来自中国、日本、印度，以及西亚的一些伊斯兰国家。所展出的展品大部分陈列在南肯辛顿的主

38

楼或伦敦东区的童年博物馆（Museum of Childhood）中，分别展示在长达11千米的长廊中。

也许是当初受世博会的影响，V&A博物馆的主导思想一开始就与传统的艺术博物馆不同，主要是面向生活的热点，举办一些对现代人生活有影响的展览。藏品的定位主要在实用的工艺美术和艺术品上，强调社会意义、生活和装饰意义。因此，V&A博物馆中的欧洲服饰发展史展厅和摄影艺术馆比较著名，在1858年就举办了第一个摄影展。有些展览长廊展示一些处在特定历史和文化背景下的物品，如全面展示从300—1500年的中世纪和文艺复兴时期艺术的展厅。有的展厅则将重点放在展品所用材料和技术工艺上，如介绍1500—1900年间英国的艺术与设计作品展厅，其中包括一些罕见的历史服饰样品。超过3500件展品的珠宝长廊，展示着世界上最好的此类收藏之一。还有一个展出约3万件瓷器的长廊，其内容涵盖了整个世界瓷器的发展和生产历史，包括大量的中国瓷器。时装设计馆藏有1.4万件时装及配饰，多为从1600年至今的作品，全方位地呈现了欧洲从中世纪到近现代服饰的发展史和一些设计名品。在服饰的收藏品中，最古老的藏品有中世纪的法衣、英国国王詹姆士二世（James II，1633—1701）的结婚礼服等，最新的如时尚设计师维维安·韦斯特伍德（Vivienne Westwood，英国）、可可·香奈儿（Coco Chanel，法国）、克里斯汀·迪奥（Christian Dior，法国）等人的作品。这个欧洲服饰发展史展厅藏品的丰富多彩，即使在服装业发达的法国和意大利都无法与之媲美。英国精品馆共有15个展厅，收藏了英国艺术家及手工艺人的4000件作品，包含文艺复兴、巴洛克、洛可可、新古典、哥特等多种风格。在古代乐器的展厅中，陈列着各时期的西洋乐器（图2-4）。

V&A博物馆的藏品与展品以西方艺术为主，其中不乏杰出的作品。但该馆还有一个独特的仿造展厅，所展出的作品都是著名古迹或文物的仿品，目的也许是为了原艺术设计学校的教学。其中最著名的是高30米、直径3.7米的罗马时代图拉真柱（Trajan's Column）仿品。该柱的原品雕刻于110—113年间，是罗马帝国安东尼王朝（The Nerva-Antonine Dynasty，96—192）第二任皇帝图拉真大帝（Trajan, Marcus Ulpius Nerva Traianus，53—117）为了纪念他的战功而雕刻的巨型柱子。在圆柱的周围浮雕出了图拉真大帝战胜达里亚人的经过，浮雕中密集的人物沿柱子环绕成了带状连续的画面，并以写实的手法表现着战争的场面，如史诗一般记录着这段历史。另外，在这个仿造展厅里，我们还能看到来自意大利佛罗伦萨的大卫（David）雕像（图2-5），原作是文艺复兴时期米开朗琪罗（Michelangelo Buonarroti，1475—1564）的作品，于1501—1504年雕成。

与大英博物馆相同，V&A博物馆也有一所对公众开放的图书馆，叫国家艺术图书馆，有藏书75万册，是世界上最大的介

图2-4（上） V&A博物馆的古代乐器展厅（常青拍摄于2019年6月29日）

图2-5（下） V&A博物馆的欧洲经典艺术品仿造厅（常青拍摄于2019年6月29日）

绍装饰艺术的图书馆。在这个馆内还藏有意大利文艺复兴时期佛罗伦萨共和国的博学者达·芬奇（Leonardo da Vinci，1452—1519）的珍贵手稿。

中国文物的收藏

V&A博物馆的亚洲艺术藏品约有16万件，主要展示来自中国、日本、韩国、印度和伊斯兰国家的家具、书画、绘画、雕塑、纺织品、珠宝装饰等。其中的东亚艺术品收藏是欧洲同类收藏中的佼佼者之一，主要优势是瓷器与金属器物。

V&A博物馆收藏的中国文物超过1.8万件，包括家具、书画、雕塑、陶瓷器、笔墨纸砚等文房器物。如果依质地而分，则有漆器、丝织品、瓷器、玉器、景泰蓝等。这些文物跨越了中国上下六千年的历史，上自新石器时代，下至明清时期。在所有中国文物中以陶瓷器居多，有7 000多件，其次是丝织品。这是因为19世纪的英国制瓷行业尚未成熟，该馆积极收购世界各地的陶瓷产品，包括大量的中国陶瓷品。而在收购各类中国文物时，英国人也是对陶瓷器最为熟悉，因为他们从18世纪起便开始用中国瓷器装饰自己居住的厅堂。

V&A博物馆的收藏品主要来自私人收藏家的捐赠，中国文物也不例外。乔治·尤莫霍浦路斯是一位英国收藏家，于1906年购入第一件中国陶瓷器。1921年，他出任东方陶瓷学会首届会长。他的收藏面很广，除了唐宋陶瓷，还有青铜器、金银器、玉器和雕塑等。他原本打算建立自己的"东方艺术博物馆"，但1929年全球经济大萧条的到来，使他陷于财政困难，被迫将历年珍藏的中国文物以市价的四分之一卖给了大英博物馆和V&A博物馆。V&A博物馆从他那里购得的文物包括魏晋蝉纹金珰和元代金马钩。

大维德爵士是英国一位重要的中国瓷器收藏家与研究者。

1935年，他担任英国皇家艺术学院"中国艺术展览"的主要策划人。1937年，他送给V&A博物馆十数件瓷器，其中之一是明洪武釉里红把莲纹军持。阿驰波特·白兰士敦是在上海出生的英国人，在北京结交了不少朋友，他用节省下来的薪水买了不少中国瓷器。V&A博物馆的明永乐青花莲子碗是由白兰士敦的姐姐捐赠的，用来纪念其弟。莲子碗流行于明永乐与宣德时期，该件藏品为景德镇永乐御窑产品。

哈利·嘎纳是二战后杰出的英国收藏家。他的职业是航空学家，收藏中国陶瓷和漆器只是他的业余爱好。1953年退休之后，他专心从事研究和写作。出于科学家的本能，他在研究漆器时买来各种原材料，按照古书的描述逐层进行涂抹，看到他满意的效果才罢手。北宋剔犀云纹银里漆杯就是他赠给V&A博物馆的。这件漆杯在杯里包银，体现了这件漆器在北宋上层社会的使用价值。

查尔斯·谢勒曼是伦敦大学民俗学教授，收藏了不少中国青铜器、玉器，而且大多是在中国购买的。谢勒曼夫人于1965年去世，将其夫收藏的大部分文物捐献给了大英博物馆，部分捐给了V&A博物馆。在捐给V&A博物馆的青铜器中有一件西周的尊和西汉四神铜炉。

正是在一百多年时间里私人收藏家的贡献，才造就了V&A博物馆的中国文物收藏，使该馆通过文物来展现中国五千年文明史。

中国展厅里的艺术品

V&A的中国展馆由香港富商徐展堂斥资建立。1988年，徐展堂前往英国扩展业务时，捐巨资援助V&A博物馆建立中国展馆。英国王储查尔斯王子和戴安娜王妃曾代表英国王室设宴致谢徐展堂，并提议以徐展堂的名字命名中国艺术馆（T. T.

Tsui Gallery of Chinese Art）。1991年6月，这座欧洲第一座中国人自己援建的艺术展馆正式开馆，由查尔斯王子主持开幕仪式，徐展堂以中文致辞。

2019年6月29日上午，我乘伦敦地铁前往V&A博物馆。地铁在该馆旁有一站。下车后，有一条长长的隧道，一路都有标着V&A博物馆的指示牌，直通博物馆的侧门。中国文物展厅位于该馆的一层中部。

这是一个面积不大的展厅，但却综合性地展出着中国艺术发展史。展厅中央裸展着几件北朝佛教造像碑和背屏式造像，在其周围的玻璃柜里陈列着清代服饰和家具，还有绘画和佛教造像、瓷器和青铜器、文房用品等（图2-6）。在外侧靠墙的展柜里分层摆放着中国历代瓷器。还有一些中国佛教造像没有放在中国展厅，而是陈列在不远处的宗教艺术走廊里，与印度等国家和地区的宗教雕塑摆在一起。可以看出，这个博物馆的展陈方式也别具特色，它不像别的博物馆那样按器物、雕塑、绘画、纺织品等分类展出，而是把各种文物相互配合、综合在一起，以展示这些文物或艺术品在某种文化里的互动作用。例如，

英国

图2-6　V&A博物馆的中国文物展厅中部（常青拍摄于2019年6月29日）

将服饰与家具放在一个柜内展出，更能给人一种生活气息。将佛教造像与绘画在一起摆放，能综合性地介绍佛教艺术的多样性。将家具与文房用具摆放在一起，则能体现古代中国文人书房里的情趣。

在中国文物展厅里，有几件艺术品值得一提。陈列在展厅中央的是两通佛教造像碑。造像碑是利用中国传统碑刻的形式来雕佛教造像的，它的用途一般是摆放在道路旁边、寺院或墓地，以供行人礼拜或为造碑像者做功德的。这里展出的一件造像碑原本就是供奉在路旁的，出资者有 26 人，他们发愿雕造了这件作品，时间是在北魏正光元年（520）。碑的正面主尊是释迦牟尼坐像，他的两侧有菩萨胁侍。在正面碑首部位雕着一身立佛，表现他是一位过去佛，体现着现在佛释迦对过去佛业绩的继承。释迦的下方以浅浮雕的形式刻着维摩诘与文殊菩萨对坐辩论的情景，他们的上方有飞天，中间有众弟子参与辩论会（图 2-7）。碑的其他三面还刻着坐佛像、思维菩萨像、倚坐菩萨像等，表现着释迦牟尼出家前在树下的修行，以及未来的弥勒佛在兜率天的情景。这件造像碑的人物都有着北魏晚期流行于中国北方的秀骨清像风格，显得潇洒飘逸，但人物体态与衣纹的表现却使用了夸张的手法，具有某种民间风格。

在离中国展厅不远处的宗教艺术长廊里，展出了一件石灰岩雕结跏趺坐佛像。该佛像头顶的肉髻低平，面相丰满浑厚，身躯丰硕，头后有圆形华丽的头光雕刻，具有典型的北齐佛像特点（图 2-8）。相传该佛像来自河北邯郸北响堂山石窟的北洞，那是一所北齐皇家开凿的大型洞窟，代表着北齐皇室的造像风范。因此，这件造像就显得十分重要了。在北响堂山石窟的北洞侧壁开凿了一系列大型的塔形佛龛，龛内原本都有一尊石雕像，在民国时期被盗往海外。如今，这些龛内的佛像都是在民国时期补刻成的。这个展厅里还有一件来自北响堂山石窟北洞的大佛头像，也是在民国时期被盗出国境的。

图 2-7 V&A 博物馆藏北魏正光元年（520）造像碑正面（编号：A.9-1935，常青拍摄于 2019 年 6 月 29 日）

英国

图 2-8 V&A 博物馆藏来自河北邯郸北响堂山石窟北洞的石雕坐佛像（北齐，编号：A.4-1924，常青拍摄于 2019 年 6 月 29 日）

前文已述，V&A 博物馆的中国藏品以陶瓷为主，不仅展出在中国文物馆内，还展出在世界陶瓷长廊里（图 2-9）。中国瓷器以其时代跨度大、种类繁多、工艺精湛而在西方大放异彩。在这些展厅或长廊里，我们可以看到中国上下六千年的制陶瓷工艺，包括西汉的绿釉陶壶，唐代的三彩釉陶马、白瓷龙耳瓶、白釉把杯、长沙窑产瓷罐，五代时期越窑的青瓷壶，北宋的磁州窑枕和瓶、耀州窑瓷瓶、越窑青瓷莲瓣纹盖罐、建窑兔毫釉茶碗、定窑白釉刻花碗、定窑白瓷执壶、钧窑蓝釉罐、钧窑天蓝釉紫斑盘、青白瓷梅瓶、龙泉窑鱼耳瓶等，南宋官窑的瓷瓶，辽三彩盖罐，元代钧窑的月白釉蓝斑熏炉、龙泉窑青瓷琮式瓶，明永乐龙泉窑果子纹花口大盘、青花瓷瓶，还有明末清初仿定窑印花海兽纹方洗、德化窑白瓷塑人物等（图 2-10）。在 V&A 博物馆里，这些精美的陶瓷器谱写着一部分中国古代陶瓷工艺发展史。

纵观 V&A 博物馆的中国藏品，可谓综合性强，但缺少在世界上独一无二的艺术珍品。作为一个综合性博物馆，V&A 博物馆利用其藏品来普及中国的艺术史知识，特别是面向普通学生的教学服务，是一个很不错的基地。它的中国藏品优势是陶瓷类，可以基本完整地再现中国六千年陶瓷发展史。所以，对中国艺术史的初学者来说，V&A 博物馆是一个很不错的参观地。

图 2-9 V&A 博物馆世界陶瓷长廊中的中国部分（常青拍摄于 2019 年 6 月 29 日）

图 2-10 V&A 博物馆藏德化窑白瓷观音塑像（清，约 1700—1800，常青拍摄于 2019 年 6 月 29 日）

FRANCE

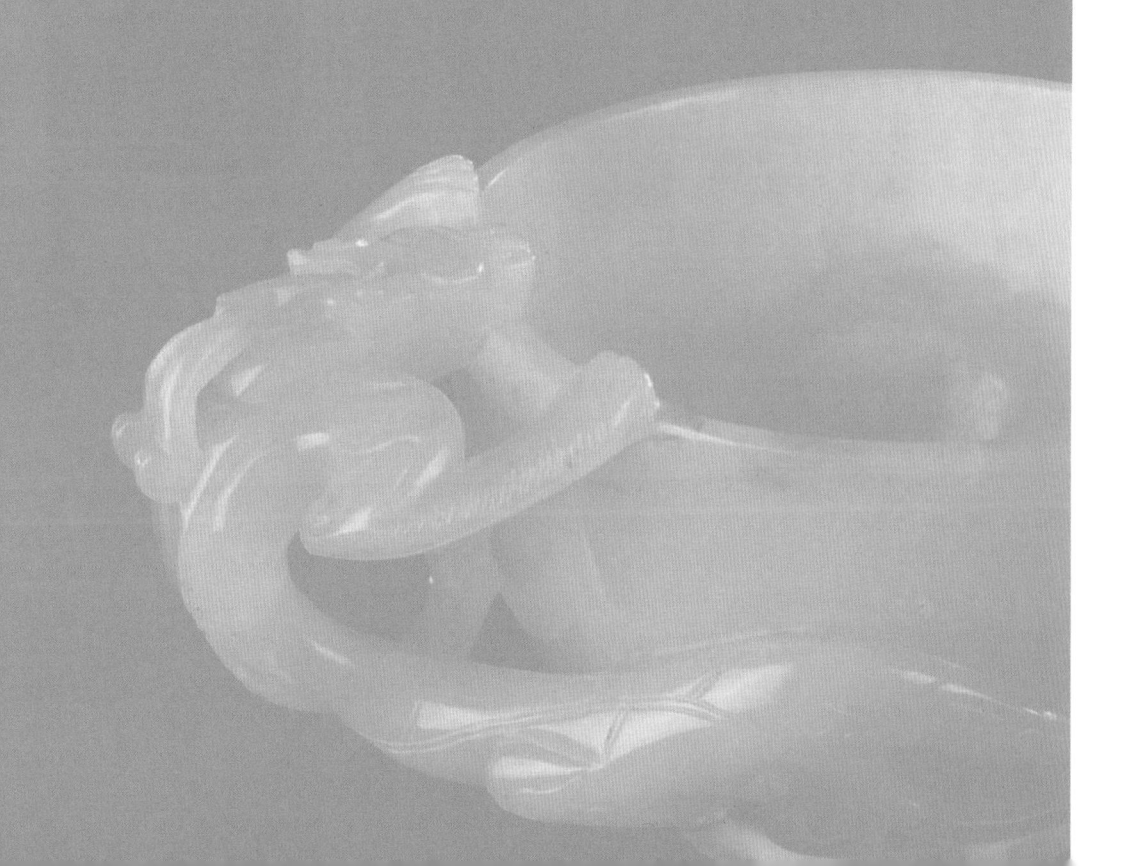

法国

3

巴黎吉美博物馆

吉美与丰富的亚洲收藏

位于法国巴黎的吉美博物馆（Musée Guimet），是以里昂工业家爱米尔·吉美（Emile Guimet，1836—1918）的名字命名的博物馆。吉美是一名工业家和古董收藏家（图3-1）。1876年，他受公共教育部部长任命，研究远东宗教。此后，他开始环球旅游，走遍了埃及、希腊、日本、中国、印度，研究这些国家的文化艺术，收集了许多珍贵的艺术品，包括许多中国和日本的瓷器，还有古埃及、希腊和罗马的物品。他以此为基础建立了自己的艺术博物馆，于1879年开始在法国里昂市展出。

图3-1 爱米尔·吉美

吉美曾经希望建立一所教授亚洲语言的学校、一座博物馆和一座图书馆，用一切可能的方式来传播亚洲宗教。1885年，他将博物馆迁至巴黎，选址于图书馆旁边，并将自己全部的收藏连同博物馆一起捐献给了国家。1889年，博物馆正式对外开放。

吉美博物馆位于巴黎第16区。起初，这个博物馆主要展示的是古埃及、古罗马、古希腊和亚洲国家的宗教文化。后来因法国的一系列对远东不同地区的考察探险收获，博物馆对亚洲文物越来越关注。例如，吉美本人就捐赠了一大批日本艺术品，此后博物馆又收集了许多日本的版画作品，形成了日本收藏的基础。1927年，吉美博物馆归属法国博物馆总部，并因此接纳了一大批探险家在中亚和中国考察探险时获得的古代艺术品。后来，博物馆又先后收到印度支那博物馆的原件真品和法国赴阿富汗考察队提供的出土文物。

2019年7月3日，我参观了吉美博物馆（图3-2）。这个博物馆的附近就有一个地铁站，交通很便利。我乘地铁来到这里，在一个不大的圆形接待厅花20多欧元买了一张参观票，便进入展厅参观。首先映入眼帘的便是柬埔寨文物展厅，见到了来自一所印度教神庙的高大的众神搅乳海石的雕像，以及众多精美的高棉王朝（Khmer Empire，802—1431）雕刻作品（图3-3）。特别是高棉王朝国王阇耶跋摩七世（Jayavarman VII，约

图3-2（上）　巴黎吉美博物馆外观（常青拍摄于2019年7月3日）

图3-3（下）　吉美博物馆柬埔寨文物展厅（常青拍摄于2019年7月3日）

图 3-4　高棉王朝国王阇耶跋摩七世的石雕头像（42厘米 x 25厘米 x 31厘米，编号：P 430，1965年来自 Faculté des sciences de Marseille，吉美博物馆提供）

1125—约1220）的头像（图3-4），被学术界奉为高棉造像的经典，体现了吉美对高棉艺术的重视。

在19世纪末20世纪初，由于当时的法国对柬埔寨的占领，使得法国有机会从柬埔寨获得大量的古代艺术珍品。在吉美博物馆建立不久，柬埔寨国王曾赠送给法国一大批艺术品，大多是从当地庙宇中得到的小雕像和建筑构件。另外，法国探险家和艺术家、收藏家路易·德拉波特（Louis Delaporte，1842—1925）对吉美的贡献至关重要。他曾经参与了19世纪下半叶的法国湄公河探险队（French Mekong expedition，1866—1868），用画笔记录了柬埔寨的地理风情和吴哥窟等历史建筑，这些珍贵资料在以后成为柬埔寨很多宗教寺庙修建复原的重要凭证。德拉波特的这些绘图手稿和来自柬埔寨的宗教雕像、建筑构件，一起构成了吉美博物馆高棉艺术的重要藏品，使该馆成为世界上第二大高棉艺术品的收藏地。当博物馆内的中庭加顶工程完成后，更多的高棉收藏品便得以展出。

从 1945 年起，法国国有博物馆的收藏进行了大规模重新组合，吉美成为国立亚洲艺术博物馆。此后，吉美博物馆将其埃及文物转让给卢浮宫博物馆，而后者则把其亚洲艺术部分作为回赠，增强了吉美的亚洲艺术品收藏的综合实力，成为亚洲地区之外最大的亚洲艺术品收藏之一。如今，吉美博物馆有 6 万多件藏品，内容涵盖亚洲大部分地区，时代纵贯 5 000 多年文明史，其中以中国藏品最为丰富，有 2 万件左右，约占总藏品的 1/3。吉美拥有超过 30 个独立的永久展厅，展示着亚洲各国的文化与艺术。

除了中国文物之外，吉美博物馆还有东南亚、印度、喜马拉雅地区、巴基斯坦、阿富汗、日本、朝鲜半岛的艺术珍品。来自阿富汗的精美玻璃器皿，中国西藏地区的唐卡和密宗仪轨使用的法器，吴哥王朝的巨大石像，制作精良的日本武士刀等，都是该馆的收藏精品。从此，吉美博物馆便以其"泛印度文化圈"丰富的艺术品收藏树立了国际声望。

吉美博物馆虽然立意于亚洲艺术，但这个亚洲艺术的概念是西方人以文化圈来划分的，并非包含所有亚洲行政区域。例如，吉美的收藏并不包括伊朗及其以西的国家和地区，那里主要是伊斯兰文化圈，这方面的艺术品收藏主要是卢浮宫在负责。而吉美的注意力主要在印度文化圈，也就是从印度创始的佛教和印度教影响所及的国家和地区。因此，吉美博物馆的收藏是以佛教和印度教艺术为主，以及这个印度文化圈内亚洲各国的其他文物。

1889 年，吉美博物馆在开馆时同时建立了图书馆，主要收藏东亚和远东艺术的考古书籍。该图书馆现收藏了欧亚各种语言图书 10 万余册，杂志 1 500 多种。由于吉美博物馆最初是宗教历史博物馆，图书馆就收藏了大量有关东方宗教（特别是佛教）的文献资料。图书馆还收藏了很多珍品，如一些欧洲语言的古版书籍，以及一些东方研究专家的手稿等。

吉美博物馆还有一个摄影档案馆，不仅拥有大量关于亚洲考古专题的摄影作品，还有很多19世纪民族与人类学方面的老照片。此外，档案馆还收藏了丰富的印度、东南亚和远东的摄影艺术作品。

吉美博物馆的有声档案馆建于1933年，由时任博物馆副专员的菲利普·斯特恩建立。当时，斯特恩意识到某些古老的亚洲传统音乐正在消失，被人们遗忘，就决定成立有声资料馆，专门保存这些濒临灭绝的遗产。目前，这个档案馆拥有1 800张78转唱片、1 000多张33转唱片，以及500多卷民族与人类学考察时录制的磁带，都是不可多得的珍贵资料。

中国文物收藏

吉美博物馆收藏有自18世纪以来获得的中国艺术品2万余件，时代跨越上下五千年。在器物方面，有新石器时代的玉器，商、周朝的青铜器以及马饰车具，历朝铜镜、古币和漆器等，还有为数众多的陶瓷器。在雕塑方面，以佛教雕塑最为精彩，还有汉、唐时期的随葬陶俑等。在绘画方面，精品是法国汉学家伯希和从敦煌获得的一百余幅唐宋绘画，绘制在绢或麻布上。馆内还收藏了宋至清代近千幅其他绘画作品。由于博物馆的空间有限，在中国展厅中只能展出其收藏的一少部分，分为"远古中国""古典中国"和"佛教中国"三大部分（图3-5）。另外，中国西藏与尼泊尔等藏传佛教文化圈的艺术品有专门的"喜马拉雅山文化"展区。

该馆的青铜器收藏也不乏珍品。有一件商代末年的青铜象尊也很罕见。它的体量庞大，长96厘米、高64厘米、宽45厘米，腹部外侧与头部刻有兽面纹，在耳、鼻、足部饰有鳞纹。从该尊背部的开口形状判断，原先应有一盖，惜已佚，象鼻的大部分被毁，但仍不失为迄今已知的动物型尊中最大的一件。

图 3-5 吉美博物馆的中国雕塑展厅（常青拍摄于 2019 年 7 月 3 日）

相传该尊出土于湖南长沙，但已无法查证，从其造型和纹饰风格来看，可能出自长江流域中部。吉美最有名的青铜器当属西周初年的青铜令簋，于 1929 年在洛阳马坡出土。该簋有双兽耳，四足方座，顶部的盖已佚，口沿部饰有一圈回首凤纹，腹部以勾连雷纹组成。

吉美博物馆的中国玉器收藏也很有特色。有一件明代的玉杯（即马萨林杯，详见下文），从路易十四（Louis XIV，1638—1715）执政时代就出现在皇家典藏录中。该馆收藏的中国古代玉器大多来自法国收藏家吉斯莱（George Sgisilet）的收藏。他于 1933 年将自己的中国玉器收藏捐献给了卢浮宫，后由卢浮宫转至吉美博物馆。吉斯莱的汉玉中最为出色的是一件西汉时期的白玉虎，表现虎侧身行走于云气之上，身体表面以阴线刻出细节，简单流利，颇具气势。

吉美收藏的中国文物以陶瓷器最多，有 1 万余件。有陶器、粗瓷、白瓷、黑瓷、青瓷、唐三彩、青白瓷、青花瓷等，涵盖了中国历史上的各种陶瓷种类，再现着中国瓷器的各种工艺。从商周时代的原始瓷到明清瓷器，各个朝代、各大窑名品几乎应有尽有，且多为精品。格兰迪迪埃尔（Ernest Grandidier，1833—1912）是法国工业家、自然学家和艺术品收藏家。1870

年以后，他曾前往亚洲的印度与中国游历，从此喜爱上了中国艺术，成为一名中国艺术专家与收藏家，以收藏中国陶瓷器为主。1894年，他将自己收藏的大部分瓷器捐给了卢浮宫，这些藏品后来都并入了吉美博物馆。由于他对吉美收藏的杰出贡献，吉美博物馆专门以他的名字命名了一个展厅。由于这样的收藏家的捐献，才造就了吉美巨大的中国陶瓷器收藏。在这些瓷器中，产自明清的最多，非常精美，而且不乏官窑精品。

吉美博物馆收藏的中国陶瓷的上乘之作，是一尊来自河北易县的辽代三彩罗汉像。还有一件元代霁蓝釉留白划龙纹梅瓶，它的通体施以深沉典雅的宝蓝色，在肩和腹的焦点位置描绘着一条蜷曲腾飞的白龙和一颗火焰宝珠，其间点缀四朵云纹，使雅致静和的宝蓝底色与动感十足的白龙形成了强烈的对比，起到了动静互补的作用（图3-6）。另外，吉美博物馆所藏的一对明天顺年间（1457—1464）青花高士纹梅瓶，产自官窑，填补了所谓的中国瓷器"天顺空白期"，因为这段时期的传世瓷器很少。

图3-6 吉美博物馆藏霁蓝釉留白划龙纹梅瓶［元代，14世纪，江西景德镇窑，编号：G1211，1894年格兰迪迪埃尔（Ernest Grandidier）赠，常青拍摄于2019年7月3日］

中国古代艺术撷英

伯希和的图木舒克塑像

法国著名汉学家伯希和考古探险队于1906年10月29日首先到达位于新疆喀什和库车之间的图木舒克村（Tumshuq、Tumxuk），在该地区一直停留到同年12月15日。伯希和在那里发现了库车绿洲西缘唯一的一处佛教大遗址群，发掘到的物品主要有佛教泥塑像、壁画、陶器和杂物、雕刻品、版画等，大获成功。图木舒克遗址是6—7世纪的佛教寺院建筑，其中一面墙壁上有精美的一排浮塑组像，表现着佛教的菩萨、飞天、信徒等，包含着一些佛本生故事内容，以宣扬佛陀的善行和神迹。如伯希和拍摄的照片所示，菩萨和飞天都有着高发髻、丰圆的西域人面相，以及健美的身材，动作自然舒展。其中的佛教信徒则具有形容消瘦但很有内在魄力的男子形象，特别是他们的高鼻深目与长胡须，应该取材于西域现实生活中的苦行僧。各种彩塑人物的布局严谨，与建筑搭配浑然一体（图3-7）。

在这些浮塑中，有一幅明确表现着一个佛本生故事（图3-8）。这块浮塑生动地描述了佛（Sujati）在前世修行时，鸟儿误以为他的头是鸟窝，在上面生蛋。为了鸟儿的安全，佛的前世一动不动继续冥想修行，直到幼鸟破壳而出，安全飞走。释迦牟尼是经过了累世修行，才最终成佛的。根据佛经记载，他的

图3-7 1906年伯希和探险队在新疆图木舒克发掘出的三幅佛教浮塑组像（6—7世纪，1906年拍摄）

图3-8 吉美博物馆收藏的来自新疆图木舒克的佛本生故事浮塑组像（6—7世纪，编号：EO1056，刘佳拍摄于2024年10月9日）

诸多前世都有感人的关于忍辱、慈悲、施舍、救助的高尚善行故事，即佛本生故事。佛经里记载了数百种本生故事，这个故事仅为其中之一。

在做完考古记录之后，伯希和毫不客气地把其中三幅大型彩塑像切割搬走了。令人遗憾的是，和他在现场发掘时所拍摄的照片相比，这三幅彩塑像在切割时就遭到了破坏，再经过辗转运输的折磨，使部分细节被丢失，特别是每组彩塑旁边的忍冬纹装饰部分。如今，这三幅彩塑陈列在吉美博物馆，失去了原生态的灵魂而显得局促生硬。

在图木舒克，伯希和还得到了许多保存完好的菩萨头像，不知是他有意从完整的菩萨彩塑身上敲掉的，还是从地下发掘出的残品。这种菩萨头像的风格比前述三组彩塑像略晚一些，是典型的图木舒克晚期的艺术作品，也是新疆古代雕塑中的杰出代表。其中的一件菩萨头像面如满月，饱满而圆润，双眉与鼻部均塑作尖棱状，有欧式特征，眼窝稍深，嘴小，微露着笑容，仍然继承着犍陀罗艺术风格。此外，该菩萨头上戴着三个由圆形联珠纹组成的花形装饰，也是犍陀罗和笈多艺术的菩萨像上常见的装饰物（图3-9）。

图3-9 吉美博物馆收藏的来自新疆图木舒克的泥塑菩萨头像（6—7世纪，36厘米×25厘米×18厘米，编号：EO1059，吉美博物馆提供）

龙门石窟莲花洞迦叶头像

河南洛阳龙门石窟的莲花洞高5.9米、宽6.22米、深9.78米，是由一所狭长而深的自然溶洞稍事修凿而成的洞窟。莲花洞的正壁没有设置宝坛，主尊佛像与二胁侍菩萨直接站立于地面的覆莲花台之上。主像释迦牟尼佛高5.1米，释迦左右的两身胁侍菩萨，南北相对站立，头部都已被盗凿。在主佛与二胁侍菩萨之间还有两身浮雕弟子像，右为阿难，左为迦叶，它们的头部都侧向主

图 3-10 河南洛阳龙门石窟莲花洞正壁主佛和弟子、菩萨（北魏，6世纪初，弗利尔与周裕泰拍摄于1910年）

佛，现已残损。从1910年的照片中我们可以看到他的相貌（图3-10）。迦叶身体呈正面，右手执锡杖，左臂平举胸前，在宽博的双领下垂的长衣下面包裹着羸瘦的身躯，领口处露出了条条肋骨。这身迦叶像的头部于1938年入藏吉美博物馆。它面容消瘦，高鼻深目，大耳垂肩，皱纹布满额头，宛如一位饱经沧桑的来自西方的域外老僧，以极度夸张的手法将迦叶的神态刻画得淋漓尽致（图3-11）。这些独到之处，使之成为人们公认的龙门北魏最佳的迦叶雕像。

图 3-11 吉美博物馆藏来自河南洛阳龙门石窟莲花洞正壁的迦叶头部（北魏，6 世纪初，编号：AA268，常青拍摄于 2019 年 7 月 3 日）

伯希和的敦煌唐宋绢画

伯希和和他的助手夏尔·奴奈特（Charles Nouette，1869—1910）于 1908 年 7 月到敦煌莫高窟考察。伯希和对汉学很有研究，知识丰富。由于他精通汉语，很快便得到了管理莫高窟的王道士的信任，允许他直接进入位于第 16 窟的藏经洞中阅读、挑选文书。他在斯坦因挑剩下的文书堆中，挑选了一些中文写本，还有一些他认为在语言学、考古学以及其他方面特别有趣的中文写本，这些都是斯坦因由于汉语语言的障碍所忽略的但是更有价值的东西。最后，他以一个重约 50 两的银元买一捆写本的价钱，选购了文书 6 000 余卷，还有 100 多幅画卷，运送到巴黎。他的写本部分藏入巴黎国立图书馆（Bibliothèque Nationale），而绘画和二十余件木雕、一大批绢幡、经帙以及各类丝织品，先是入藏卢浮宫，在 1947 年再入藏吉美博物馆。在如今的吉美博物馆中有一个展厅专门展出伯希和从敦煌、新疆带走的绘画作品，但不可能一次性全部展出，只能慢慢轮换。

图 3-12　吉美博物馆藏来自敦煌藏经洞的《千手千眼观音菩萨图》(北宋太平兴国六年，981年，绢本着色，吉美博物馆提供)

伯希和拿走的藏经洞绘画虽然没有斯坦因的多，但这两个收藏可以起到互补作用。这批绘画年代也是从唐到北宋的8—11世纪。其中有不少尊像画，表现弥勒、千手千眼观音、水月观音、救苦救难观音、不空罥索陀罗尼观音、普贤菩萨、北方天王等，也有表现佛传故事、经变、地藏菩萨与地狱十殿阎王的。这些画大部分绘在绢上，有的画在麻布上或纸上。画着菩萨的供幡也是数量可观，大约有50幅，大部分使用麻布。由于篇幅所限，在此仅举一例。

北宋太平兴国六年（981）制作的彩色绢画《千手千眼观音菩萨图》，高189.4厘米、宽124厘米，是伯希和得到的敦煌藏经洞绢画中的杰作（图3-12）。在画面的中央，观音菩萨头戴化佛宝冠，跣足直立于莲台上，莲台前有方形供台。观音的42只大手对称地分布在身体左右两侧，各持法器、宝物，其中肩上的一双大手分别举着红色日轮和白色月轮；胸前有双手合十；另有双手在胸前做说法印，还有两手于腹前做禅定印。在观音的背后有三层无数只有眼小手组成背光，背光上部中央有一身立佛。在圆形背光的上部有华盖，两侧各有一身飞天。背光的两侧由上而下对称地画出五方坐佛乘云来会，以及观音的部众眷属，包括四大天王、大辩才天女、婆薮仙、日藏菩萨、月藏菩萨、火头金刚、碧毒金刚、大神金刚、密迹金刚等。金刚左右下方两身小像为象头毗那耶哥、猪头毗那也哥。这些部众各有榜题，多达40余身。在背光与观音足下平台之间还形象地画出饿鬼乞甘露时、贫人乞钱时。

观音的下部中间为发愿文，行文自左至右，以"前绘大悲菩萨铺变邈真功德记并序"为题，墨书楷体，为供养人下属官吏"节度押衙知上司书手银青光禄大夫检校国子祭酒"汜彦兴所书。发愿文的右侧绘地藏菩萨像,他头戴风帽,身穿僧服,右手托宝珠,左手持锡杖,游戏坐于大莲台上,身后有圆形头光和背光,其右侧有榜题曰:"地藏菩萨来会鉴物时"。莲台座下有一金毛蹲狮,其右上有榜题曰:"金毛狮子助圣时"。地藏的莲台左侧绘有道明和尚向地藏菩萨合十礼敬,其上有榜题曰:"道明和尚却返时"。

发愿文的左侧绘有一身手持香炉的男供养人像,是为施主樊继寿的模拟画像。从发愿文可知,此画绘于北宋太平兴国六年(981),施主是樊继寿,其官衔为"节度都头银青光禄大夫检校国子祭酒兼御史中丞"。他头戴展脚幞头,身着黑袍,手持银色带柄香炉恭立。其身后为捧团扇和兵器的二侍从,以及手持水瓶的侍童。此画不仅表现着施主樊继寿为己建立功德的愿望,还体现着他的社会身份与地位。

马萨林明代玉杯

这件杰出的玉杯,是该馆收藏的明代玉器中的代表作(图3-13)。圆形的碗身与矮小的碗底,半透明、有纹理的白玉赋予了它高雅的气质。把手由两条面对面的螭龙组成,龙的口部和前爪紧握杯的口缘,身体、爪子、尾等都有写实的刻画。两

图3-13 吉美博物馆藏马萨林明代玉杯(16世纪,4.7厘米×13厘米,编号:MR 204-585,来自法国皇家收藏,吉美博物馆提供)

个龙身柄以完美对称的动作为杯子增添了曲线和反曲线的美感。这件玉杯有仿古意味，很可能是为当时的文人学者们对古董的喜好而设计的。事实上，自宋代（960—1279）以来，上层人士对古董的喜爱导致了玉器的回归，并呈现出一种古式装饰风格，例如玉器上的螭龙纹一直延续到明代。这件作品证明了明代玉器在欧洲的声望。

这件精美的玉杯是在明代流入欧洲的，开始是被红衣主教朱尔斯·马萨林（Cardinal Jules Mazarin，1602—1661）收藏的。马萨林是一位意大利天主教主教、外交官和政治家，曾于1642年直至逝世担任法国国王路易十三（Louis XIII，1601—1643）和路易十四（Louis XIV，1638—1715）的首席大臣。在路易十四执政时期，该玉杯进入了法国皇家典藏，之后成为路易十六（Louis XVI，1754—1793）藏品中的第80件艺术品。

清代十二叶百鸟屏风

这块非凡的屏风安装在珍贵木框上，每叶屏风框的底部都镂空雕刻着一只神兽在云中翱翔。屏风漆面的背景为金色，表现流行的"百鸟朝凤"主题，大有歌颂盛世的寓意（图3-14）。在朝廷里，凤凰是皇后的象征，它的身体在画面中远远大于其他鸟类，并且有着优雅的姿态，位于靠右的位置。凤凰

图3-14 吉美博物馆藏清代十二叶百鸟屏风（雍正三年，1725年，高263厘米、长725厘米，玫瑰木框架，镶板饰有雕刻的彩色漆，背景为金色，编号：MA 4986，1984年来自Robert Rousset Collection收藏，吉美博物馆提供）

面对着屏风中央上方被白云环绕的红色太阳——这可能是对皇权的暗示。凤凰四周绘着众多成对的鸟儿,有孔雀、雉鸡、捕蝇鸟、松鸦、鸭子、黑鸟、山雀、火鸡、夜莺、柳莺、喜鹊、八哥、鹤、鹌鹑等,在树枝和水面上嬉戏,以蝴蝶、蚱蜢和其他昆虫为食。与鸟儿为伴的植物和花卉有松树、杏树、樱桃树、牡丹、木兰、百合、绣球花、杜鹃、玫瑰、莲花、菊花和山茶花等,展现着四季的茂盛。

为了制作这种华丽的漆画,漆板被细心地刻出了图案的各种轮廓,然后在图案(包括所有树叶、花瓣、鸟的羽毛)中都填上颜色,以表现各种自然物种,再将背景全部贴上金箔。屏风背面有清雍正三年(1725)题记,是用金色写在屏风背面的深绿色丝绸上,顶部还有在金色背景上用水性涂料在纸上绘制的小幅风景画。这件高贵的屏风,原本可能属于某个皇亲国戚或高官显贵。

吉美博物馆是世界上少有的几座专门展示亚洲艺术的博物馆之一。它的建筑不算大,馆内展厅的空间也很有限,但因其藏品的质量之高而闻名于世。特别是来自中国的一些珍贵文物和艺术品,都是研究中国古代艺术史不可或缺的资料。

GERMANY

德国

4
柏林亚洲艺术博物馆

柏林国立博物馆（Staatliche Museen zu Berlin）位于德国柏林，成立于1830年，之后规模逐渐扩大。现为一个博物馆群，包括分布于全市5处的17家博物馆及若干研究机构、图书馆和支持机构，是目前欧洲最大的博物馆群。柏林国立博物馆中又以博物馆岛（Museumsinsel）上的几所博物馆最为著名。亚洲艺术博物馆（Museum für Asiatische Kunst）属于柏林国立博物馆的一个分支。

柏林亚洲艺术博物馆位于洪堡论坛（Humboldt Forum）之内，而洪堡论坛位于柏林博物馆岛上重建的柏林宫内。它的前身是独立的亚洲艺术博物馆，而该馆又是前东亚艺术博物馆（Museum für Ostasiatische Kunst）和前印度艺术博物馆（Museum für Indische Kunst）在2006年合并而成的，是世界上最大的亚洲艺术博物馆之一。馆内的收藏共计2万多件，时代跨越上下五千年，以南亚和东南亚的雕塑和中亚的雕塑与壁画艺术为重点，涵盖的国家有印度、巴基斯坦、阿富汗、斯里兰卡、孟加拉国、尼泊尔、缅甸、柬埔寨、越南、中国等。另外，还有来自中国中原地区、日本和韩国的艺术作品，分别陈列在不同主题的展厅里，并作为艺术教学之用。

前印度艺术博物馆

前印度艺术博物馆最初由普鲁士文化遗产基金会（Prussian Cultural Heritage Foundation）建立，与柏林民族学博物馆（又称"人类学博物馆""民俗博物馆"，Ethnological Museum of Berlin）位于同一座建筑之内。印度艺术博物馆是从民族学博物馆分离出来的，它的收藏最初来自民族学博物馆，而后者创建于 1873 年（图 4-1）。1904 年以后，民族学博物馆的"印度部"（Indian Art Department）逐渐闻名，因为当时普鲁士王国的著名考古学家和探险家阿尔伯特·格伦威德尔（Albert Grünwedel，1856—1935）和阿尔伯特·冯·勒柯克（Albert von Le Coq，1860—1930）都是印度部的研究人员。从 1902—1914 年，他们在丝绸之路的北段——中国新疆的吐鲁番和库车等地探险，对这些地点的很多古城、寺院和石窟寺遗址进行了考古发掘和记录，发现了大量的佛教艺术文物，并带回柏林，收藏在该馆的印度部。还在博物馆复原了一座从新疆库车地区搬来的石窟寺，里面保存有精美的壁画。

1963 年，民族学博物馆的印度部变为一个独立的博物馆，即"印度艺术博物馆"（Museum of Indian Art）。这个变化来自民族学博物馆对印度文化圈的重视，并将印度文化圈作为世界

图 4-1　德国柏林民族学博物馆（1905 年拍摄）

文明的一个重要组成部分。在他们的眼里，中国也属于印度文化圈。因此，这个博物馆就收藏有不少中国古代艺术品。当一座新馆在柏林的达勒姆（Dahlem）区建成之后，印度艺术博物馆便从原民族学博物馆的建筑中搬出，迁往新址，首次拥有了自己独立的收藏与展出空间。

前东亚艺术博物馆

1906年11月8日，柏林皇家博物馆（Royal Museums of Berlin）馆长威廉·冯·博德（Wilhelm von Bode，1845—1929）建立了柏林东亚艺术博物馆的收藏，起初位于博物馆岛上，这是德意志帝国时期建立的第二座非欧洲文化博物馆。

1907年，即东亚艺术博物馆成立一年后，时任该馆策展人的库墨尔（Otto Kümmel，1874—1952）就启程前往日本与中国等亚洲国家和地区，收购东亚各国的文物。当时的德国皇帝给驻中国和日本的德国使节发出命令，要求他们全力支持库墨尔的工作。库墨尔在中国停留了两年多，走访了北京、天津等城市的古董市场，购买了大批中国文物。库墨尔回到德国不久，就向公众展示了他的东亚之行所收集的文物，其中包括各朝代的青铜器、玉器、陶瓷、金银器、钱币、雕塑、书画、漆器等。这次展览在柏林引起了极大轰动，同时也唤起了德国人对中国文物艺术的兴趣。德国政府原本打算再次派人到中国收集各种文物，但由于第一次世界大战（1914—1918）的爆发而不得不放弃。

1923年10月9日，库墨尔策划并主持的东亚艺术博物馆在今天的马丁·格罗皮乌斯博物馆（Martin-Gropius-Bau）开幕。当时展出的中国文物，从上古到18世纪的艺术品无所不有，是当时欧洲最大规模的中国文物展。在库墨尔的一生中，他在德国和其他国家组织了无数次东亚艺术展览。

1933年，东亚艺术博物馆还展出了274件中国历代画家的作品。在展览期间，刘海粟、齐白石、张大千和徐悲鸿等中国绘画大师均来到柏林助兴，有几位甚至住了半年之久，给柏林民众留下了不少真迹。

在第二次世界大战后期，柏林东亚艺术博物馆遭到盟军的轰炸，5%的文物、整个图书馆和照片档案馆均被炸毁。博物馆工作人员将大部分中国和日本文物转移到柏林郊区的一个地下防空洞中。这些文物虽然免遭战火，但90%被后来占领了柏林的苏联红军当作战利品运往苏联的圣彼得堡艾尔米塔什博物馆（The State Hermitage Museum）和莫斯科普希金造型艺术博物馆（The Pushkin State Museum of Fine Arts）。1978年，苏联政府归还了一小部分文物给柏林，并于1990年重归该博物馆。

在二战之后的冷战时期（1947—1991），柏林的东亚艺术品收藏被分归两所博物馆。1952年起，佩加蒙博物馆（Pergamon Museum）重建于东柏林的博物馆岛（Museumsinsel），东亚艺术品被收藏于此。1961年，当柏林墙（Berliner Mauer）建起来之后，西德政府于1970年决定在西柏林策伦多夫区（Zehlendorf）修建博物馆的新建筑，是为另一座东亚艺术博物馆。东西德合并之后，1992年，这两所东亚艺术博物馆合并于柏林的达勒姆区。2000年以后，该馆继续扩大与发展。

东亚艺术博物馆收藏的文物涵盖了中国、日本、韩国。其中的强项是日本绘画，还有东亚漆器，主要来自艺术品经销商兼收藏家克劳斯·弗里德里希·瑙曼（Klaus Friedrich Naumann）。瑙曼出生于柏林，以收藏日本绘画和东亚漆器为主，长期居住在日本东京。瑙曼于1975年开始了他的收藏，主要是日本漆器。受时任东亚艺术博物馆馆长贝娅特丽克斯·冯·拉盖（Beatrix von Ragué）的启发，他在购买文物时，考虑到了柏林博物馆藏品的空白点。由于发现柏林对日本文物的欠缺，几十年来他一直活跃在日本从事艺术品交易活动，同时扩大自己的收藏。瑙曼还收藏了不少中国陶瓷器，上自新石器时代，下至 15 世纪。之后，他的藏品大部分都作为定期永久借出品，赠送给了柏林东亚艺术博物馆（现为亚洲艺术博物馆）。2006 年 11 月，为了纪念博物馆成立一百周年，他的漆器收藏增加了几件重要作品，并以"日本漆器收藏——克劳斯·F. 瑙曼收藏的漆器"为题举办了展览。他的东亚漆器至今仍是亚洲艺术博物馆的亮点之一。

在原东亚艺术博物馆，和中国有关的艺术品有 2000 多件，时代跨越了中华文化的各个时期，包括工艺美术的各个门类，如新石器时代的陶器，良渚时期的玉器，商周青铜器，汉代铜镜，唐代三彩陶俑，明代著名画家沈周、唐寅的书画，明清的漆器，清朝的青花瓷器，以及一些近代名画家的作品。

原东德建立的东亚艺术博物馆还从中国政府获赠了一批特殊的礼品。东德，全称德意志民主共和国（GDR；German Democratic Republic），1949 年 10 月 7 日成立，直到 1990 年 10 月 3 日与西德重新统一。在东德存在期间，与中国政府的关系一直友好。1959 年，中国政府赠送给东德政府一批文物，共 250 件，从新石器时代的彩陶到清代同治、光绪年间的瓷器，以祝贺两国共同的十岁生日（图 4-2）。在 1959 年，这批中国文物便交由位于佩加蒙博物馆的东亚艺术博物馆收藏。1992 年，两德的东亚艺术博物馆合并。

在 2006 年，东亚艺术博物馆与印度艺术博物馆合并，在达勒姆成立了新的亚洲艺术博物馆（图 4-3）。从那以后，由于购买和捐赠的增加，亚洲艺术博物馆的规模不断扩大。2020 年以后，亚洲艺术博物馆迁往位于洪堡论坛的新址。

图 4-2（上） 1959 年中国政府赠送东德政府的部分清代瓷器（展出地点：柏林洪堡论坛亚洲艺术博物馆，常青拍摄于 2023 年 7 月 29 日）

图 4-3（下） 位于柏林达勒姆（Dahlem）的前亚洲艺术博物馆 Bornemann 大楼入口（2014 年拍摄）

洪堡论坛里的亚洲艺术博物馆

洪堡论坛是一座展示世界人类历史和艺术文化的综合性博物馆,位于柏林历史中心博物馆岛的柏林宫(Berlin Palace)内。柏林宫,也称柏林王宫(Berliner Schloss),正式名称为皇家宫殿(Königliches Schloss),也被称为城市宫殿(Stadtschloss),是一座毗邻柏林大教堂和柏林米特区的博物馆岛的大型建筑。这座王宫最古老的部分兴建于1443年,为勃兰登堡选帝侯"铁牙"腓特烈二世(Frederick II,1440—1470年在位)临着施普雷河(Spree)兴建的。1443—1918年,它是霍亨索伦王朝(Haus Hohenzollern)统治家族的主要住所。1689—1713年,普鲁士国王腓特烈一世(Friedrich I,1122—1190)扩建了柏林王宫,成为德国普鲁士巴洛克式建筑的代表作。它是柏林最大的建筑之一,其1845年建成的60米高的圆顶是柏林的城市景观之一。

这座王宫于魏玛共和国(Weimar Republik,1918—1933)和第三帝国(Drittes Reich,1933—1945)期间作为博物馆使用(图4-4)。二战(1939—1945)末期,王宫因柏林屡遭轰炸而沦为废墟。二战后的1950年9—12月间,王宫的剩余部分被德意志民主共和国认定为普鲁士军国主义象征而遭到拆毁,在原址上兴建了新的共和国宫。1990年两德统一后,共和国宫因石棉问题而拆卸。2013年,作为洪堡论坛的总部,于原有遗址上开工重建王宫,资金主要来自募捐。是年6月12日,德国总统约阿希姆·高克(Joachim Gauck,1940—)主持了奠基仪式。重建的外观保持旧有王宫原貌,但内部采用现代设计,于2020年完工。新建的王宫四面,有三面尽力恢复了旧时巴洛克风格的外貌(图4-5),但临施普雷河的

图 4-4(上) 柏林宫(左)与威廉一世国家纪念碑(National Kaiser Wilhelm Monument to Wilhelm I,1950年被毁)(约拍摄于1900年)

图 4-5(下) 重建的柏林宫——洪堡论坛外景(常青拍摄于2023年7月29日)

东部立面保持朴素，完全没有任何巴洛克风格装饰，该面原为王宫最古老的部分。

洪堡论坛以普鲁士学者威廉·冯·洪堡（Wilhelm von Humboldt, 1767—1835）和亚历山大·冯·洪堡（Alexander von Humboldt, 1769—1859）的名字命名。威廉·冯·洪堡是德国哲学家、语言学家、政府官员、外交官。亚历山大·冯·洪堡是德国自然学家、地理学家、博物学家、探险家和浪漫主义哲学和科学的支持者，是威廉的弟弟。威廉是柏林洪堡大学（Humboldt University of Berlin）的创始人。1949年，该大学以威廉和他的弟弟亚历山大·冯·洪堡的名字命名。洪堡论坛被认为是"德国版大英博物馆"，收藏与展出柏林国立博物馆的非欧洲藏品的世界文化与艺术，于2021年7月20日正式向公众免费开放。

自2020年起，原柏林民族学博物馆和亚洲艺术博物馆均成为洪堡论坛的一部分。2023年7月28—29日，我来到洪堡论坛参观。28日这天，我只是在一位朋友的带领下随意看了看，了解了基本情况。看到为数众多的艺术品，我做好了充足的思想准备。29日在博物馆上班时便来到这里，连续奋战了6小时，连中午饭都没有吃，终于参观、拍摄完了我想要的资料。

在这个巨大的建筑里，分层展出着美洲、非洲、亚洲和大洋洲的文物、艺术和工艺美术作品，表现着这些地区的文化与历史。亚洲艺术博物馆位于三楼。来自中国的文物占有很大比重，在数个展厅展出。其中来自新疆拜城克孜尔石窟、焉耆七个星石窟、吐鲁番柏孜克里克石窟的壁画和彩塑是该馆的亮点（图4-6）。还有来自中国汉族地区的佛教雕塑作品，包括来自河北易县的一尊辽代三彩罗汉像。还有从商周青铜器到清代漆屏风的历代器物展厅（图4-7）、历代陶瓷展厅等，共同展示着中国古代艺术发展史。

图4-6（上） 柏林洪堡论坛亚洲艺术博物馆的新疆石窟艺术展厅局部（常青拍摄于2023年7月29日）

图4-7（下） 洪堡论坛亚洲艺术博物馆的中国文物展厅局部（常青拍摄于2023年7月29日）

中国古代艺术撷英

商代青铜钺

馆内展出的最著名的青铜器藏品要属一件商代钺（图4-8）。钺是殷商礼器，以代表王者的身份。这件器物高30.4厘米，刃部宽35厘米。该铜钺的独特之处在于两面的人面造型生动立体，大眼圆睁，呈现着张嘴怒目的表情，两耳竖立，毛发向上，均采用抽象艺术表现法，没有写实感。另外，人面的耳部、嘴部运用镂空技术，体现了高超的铸造技艺，在中国现存商代铜钺中属佼佼者。这件商钺是原东亚艺术博物馆于1962年从香港古玩商金才记与其儿子（T.Y. King & Sons Ltd）处购得的，据说来自河南浚县辛村。

普鲁士皇家考察队在吐鲁番的收获

20世纪初，当时服务于柏林民族学博物馆的德国考古学家格伦威德尔、勒科克等人组成普鲁士皇家考察队，先后四次在新疆地区进行探险考察，为德国带回了大量的文物。

1902年，格伦威德尔带领助手勒柯克、博物馆技术员和管理员西奥多·巴塔斯（Theodor Bartus，1858—1941）、东方学者乔治·胡特（Georg Huth，1867—1906）等人组成第一次德国中亚探险队前往吐鲁番地区进行考古调察。他们抵达高昌，考察了高昌故城，在此停留5个月后，满载着46箱佛教壁画、手写文书和雕塑回到柏林。

1904年9月，勒柯克带队第二次前往吐鲁番地区，在高昌故城和柏孜克里克石窟地区开展探险和考古活动。柏孜克里克石窟位于现在的吐鲁番市东北约40千米的火焰山主峰的陡坡上，目前已发现的石窟超过了80所，最早的大约开凿于南北朝晚期，绝大部分属于回鹘高昌国时期，个别的则可以晚到元代（1271—1368）初年。勒柯克将柏孜克里克石窟最大的第20窟中的全部

图4-8 洪堡论坛亚洲艺术博物馆藏商代青铜钺（30.4厘米×35厘米×3.5厘米，编号：1962-4，来自河南浚县辛村，柏林亚洲艺术博物馆提供）

图4-9 洪堡论坛亚洲艺术博物馆藏来自新疆柏孜克里克石窟第20窟的《沙利家族人像》壁画（9—12世纪，59.5厘米×62.4厘米×4.8厘米，编号：Ⅲ 6876 a，常青拍摄于2023年7月28日）

15幅壁画切割打包，其中最大的壁画高达3.5米，全部运回了柏林。可惜，这些大型壁画均在二战末期毁于盟军的轰炸。勒柯克还切割走了这个石窟群的其他洞窟的许多壁画，如第32号洞窟窟门两侧前壁上的《回鹘族供养人》、第25窟主室前壁《回鹘王侯家族群像》、第20窟的《沙利家族人像》（图4-9）以及第31窟的《回鹘王像》，这些都是男供养人中的佳作，反映了当时回鹘贵族的生活风俗。

72

普鲁士皇家考察队在库车与拜城的收获

　　普鲁士皇家吐鲁番考察队的后两次探险活动分别于1906年和1913年进行，目标指向了塔克拉玛干沙漠北沿的库车与拜城一带，分别进行了长达数月的工作。这里原来是古代龟兹国的中心区域，盛行佛教，而克孜尔石窟就是这个国家现存最为丰富的佛教艺术宝库，也是德国探险队工作的重要地点。克孜尔石窟，位于今拜城县克孜尔镇东南木札提河谷北岸的悬崖上，共有236所洞窟，其中有70多所保存有壁画。最早的洞窟建于3世纪末或4世纪初，最晚的建于7世纪末至8世纪初。从洞窟的形制上看，主要是用于礼拜的中心柱窟和大像窟，用于讲经的方形窟，以及僧人起居用的僧房和坐禅修行用的小禅窟等。

　　1906年2月26日，德国第三次考察队到达克孜尔石窟。考察队由四人组成，队长是格伦威德尔，队员有勒科克、巴塔斯和波尔特（H. Pohrt）。他们对这个新疆最大的石窟群做了考古调查，除了切割了一部分洞窟壁画，还发现了大量的古写本，最后成功地将包括第二次探险队所获的224箱文物带回德国。

　　第四次德国"普鲁士皇家吐鲁番考察队"由勒柯克率领，队员仅有巴塔斯一人。他们于1913年7月1日到达克孜尔石窟，主要任务就是切割壁画，打包装箱运回柏林，其数量远远超过了上一次探险。此次探险队从新疆带回了156箱文物。

　　勒柯克等人在克孜尔切割壁画时，所选择的往往是保存状态较好、表现内容丰富的作品，也就是他们眼里的精品了。所以，如今在亚洲艺术博物馆展出的克孜尔石窟壁画，都是这个石窟群的精品。在展厅里复原的克孜尔第123窟，更是其中的代表作（图4-10）。这是一所穹窿顶的甬道式中心柱窟，它的主室呈长方形，正壁中央开凿着一所圆拱形龛，原龛内的主尊佛像已佚。正壁的左右两下角处向内开凿了圆拱形甬道，二甬道通向后室并连接，形成了一个环形礼拜道。这是克孜尔石窟龟兹风格洞窟的主要窟形，主室两侧壁和正壁上保存的佛与菩

萨壁画均表现着龟兹风格。在穹窿形的窟顶绘着四立佛与四立菩萨，相互交错排列，头部均向中央，呈光芒放射状，大有古希腊、罗马艺术传统的影响，因为克孜尔的龟兹风格洞窟本身就受到来自犍陀罗艺术的影响。

如今参观克孜尔石窟时，我们很难见到彩塑作品了。但勒柯克等人当年在克孜尔石窟发掘了一些彩塑人物头像和半身像，是研究克孜尔彩塑的珍贵资料。这些人物都有着欧式面孔，有的在唇上画髭，浓密的头发塑作写实性很强，在头顶盘作发髻，有的还戴着宝冠。都是上身袒裸，装饰着项圈和璎珞。他们表现的或为菩萨，或为天人（图4-11）。

普鲁士皇家考察队在焉耆的收获

在今天的新疆焉耆回族自治县一带，是汉朝至唐朝的焉耆国所在地。从焉耆县向西北大约行走30千米，有一处保存着很多古代遗址的地方，叫七个星明屋。这是维吾尔语，意思就是"千间房子"，它是由南、北两个寺院遗址和一个小型的石窟群所组成的。在北大寺西北山的南面，大约开凿了10所石窟，

图4-10（左） 在柏林洪堡论坛亚洲艺术博物馆展厅里复原的克孜尔第123窟主室（常青拍摄于2023年7月29日）

图4-11（右） 洪堡论坛亚洲艺术博物馆藏来自新疆拜城克孜尔石窟第77窟的天人彩塑头像（32厘米×24厘米×18厘米，编号：Ⅲ7918，1905—1907年普鲁士皇家吐鲁番考察队获得，柏林亚洲艺术博物馆提供）

其中有与克孜尔石窟群中相同的洞窟形制。在 20 世纪初的几次探险中，勒科克等人就曾经对这里的佛教遗迹进行过调查与发掘，将很多精美雕塑品运到了德国。这些雕塑品绝大多数是在 7—8 世纪期间制作成的，相当于汉族内地的唐朝最盛期，也是焉耆国佛教发展的高峰期。

勒科克等人从七个星石窟带回的彩塑像现藏亚洲艺术博物馆，包括具有犍陀罗风格的坐佛像、表现正在苦行的婆罗门像，还有不少身披铠甲的武士塑像，马、象等动物形象，它们可能是为了表现特定的佛教内容而设计的。天人像是其中最具特色的彩塑，都具有浑圆的面庞，下颌稍尖，眉与鼻的塑造保持着古希腊、罗马雕塑的传统，但在整体面相上却是龟兹地区所常见的。天人的头上一般都戴着花冠，有的袒裸上身，佩戴着项圈、臂钏、璎珞、手镯等装饰；有的穿紧身衣，下半身穿长裙，体型丰满、健康。它们一般都披戴着帔帛，并且在双肩的后面绕成了大半个圆环（图 4-12），表现了丝绸之路新疆北道上天人塑像的共性。从勒柯克等人发现的这些雕塑遗物可以了解到：当年的焉耆七个星明屋不仅有规模宏大、辉煌壮观的佛寺建筑，而且在寺院与石窟当中还制作了丰富多彩的精美雕塑作品。

铁铸巫支祈像

亚洲艺术博物馆的另一件难得的珍宝是铁铸巫支祈像，大约制作于 12 世纪或晚一些时间（图 4-13）。这是一个动物像，高 39 厘米，面相胖圆，两耳竖立，头部似猴非猴，似猫非猫；有着动物的爪子，四肢与躯干又与人相近。他呈坐姿，右腿盘起，左腿弯曲

图 4-12 洪堡论坛亚洲艺术博物馆藏来自新疆焉耆七个星石窟的天人彩塑（38.5 厘米 x 20.5 厘米 x 9 厘米，编号：III 7896 b，1905—1907 年普鲁士皇家吐鲁番考察队获得，柏林亚洲艺术博物馆提供）

支撑；左臂支撑身体重心，右爪放于左腿膝上，将下颔也支撑于左腿膝上。他弯腰弓背，凝眉沉思，表情肃穆。他似乎穿着圆领紧身衣，袒裸着四肢。有长发卷曲，披于后背之上。他就是上古传说中的水神巫支祈，又叫无支奇或无支祁。

相传在上古时代，经常洪水泛滥。舜帝便召见大禹，命其

图 4-13 洪堡论坛亚洲艺术博物馆藏巫支祈铁铸像（39厘米 x 32厘米 x 38厘米，编号：1984-510，1984年汉娜·贝克·冯·拉特遗赠，柏林亚洲艺术博物馆提供）

带领民众治理水患。据9世纪的唐代小说家李公佐撰《古岳渎经》记载，大禹在治理淮河时，看到一只形似猿猴的动物，名叫巫支祈（无支祁），青躯白首，金目雪牙，颈伸百尺，力逾九象，行动异常敏捷。他经常兴风作浪，水不能泄。大禹便命令众天神与巫支祈交战，但均非其对手。最后，大禹派大神庚辰出战，巫支祈终不敌，便潜水逃跑。但庚辰行走速度更快，将巫支祈擒住。大禹下令用铁锁锁住巫支祈，关在淮阴之龟山足下，从此水患平息。江苏省淮安市龟山有无支祁的传说。有人认为巫支祈就是孙悟空的原型。

根据这个传说故事，人们相信巫支祈便是淮河的水神。他既能兴风作浪，为害人间，也能赐福于人们。后来，人们便在淮河的一座桥上供奉了四尊巫支祈铁铸像，用来镇压淮河的水患。后来这四尊巫支祈像遗失了，很可能是被古董商看中，流往海外。目前已知一尊在中国香港；另一尊原收藏在东亚艺术博物馆，现陈列在洪堡论坛的亚洲艺术博物馆；其他两尊仍下落不明。

明宣德孔雀明王铜像

孔雀明王（Mahamayuri）是大乘佛教和密教中的菩萨和女智慧王，也是佛教的护法神之一。在密教信仰中，孔雀明王被认为是毗卢遮那佛或释迦牟尼佛的化身，她的主要功能是祛毒祛病、保佑国家、祛除灾难、祈雨止雨等。藏传佛教把她作为佛母五大明王（即五位女性明王）之一。亚洲艺术博物馆收藏有一件制作精良的鎏金铜质孔雀明王像，她的形象如同菩萨，具有藏传佛教艺术风格。她头戴多瓣宝冠，面含微笑，有三面八臂，八手结印或持剑等法器，身材矫健优美，结跏趺坐于莲花台上，莲台置于孔雀背上。孔雀展翅欲飞，足下也踏有一个圆形莲台。她的身后插着孔雀毛，如同该明王的背光一般（图4-14）。

图4-14 柏林洪堡论坛亚洲艺术博物馆藏鎏金铜质孔雀明王（明代宣德年间，1426—1435，编号：31831，常青拍摄于2023年7月29日）

这尊孔雀明王是在明代皇家作坊制作的，铸有明代宣德年（1426—1435）的铭文。此像已知的最早拥有者，是柏林的一家艺术品和合同贸易公司（Kunst-und Vertagshandel Rex & Co.），1912年卖给了柏林皇家民族学博物馆，编号31831。这尊像应来自1842年起受到德国殖民势力影响的部分地区。很可能在1842年以后进入了古董市场，但也不能排除非法获取的可能性。

清代皇室珍宝

原柏林东亚艺术博物馆还收藏了十几件清朝皇帝"赠送"的珍宝。1900年爆发了义和团运动，北京大乱。德国驻华公使克莱门斯·冯·克林德男爵（Klemens Freiherr von Ketteler，1853—1900）于1900年6月20日在北京街头被清军杀死。克林德被杀，违反了国际法（如清廷熟悉的《万国公法》中"外交人员人身不可受侵犯"的原则。这一轰动事件成了引爆八国联军侵华的导火索之一。事件发生后，德国皇帝威廉二世（Wilhelm II，1859—1941）决意随同别国一起组成所谓的八国联军报复清廷。

之后，八国联军入侵，占领北京，清军与义和团战败，清廷被迫与11国签订《辛丑条约》。1901年，慈禧太后派光绪皇帝的弟弟醇亲王载沣（1883—1952）前往德国，就克林德公使被杀一事向德国皇帝道歉。载沣随身携带了一些皇室珍贵礼品，准备奉送给威廉二世。因为这些礼品是拿克林德的命换来的，威廉二世不愿接受，这批礼品就转赠给了柏林国立博物馆。这批文物包括明清两代的玉器、瓷器、书画、织品等。其中一件白玉瓶十分精美，双耳为灵芝衔环形，盖与颈部饰仿青铜器的蕉叶纹。灵芝为传说中的长生不老之药，在此象征长寿。瓶身表面有浅浮雕的穗与鹌鹑，寓意"岁岁平安"。此瓶应为当时的皇家用品（图4-15）。

图4-15 洪堡论坛亚洲艺术博物馆藏玉瓶（清代，约18世纪，编号：KGM1902,23a/b，1901年慈禧、光绪、载沣赠，常青拍摄于2023年7月29日）

佚失的北凉沮渠安周造佛寺碑

柏林东亚艺术博物馆在 1945 年以前还曾有过一件价值连城的文物——《北凉沮渠安周造佛寺碑》。据说早在 1906 年，清朝大臣、著名古董收藏家端方（1861—1911）随大清国政府代表团在欧洲考察时来到柏林东亚艺术博物馆参观，他在那里看到了这块珍贵的石碑。沮渠安周（？—460）是十六国时期北凉国的最后一位君主，匈奴支系卢水胡族人，北凉王沮渠蒙逊（368—433）第十子。沮渠牧犍（？—447）、沮渠无讳（？—444）之弟。牧犍任北凉君主时，安周被任命为乐都（今青海省海东市乐都区）太守。北凉永和七年（439），北魏攻占姑臧（今甘肃省武威市），牧犍出降，无讳据酒泉自保。安周奉无讳之命西渡沙漠，攻击鄯善。442 年，无讳率军西行，与安周会师，并占领鄯善，不久占领高昌（今新疆维吾尔自治区吐鲁番市）。北凉沮渠无讳承平二年（444），无讳死，安周继立为北凉王，不改元，南方的刘宋王朝仍封安周为河西王。承平十八年（460），柔然攻高昌，沮渠安周被杀，高昌北凉灭亡。

这块石碑刻于北凉承平三年（445），即沮渠安周被立为北凉王的第二年。碑文盛赞当时沮渠氏家族笃信佛教的事迹和建寺功德。据传原碑于清光绪年间（1875—1908）在新疆吐鲁番高昌故城出土，后被古董商发现并运出中国，几经倒手，于 1903 年卖给德国人，后入藏柏林东亚艺术博物馆。端方是个金石学家，了解这块石碑的史料价值。在东亚艺术博物馆的配合下，端方拓印了一张拓片带回中国。据传在第一次世界大战时原碑断裂。但更令人遗憾的是，原碑在 1945 年盟军攻克柏林后就消失不见了，是被盟军炸毁了，还是被人偷走了，从此下落不明。而端方的拓片也就成了孤品。

端方的拓片现藏中国国家博物馆（图 4-16）。这片拓片高 132.2 厘米、宽 85.8 厘米，共 22 行，每行 47 字，每字界以方格。该碑碑文为北凉中书郎中夏侯粲所撰。此碑为隶书撰成，但略

图 4-16 《北凉沮渠安周造佛寺碑》拓片（中国国家博物馆藏）

具楷书意味，横笔两端多呈锐角向上翘起，笔画挺拔稳健。北凉石刻本来就极为少见，此碑为研究北凉佛教情况提供了珍贵的实物资料。

在这本书中，写这个小节是最花费脑筋的，因为柏林亚洲艺术博物馆经历坎坷，离散与组合颇多，分别是最初的民族学博物馆和东亚艺术博物馆，又分散为东、西德并立的收藏，再走向统一的亚洲艺术博物馆，最后来到集非欧洲文化艺术为一体的洪堡论坛，似乎也是德国在过去一个世纪间的缩影。这些博物馆收藏中的中国古代艺术品也经历了同样的波折与坎坷。更有甚者，中国的艺术品，特别是新疆的佛教石窟壁画与彩塑，来到德国，本身就是一部辛酸史！

5

科隆东亚艺术博物馆

科隆是德国第四大城市，有 2 000 多年的历史，是莱茵地区的经济文化中心，也是德国最古老的城市之一。科隆东亚艺术博物馆（Museum für Ostasiatische Kunst, Köln）建成于 1909 年，在 1913 年对公众开放，迄今已有一百多年的历史，是德国乃至欧洲最早开馆的以东亚艺术为主题的博物馆（图 5-1）。该馆收藏的东亚艺术品，尤其是古代中国的艺术品，在数量规模和质量上都堪称德国的一座亚洲艺术宝库。

它是一座德国国有的博物馆，创始人是来自奥地利维也纳的阿道夫·费歇尔先生（Adolf Fischer，1857—1914）。1897 年，费歇尔夫妇新婚蜜月旅行，前往印度的艾哈迈达巴德（Ahmedabad）、中国香港、日本和中国台湾等地。他们把旅行中购置的艺术品运回维也纳，参加 1900 年举办的第六届新艺术派（19 世纪后期至 20 世纪前期欧洲的新艺术运动在奥地利的分支）展览。这次展览会使费歇尔夫妇萌生了建立博物馆的想法，并于 1902 年夏开始计划筹建。在当时欧洲各国兴建各种人类学博物馆的热潮中，费歇尔夫妇几经辗转，最终于 1909 年决定在科隆建立东亚艺术博物馆。费歇尔本来想在柏林建馆，但太过复杂的手续使他望而却步。当他在科隆提及这个建馆想法

图 5-1 1914 年的科隆东亚艺术博物馆（已毁于 1945 年）

时，得到了科隆市政府的大力支持。于是，他的馆址最终定在科隆，馆内的大部分展品来自他本人和他的夫人弗瑞达·费歇尔（Frieda Fischer, Frieda Bartdorff, 1874—1945）的收藏。

在费歇尔先生于 1914 年逝世之后，博物馆一直由他的妻子弗瑞达·费歇尔管理。由于弗瑞达再婚的丈夫阿尔弗雷德·维鲁什维斯基教授（Alfred Wieruszowski, 1857—1945）有犹太血统，他们在纳粹时期遭到迫害，博物馆也失去了所有的财政支持。在这样万分困难的境遇下，弗瑞达仍然设法把博物馆维持了下来，非常难得。

在二战后期，科隆遭到盟军的地毯式轰炸，90% 的建筑物被毁，东亚艺术博物馆也未能幸免。直到 1977 年，博物馆才得以重建。

图 5-2（上） 科隆东亚艺术博物馆（阿依古再丽·阿卜杜艾尼拍摄于 2024 年 11 月 1 日）

图 5-3（下） 科隆东亚艺术博物馆的中庭院（阿依古再丽·阿卜杜艾尼拍摄于 2024 年 11 月 1 日）

　　如今的科隆东亚艺术博物馆的建筑本身是著名的德国历史文化遗产。它是科隆的古典现代主义作品，内有 1 390 平方米的展厅面积，由日本著名建筑学家前川国男（Kunio Maekawa，1905—1986）设计，有着简明而朴素的外观（图 5-2）。他是瑞士裔法国著名建筑师、设计师勒·柯布西耶（Le Corbusier，1887—1965）的学生。有趣的是，博物馆内的中庭院被前川国男设计成了一个传统日本的禅宗枯山水园子，是根据日本雕塑家流政之（Nagare Masayuki, 1923—2018）所绘的图设计的（图 5-3）。将展出东亚艺术品的建筑和日本庭院设计相结合，可以给人们带来东亚文化气息之美。

费歇尔夫妇的东亚艺术品收藏

科隆东亚艺术博物馆的藏品，是以费歇尔夫妇最先收藏的日本艺术为基础形成的，包括日本佛教绘画、木雕像、屏风画、版画和漆器等。之后，该馆将其收藏扩大到了中国与韩国，陆续收藏了中国青铜器、佛教雕塑、陶瓷器、铜镜、家具、唐三彩陶俑等，以及高丽青瓷器、藏传佛教的金铜造像等（图5-4）。还有一批来自东亚的历史照片，是研究一百年前东亚国家风土人情的珍贵资料。

他们的收藏早在19世纪末20世纪初就已闻名欧洲。当时的欧洲盛行一股崇尚东方文化的热潮，尤其是对日本文化艺术的喜爱。费歇尔夫妇希望建立一个系统而全面的东亚艺术品收藏，涵盖东亚文化的各方面和各历史时期。然而，在19世纪末至20世纪初，中国还没有自己的公共博物馆。而日本已经按西方模式在东京、京都、奈良等地建立了国立博物馆，不仅展出日本艺术，还有来自中国的文物。于是，日本就首先成了向欧美输出东亚文化艺术的基地。1873年，日本首次参加了在奥地利维也纳举办的世界展览会，向西方展示日本民族的文化与艺术，引起了轰动。那一年，作为维也纳富有的工业家儿子的阿道夫·费歇尔年仅17岁，也深受影响。此后，维也纳社会掀起

图5-4 科隆东亚艺术博物馆的中国展厅之一（阿依古再丽·阿卜杜艾尼拍摄于2024年11月1日）

了日本文化艺术的热潮。

但是，直到1892年，费歇尔才首次访问了日本，作为世界之旅的一部分，给他留下了深刻的印象。从那时起，对费歇尔而言，日本就成了"我生活的轴心"。随后，他又对日本进行了多次访问旅行，包括他和弗瑞达于1897年的蜜月之旅。在日本逗留期间，费歇尔经常访问日本的博物馆，还和博物馆馆长、策展人建立了友好关系。在决定买一些重要日本文物之前，他们在这些博物馆中做了充足的研究与比较，并听取一些专家学者的意见。到了1900年，费歇尔夫妇已经收集了足够多的日本艺术品，可以在维也纳举办自己的展览了。在随后将近十年欧洲与东亚的往返中，费歇尔夫妇不断了解和学习有关东亚艺术方面的知识，通过观摩日本京都和奈良等地的博物馆藏品，并在日本学者友人的帮助下，不断地扩大自己的日本艺术品收藏（图5-5）。

同时，费歇尔夫妇从日本博物馆的藏品中认识到了中国、朝鲜等国家对日本文化的影响。于是，他们经由缅甸和日本前往中国，后来又去了朝鲜，陆续发现了中国和朝鲜文化艺术的魅力。可以说，日本是他们了解和认识东亚文化艺术的大门，欧美的很多学者和收藏家也是如此。

与在日本购买艺术品之旅相比，费歇尔的中国之行要困

图5-5 费歇尔在科隆东亚艺术博物馆的日本造像展厅（1913年拍摄，科隆莱茵图书馆Rheinisches Bildarchiv Koeln 提供）

难得多。那时的中国还没有全国性的铁路网，也没有全国通用的货币。费歇尔在中国的旅行，是从有德国租借地的山东青岛开始的。他沿着德国地理学家和摄影家费迪南·冯·李希霍芬（Ferdinand von Richthofen，1833—1905）走过的路线，乘着驴车艰难地前行。他的旅行日记记录着当时所遇，如数周的雨季、怀有敌意的民间武装，等等，我们可以从中感受到他在中国旅行的不易与险境。在北京的琉璃厂古玩街，他从中国、欧洲古玩商以及流动小贩那里购得了大量的古代艺术品，包括很多高质量的中国绘画和书法作品，还有很多降价出售的石雕、青铜器、陶瓷器、玉器等。

1904—1907年，费歇尔在德国驻北京大使馆任文化参赞（academic attaché），他的任务是帮助德国柏林的民族学博物馆购买宗教和学术资料，以及收集中国、日本的古代历史文献出版物。同时，他也被允许继续发展自己的东亚艺术品收藏。1909年，在与科隆市政府建立东亚艺术博物馆的协议达成之后，费歇尔仍然集中精力增加自己的收藏品。他收藏的进一步扩大还要感谢德国企业家阿诺德·卡尔·休伯特·纪尧姆（Arnold Karl Hubert Guilleaume，1868—1939）于1909年建立的朋友圈（Circle of Friends）基金会的资助，使他得以在1909—1912年进行了多次成功的东亚文物采购之旅，获得了大量的东亚艺术品，使他的收藏赢得了国际声誉。

在科隆东亚艺术博物馆开馆至今的一百多年时间里，该馆还陆续收藏了不少文物与艺术品。例如，汉斯-约尔根·冯·洛霍（Hans-Jürgen von Lochow）先生在20世纪70年代向该馆捐赠了一批中国青铜器和古代家具。在20世纪90年代中期，该馆向欧洲私人收藏家汉斯·威尔海姆·舍格尔（Hans Wilhelm Siegel）先生以及其他机构购买了中国佛教雕刻、青铜器和唐代瓷器等文物，为该馆的收藏增添了不少亮点。2000年，他们又向著名收藏家海因茨·葛茨先生（Heinz Gotze）购买了一批中国和日本的书法和绘画作品。但这个博物馆的规模不大，资金也不雄厚，不能像欧美的一些大博物馆那样实行定期的巨额采购。时值今日，该馆创建人费歇尔的个人收藏一直是其最主要的藏品内容。展厅里还陈列着一些从其他博物馆借来的展品。

中国古代艺术撷英

中国佛教造像、青铜器、绘画和瓷器是该馆中国艺术品中的亮点。在中国佛教造像中，有来自山西太原天龙山石窟第2窟东壁的石雕佛头像，是北齐时期的作品。还有一件少见的唐代石雕道教老君像，表现太上老君结跏趺坐于八角形覆莲座上，右手执扇，头戴莲花宝冠，身披道袍，面含微笑地俯视众生（图5-6）。这件作品与唐代佛教造像的宝座有相似之处，应是受佛教造像的影响所致。据传自河南安阳出土的一件商代晚期方彝，是该馆青铜器收藏中的杰作。该彝表面细腻的饕餮纹刻划，表现了商代高超的青铜器制作工艺（图5-7）。该馆还收藏了一批宋代的仿古青铜器，反映了宋代文人雅士对古风器物的喜爱。在该馆收藏的中国绘画中，有扇面画和挂轴画，还有清代肖像画。

作为德国的亚洲艺术品收藏先锋，该馆收藏的中国陶瓷器基本可以展示中国陶瓷发展史，上自仰韶文化彩陶，下至明清青花瓷。特别是所藏宋代瓷器，窑口比较齐全。有来自福建建窑的黑釉瓷盏，制作精美，是南宋僧俗点茶斗茶的流行用品。其口沿扣银，底釉青黑，腹部兔毫纹细密清晰，呈黄褐色；施半釉，底部露胎，胎色偏褐。除了建盏之外，该馆还收藏有宋代钧窑青瓷、耀州窑青瓷、龙泉窑青瓷、定窑白瓷、景德镇窑的青白瓷、磁州

图5-6 科隆东亚艺术博物馆藏太上老君石雕像（高56厘米，唐，7世纪末至8世纪初，编号：Bc 92,2，科隆东亚艺术博物馆提供）

图 5-7 科隆东亚艺术博物馆藏青铜方彝（高 22.5 厘米，宽 16.6 厘米，深 14.4 厘米，重量：2.2 千克，商代，前 13—前 12 世纪，编号：C 73,2，科隆东亚艺术博物馆提供）

窑器物等，展示着中国瓷器高峰时期的艺术成就。此外，还有明清时期来自福建德化窑的白瓷塑观音像等，也是欧洲人喜爱的艺术品。

修定寺唐塔砖雕

该馆藏有一块来自河南安阳修定寺唐塔的菱形砖雕舞者像（图 5-8）。修定寺塔为亭阁式砖塔，通高近 20 米。根据塔门上的题记，我们知道这座塔最晚在唐懿宗咸通十一年（870）就已经存在了，从塔上的造像风格来分析，它可能是盛唐至中唐时

图 5-8 科隆东亚艺术博物馆藏胡人舞蹈砖雕（高 64.1 厘米，宽 47.6 厘米，唐，9 世纪，来自河南安阳修定寺塔，编号：DL 93,7，科隆东亚艺术博物馆提供）

期的作品。从塔身的整体情况看，原来的意图是想将这座亭阁式塔装饰成一个宝帐的形式，它所要体现的佛教思想内容，就呈现在这个模拟的宝帐表面。

门楣正中的雕刻是修定寺塔的主要形象：中间是一尊倚坐佛像，两侧是弟子与菩萨等胁侍像，代表着弥勒佛已经下生人间，正在为大众说法。除此之外，在整个塔身外壁的表面布满了砖雕内容，都是用刻模制作的矩形、菱形、五边形、三角形等雕砖拼砌而成，共计三千多块，其中以菱形的雕砖为主。菱形雕砖的内容都是有规律地排列着的，其中的骏马、火焰宝珠、美女、法轮、大象、老年长者、威武的将军等一组形象连续循环地出现，构成了塔身雕刻的主体内容，以表现未来弥勒佛国的七件宝贝：象宝、马宝、摩尼珠宝、轮宝、玉女宝、主藏臣、主兵臣等。菱形雕砖还有舞者形象。如（图5-8）这件砖雕的胡人跳舞形象，既表现了当时唐朝和中亚各国的文化交往，也宣扬了弥勒佛国的繁荣盛况。

明代闵齐伋《西厢记》版画

科隆东亚艺术博物馆藏有明崇祯十三年（1640）闵齐伋刊《西厢记》版画，在明末私刻本中富有盛名。这套作品共21幅，采用六色套印，极为精彩（图5-9）。民国时期，在中国行医的德国眼科医生亚当·布洛伊尔（Adam Breuer）于北京购得这套版画。那时，21幅作品都经过了分别装裱，如现存状态。此后，布洛伊尔的儿子——任职于德国驻日本东京大使馆的外交官，继承了这套版画。1962年，时任东亚艺术博物馆馆长的沃纳·斯佩塞尔（Werner Speiser，1908—1965）从布洛伊尔的遗产中获得了这套版画。在这套版画中，除了标号为"第一"和"第十五"的两幅中可见闵齐伋的字"寓五"题记与钤印外，没有其他专门的解释文字。博物馆的研究员最终确认了这套版画实

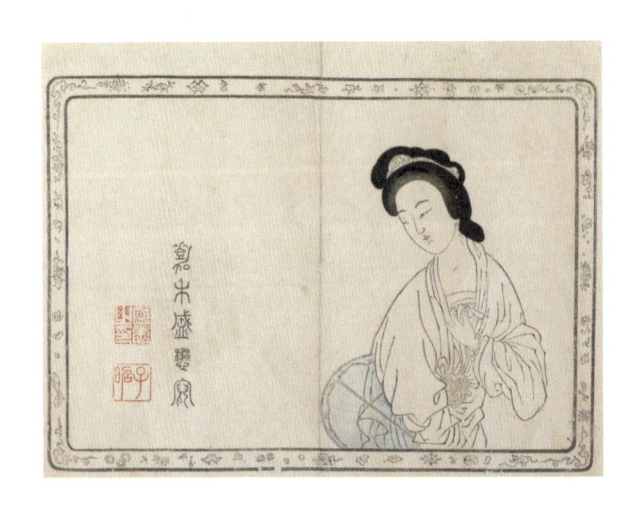

图5-9 科隆东亚艺术博物馆藏崔莺莺肖像版画（25.5厘米 x 32.2厘米，六色印刷的木刻，明闵齐伋《西厢记》版画扉页，明崇祯十三年，1640年，编号：R 62,1，科隆东亚艺术博物馆提供）

为《西厢记》的插图。

闵齐伋的这套中国木刻版画作品创作于明崇祯十三年，展示了元代王实甫的戏剧《西厢记》中的场景。在扉页上有女主人公崔莺莺的画像，版画中的签名和印章为闵齐伋。闵齐伋（1580—？），字及武，号寓五、遇五，乌程晟舍（今浙江省湖州市吴兴区织里镇）人，明末出版家。他曾入国子监，家资丰厚，好藏书、著述、刻书。在明万历、崇祯年间，闵齐伋以朱墨、红黑蓝三色或红黑蓝橙黛五色分别套印正文、批点、评注、插图的形式出版图书，风行一时。这套《西厢记》便是他的作品之一。在第 15 页上有日期"庚辰"，表示 1640 年，表明闵齐伋在这一年仍然健在。这些版画描绘了剧中的重要场景：书生张君瑞在前往京城赶考的途中，在普救寺夜宿，遇到了与母亲一起在那里住宿的崔莺莺，两人产生了感情。在详细描绘画中人物的年龄、性别、服装、发型和珠宝方面，都有准确无误的表现。这本画册还展示了人物和室内装饰、动物和植物以及风景之间的关系，以配合故事情节的发展。

图 5-10 科隆东亚艺术博物馆藏静宜园玉玺（清乾隆十一年，1746 年，编号：H 11,2，科隆东亚艺术博物馆提供）

清代静宜园宝玺

科隆东亚艺术博物馆的镇馆之宝，当数清静宜园的玉玺。这方玉玺为青玉质，方形，上有交龙纽，通高 8.5 厘米，印面 9.5 厘米见方，有汉文篆书"静宜园"（图 5-10）。原印所附的黄色绶带已遗失。印台四周阴刻乾隆皇帝御制《静宜园记》，叙述静宜园的建造原委、过程以及命名由来。题记最后署"乾隆丙寅御笔"，并有钤印"乾隆"。如与现存清代玉玺比较，此玺的形制、材质、钤文书法和章法等，均与清廷内府制印的标准契合，应属皇家印玺系列之一无疑。

这件玉玺是费歇尔夫妇于 1909—1912 年间第二次赴东亚旅行途中购得的。他们于 1911 年 6 月 14—25 日在北京停留，在其 6 月 23 日的日记中，费歇尔专门记述了这枚玉玺是从北京一古董商处购得，并初步解读了印玺上的部分诗文，指出"静宜园"即为香山，是乾隆皇帝最喜欢的皇家园林之一。但该玺入藏东亚艺术博物馆后便一直收藏在库房中。直到20世纪90年代初期，这枚玉玺才得以展出，与观众见面。

静宜园，位于北京西郊香山，是清代皇家园林之一，与圆明园、畅春园、玉泉山的静明园、万寿山的清漪园合称"五园"。康熙皇帝于康熙十六年（1677）在香山寺附近营造行宫，而乾隆皇帝于乾隆八年（1743）曾前往游玩，并于乾隆十年在此增建若干区，于乾隆十一年建成，赐名"静宜园"，并御题园中二十八景。静宜园如圆明园一样设置有"勤政殿"，是乾隆皇帝驻跸静宜园期间处理重要政务的地方。

刻在该玺四周的《静宜园记》说："名曰静宜，本周子之意。"这里的"周子"即北宋时期的官员、文学家、理学家周敦颐（1017—1073）。周敦颐的哲学著作现存有《太极图》《太极图说》和《通书》。其中的《太极图说》谈到了"主静立人极"的伦理观。他认为太极的"一动一静"掌握了"化生万物"。与这种"妙合"相应的是社会的等级秩序"合理性"。因为人是"得其秀而最灵"，总是有强烈的感情和欲望。如果"民之盛也，欲动情胜，利害相攻，不止，则贼灭无论焉"（《通书》）。因此，他提出了三字诀，其中之一曰"主"，就是"主静"，因为"欲动情胜"是不可收拾的，只有"主静""慎动"，才能深入考察"动而未形有无之间"的苗头，即所谓"灭人欲"。因此，圣人与天地合其德，日月合其明，四时合其序，鬼神合其吉凶。这一理论无疑迎合了帝王的理念，深得乾隆皇帝的欢心。因此，乾隆皇帝说"静宜"是"有合于先天也""动静有养，体智仁也"。这就是"静宜园"玺的本意。

ITALY

意大利

6

从图齐到罗马国立文明博物馆

罗马国立文明博物馆（Museo della Civiltà Romana）位于意大利罗马南部 EUR 区，是意大利规模最大的国立综合性博物馆。该馆的亚洲部由国立史前和民族博物馆"路易吉·皮戈里尼"（Museo Nazionale Preistorico ed Etnografico "Luigi Pigorini"）和国立东方艺术博物馆"朱塞佩·图齐"（Rome's National Museum of Oriental Art "Giuseppe Tucci"）的藏品组成，这两个博物馆于 2016 年合并。

罗马国立东方艺术博物馆

国立东方艺术博物馆"朱塞佩·图齐"，是位于意大利罗马的一所专门收藏与展出东方艺术的博物馆，藏品涵盖的地理范围西自中东，东至日本，中国艺术品占了很大比重。该馆建立于 1957 年，1958 年对公众开放，原来位于埃斯奎利诺区（Rione Esquilino）的梅鲁拉纳路（Via Merulana）248 号（图 6-1）。这里是布兰卡乔宫（Palazzo Brancaccio）的旧址，是罗马建造的最后一座贵族宫殿。该馆建立的宗旨是"为我们的国家提供一个所缺乏的研究所，尽管意大利拥有悠久的东方主义传统研

图 6-1（左） 原罗马国立东方艺术博物馆——布兰卡乔宫旧址（国立东方艺术博物馆提供）

图 6-2（右） 原罗马国立东方艺术博物馆——布兰卡乔宫旧址入口（常青拍摄于 2019 年 7 月 8 日）

究"（见总统令第 1401/1957 号）。

布兰卡乔宫由美国人玛丽·伊丽莎白·布拉德赫斯特·菲尔德（Mary Elizabeth Bradhurst Field）资助修建，她是纽约上流社会的一位富有的女士，她的女儿伊丽莎白嫁给了意大利那不勒斯的萨尔瓦多·布兰卡乔王子（Salvatore Brancaccio）。玛丽·伊丽莎白于 1879 年从罗马市政府购买了这处地产，其后于 1886—1922 年进行了建设。这座宫殿后被布兰卡乔拥有。从 1958 年 6 月 16 日至 2017 年 10 月 31 日期间，这里是朱塞佩·图齐国立东方艺术博物馆所在地。

2019 年 7 月 8 日，为了探寻国立东方艺术博物馆所藏的中国艺术品，我来到了罗马埃斯奎利诺区的梅鲁拉纳路 248 号，这是一栋传统的欧式四层大楼。但见大门紧闭，门内无一人值班（图 6-2）。看了门上贴的通知，才知这个博物馆已于 2017 年关闭，搬往了罗马南部 EUR 区，如今属于那里的文明博物馆（Museo delle Civiltà）的亚洲部。

朱塞佩·图齐

罗马国立东方艺术博物馆之所以最初命名为"朱塞佩·图齐"，是因为其收藏的基础是一批来自尼泊尔、中国西藏、拉达克（Ladakh）的文物及艺术品，由朱塞佩·图齐（Giuseppe Tucci，1894—1984）在其1928—1948年赴这些地区考察时获得的。朱塞佩·图齐是意大利著名的东方文化学家、印度学家，专攻西藏文化及佛教历史，在藏学界、东方学界具有崇高的国际声望。

图齐生于意大利南部玛切拉塔城（Macerata）的一个中产阶级家庭。在进入大学之前的1911年，不满十八岁的他自学了希伯来语、中文、梵文等语言，还在著名的杂志《日耳曼考古研究所评论》（Review of the Germanic Archaeological Institute）上发表了一篇研究一组拉丁文题记的论文。1915年，他进入罗马大学学习，在学习期间曾入伍，参加过第一次世界大战。图齐在1919年从罗马大学文学系毕业后，进入众议院图书馆工作。在1925—1930年间，他来到印度，在维斯瓦巴拉蒂大学（Visva-Bharati University）学习佛学、藏文和孟加拉语，同时也在达卡大学（Dhaka University）、贝拿勒斯大学（The University of Benares）、加尔各答大学（Calcutta University）教授汉语和意大利语。1931年，图齐回到意大利。

图齐学识渊博，研究范围广泛，从古代伊朗宗教到印度与中国哲学，无不涉猎。1931年，那波利东方大学（University of Naples "L'Orientale"）任命他为首任中国语言文学教授。1932年他转入罗马大学文学系和哲学系，教授印度和东方宗教、哲学。他还曾在欧洲和亚洲的一些研究机构做访问学者。1933年，在罗马，他发起创建意大利中东和远东研究所（Italian Institute for the Middle and Far East, IsMEO）。这个研究所是被当作"直接依赖于墨索里尼的道德机构"而建立的，在1945年被关闭。在此期间，意大利著名哲学家乔瓦尼·秦梯利（Giovanni Gentile，1875—1944）担任该院院长，图齐先担任该院执行副院长（Managing Vice-President），之后担任语言类课程主任。

1936年11月至1937年1月，图齐正式访问日本，参加了在东京举行的意大利—日本研究所（Italian-Japanese Institute）开幕式。图齐访问了日本很多地区，并演讲关于中国西藏和种族纯净论（racial purity）的主题。图齐是一位语言天才，能够流利地使用数种欧洲语言，以及梵语、孟加拉语、巴利语、普拉克里特诸语言（是对前3世纪到8世纪印度使用的一系列印度—雅利安语支语言中的土语的统称）、汉语、藏语等。二战以后，他在罗马大学教书直至逝世。

图齐被认为是欧洲佛教研究领域的奠基人之一。特别是他对中国西藏地区的调查与研究，不仅奠定了他在欧美藏学研究的权威地位，他的著作至今仍被学术界奉为经典。图齐于1929—1948年间先后在喜马拉雅西部地区、中国西藏、巴基斯坦士瓦特（Swat）、阿富汗加兹尼（Ghazni）、伊朗波斯波利斯（Persepolis）等地进行了8次卓有成效的科研考察，带回了大量藏文资料和文物（图6-3）。他是意大利国立东方艺术博物馆的筹划者之一，该馆收藏的建立即以他带回的文物为基础。在第二次世界大战期间，他还曾从军参战。

在20世纪50年代，图齐又多次到尼泊尔、巴基斯坦、阿富汗进行考古发掘，也获得了很多文物。他曾主持编辑《意大利中东和远东研究所集刊》（1935—1943年，1936年更名为《亚洲》）、《科学的神秘和神秘的科学》《东方与西方》等学术刊物，以及"罗马东方丛书"。1978年，由于他在亚洲文化与艺术方面的杰出成就，使他获得了由印度政府颁发的"贾瓦哈拉尔·尼赫鲁国际理解奖"（The Jawaharlal Nehru Award for International Understanding）。1979年，图齐与法国历史学家欧内斯特·拉布鲁斯（Ernest Labrousse，1895—1988）并列获得了巴尔赞奖中的历史学奖（Balzan Prize for History）。巴尔赞奖是世界上最负盛名的学术奖项之一。国际巴尔赞奖基金会每年向在国际学术界的人文、自然科学、文化与和平领域取得杰出成就的个人或组织颁发四项奖金，包括文学、道德科学和艺术领域的两个奖项，物理、数学、自然科学和医学领域的两个奖

图6-3 图齐在西藏与西藏官员合影（拍摄于20世纪30年代）

项。图齐能够获此奖项，足见他在国际学术界的声望之高。

图齐一生论著极多，共有360多部专著与论文。关于藏传佛教艺术的著作主要有《西藏的寺院》《图齐西部藏区学术考察报告》《西藏画卷》《西藏宗教史》《西藏：雪域》等。其中部分专著和论文已译成汉文，受到中国学术界的重视。

人无完人，图齐也不例外。这位学术界的耀眼明星，在政治上却是一个糊涂虫。在他的研究事业鼎盛时期，图齐是一位意大利法西斯主义和墨索里尼（Benito Mussolini，1883—1945）的支持者，用他研究的亚洲传统思想来支持意大利法西斯的意识形态运动。他的很多科研活动都是在墨索里尼领导下进行的，最开始的合作伙伴便是时任罗马大学哲学史教授的秦梯利，后者也是墨索里尼的亲密朋友和合作者。图齐从在罗马大学学习时就与秦梯利合作，一直持续到1944年秦梯利被意大利游击队暗杀。

图齐还直接参与了为意大利法西斯政府服务的工作。1936年11月至1937年1月，图齐担任驻日本的墨索里尼的代表，他的工作目的就是为了促进意大利和日本之间的外交关系，着力于轴心国法西斯主义的宣传。为了墨索里尼的利益，1937年4月27日，他在日本广播电台用日语作了演讲。在日本，他十分积极地为使意大利加入"反共产国际条约"（Anti-Comintern Pact）铺平了道路，该条约于1937年11月6日签署。为了意大利，他曾经撰文谴责20世纪30—40年代的欧洲理性主义，向往一个与大自然接触的真实存在。他声称这个存在可以在亚洲找到，那就是中国西藏。在图齐看来，中国西藏是一个生态学上的天堂和永恒的乌托邦，受工业化干扰的纷乱的欧洲可以在那里躲避并找到一种宁静，因为那里的文化也可以治愈西方人的疾病。总之，欧洲人可以在中国西藏找到他们自己的可以回归到过去的原始状态。

1984年，图齐逝世于罗马附近的卡瓦列里圣保罗教堂（San Polo dei Cavalieri）。

罗马国立史前和民族博物馆

路易吉·皮戈里尼国立史前和民族博物馆也是意大利国家博物馆,以其创始人——意大利考古学家和政治家路易吉·皮戈里尼(Luigi Pigorini,1842—1925)的名字命名。该博物馆的前身为皇家史前和民族博物馆(Regio Museo Preistorico ed Etnografico),于1876年3月14日由创始人路易吉·皮戈里尼在罗马市中心的罗马学院宫(Palazzo del Collegio Romano)侧翼落成。自博物馆建立之后,通过捐赠、交换和购买的方式,该馆的藏品不断丰富,并获得了不少珍贵文物。

1962—1977年间,博物馆迁至位于罗马南部EUR区的古列尔莫·马可尼广场(piazza Guglielmo Marconi)的科学宫(Palazzo delle Scienze),即现今该博物馆所在地。这座建筑以典型的长方形和方形线条为特征,最初是为1942年世界博览会期间举办的世界科学展览而设计、建造的。但这个博览会由于第二次世界大战的爆发而从未举办过。在这里,博物馆保留了原来的两个部门,一个展出意大利的史前史,一个展出来自世界一些地区的民族学资料。2011年,被解散的非洲博物馆的藏品也汇聚于此。

罗马文明博物馆

自2016年9月起,史前和民族博物馆与其他三个机构在马可尼广场的科学宫合并,成立了新的文明博物馆(图6-4),形成了意大利规模最大的国家博物馆。它们是:国立史前和民族博物馆、国立流行艺术和传统博物馆(Museo nazionale delle arti e tradizioni popolari)、中世纪早期国立博物馆(Museo nazionale dell'Alto Medioevo)、国立东方艺术博物馆。这个新博物馆是将四个国立博物馆的藏品集中在一个管理机构内,并被赋予了特

图 6-4 罗马国立文明博物馆
（常青拍摄于 2019 年 7 月 9 日）

殊的自主权。这四个博物馆此前是分开的，其中三个博物馆已经位于古列尔莫·马可尼广场的各自位置。还有两个被解散的博物馆的藏品，即非洲博物馆和国立地质博物馆。将这些博物馆联合起来，从跨学科的角度促进藏品的整合，试图创建展示世界文化艺术的现代人类学博物馆。

在文明博物馆——这个新组成的综合性博物馆里，各种收藏交相辉映，汇合成了一股文化艺术潮流，可以更加丰富多彩地展出来自世界大部分地区的历史与文化艺术，包括来自意大利、欧洲、非洲、亚洲、美洲、大洋洲的文物、艺术与民族学资料，以及现当代艺术。原国立东方艺术博物馆的藏品展出在国立史前和民族博物馆所在的大楼内。

亚洲与中国艺术品收藏

一个博物馆建立了自己的收藏后，不论开始时是多么单一，之后都会力争使自己的收藏成为综合性的，其目的是为了使观众能在自己的博物馆里全面了解所展示的文化圈的艺术面貌。罗马国立东方艺术博物馆和国立史前和民族博物馆也不例外。这两所博物馆在建立后不断扩大收藏，力图建立一个综合性的亚洲艺术博物馆。时至今日，合并到文明博物馆的两馆亚洲收藏已经拥有了来自中国、印度、巴基斯坦、泰国、缅甸、韩国、日本、越南、柬埔寨、印度尼西亚等国家和地区的文物，时间跨越上下五千年，可以向观众展示亚洲国家最基本的文化艺术。

"路易吉·皮戈里尼"国立史前和民族博物馆的亚洲藏品超过1.5万件，大部分是19—20世纪在亚洲的外交官、旅行者、商人、学者和艺术家购买和赠送的。这些藏品大多是在这些亚洲国家与西方国家关系还不是很密切的时候收集的。例如，意大利雕塑家文森佐·拉古萨（Vincenzo Ragusa，1841—1927）1876—1882年间居住在明治时期的日本，他向日本引进了欧洲的青铜铸造技术，以及木头、黏土、石膏和钢丝骨架的新造型方法，对现代日本雕塑艺术的发展起到了重要作用。他的日本收藏品有4 172件，包括青铜和陶瓷花瓶、青铜小雕像、武器、乐器、漆器、衣服、面具、绘画、木刻和日常用品等。拉古萨于1888年和1916年两次出售给博物馆的日本藏品，就是他在日本逗留期间收集的。

国立史前和民族博物馆的亚洲藏品还包括意大利驻华领事翻译朱塞佩·罗斯（Giuseppe Ros）的藏品，他于1924年将其收藏的2 000件与中国家庭生活有关的民族学物品捐赠给罗马皇家国立史前和民族博物馆。意大利探险家、动物学家、画家和博物学家莱昂纳多·费亚（Leonardo Fea，1852—1903）的藏品，由缅甸原产的自然史物品组成，由博物馆于1889年购买。此外，皇家博物馆还收购了意大利动物学家和人类学家恩里科·希利尔·吉廖利（Enrico Hillyer Giglioli，1845—1909）的藏品，其中以中国和日本的玉器最为突出；还有一批来自中国西藏的佛教崇拜物品。孟加拉音乐学家拉贾·苏林德罗·莫洪·泰戈尔（Raja Sourindro Mohun Tagore，1840—1914）捐赠给意大利国王维托里奥·埃马努埃莱二世（Vittorio Emanuele Ⅱ，1820—1878）的非凡印度乐器收藏，由埃马努埃莱二世于1879年赠予皇家博物馆。

罗马国立东方艺术博物馆以朱塞佩·图齐命名，该馆目前的藏品包括以下地理文化圈：近东和中东、伊斯兰世界的考古学和艺术、南阿拉伯古物、印度、犍陀罗（即巴基斯坦北部地区）、尼泊尔、缅甸、泰国、中国、韩国、日本、越南、柬埔寨。

东方艺术博物馆收藏了不少来自中国西藏、尼泊尔的金属合金造像、陈设品和宗教礼器。目前在博物馆展出的文物与意大利国际公认的当代藏学之父朱塞佩·图齐的生活和工作密切相关。这些藏品包括唐卡、金属合金造像、壁画、家具和佛教法器，以及珠宝和家具零件等。在布料上绘制的唐卡和压印而成的擦擦是其中的代表物。无论是质量还是种类的齐全，都使该馆成为世界上最重要的中国西藏艺术品收藏之一。另外，图齐的妻子弗朗西斯卡·博纳迪（Francesca Bonardi）于 2005 年还向该馆捐赠了总计 5 000 件藏品，极大地丰富了博物馆的喜马拉雅艺术品收藏。

东方艺术博物馆最初的核心藏品是由当时的意大利中东和远东研究所存放的发现物及其在伊朗、阿富汗和巴基斯坦进行的考古发现物组成的。该馆来自犍陀罗地区的艺术品，是由意大利中东与远东研究所组织的赴巴基斯坦士瓦特（Swat）的布特卡拉佛塔（Butkara Stupa）、巴里科特（Barikot）、潘尔（Panr）、阿利格拉马（Aligrama）以及其他佛教与史前人类学遗址考古调查团获得的（图 6-5）。还有一部分收藏来自阿富汗的苏丹马斯乌德三世宫殿（The Palace of Sultan Mas'ud III），它是位于阿富汗加兹尼的加兹纳维德宫殿（Ghaznavid palace in Ghazni），该宫殿由加兹纳易卜拉欣（Ibrahim of Ghazna）之子苏丹马斯乌德三世（1099—1115 年在位）于 1112 年建造。另外，还有一些藏品是来自阿富汗的加兹尼（Ghazni）的塔佩·萨达尔（Tape Sardar）佛教寺院遗址，以及伊朗东部地区的沙赫尔-苏赫特（Shahr-e-Sokhteh）史前城址。

随后，在意大利政府的努力下，东方艺术博物馆的藏品不

图 6-5 罗马国立文明博物馆展出的犍陀罗雕塑艺术（常青拍摄于 2019 年 7 月 9 日）

断增加。自博物馆成立以来，意大利政府在古物市场上购买了许多藏品，还吸纳了不少捐赠物，包括来自帕提亚时代的珍贵浮雕，来自印度、泰国、缅甸和巴基斯坦的文物。1960 年韩国给该馆捐赠了一批重要的高丽、朝鲜陶瓷器，曼利奥·菲亚基（Manlio Fiacchi）和安东尼娅·吉桑迪（Antonia Gisondi）于 1970 年向该馆捐赠了中国藏品，还有艺术家捐赠的韩国当代艺术作品等。蓬佩奥·卡罗特努托（Pompeo Carotenuto）在 2017 年给该馆捐赠了从铁器时代到帝国时代的大量伊朗重要陶瓷器。此外，图齐的妻子弗朗西斯卡·博纳迪的捐赠进一步丰富了博物馆目前约 4 万件藏品的内容。

文明博物馆收藏有从新石器时代到 20 世纪的中国文物，包括陶瓷器、青铜器、玉器、雕塑、绘画和纺织品等。展出的作品有仰韶文化彩陶；商周的爵、鼎、簋、觚等青铜器；汉代陶俑、唐代三彩陶俑和器物；宋元瓷器、铜石木佛教造像；明代墓葬陶俑；明清时期的青花瓷器、单色瓷器，还有明代仿古铜器等。展厅聚焦于从印度经丝绸之路传入中国的一些与佛教有关的艺术作品，其中有一尊北魏孝昌三年（527）石雕背屏式佛立像，一尊造于北齐或隋代石雕菩萨立像，有四件来自山西太

图6-6 罗马国立文明博物馆藏山西太原天龙山石窟的唐代石雕佛头像（常青拍摄于2019年7月9日）

原天龙山石窟的唐代佛与菩萨头像（图6-6），一尊金代木雕菩萨像，和来自福建德化窑的明代白瓷塑佛、菩萨、达摩、福星像等，是该馆收藏的精品（图6-7）。这些文物质量虽好，但谈不上是世界上独一无二的中国艺术品，因为类似的文物在别的机构也有收藏。这应是该馆中国收藏的欠缺之处。但作为一个欧洲综合性博物馆中的中国部分，向观众宣传中国的文化与艺术，还是能起到积极作用的。

图 6-7　罗马国立文明博物馆藏福建德化窑白瓷塑文殊菩萨坐像（常青拍摄于 2019 年 7 月 9 日）

图 6-8 罗马国立文明博物馆的中国艺术展厅局部（常青拍摄于 2019 年 7 月 9 日）

2019 年 7 月 9 日，我来到了文明博物馆。这里是由两座巨大的理性主义风格建筑组成的博物馆，中间由巨大的柱廊相连接。位于右侧的是"路易吉·皮戈里尼"国立史前和民族博物馆，而位于左侧的是国立流行艺术和传统博物馆。在国立史前和民族博物馆的展厅里，我见到了该馆和原国立东方艺术博物馆的一些中国收藏品（图 6-8），和日本、韩国、印度等国的文物共同展出在同一个展厅里。实话说，在欧美博物馆的亚洲展厅里，这里的展品数量和布展面积都是很小的，无法展示完整的中国艺术发展史，远不如原东方艺术博物馆在布兰卡乔宫的展出规模。因此，从中国艺术史的角度来看，文明博物馆的新整合不是一个进步。

我参观文明博物馆时，时值 7 月盛夏，馆内参观人数极少，当时在亚洲展厅里只有我一人。不知为何展厅里没有空调，又闷又热。我当时心想：都建馆两年了，为何没有空调呢？难道该馆刚刚对外开放吗？我还猜测：可能是因为参观的人太少了吧，为了节约用电，就不开空调了！

NETHERLANDS

荷兰

7

阿姆斯特丹国立博物馆

　　阿姆斯特丹国立博物馆（Het Rijksmuseum Amsterdam），位于阿姆斯特丹博物馆广场（图 7-1）。这是一座气势恢宏的宫殿式建筑，藏有大量世界知名的艺术珍品。国家博物馆研究图书馆（Rijksmuseum Research Library）是该博物馆的一部分，也是荷兰最大的公共艺术史研究图书馆。该馆与海牙莫瑞泰斯皇家美术馆（The Mauritshuis）和鹿特丹博伊曼斯·范伯宁恩美术馆（Museum Boijmans Van Beuningen）并称荷兰三大美术馆。

图 7-1　阿姆斯特丹国立博物馆
（常青拍摄于 2019 年 6 月 26 日）

从国家画廊起步

1795 年巴达维亚共和国（Batavian Republic）成立时，时任财政大臣的艾萨克·戈吉尔（Finance Isaac Gogel）认为应当依照法国卢浮宫（The Louvre）来建造一所国家博物馆，以防止荷兰王室所收藏的艺术品散失。同时，这也是国民的兴趣所在。但直到 1798 年 11 月 19 日，政府才决定启动建造博物馆的计划。1800 年 5 月 31 日，阿姆斯特丹国立博物馆的前身——皇家艺术展览室或国家画廊（Nationale Kunst-Galerij）在海牙（The Hague）的豪斯登堡（Huis ten Bosch）成立，当时的藏品主要是来自荷兰省督（Dutch stadtholders）捐赠的 200 幅画作。

1805 年，国家画廊迁到了海牙的布伊滕霍夫（Buitenhof）的亲王威廉五世画廊（Prince William V Gallery）。威廉五世（William V，Willem Batavus，1748—1806）是奥兰治亲王（Prince of Orange），也是荷兰共和国最后一位总督。1795 年，他流亡至伦敦。此外，他还是奥兰治–拿骚公国（Orange-Nassau）的统治者，直至 1806 年去世。其子威廉继承了这一职位。该画廊由奥兰治亲王威廉五世于 1774 年在此建立。

1806 年，拿破仑·波拿巴（Napoléon Bonaparte，1769—1821）建立了荷兰王国。其弟路易·拿破仑·波拿巴（Louis Napoléon Bonaparte，1778—1846）在 1806—1810 年间成为荷兰国王，而那时的荷兰是法国的附庸国。在国王路易·波拿巴的命令下，国家画廊在 1808 年搬到了阿姆斯特丹，最初设在大坝区王宫的某一层。包括伦勃朗（Rembrandt Harmenszoon van Rijn，1606—1669）名画《夜巡》(The Night Watch)在内的一批阿姆斯特丹政府所有的画作进入了该博物馆中。1809 年，博物馆在阿姆斯特丹王宫再次对公众开放。

1817 年，博物馆搬入市中心运河上的特里普家宅（Trippenhuis）。但最后发现这里并不是理想的建立博物馆之地，

荷兰

因为这栋建筑容纳不下大量的藏品。1820年，博物馆的部分藏品被运往海牙的莫瑞泰斯皇家美术馆。1838年，其中的19世纪绘画作品又被拆分出来，藏入哈勒姆市（Haarlem）的夏宫维尔格勒根别墅（Paviljoen Welgelegen）。这是一栋新古典主义风格的乡村别墅，建于1785—1789年，自1930年以来一直是北荷兰省的议会大厦。

当然，最佳的方案是在阿姆斯特丹建立一座新的博物馆，以收藏展出原国家画廊的珍品。在1863年，为了征集新馆的设计图，曾有一场设计比赛，但所有的上交作品均未被采纳。其中荷兰建筑学家皮埃尔·库贝（Pierre Cuypers，1827—1921）的作品得了第二名。1876年，为征集设计图举行了第二次比赛，库贝终于以哥特式和文艺复兴式建筑的混合设计赢得冠军。同年10月1日，新的博物馆在阿姆斯特丹的现址动工。1885年，入藏了行会、大公、市民藏品的新馆建成，正式对外开放。

1890年，在新馆西南方不远处又增加了一座建筑，是荷兰的建筑风格，现在则以"南翼"著称，到了2013年被称为"飞利浦翼"（Philips Wing）。1970年，这座博物馆被定为荷兰国家遗产，1990年又被列入前100名荷兰遗产。

20世纪之后，博物馆经过多次翻修，最近的一次完成于2012年7月16日。2013年，博物馆的主建筑正式对外开放，荷兰碧翠丝女王（Queen Beatrix，1980—2013年在位）主持了开幕仪式（图7-2）。同年，由克鲁斯与奥尔蒂斯（Cruz y Ortiz）设计的亚洲展厅也对外开放。Cruz y Ortiz Arquitectos是一家建筑工作室，由安东尼奥·克鲁斯·维亚隆（Antonio Cruz Villalón）和安东尼奥·奥尔蒂斯·加西亚（Antonio Ortiz García）创立。该工作室在塞维利亚和阿姆斯特丹设有办事处。

图7-2　阿姆斯特丹国立博物馆中庭（常青拍摄于2019年6月26日）

丰富的收藏

荷兰大部分国家级收藏品都安置在这迷宫般的博物馆内，使该馆共有藏品100万件左右，时代跨越史前至21世纪。该馆设有260多个陈列室，共展出8 000多件藏品，分为绘画、雕塑与装饰、亚洲艺术、荷兰历史、版画等部门。

该馆最引人注目的收藏莫过于2 000多幅17世纪"黄金时代"的荷兰绘画，其中包括伦勃朗及其学生等人的艺术杰作。而博物馆中最负盛名的无疑是伦勃朗的巨幅油画作品《夜巡》《母亲像》，约翰尼斯·维米尔（Johannes Vermeer，1632—1675）《看信的女人》《小巷》，以及弗兰斯·哈尔斯（Frans Hals，约1580—1666）等人的杰出作品。观众从中可了解荷兰绘画发展的全貌。

装饰工艺部门有12—20世纪欧洲各地的家具、陶瓷、金属器、玻璃器、染织品等。同时，还有反映17世纪荷兰人生活情况的文物。

荷兰历史部门除介绍本国历史文物外，还介绍与荷兰东印度公司有关的地区，如非洲、马来西亚、印度尼西亚等地的家具和各种用具，从中可见荷兰发展海上贸易的盛况。

版画部门有欧洲最精美的版画、素描、彩饰手稿本和宣传画等，其中有阿尔布雷赫特·丢勒（Albrecht Dürer，1471—1528）的作品，伦勃朗的素描，和1 000多幅铜版画，还有日本浮世绘版画等。

国立博物馆收藏了近8 000件亚洲艺术品。考虑到亚洲是地球上最大的大陆，拥有从阿富汗到韩国等五十多个国家和地区，这一数字实际上并不高。亚洲艺术品收藏主要来自四个国家：中国、日本、印度和印度尼西亚。此外，还有来自越南、泰国、柬埔寨等国家的文物与艺术品。这些藏品的时代跨越上下五千年的历史，展示着这些地区和各个时期的亚洲艺术的最

图 7-3 阿姆斯特丹国立博物馆的中国展厅一角（常青拍摄于 2019 年 6 月 26 日）

佳范例，种类有绘画、版画、雕塑、寺庙装饰品、漆器、珠宝、青铜器、陶瓷器等。其中的日本佛教木雕像、屏风和刀剑，印度与印度尼西亚的印度教铜石雕塑像等，都是高质量的藏品。但因空间有限，仅有约 350 件藏品在亚洲厅展出。

中国古代艺术撷英

中国展厅面积不大，仅展出了一小部分中国文物，有商周青铜器与玉器，来自内蒙古的战国鎏金铜牌饰，唐三彩陶俑和彩绘陶俑（图 7-3），宋、元、明、清时代的瓷器，还有相传来自河南洛阳龙门石窟古阳洞的北魏晚期石雕交脚弥勒菩萨像、北魏金铜菩萨立像，来自河北的北齐白石佛头像，来自山西太原天龙山石窟的唐代菩萨雕像，辽代鎏金铜菩萨坐像，还有明代壁画残片、木雕道教女神像、木雕罗汉像、德化窑白瓷塑观音像等。还有清代的漆箱，上绘高力士为李白脱靴故事画，以及清代的象牙雕提篮盒子等。下面仅介绍其中的五件作品。

天龙山石窟唐代第 14 窟菩萨雕像

山西太原天龙山石窟开凿在东、西峰的山腰，东峰有 8

窟，西峰有 13 窟。其中东峰的第 2、第 3 窟是东魏时的作品，也是全天龙山年代最早的石窟。天龙山北齐时期的洞窟有第 1、第 10、第 16 窟，隋代又开凿了第 8 窟。其余洞窟开凿于唐代，特别是在唐玄宗时期。天龙山的石质为黄色砂岩，这件来自天龙山第 14 窟左壁的石雕菩萨立像，以其写实与夸张相结合的手法，表现着菩萨丰腴窈窕的身姿（图 7-4）。他有着圆润的体型和优雅的姿势，臀部向右侧扭动，肩膀略微向左侧倾斜，姿态优美。这些都是在印度笈多艺术影响下的再创作，表现着唐代特有的风尚。

　　日本山中商会分别在 1923 年和 1926 年两次来到天龙山，对石窟进行充分考察。他们惊叹于天龙山石窟中唐代造像的精美，便用金钱收买了看守石窟的天龙寺僧人净亮，雇用人力和车马开始盗劫天龙山石窟雕像。他们将天龙山石窟中能够搬运的佛像全部切割，若佛像的身体太大，就只凿走佛首。于是，天龙山石窟造像惨遭劫掠，有一百多件浮雕作品流往欧美与日本，分别收藏在大小博物馆和私人藏家手中。这件菩萨像便是其中的一件。可悲的是，这件造像的头身是被分开出售的，令这尊菩萨身首异处

图 7-4　阿姆斯特丹国立博物馆藏来自山西太原天龙山石窟第 14 窟的石雕菩萨立像（唐，砂岩，高 95 厘米，宽 45 厘米，深 17 厘米，编号：AK-MAK-5，阿姆斯特丹国立博物馆提供）

荷兰

113

图 7-5 阿姆斯特丹国立博物馆藏山西太原天龙山石窟第 14 窟左壁石雕菩萨立像（20 世纪 20 年代拍摄，采自《支那文化史迹》图版Ⅷ-26）

（图 7-5）。该馆收藏了身子，而头部的藏家却另有其人。

金代木雕水月观音坐像

  水月观音，就是正在观看水中月的观音。这种观音像一般自由自在地坐在水边石上，有时她的一只脚还下垂踏着水中的莲花。观音菩萨正在俯视着碧波中的月亮倒影，以表现四大皆空的佛教思想。据史书记载，水月观音像最初是由盛唐著名画家周昉创作的。迄今所见最早的纪年明确的水月观音像保存在

图 7-6 阿姆斯特丹国立博物馆藏木雕水月观音坐像（金代，约 1100—1200 年，高 117 厘米，宽 111 厘米，深 74 厘米，编号：AK-MAK-84，阿姆斯特丹国立博物馆提供）

四川绵阳魏城圣水寺石窟第 7 窟中，年代是唐中和五年（885）。入宋以后，水月观音题材才真正流行起来，在规模、内容、表现技巧等方面都大大地长进成熟了。

这尊水月观音像有着优雅闲适的身姿，他的左腿盘起，右腿支撑，以左臂支撑着身体重心，把右臂袒放在右腿膝上（图7-6）。他的面相丰满，表情体现了内心的平静和慈悲。他的身躯丰腴，具有唐代的遗风。他的上身袒裸，饰有帔帛、项圈、臂钏、手镯，胸前还有斜向胸巾，下身着长裙，也是唐代菩萨像的普通装束。这尊雕像由柳木和泡桐木制成,表面涂漆和镀金。宋金时代遗留至今的木雕像不多,这尊像很可能来自山西的一座寺院。

明代壁画残片

绘制壁画,首先要在墙上覆盖一层厚厚的黏土和稻草。在上面再覆盖一层薄薄的带有植物纤维的细黏土,然后在整个表面上覆盖一层薄薄的石灰,这样艺术家就可以在光滑的墙壁表面上作画。这块壁画残片来自一座寺庙壁画,表现三位着宋代文官服的大臣跪在一个大殿前面,他们中的一位手捧一帽,另二位手持笏板,正在向着右上方顶礼膜拜(图7-7)。艺术家还用粝粉贴金的手法来表现帽子和腰带部位的立体感装饰。从壁画的内容来看,它可能来自一所道教宫观。

元明木雕罗汉像

罗汉是佛的弟子,他们都已摆脱了轮回,达到了精神上的完美境界。罗汉的组群有多种,其中最为流行的是十六罗汉,在中国又被增加了二位,形成了十八罗汉。十八罗汉的宗教职

图 7-7 阿姆斯特丹国立博物馆藏壁画残片(明代,约1396—1470年,长63厘米,宽75.5厘米,厚0.115厘米,编号:AK-MAK-529,阿姆斯特丹国立博物馆提供)

图 7-8 阿姆斯特丹国立博物馆藏木雕阿罗汉坐像（元或明，约 1200—约 1400 年，高 109 厘米，宽 59.5 厘米，深 44.5 厘米，编号：AK-MAK-1727，阿姆斯特丹国立博物馆提供）

责是散居各处，在无佛的世界里守护佛法，等待未来佛弥勒的降临。罗汉们都拥有超自然的力量，可以济世利民。入宋以后，罗汉成为佛教寺院流行的一种造像题材。到了明代，十八罗汉便被安置在大雄宝殿内的两侧壁前而受人崇拜。这尊罗汉像应来自一组十八罗汉，他具有印度中年僧人的面相，闲适的坐姿，正在全神贯注地聆听佛法（图 7-8）。他的身体表现还保存

117

着多种彩绘残痕，眼珠是用玻璃制成的，显露着炯炯有神的目光。

清代粉彩绘武松打虎瓷瓶

明清时期流行釉上粉彩绘瓷器，很多题材取自元明清时期在社会上流行的小说。该馆收藏的一件清代彩绘瓷盘即表现着明代吴承恩（约1500—约1582）的小说《西游记》里的多个故事情节。在这件1946年入藏的瓷瓶表面，艺术家也以釉上彩绘的形式画出了山水背景，主体内容表现元末明初施耐庵的小说《水浒传》中武松打虎的情节，在中国是一个家喻户晓的故事（图7-9）。画面以夸张的手法描绘着武松正在全力挥拳击打张牙舞爪的老虎，敏捷的武士与凶残的野兽形成了鲜明的对比。

2019年6月26日中午，我从瑞典首都斯德哥尔摩来到了荷兰首都阿姆斯特丹。我订的酒店就位于国立博物馆不远处。为了节约时间，在入住酒店之后，我立即赶往国立博物馆参观。首先是这座红色的哥特式建筑让我印象深刻，接着是馆内迷宫一样的展厅令我有些迷茫。因为我要抓紧时间先看中国展厅，而寻找并前往中国展厅的过程就如同走迷宫一般。然而，来到中国展厅之后，令我又失望又安慰。失望，是因为如此著名而巨大的国立博物馆，展示中国文物艺术的面积太小了。安慰，是因为辛苦半天的赶路，不必在此再过于劳累，不久便会结束考察。即便如此，我还是为荷兰这个小国能有一个中国艺术展厅而感到欣慰，因为中华文化也在这里向人们述说着悠久的文明史。

图7-9 阿姆斯特丹国立博物馆藏粉彩绘武松打虎瓷瓶（清，约1700—约1724年，编号：AK-RBK-15890，阿姆斯特丹国立博物馆提供）

SWITZERLAND

瑞士

8

苏黎世瑞特保格博物馆

瑞特保格博物馆（Museum Rietberg, Zürich）是瑞士唯一一家专门展示欧洲以外的文化及艺术品的博物馆。它也是苏黎世规模最大的市立博物馆，主要展示亚洲、非洲、美洲、大洋洲的艺术品。有一半左右的博物馆运作资金来自苏黎世市政府的资助，另一半来自市民税收、捐助者。该馆的大部分藏品来自私人捐赠。

爱德华·冯·德海特

瑞特保格博物馆的建立可上溯至1946年，德裔瑞士银行家、艺术赞助人爱德华·冯·德海特（Eduard von der Heydt, 1882—1964）男爵将其私人藏品捐献给苏黎世市（图8-1）。

冯·德海特1882年9月26日出生于德国的埃尔伯费尔德（Elberfeld）。他1900年从高中毕业后，开始在日内瓦法律和政治学院学习，一年后在德国弗莱堡（Freiburg im Breisgau）继续学习。1905年，他以优异的成绩获得博士学位。之后，他去了纽约，主要在银行工作。1909年，他在伦敦创立了E. von der Heydt & Co. 银行，该银行在1917年第一次世界大战期间被

图8-1 爱德华·冯·德海特（拍摄于1929年前后）

作为敌方财产无偿征用。1920年，他在荷兰阿姆斯特丹开设了Von der Heydt-Kersten's银行。此外，他还参与了德国柏林的其他银行工作，直到1930年。通过私人接触，他被介绍给流亡在外、陷入经济困难的德国前皇帝威廉二世（Wilhelm II，1859—1941），赢得了他的信任并成为他的私人银行家和资产经理。

大约从20世纪20年代开始，冯·德海特开始收藏东亚和非洲艺术品，他的理念是"艺术不受国家或地区限制，而是形成一个从根本上统一的人体作品"。在以后的日子里，他建立了世界上最大的中国和印度艺术私人收藏之一，并向博物馆借出大量藏品。

在政治上，冯·德海特坚持国家保守派和君主主义立场。尽管他的妻子有犹太血统，而且他也有很多犹太朋友和熟人，但在20世纪20年代的信件中可以找到他的反犹太言论。1933年4月1日，冯·德海特加入国家社会主义德国工人党（Nationalsozialistische Deutsche Arbeiterpartei，缩写为NSDAP），即纳粹党（成员编号1 561 948）。他于1937年4月28日获得瑞士公民身份，并于1939年离开该党。随后，他成为瑞士"国家社会主义世界观忠诚同盟者协会"（Bund Treuer Eidgenossen Nationalsozialistischer Weltanschauung）的成员。他还在20世纪30年代获得了中国国籍。另一方面，他明显支持瑞士的犹太难民，并与西方国家的外交代表保持联系，向他们提供情报，并向他们展示自己是纳粹的反对者。

冯·德海特于1946年因为外国势力从事情报工作而违反瑞士中立性被暂时拘留。1948年5月19日，瑞士军事法庭因缺乏证据而宣告他无罪。美国政府做出了不同的评估，并于1948年没收了冯·德海特在美国的所有银行存款以及他借给纽约布法罗科学博物馆（Buffalo Museum of Science, WNY）的艺术品，这些艺术品现在仍作为"敌方资产"存放在华盛顿史密森尼学会。

1946年，冯·德海特将他的东亚艺术品收藏捐赠给苏黎世市，作为以后建立的瑞特保格博物馆的收藏基础。1952年，他将其珍贵的绘画收藏捐赠给德国伍珀塔尔（Wuppertal）市博物馆。从此，他获得了一系列殊荣。伍珀塔尔市博物馆自1961年起更名为冯·德海特博物馆（Von der Heydt Museum）。德国自1950年起颁发的"伍珀塔尔市文化奖"，并于1957年更名为"爱德华·冯·德海特文化奖"。1952年，冯·德海特成为伍珀塔尔市的荣誉市民。他还是瑞士阿斯科纳（Ascona）的荣誉公民，并获得了苏黎世大学的荣誉博士学位。1958年，他被联邦总统授予德意志联邦共和国大十字勋章。

由于冯·德海特在二战期间的纳粹党身份，他的艺术品收藏也引起了人们的质疑。自2008年以来，瑞特保格博物馆一直在检查冯·德海特捐赠品中的1600件藏品的来源，以识别纳粹掠夺的艺术品。然而，人们最终认为，冯·德海特并不是一个坚定的纳粹分子，而是保守的上层资产阶级的代表。他的行为是出于通过各方接触来保护自己的资产和艺术品收藏的愿望。

瑞特保格建馆史

1946年，冯·德海特决定将自己的私人藏品捐献给瑞士苏黎世市。1949年，苏黎世市通过公民投票，决定将位于利特公园（Rieter Park）内的古宅威森多克别墅（Villa Wesendonck）等改建成博物馆，保存并展示这些艺术品。这个公园和别墅建筑都是苏黎世政府买下的。在1951—1952年间，苏黎世政府对这座建筑进行了改建，执行这项工作的是建筑学家阿尔弗雷德·格拉德曼（1893—1962）。1952年5月24日，瑞特保格博物馆正式对公众开放。第一任馆长为瑞士表现主义画家约翰内斯·伊登（Johannes Itten，1888—1967）。

1976年，苏黎世市政府又得到了博物馆附近面临毁坏的勋伯格别墅（Villa Schönberg），并在 1978 年作为博物馆的扩展部分对外开放。如今，这座别墅用作博物馆内的不外借的图书馆。1985 年以后，博物馆伴随展览的出版活动与日俱增，往往能即时出版与特别展览有关的图录。1991 年以来，博物馆还负责出版最著名的《亚洲艺术》（Artibus Asiae）学术年刊，使博物馆能更好地参与亚洲艺术学术研究活动。

如今的瑞特保格博物馆的展馆由四座历史悠久的古建筑构成，它们分别是威森多克别墅（Villa Wesendonck）、勋伯格别墅（Villa Schönberg）、利特公园别墅（Rieter Park Villa）与雷米斯馆（Remise）。2007 年，由奥地利建筑师阿道夫·克里史尼兹（Adolf Krischanitz）设计的新馆"Smaragd"开放，展览面积扩大了近 2 倍，主要位于地下，这样就不会破坏地面上原有的古建筑景观。

2019 年 7 月 5 日中午，我来到了苏黎世。由于所订的小旅馆是无人服务式的，在下午 2 点之前我拿不到钥匙。为了节约时间，我只好拖着行李箱、背着双肩背包、乘有轨电车前往瑞特保格博物馆。走上了一个小山坡，就来到了博物馆所在地，见到了旧馆——一座漂亮的独栋别墅（图 8-2）。但博物馆的新馆已搬到了它旁边的一个有绿色玻璃前壁的房子地下（图 8-3）。这个有绿色玻璃前壁的房子面积不大，地上只有一层，用作接待大厅、商品小卖部和行李寄存处。我寄存了行李，就去地下展厅参观。

图 8-2（左） 苏黎世瑞特保格博物馆旧馆（常青拍摄于 2019 年 7 月 5 日）

图 8-3（右） 瑞特保格博物馆新馆（常青拍摄于 2019 年 7 月 5 日）

瑞士

这里的地下别有洞天，在巨大的展厅里陈列着众多的亚洲艺术品。中国展厅的面积最大，文物也最多，明显是该馆的重头戏。我紧张地工作着，边记录边拍照，连续工作了三小时。记得当时中国展厅里只有我和一位老先生，他坐在那里用笔在一个小本子上写着什么，并不时抬头观看中国文物，边看边思考，似乎在做自己的研究。由于人少，展厅特别安静，我的相机快门声就显得特别大，不时让他心烦地抬头看看我，但没有制止我。我见状，只好对他说了几次："对不起！请原谅，我也是没有办法，因为要赶时间！"这个博物馆总体面积不大，但中国艺术品之多，着实令我震惊、兴奋！

丰富的中国艺术品收藏

瑞特保格博物馆是瑞士最大的艺术博物馆之一。在这里，您可以欣赏到丰富的来自欧洲以外国家和地区的美术和工艺品，包括纺织品、雕塑、陶瓷器、书法、绘画及日常生活用品等，时间跨越上下五千年。在半个多世纪的时间里，博物馆致力于收藏和展示亚洲、非洲、美洲和大洋洲传统以及当代文化的艺术作品，至今已有 3.26 万件藏品、4.9 万余张照片，涵盖了北美、中国、喜马拉雅地区、近东和中东、印度、日本、东南亚、非洲、大洋洲诸岛等国家和地区，还有一批瑞士狂欢节面具。中国文物和古代艺术品占有很大的比重。

首先，从全世界范围来看，瑞特保格的中国艺术藏品不论从质量还是数量上都是名列前茅的，可以引导游客了解从新石器时代到 19 世纪的 7 000 年间的中国艺术史，包括器物、雕塑、绘画。在博物馆的展厅里，人们可以见到仰韶文化的彩陶罐和龙山文化的蛋壳黑陶高脚杯，证明了新石器时代陶工的卓越技艺。在夏商周时代，装饰华丽的青铜礼器受到人们的推崇，代表着人们对祭祀的重视。在秦汉时代，画像石、彩绘陶俑、

图 8-4（上） 瑞特保格博物馆的中国展厅局部（常青拍摄于 2019 年 7 月 5 日）

图 8-5（下） 瑞特保格博物馆藏北朝晚期石棺床残件（爱德华·冯·德海特赠，编号：RCH 115，常青拍摄于 2019 年 7 月 5 日）

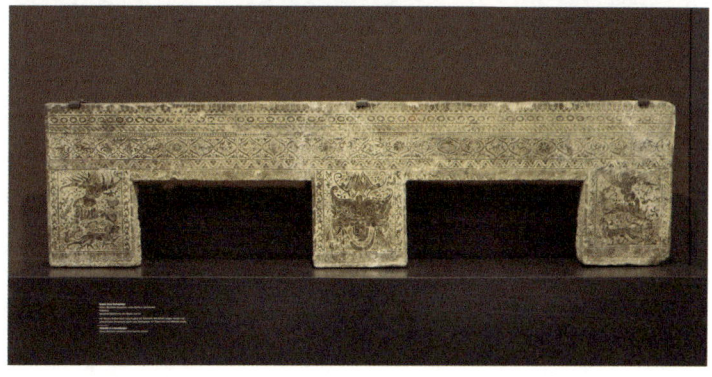

陶制楼阁、各种生活模型和器皿主要用于陪葬（图 8-4）。这些工艺品让人们得以一睹那个时代中国人的生活、风俗与信仰。还有来自魏晋南北朝时期的釉陶器和陶俑，包括一件带有不少坐佛像的谷仓罐，还有一件南朝齐梁时期墓葬神道上的残石雕神兽，都反映着当时为随葬服务的艺术品。自古以来，中国就与邻国保持着密切关系，6—8 世纪令人印象深刻的佛教造像碑和雕塑，以及反映京城奢华生活的随葬三彩釉陶俑都证明了这一点，包括雄壮的马匹、美丽的女子、西域的昆仑奴，还有异国情调的艺术设计。一件来自中亚的粟特人使用的北朝晚期石棺床残件，上面雕刻着铺首、畏兽、虎、联珠纹、莲花纹、忍冬纹等装饰，集中体现着中外文化的交流（图 8-5）。

随着 10 世纪文人文化成为社会的主流，文人与平民的品味开始主导艺术界的创作。就宋代及其以后的陶瓷器而言，以其完美、优雅的简约和精致而令人印象深刻，都在瑞特保格博物馆有着很好的展现。同样的精神也渗透到了水墨画中，其色彩的内敛和笔触的强劲被认为是高尚心灵的理想表达方式。该馆藏有不少明清至现当代大师的绘画，包括文徵明（1470—1559）、张瑞图（？—1644）、蓝瑛（1585—约1666）、萧云从、陈洪绶（1598—1652）、王原祁（1642—1715）（图8-6）、黄慎（1687—1768后）、张大千（1899—1983）、溥心畬（1887—1963）、刘国松（1932— ）等的作品，从中可见中国画之美在五百多年间的延续。出于保护书画的目的，中国画展览每四个月更换一次。所有这些文物与艺术品，见证了中华文明在不同时期的发展。

玫茵堂的永久租借品

瑞特保格博物馆的中国藏品主要来自私人藏家的捐赠或购买。举世闻名的玫茵堂收藏的600多件陶瓷器皿、古代青铜器、木石佛教雕塑等，是该馆中国收藏的基础。玫茵堂是一家私人收藏，被誉为西方世界最优秀的中国瓷器私人收藏之一。玫茵堂是该收藏采用的中文工作室名称，创始人是斯蒂芬·祖利格（Stephen Zuellig，1917—2017）和吉尔伯特·祖利格（Gilbert Zuellig，1918—2009）兄弟，两人均出生于马尼拉，都是经济学家、企业家、社会投资者和菲律宾商界领袖。

斯蒂芬·祖利格于1917年出生于马尼拉，他的母亲吉尔达·安东尼娅（Gilda Antonia）是菲律宾人，父亲弗雷德里克·E.

图8-6 瑞特保格博物馆藏清王原祁绘山水挂轴（清康熙四十七年，1708年，Charles A. Drenowatz 赠，编号：RCH 1160，常青拍摄于2019年7月5日）

祖利格（Frederic E. Zuellig）是瑞士人，为了寻找商机来到菲律宾。斯蒂芬在欧洲接受教育，最终以优异的成绩从苏黎世大学毕业。获得经济学博士学位后，他回到菲律宾协助家族生意。斯蒂芬与他的兄弟吉尔伯特一起成功地将他们父亲创建的公司发展成为多元化的跨国企业集团，即今天的祖利格（Zuellig）集团。除了经营企业集团，他还坚持不懈地、默默地寻找方法来增加自己的社会参与度，为社区的发展做出贡献。

从20世纪50年代末起，在远东的生活经历和商业活动使他们对亚洲艺术和文化产生了浓厚兴趣，祖利格兄弟便开始系统地建立自己的中国艺术品收藏。吉尔伯特专门研究石器和陶瓷品，时代跨越了从新石器到汉唐宋五千年的历史。斯蒂芬则收藏了很多元明清时代的晚期中国瓷器以及商周青铜器。在作为专业收藏家的职业生涯早期，祖利格兄弟受到了著名华裔古董鉴赏家和经销商仇焱之（Edward T. Chow，1910—1980，扬州人）的鼓励和指导。

玫茵堂收藏品的展览曾在伦敦大英博物馆（1994年）、巴黎吉美博物馆（2013年）等多个世界著名博物馆举办。2001年，法国总统希拉克（Jacques René Chirac，1932—2019）授予祖利格兄弟国家荣誉军团骑士勋章，以表彰他们在促进东西方文化理解方面所做的贡献。

2011年和2012年，玫茵堂藏品中的大部分元、明、清艺术品在中国香港苏富比的一系列拍卖中被拍出，其中就有著名的明成化鸡缸杯。此后不久，吉尔伯特的藏品被永久借给瑞特保格博物馆。吉尔伯特和他的家人希望将他的收藏作为一个整体保存下来，并让公众可以观赏到，他们就将大部分藏品转移到了玫茵堂基金会。2012年，基金会根据双方的长期租借协议，在瑞特保格博物馆放置了600件藏品，并帮助该博物馆翻新了中国艺术部的展览空间，包括安装创新的照明系统，以提供最佳的展览条件。

除了玫茵堂的藏品，瑞特保格博物馆的商周青铜器主要来自爱丽丝和皮埃尔夫妇（Alice and Pierre Uldry）、恩斯特·温克勒（Ernst Winkler）的捐赠，以及爱德华·冯·德海特最初的遗赠。还有一批来自爱丽丝和皮埃尔夫妇捐赠的银器和金器、银首饰品。

1978年，瑞士艺术家、收藏家查尔斯·A. 德雷诺瓦茨（Charles A. Drenowatz，1908—1979）遗赠给该馆一批中国传统文人画，使该馆成为欧洲收藏中国绘画杰作的著名博物馆之一。

出色的中国佛教造像

该馆中国收藏的一大特色，是一批北魏至宋元时代的佛教造像，包括金铜造像、造像碑和单体木石瓷造像等，大部分都是冯·德海特的赠品（图8-7）。在金铜造像中，一尊结跏趺坐、着通肩式大衣、施禅定印的佛像（编号：RCH 261）有着十六国晚期佛像的特点，他的水波形发纹、在方形宝座的前面两侧各伸出一只狮子的做法，都反映出受犍陀罗艺术的影响。该馆更多的金铜造像则属于隋唐时期的作品，其中的佛与菩萨像都刻意表现出中国佛教艺术高峰期特有的风尚。

有一尊身穿褒衣博带装的秀骨清像石雕立佛像。主佛身

图8-7 瑞特保格博物馆的中国佛教造像展厅局部（常青拍摄于2019年7月5日）

图 8-8 瑞特保格博物馆藏东魏兴和四年（542）背屏式立佛三尊石雕像（爱德华·冯·德海特赠，编号：RCH 113，常青拍摄于 2019 年 7 月 5 日）

旁有二菩萨胁侍，三像的后面有舟形大背屏，表现着主佛的背光，背面的铭文纪年为东魏兴和四年（542）（图8-8）。这三尊像具有鲜明的北魏晚期与东魏风格，且在主佛头光与背光处有浅浮雕的莲花，在背光处还以浅浮雕的手法刻出优美的八身伎乐天人，共同拱卫着上方的并坐于宝塔中的释迦与多宝佛。主佛的右侧刻有四身童子相叠，上面的二人以一手上扬，向着主佛方向作供奉状，表现的是阿育王向释迦牟尼施土的故事情节。主佛的左侧刻着一身思维菩萨像，表现释迦在出家前于树

下思维、思考人世间疾苦。它的另一特色是在正面下方、背屏侧面、背面刻出众多的供养人像，供养人的铭文榜题表明他们的姓名。例如，在主尊立佛的下方刻着四身供养人，其中一身是"邑主比丘道朗"。有的供养人还特别对应着他出资雕刻的某个像。例如，背屏的右侧面刻有一身供养人，铭文榜题是"菩萨主郭姜侍"。在造像的表面如此这般地分配着供养人的不同职责，向我们展示着这个造像社团的分工与协作。该馆还有两件带有舟形大背屏的石雕像，主像都是高浮雕的立佛像，也是北魏晚期至东魏的风格，与上述雕像有着异曲同工之妙。

爱德华·冯·德海特还给该馆捐赠了一通北魏神龟三年（520）造像碑（图 8-9）。刻碑纪事，是汉代以来的传统。在北朝时期，人们流行在传统石碑上刻佛像的习俗，被今人称为"造像碑"，是佛教艺术的一种中国化表现形式。这件造像碑在四面都刻有像，正面有双龙交缠的碑额，正龛内造坐佛与二立菩萨像，龛的上方还有十五尊小佛像，龛的下方则刻有两身供养人各自在房屋内礼佛。碑的两侧面各刻三尊小佛像，上方还各刻一畏兽。背面的碑额处也有双龙交缠，背面的上部有一坐佛龛，龛外两侧各有一身飞天和一身力士。背面的下部刻有众多的供养人姓名。该碑的功德记刻在碑身两侧，提到此碑是建兴郡（今山西晋城市）端氏县水碓皋合村邑子造石像一区，上为皇帝陛下，下为七世父母乃至所生父母造功德。此碑造像在龙的身体、供养人的衣裙、畏兽的服装表面、飞天和力士的长裙表面均刻有密集的阴刻线衣纹，这应是北魏时期建兴郡的地方风格。

一件来自河南的东魏天平三年（536）造像碑，是东魏造像碑中的杰作，曾多次在学者们的研究中被提及（图 8-10）。该

图 8-9 瑞特保格博物馆藏北魏神龟三年（520）造像碑（爱德华·冯·德海特赠，编号：RCH 110，常青拍摄于 2019 年月 5 日）

图 8-10 瑞特保格博物馆藏东魏天平三年（536）造像碑（来自河南，爱德华·冯·德海特赠，编号：RCH 536，瑞特保格博物馆提供）

碑的上部残缺，正面雕坐佛与二弟子、二菩萨、二力士，这些像均表现着北魏晚期以来的秀骨清像的社会审美风尚。佛座下两侧各雕着一只蹲狮，在碑的右侧帷幔表面刻有龙衔莲花。在碑的侧面，以传统的减地阴刻技法雕着南北朝时期特有的抽象形山树，其上则雕菩萨在树下思维与头戴笼冠的贵族在其旁侍立，表现的是释迦牟尼在出家前于树下思维的情景。在另一侧面的中上部还刻着一对化生童子和向上飞飘的荷叶和莲花。在碑的背面，刻着一位僧人在大殿里坐禅修行，和文殊菩萨、维摩诘居士对坐说法图，其中的维摩诘像已佚。背面下部刻着长篇发愿文，以及众多的出资雕造该石像的僧俗名单，可知这是一件集资雕就的作品。

该馆收藏的北齐天保八年（557）比丘僧法阴等造像碑（编号：RCH 116）也是一件精品，碑上方有雕刻华丽的螭首，碑身表面的佛龛内容丰富，有释迦、交脚弥勒菩萨、释迦与多宝佛、维摩诘与文殊菩萨对坐说法图等，体现了较高的雕刻技艺。

该馆还收藏了一批来自中国石窟寺的石雕作品。其中的精华就是天龙山石窟第17窟的半跏坐菩萨像，似乎是流散在海外的天龙山造像中知名度最高的（图8-11）。这尊菩萨以其慈悲的眼神、朱唇微启的口型、窈窕婀娜的身姿所形成的独特而优美的形象迥异于同时期其他姿态呆板的造像，令人喜爱。第4窟的坐佛像（编号：RCH 133）和第14窟的立菩萨像（编号：RCH 134）虽然头部都已残缺，但丝毫不影响其整体的美感，都在身姿和衣饰上表现着鲜明的唐代特色。尤其是第14窟的立菩萨像，虽然受到了印度笈多风格的影响，但更多地表现着唐代雕塑风格独有的韵味，体现了中国化的特征。该馆还收藏有天龙山第16窟的北齐菩萨头像，以及第16窟龛梁的两只凤鸟雕刻。

还有几件来自中国三大石窟之一——河南洛阳龙门石窟的雕刻。一件是来自古阳洞的北魏晚期交脚菩萨像，是冯·德海特的赠品。古阳洞原是一座自然溶洞，北魏孝文帝（467—499年在位）迁都洛阳以后，一些皇亲国戚和当地官员便利用这所溶洞来雕凿龛像，以做功德。其中的一种流行造像题材便是弥勒菩萨像，都表现为交脚的坐姿，戴着高高的宝冠，有着长长的面相、清瘦的身姿，身下两侧各有一蹲狮相伴。该馆收藏的这件交脚菩萨像就具有鲜明的古阳洞弥勒像风格（图8-12）。

有一件头戴笼冠的男性官员头像，应来自宾阳中洞前壁《孝文帝礼佛图》。这幅巨大的皇帝礼佛图浮雕现藏纽约大都会艺术博物馆，但其中的造像保存并不完整。还有来自唐代石窟的佛头像、菩萨和力士像等。有一对来自龙门的唐代力士像，分别高109厘米、110厘米，原来应该是同一所洞窟门外两侧的二力士像（图8-13）。他们都有着愤怒的面相、雄健的身躯，

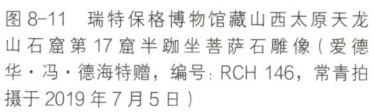

图 8-11　瑞特保格博物馆藏山西太原天龙山石窟第 17 窟半跏坐菩萨石雕像（爱德华·冯·德海特赠，编号：RCH 146，常青拍摄于 2019 年 7 月 5 日）

图 8-12　瑞特保格博物馆藏河南洛阳龙门石窟古阳洞北魏晚期交脚菩萨石雕像（高 54 厘米，爱德华·冯·德海特赠，编号：RCH 107，常青拍摄于 2019 年 7 月 5 日）

图 8-13　瑞特保格博物馆藏河南洛阳龙门石窟唐代二力士石雕像（高 109、110 厘米，爱德华·冯·德海特赠，编号：RCH 142、143，常青拍摄于 2019 年 7 月 5 日）

胸大肌与梅花肚的刻画栩栩如生，都是袒裸上身，下身仅着齐膝短裙。他们的动作相同，方向相反，都是将胯部向外侧扭动，而缺失的外侧臂原来应该是向上扬起的。由于龙门石窟的唐代力士像在民国时期被损毁严重，而这两尊像的保存状态较好，是同类作品中的杰作。

还有一件来自北响堂山石窟的石雕佛头像（编号：RCH 136），制作于北齐时期。北响堂山石窟开凿在河北省邯郸市峰峰矿区鼓山西坡半山腰间，这里有北洞、中洞、南洞3大窟和6所小型石窟，以及15个小禅窟，是北齐皇室开窟造像的区域。这件佛头像有着低平肉髻，螺发，浑圆与丰满的面相，是典型的北齐造像风格，并且代表着来自当年北齐首都的中央模式。

除此之外，该馆还收藏有来自云冈石窟的一件北魏菩萨头像，还有不少单体圆雕像。如隋代圆雕立弟子（编号：RCH 124）、立菩萨像（编号：RCH 123），宋代木雕观音菩萨立像（编号：RCH 302），金代木雕水月观音坐像（编号：RCH 301），大理国的鎏金铜制阿嵯耶观音立像（编号：2007.142），元代汉式青白瓷塑菩萨像坐像（编号：RCH 606），汉式木雕观音菩萨立像（编号：RCH 314），以及具有藏传风格的木雕漆制坐佛像（编号：RCH 312），共同谱写着中古和近古佛教雕塑发展史。

SWEDEN

瑞典

9

安特生与斯德哥尔摩东亚博物馆

斯德哥尔摩东亚博物馆（Östasiatiska museet, Stockholm），或称远东古物博物馆、东方博物馆，坐落在斯德哥尔摩市中心一个叫"船之岛"（Skeppsholmen）的美丽小岛上。这个岛也叫"博物馆岛"，因为在岛上建了各式各样的大小博物馆，而东亚博物馆是其中唯一一座展出亚洲艺术的博物馆。它的外形简洁朴素，是几座平面长条形的黄色五层建筑，却在全世界享有盛誉（图9-1）。

斯德哥尔摩东亚博物馆从建立到发展一直都与中国有着不解之缘。该馆由瑞典著名考古学家、地质学家约翰·古纳·安

图 9-1 斯德哥尔摩东亚博物馆外观（常青拍摄于2019年6月25日）

图 9-2 斯德哥尔摩东亚博物馆远景旧照

特生（Johan Gunnar Andersson，1874—1960）于 1926 年创建，首任主管就是安特生本人，以收藏远东文物，特别是以中国自新石器时代至晚清民国的文物为主要特色。该馆当时称为"远东古物博物馆"。该馆藏品的基础，是安特生 1921 年以后在中国的史前文化重大考古发现，即仰韶文化的重要发掘品，以及发现过程的第一手资料。

1963 年，东亚博物馆迁至船岛现址（图 9-2）。1999 年，东亚博物馆成为瑞典世界文化博物馆群管理局的一部分。这座博物馆的建筑外形似兵营，因为它的前身是海军基地。当年在建筑的山体内部开凿了一个巨大的岩洞，以储备军事物资，这里经过修缮也作为展厅对外开放了。有意思的是，在 2010 年，博物馆为了拓展展览范围，利用岩洞长廊的奇幻空间，成功地策划了中国秦汉兵马俑展，参观人数打破了瑞典展览的历史纪录。

安特生和中国史前文物收藏

安特生是瑞典著名的地质与考古学家，他因发现了中国周口店北京猿人遗址和新石器时代的仰韶文化及马家窑文化遗址而享誉世界。在瑞典，安特生被大家亲切地称为"中国的古纳"

（Kina Gunnar）。他也因参与并发展了中国的现代考古学、地质学、矿学而广为人知，被尊称为"仰韶文化之父"。

1874年，安特生出生于瑞典内尔彻（Närke）的小镇金斯塔（Kinsta）。1901年，他在乌普萨拉大学（Uppsala University）从事极地的研究，并获得地质学博士学位，从此开始了他的学者生涯。1901—1903年，他先后两次参加了南极考察活动（Swedish Antarctic Expedition），从中结识了后来对其考古生涯有着重要影响的人物。同时，在这两次南极考察中，安特生所表现出来的专业素养和组织能力，更使其成为名噪一时的地质学家。考察归来后，他发表了大量科学论著，获得了国际声誉。在此期间，他所主编和编写的《世界铁矿资源》和《世界煤矿资源》两本调查集，是其地质学研究成果的例证。从1906年起他担任乌普萨拉大学地质学教授，并兼任瑞典国家地质调查所（Sweden's National Geological Survey）所长。1910年，在斯德哥尔摩举行的第11届国际地质学大会上，安特生担任秘书长。从此，安特生奠定了他在国际地质学领域的权威地位。

1914年，应中国北洋政府的邀请，安特生来华担任农商部矿政顾问，主要负责寻找铁矿和煤矿。那时，安特生进入刚刚成立的中央地质调查所，与从英国归来担任所长的中国地质学家丁文江（1887—1936）一起组织地质调查，并训练了中国第一批地质学者。安特生首先在北京附近从事地质考察，发现了几个新铁矿。在此期间，他完成了《中国的铁矿和铁矿工业》和《华北马兰台地》两部调查报告。

1916年，中华民国第一任总统袁世凯（1859—1916）死后，安特生失去了经济资助，他的地质考察研究因经费短缺而停滞。但安特生却在中国发现了另一个闪光点。安特生发现中国这个古老的国家与埃及一样，也是考古的热土。于是，丁文江与安特生决定调整工作重心，转而关注古生物化石的收集和整理。然而，这却导致了他日后工作性质上的根本转变。他的新

图 9-3 约翰·古纳·安特生
（1918 年拍摄于中国）

计划得到了农商部及瑞典方面的支持，从而促成了后来的几项重大考古发现（图 9-3）。

1918 年 2 月，安特生从友人处得知，北京西南郊周口店附近的村民常在一座山岗上拾到小动物的骨头，误认为是鸡骨，便将这座山岗称为"鸡骨山"。于是，他在同年 3 月前往周口店。在火车站东南 4 千米的鸡骨山，安特生进行了为期两天的考察，采集到一些细小的啮齿类动物化石。

1921 年，他再次来到周口店，在另一处称为"龙骨山"的地方发现了产自别处的石英。他意识到这里可能有史前人类活动的遗存。于是，安特生指派其助手——奥地利古生物学者奥托·师丹斯基（Otto Zdansky, 1894—1988）准备发掘工作。因此，安特生可以说是"北京人"的发现者，是他拉开了周口店遗址发现、发掘的序幕。

1923 年，师丹斯基在周口店展开考古发掘，出土了大批化石。1926 年，在热爱中国文化的瑞典王储古斯塔夫六世·阿道夫（Gustav VI Adolf, 1882—1973）访华之际，安特生宣布了周口店两颗人类牙齿的发现。同时，周口店的发掘工作继续进行着。戴维森·布莱克（Davidson Black, 1884—1934）是加拿大古人类学家，在中国，他被称为"步达生"。他曾担任北京协和医学院解剖学系主任和中国地质调查所主席，并当选为英国皇家学会会士。1926 年夏，安特生在瑞典得知步达生对化石的研究，便将奥托·师丹斯基在周口店发现的两颗类似人类的臼齿交给步达生进行鉴定。步达生认为这些臼齿属于人类属，并代表一个新的古人类物种，便将其命名为"北京猿人"（Sinanthropus pekinensis）。1927 年，步达生的相关研究结果在《中国地质调查会会报》上发表。随后，步达生通过洛克菲勒基金会（Rockefeller Foundation）的资助开始在周口店开展大规模的考察，任命了多位西方和中国的科学家参与其中。1929 年 12 月 2 日，中国考古学家裴文中（1904—1982）发掘出了第一

瑞典

块完整的北京人头盖骨化石。可以说，正是安特生的先锋作用，才推动了周口店北京猿人考古工作的开展。

然而，安特生自己的调察研究重心却放在了新石器时代的彩陶文化。1918年秋，安特生在河南省渑池县的仰韶村发现了一批古生物化石。1921年5月，安特生和中国地质学家袁复礼（1893—1987）等人再次来到仰韶村考察，认定这里拥有大规模的新石器时代的人类居住遗址。得到政府许可之后，在同年10月27日至12月1日，安特生带领中国学者们对仰韶村遗址进行了系统的考古发掘，出土了大量彩绘红陶器、骨器、石制工具等。在中国考古学史上，这个彩陶文化是一项新发现，也是中国最早发现的新石器时代文化遗存。1923年，安特生发表了《中国远古之文化》（*An Early Chinese Culture*），首次提出"仰韶文化"的概念。正是这个发现，使"中国的古纳"名扬世界。从此，他在中国的考古活动获得了北洋政府的支持，同时也获得了瑞典王储古斯塔夫六世的资助。

1923—1924年，安特生又与中国学者一起赴甘肃和青海考察，发现了甘肃马家窑文化、齐家文化、青海马厂文化等数种新石器时代彩陶文化类型遗址50余处。

安特生在中国的考古发现具有划时代的意义，证明了在中国北方大地上确有史前史的存在。他以无可辩驳的实物证据，打破了当时流行于西方考古学界的所谓中国无石器时代的理论，开创了中国史前文化研究的全新时代。然而，受当时考古发现的材料局限，他提出了中国彩陶文化西来说，也就是从亚洲中部和西部向东传来的。当然，随着后来考古发现越来越多，他纠正了自己的观点。

1924年，安特生在中国的工作结束了，准备回国，但文物的归属却成了问题。按照安特生与中国地质调查所的最初协议，1924年12月30日，瑞典"中国委员会"主席古斯塔夫六世等人致函中国地质调查所的丁文江、翁文灏（1889—1971）两位所长，提出中国和瑞典两国将安特生在中国考古发现的文物平分，并且先全部运去瑞典记录和初步研究，而后将一半退还给中国。1925年2月2日，丁文江、翁文灏征求上级部门同意后，代表中国地质调查所复信给瑞典"中国委员会"，同意平分安特生所获文物，并要求有关研究资料只发表在中国地质调查所的出版系列中。这封公函即代表中国官方对相应协议的批准。

协议达成后，在1925年12月，远在瑞典斯德哥尔摩的安特生终于收到了他在仰韶文化遗址发掘的约3万件未经修复的陶器和陶片，并将其存放在原俄斯特马尔母监狱。1926年2月24日，瑞典国会决定成立东亚博物馆，以便收藏安特生运回国的中国文物。不久，瑞典政府便任命安特生为东亚博物馆第一任馆长。此后，安特生便担任这一职务，直到1939年。来自中国的仰韶文化文物，便成为东亚博物馆收藏的基础。此后，博物馆的收藏日益丰富，走向了综合性收藏与展示东亚艺术的道路。

1926—1928年间，安特生致力于东亚博物馆的筹建、他在中国发现的考古文物的整理与研究，以及退还中国文物的准备工作（图9-4）。文物退还共分7次。1927年一次，1928年一次，1930年两次，1931年一次，1932年一次，1936年是最后一次。这批退给中国的一半文物回到中国后，存放在当时的国民政府

瑞典

图9-4 安特生在斯德哥尔摩东亚博物馆整理仰韶文化彩陶（20世纪20年代拍摄）

首都南京。1936年，安特生最后一次访问中国，在中央地质调查所的博物馆中还见到了他归还的文物。然而，随着1937年中国全面抗战的开始以及南京大屠杀，安特生的文物全部佚失，不知下落。所幸的是，他当年在中国的考古收获，如今在东亚博物馆还可以见到（图9-5）。

1949年以后，在中国大陆，安特生被定性为"帝国主义文物掠夺者"和"殖民主义和帝国主义的帮凶"，长期被批判。1978年改革开放以后，安特生伟大考古学家的地位才被中国学术界重新认识。记得1982年我在北京大学考古系上大二时，听严文明教授（1932—2024）讲"中国新石器时代考古"课，他对安特生的历史贡献做了肯定，并说明以前对他的批判是不正确的。1985年在河南渑池召开的发现仰韶文化65周年纪念大会上，安特生的学术贡献重新得到高度评价。他依然被认为是一个成就卓著的学者，是中国考古学的奠基人和"仰韶文化之父"。在北京周口店遗址博物馆的发掘历史中，也明确了安特生的最初贡献。2005年，在位于北京的中国地质博物馆库房中，偶然发现了三箱陶罐和陶器碎片，经中瑞双方鉴定，确定是失踪已久的瑞典退还的仰韶文化文物的一部分。

安特生在中国工作的十余年，给他带来了一生中最辉煌的成就。回到瑞典以后，他继续从事研究工作。1960年10月29日，安特生在斯德哥尔摩病逝，享年86岁。安特生的主要著作有1923年出版的《中华远古之文化》（*An Early Chinese Culture*）、1934年出版的《黄土的儿女：中国史前史研究》（瑞典语：*Den gula jordens barn*，英语：*Children of the Yellow Earth: Studies in Prehistoric China*）。

图9-5 斯德哥尔摩东亚博物馆展出的马家窑文化彩陶（常青拍摄于2019年6月25日）

其他中国文物收藏

除了安特生的中国文物,东亚博物馆还致力于其他途径的文物收藏。由于安特生的贡献,东亚博物馆有着丰富的中国早期文物收藏。此外,博物馆于 1946 年又购入了瑞典实业家安德斯·赫尔斯特罗姆(Anders Hellström,1877—1940)的藏品,既增加了早期藏品的数量,也提高了藏品的质量。

来自瑞典铁路工程师奥尔瓦尔·卡尔贝克(Orvar Karlbeck,1879—1967)收藏的青铜器也是一项。卡尔贝克曾于 1906—1927 年间在中国工作。从 1908 年起,卡尔贝克主要收藏战国至汉代的青铜带钩和铜镜。1927 年,他因中国的政治局势不稳定而返回瑞典。1928—1934 年间,卡尔贝克又曾三次往返中国,为博物馆和私人藏家专门搜集中国商周时代的青铜器。他 1928 年的中国之行便是受东亚博物馆和安特生所托,其后也曾为瑞典私人收藏家、瑞典王储以及欧洲其他重要的博物馆购买中国文物。于是,卡尔贝克早期在中国购买的商周青铜器,也构成了东亚博物馆的重要收藏项目(图 9-6)。

瑞典著名亚洲艺术史学家喜龙仁(Osvald Sirén,1879—1966)收藏的中国绘画、墓室雕塑和佛教造像等艺术品,也随着瑞典国家博物馆收藏的亚洲文物并入东亚博物馆,丰富了该

图 9-6 斯德哥尔摩东亚博物馆展出的商周青铜器(常青拍摄于 2019 年 6 月 25 日)

馆的收藏种类（图9-7）。

1939年接替安特生出任东亚博物馆第二任馆长的高本汉（Klas Bernhard Johannes Karlgren，1889—1978），是瑞典著名汉学家，也是第一位使用历史语言学这种欧洲治学方式研究中文的学者。他还重构了中古汉语和上古汉语的语音，巩固了东亚博物馆在研究中国文化方面的世界地位。有这位精通中国文化的人物担任馆长，东亚博物馆的事业可谓蒸蒸日上。

另一位对东亚博物馆做出巨大贡献的人是瑞典王储、后来的国王古斯塔夫六世（图9-8）。古斯塔夫六世从1950年10月29日起担任瑞典国王，直至1973年去世。对于安特生的中国科考、东亚博物馆的建立、卡尔贝克基金会的青铜器收集等活动，古斯塔夫六世都给予了大力支持。不仅如此，他之后的捐赠更加完善了东亚博物馆的收藏体系。古斯塔夫六世收集中国艺术品有65年之久，他的早期兴趣是陶瓷。1907年他开始了自己的收藏，最初是在斯德哥尔摩购买古董，随后他的重要收藏多是来自每年去英国的旅行，从伦敦古董商手中购买。1920年，他开始对中国宋代陶瓷以及明清瓷器产生极大的兴趣。

古斯塔夫六世早期还通过在中国居住和生活的瑞典人替自己购买中国文物，比如地质学家和工程师埃里克·尼斯特罗姆（Erik Nyström，1879—1963）和工程师、收藏家奥尔瓦尔·卡尔伯克（Orvar Karlbeck）。古斯塔夫六世在1926年的东亚之旅中也收藏了很多中国文物，尤其是中国早期玉器。正是在这次旅途中，当他看到卡尔伯克收藏的商周青铜器，便逐渐对青铜器产生了浓厚的兴趣。

古斯塔夫六世也是瑞典中国委员会的主席，他与瑞典的中

图9-7 1925年喜龙仁捐赠给斯德哥尔摩东亚博物馆的汉代墓室砖雕（可能来自河南洛阳，编号：K-11000-001，常青拍摄于2019年6月25日）

图9-8 瑞典国王古斯塔夫六世（拍摄于1962年）

国学者及中国俱乐部（China Club）里的收藏家都保持着良好关系，还与一些英国收藏家、学者和古董商关系很好。1921年，英国建立英国陶瓷协会，为英国收藏家和学者提供了一个沟通、交流的平台。和他通过在中国的瑞典人所获得的藏品不同，陶瓷则是古斯塔夫六世在英国的主要收藏门类，以宋代和明清瓷器为主。

尼尔斯·帕尔格伦（Nils Palmgren，1890—1955）是瑞典艺术史学家和艺术评论家，他的主要研究方向是中国艺术史，特别是对中国陶瓷的研究很有专长。1936年以后，他担任古斯塔夫六世中国收藏馆的代理馆长，并帮助古斯塔夫六世收购中国文物。1937—1938年，安特生也曾帮助古斯塔夫六世收购中国文物。综上可知，从20世纪20—30年代，古斯塔夫六世主要收藏商周青铜器、高古玉器和陶瓷器。

在第二次世界大战期间，古斯塔夫六世的收藏受到了限制。1949年以后，中国对国际古董市场关闭，古斯塔夫六世便主要通过伦敦的古董商来购买中国文物。在20世纪50年代和60年代早期，伦敦有不少关于中国古代艺术品的展览，古斯塔夫六世总是慷慨地将他的藏品借给各个展览，拓展了人们对中国文化的认知。

1959年，在斯德哥尔摩，一个全新的东亚博物馆正式开放，把原有的东亚博物馆与瑞典国家博物馆的亚洲艺术品合并在了一起。这一做法无疑促进了瑞典对亚洲艺术的收藏与展览，国王古斯塔夫六世也对此起到了推动作用。

以一个综合性东亚收藏来衡量，当时馆藏欠缺的多是中国晚期器物，如晚期高质量的陶瓷器等。于是，国王古斯塔夫六世自20世纪50年代起购买的文物，很注意弥补博物馆在这方面的需求。因此，从20世纪50年代中期起，他开始收藏晚期的漆器、犀牛角杯、玉器、珐琅器和竹刻等传统工艺品（图9-9）。

1973年，古斯塔夫六世逝世后，瑞典皇室根据其遗嘱，将

图 9-9 古斯塔夫六世捐赠给斯德哥尔摩东亚博物馆的簋形玉杯（明代，编号：OM-1974-1544，常青拍摄于 2019 年 6 月 25 日）

他毕生大部分的文物收藏都捐赠给了斯德歌尔摩的东亚博物馆。国王的捐赠，也构成了现今东亚博物馆馆藏的重要组成部分。自此，东亚博物馆的中国艺术品收藏构成了相对完整的体系，展示着中国上下五千年的历史，吸引着世界各国的中国艺术爱好者前来参观。

"中央之国"的故事

东亚博物馆所藏文物约有 10 万件，主要来自中国、日本、韩国、印度及其他东南亚国家。日本文物的亮点是室町（1336—1573）、安土桃山（1573—1603）、江户（1603—1868）时代精美的武士刀。还有一个韩国当代艺术展也很有特色。而馆藏的中国各类文物占到 80% 以上，这些藏品来自安特生等汉学家在中国历次探险和考察所得，也有一部分是通过购买和捐赠得来的。该馆收藏的中国文物总数在西方博物馆中排名第二位，仅次于大英博物馆。

2019 年 6 月 24 日，我来到瑞典首都斯德哥尔摩，当天就去博物馆岛参观东亚博物馆。没想到该馆在这天闭馆。我只好在博物馆的周围转了转，拍了一些外景照片。第二天一大早，我便赶往东亚博物馆，结果来早了，就等着它开门。

图 9-10 斯德哥尔摩东亚博物馆展出的部分马家窑文化彩陶（常青拍摄于 2019 年 6 月 25 日）

该博物馆的中国展厅分为两部分，一个是史前中国展厅，展示着"中国之前的中国"，有大量漂亮的仰韶文化彩陶器（图 9-10），主要是安特生在中国获得的文物。在这些红色陶器的表面以黑色颜料画着多种图案，以水涡纹、如田地般的方格纹为主，表现着新石器时代的人们与水和土地的密切关系。同时，这些陶器的功能也是以水器为主。

有几件残存的马家窑文化半山类型彩陶器物上部的人头器盖格外引人注目，发现于甘肃省广和县的半山遗址。黄河流域新石器时代遗址中出土了不少雕塑作品，其中陶塑作品所占比重最大，且大部分陶塑是陶器的附属物，如人头器盖。陶塑人像或陶塑人头像，在新石器时代早期遗址中就有发现，如河南密县莪沟北岗遗址出土的属裴李岗文化的遗物中就有。在仰韶文化半坡类型遗址中也有发现。在迄今发现的彩陶人头中，从形貌特征来观察，所刻画的老妪，可能是受人尊敬的氏族母系族长的形象，反映了妇女在当时享有崇高的社会地位。但大多数刻画的是青少年女子形象，如甘肃礼县石桥乡高寺头遗址出土的一件圆雕头像，前额至后脑堆塑着半圈高低起伏的泥条，颇似盘绕在额际的发辫，以极为简洁抽象的艺术表现手法塑造而成。在仰韶文化庙底沟类型的陶塑人像作品中，女孩的形象也占有很高的比例，如陕西华县柳枝镇发现了一件庙底沟类型

瑞典

的泥塑人面。马家窑文化前期（石岭下类型和马家窑类型）的陶塑人像，是女性、男性兼有，表明了甘肃与青海地区在马家窑文化前期，尚处在氏族公社由母系向父系过渡阶段。到了马家窑文化后期，伴随着父权制的确立，半山类型与马厂类型的陶塑人像几乎都是男子形象。例如今藏东亚博物馆的两件人头形器盖，均属半山类型。其一头上生三角，脸上用三个圆孔表现双眼与嘴，还用黑彩绘满直线纹及刺猬般的胡须，后脑垂挂着一条弯曲的蛇形发辫。有学者认为它反映了古代黥面文身的习俗，或者是人首蛇身之神形象的最早造型。其二嘴下及两腮绘出胡须，也表现出老年男子形象（图9-11）。

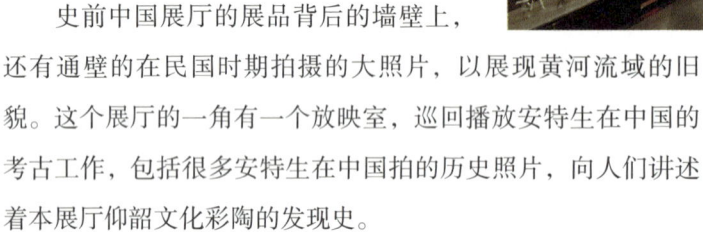

　　史前中国展厅的展品背后的墙壁上，还有通壁的在民国时期拍摄的大照片，以展现黄河流域的旧貌。这个展厅的一角有一个放映室，巡回播放安特生在中国的考古工作，包括很多安特生在中国拍的历史照片，向人们讲述着本展厅仰韶文化彩陶的发现史。

　　在历史时期的中国展厅门口用瑞典文、英文、中文书写着本展厅的主题："中央之国：公元前1600—1900年左右，本展览讲述这段故事"。这个展厅平面呈回字形，沿顺时针方向陈列着中国历代文物，并在地上写着从早到晚的朝代名，作为导览标志（图9-12）。与地面上的朝代对应的是走廊两侧展柜里同样时期的文物与艺术品。因此，观众可以沿着这个时代走廊，清晰地看到并观赏中国上下五千年的历史发展脉络和璀璨的华夏文明。这个中国历史文物走廊是从商代开始的，因为在西方人的眼里，商代才是中国最早的信史，因为有考古遗址出土的

图9-11（上）　斯德哥尔摩东亚博物馆收藏的甘肃东乡出土的两件半山类型人头形器盖（斯德哥尔摩东亚博物馆提供）

图9-12（下）　斯德哥尔摩东亚博物馆"中央之国"通史展的商周部分（常青拍摄于2019年6月25日）

商代甲骨文可以证明商代的存在，而没有发现更早的文字。这个文物走廊经过一周的旋转，回到展厅入口附近，就到了清代（图9-13）。该展厅很像中国各大博物馆中的通史展，是将器物、雕塑、服饰等物综合展示，以表现各个时代的历史。在这些展览中，都不乏在国内也难得一见的精品。

商代是该展厅的起点，接着就是周朝（包括西周与东周）。在两侧对应的展柜里，青铜鼎、觚、尊、簋、甗、卣、戈、斝、镜等器物琳琅满目，还有不少铜质的车马具，展示着中国青铜时代的艺术成就（图9-6）。周朝之后是秦与汉，展出着汉代画像石、彩绘陶俑、陶壶等，还有陶制井、院落、羊圈、母猪等模型，以及玉璧等珍贵随葬品，呈现的是汉代厚葬习俗。在魏晋南北朝的展柜里也是以墓葬出土文物为主，有彩绘武士、伎乐、昆仑奴俑，还有彩绘狗、鸭、骆驼、牛等动物俑，代表着人们在死后的阴间仍然对生前生活的留恋。

图9-13（上）斯德哥尔摩东亚博物馆"中央之国"通史展的陶俑与明清部分（常青拍摄于2019年6月25日）

图9-14（下）斯德哥尔摩东亚博物馆展出的唐代三彩骆驼俑与天王俑（常青拍摄于2019年6月25日）

隋唐时代的彩绘马俑、骆驼俑、牛俑、文吏俑、仕女俑、打马球俑，釉陶伎乐俑，三彩女俑、文官俑、天王俑、骆驼俑、镇墓兽等（图9-14），还有金、银碗和佛教的金铜菩萨造像，都在这一时期的展柜中体现。有一件表现一位中亚男子的彩绘坐姿陶俑，有着高鼻深目，长着络腮长胡须，头戴毡帽，身穿大翻领窄袖胡服，腰间束带，左手上托一鸟，右手抱着一只仰头望鸟的狗，似乎正在做着一种表演，有着十足的中亚文化气息（图9-15）。

宋、辽、金时代的文物，有宋代金铜立佛像、宋代钧窑瓷碗、定窑白瓷器、耀州窑瓷碗、建窑兔毫与油滴纹黑瓷盏，有来自内蒙古辽代墓室出土的在死者面上覆盖的铜质镀银人面具，还有上绘故事画的

金代磁州窑产瓷枕。

　　到了元明清时代的展柜，主要展出瓷器与家具。有元、明时期龙泉窑的青瓷塑观音像，明代德化窑产白瓷塑观音坐像，明清时期的青花瓷器，明代的犀牛角杯和象牙雕观音像、文昌帝君像等。还有清代玉雕释迦牟尼坐像，清康熙年（1662—1722）制的黄釉瓷碗，还有一批清代雍正（1723—1735）和乾隆（1736—1795）时期制作的带有瑞典徽章和普法尔茨王朝（Pfalz，1654—1720）徽章的粉彩装饰瓷盘、瓷碟等，应该是由瑞典人向清朝瓷窑定制的。有一件清朝雍正年间的德化窑产白瓷布袋和尚像，却有着法国制作的金质花树托，表现着当时欧洲流行的对中国瓷器的装饰。还有一个中国书画区域，主要展示明、清时期的绘画成就（图9-16）。

　　就这样，在东亚博物馆里，我从史前的仰韶文化走进中国历史时期。再从商代开始，一步步走到清朝，走完了"中央之国"的古代艺术史。

图9-15（左） 斯德哥尔摩东亚博物馆展出的彩绘中亚男子陶俑（唐代，编号：K-11034-005，常青拍摄于2019年6月25日）

图9-16（右） 斯德哥尔摩东亚博物馆展出的中国绘画（常青拍摄于2019年6月25日）

俄罗斯

RUSSIA

10

圣彼得堡艾尔米塔什博物馆

艾尔米塔什博物馆（The State Hermitage Museum），又译作隐士庐博物馆，位于俄罗斯圣彼得堡涅瓦河畔，为"六宫殿建筑群"，它们是：俄罗斯历代沙皇的宫殿冬宫（Winter Palace，1754—1762）（图10-1）、小艾尔米塔什（Small Hermitage，1764—1767）、旧艾尔米塔什（Old Hermitage，1771—1787）、艾尔米塔什剧院（Hermitage Theatre，1783—1787；现用作演讲厅，可容纳500名观众）、新艾尔米塔什（New Hermitage，1839—1852），还有冬宫储备库。在这个建于18—19世纪的建筑群中，冬宫是主要建筑。目前，前5座建筑对公众开放。这些宫殿布局协调，气势雄伟，是圣彼得堡的重要名胜之一。

图10-1 圣彼得堡艾尔米塔什博物馆（冬宫）正面全景（艾尔米塔什博物馆提供）

图 10-2 艾尔米塔什博物馆（冬宫）内景之一（曾琬晴拍摄于 2024 年 8 月 4 日）

艾尔米塔什博物馆与法国的卢浮宫相似，室内装饰富丽堂皇，精致异常，这些宫殿本身就是艺术杰作，给人以强烈的视觉冲击和艺术享受，还富有历史价值（图 10-2）。现存宫殿内的收藏品则展示着来自世界各地的艺术成就。艾尔米塔什博物馆这个庞大建筑群的展厅总面积近 130 万平方米，共有 1 000 个展厅，对公众开放的有约 353 个展厅和画廊，展线长达 30 千米，因而有"世界最长艺廊"之称。在从石器时代直至现当代的 270 多万件藏品中，展出的艺术品约占全部收藏品的 5%。它与巴黎的卢浮宫、伦敦的大英博物馆、纽约的大都会艺术博物馆并称世界四大博物馆。

宫殿博物馆的建设与发展

冬宫，是艾尔米塔什博物馆最大的建筑，是俄罗斯著名的皇宫，也是世界上最大最古老的博物馆之一。冬宫是遵照彼得大帝（Peter the Great, Peter I, 1672—1725）的女儿伊丽莎白·彼得罗夫娜（Yelizaveta Petrovna, 1709—1762）之意，从 1754—1762 年建成的沙皇宫邸，由在俄国工作的意大利建筑师——巴洛克式建筑的代表人物弗朗切斯科·巴尔托洛梅奥·拉斯特雷利（Francesco Bartolomeo Rastrelli，1700—1771）设计。此后直至1917年12月罗曼诺夫王朝（Romanov Dynasty，1613—1917）被革命推翻，冬宫一直是俄罗斯沙皇的正式宫殿，与俄罗斯历史上最重要的事件密切相关。

冬宫是圣彼得堡最大、最有特色的巴洛克风格建筑物。然而，它自建成后历经劫数。1837年，冬宫被大火焚毁，于1838—1839年重建。在第二次世界大战期间，由于圣彼得堡（曾名列宁格勒）的保卫战（从1941年9月9日开始直至1944年1月27日最终结束），在被围困的872天中，破坏了大量公共设施和建筑，冬宫也再次遭到破坏。二战后，冬宫才被精心修复。这座大型宫殿共有三层，长约230米，宽140米，高22米，是一座封闭式的长方形建筑，占地9万平方米，建筑面积超过4.6万平方米。这个四角形的建筑宫殿里面有内院，其中的三个方向分别朝向皇宫广场、海军指挥部、涅瓦河，第四面连接着小艾尔米塔什宫殿。在面向冬宫广场的一面，中央稍突出，有三道拱形铁门（图10-1）。冬宫四周有两排柱廊，雄伟壮观。

艾尔米塔什最早是历史上最著名的女君主之一——叶卡捷琳娜二世（Catherine Ⅱ，Catherine the Great，1729—1796）（图10-3）的私人宫邸。叶卡捷琳娜二世酷爱收藏艺术品，其藏品存放在冬宫新建的侧翼"小艾尔米塔什"，这个名字源自古法语hermit，意为"隐宫"。这座宫邸由法国建筑师让·巴蒂斯特·瓦林·德·拉·莫斯（Jean-Baptiste Vallin de la Mothe，1729—1800）设计。于是，她的私人宅邸就成了内容丰富的艺术宫殿，也是她乐此不疲地欣赏大师作品的隐秘居所。这也是博物馆"六宫殿建筑群"中最早用于收藏和展示艺术品的场所。于是，这个庞大的博物馆建筑群便以这个宫殿的名字来命名。

最终将宫殿群发展成为一所举世闻名的博物馆的，则是女皇的外孙尼古拉一世（Nikolay I Pavlovich，1796—1855）的功劳。1837年，冬宫发生了火灾。在之后重建冬宫的同时，尼古拉一

图10-3 叶卡捷琳娜·阿列克谢耶夫娜大公夫人（后来的叶卡捷琳娜二世）肖像［布面油画，54厘米×42.5厘米，丹麦画家维吉柳斯·埃里克森（Vigilius Ericksen，1722—1782）绘于1762年之前，1963年进入艾尔米塔什博物馆，编号：ГЭ-9908，艾尔米塔什博物馆提供］

世在19世纪四五十年代建造了新艾尔米塔什,它与已有的冬宫、小艾尔米塔什、大艾尔米塔什以及后来的艾尔米塔什歌剧院组成了一个公共博物馆,1852年起对外开放。

在1917年2月前,冬宫一直是沙皇的宫邸,后来被资产阶级临时政府所占据。1917年11月7日(俄历10月25日),布尔什维克带领群众占领了冬宫,是为"十月革命"。1917年12月30日,苏俄政府将原来的宫廷房舍和整个冬宫拨给了艾尔米塔什,并宣布冬宫和艾尔米塔什为国立博物馆。1922年,国立冬宫博物馆与艾尔米塔什博物馆合为一体,称为国立艾尔米塔什博物馆。

在1930—1934年间,有2 000多件博物馆的艺术作品在政府的命令下出售给了西方,其中不乏名家画作。在苏联卫国战争初期,该馆为确保藏品安全,曾将111.8万件藏品运往后方的斯维尔德洛夫斯克雅州(Sverdlovskaya Oblast)的首府叶卡捷琳堡(Yekaterinburg)保存,其余藏品都被严密封存在该馆的地下室内。直至战争结束,运往后方的藏品才返回原地。

1991年12月18日,俄罗斯联邦总统叶利钦发布命令,把国立艾尔米塔什博物馆列入俄罗斯联邦特别珍贵民族遗产目录。

丰富的藏品

艾尔米塔什博物馆藏品的收集始于彼得大帝的女儿——女皇伊丽莎白。然而,真正的博物馆创建者,当数叶卡捷琳娜二世。在她的统治期间,雄心勃勃的女皇不满其他欧洲国家君主的艺术藏品远远多于俄国,就开始大范围地搜罗世界上最好的艺术品,有时候甚至愿意花大价钱买下某些人的所有藏品。1764年,叶卡捷琳娜二世通过借款的方法从柏林商人约翰·恩斯特·戈茨科夫斯基(Johann Ernst Gotzkowsky,1710—1775)处购进荷兰画家伦勃朗(Rembrandt Harmensz van Rijn,1606—1669)、佛兰德斯画家鲁本斯（Peter Paul Rubens，1577—1640）等人的 250 幅绘画，存放在冬宫新建的侧翼"小艾尔米塔什"。

由于对美术品的热衷与酷爱，叶卡捷琳娜二世陆续收集了庞大数量的藏品，在她的有生之年收集到的名家绘画就达 4 000 多件。如此一来，女皇的宫殿就成了当时世界上收藏艺术品最多的地方之一。

在叶卡捷琳娜二世收藏的基础上，艾尔米塔什不断地扩大藏品的数量与内容。特别是在近代，俄国派出了多个中亚考古探险队，获得了数量庞大的文物，都进入了该馆的收藏，使之最终成为世界四大博物馆收藏之一。

艾尔米塔什博物馆下设原始文化部、古希腊-罗马世界部、东方民族文化部、俄罗斯文化史部、钱币部、西欧艺术部、科学教育部、修复保管部（包括 6 个专业科学实验室，1 个生物组）等 8 个业务部门。在开放的 353 个展厅里，展出有金银器皿、服装、礼品、绘画、工艺品等专题，同时陈列着沙皇时代的卧室、餐厅、休息室、会客室的原状。这样的展陈方式可以使观众了解俄国皇室对宫殿房间的利用，以及当时在宫廷中对很多艺术品的原始陈列方式，以便达到回归历史的效果。其中的彼得大帝陈列室最引人注目。

在 270 多万件的历史文物与艺术品中，有史前文化、古埃及、古希腊、古罗马的艺术品，以及大量意大利、西班牙、德国、英国、俄国、比利时、荷兰、法国的油画及雕塑作品，还有版画、素描、出土文物、实用艺术品、钱币和奖牌等。其中有 1.5 万多幅绘画，1.2 万件雕塑，60 万幅素描，100 万枚硬币和证章，22.4 万件古代家具、瓷器、金银制品、宝石与象牙工艺品等。在数量众多的藏品中，绘画最为闻名。

该馆的藏画，从拜占庭的古老宗教画，到现代的法国野兽派创始人马蒂斯（Henri Matisse，1869—1954）、西班牙画家毕加索（Pablo Picasso，1881—1973）的绘画作品，还有其他印象派、后期印象派画作，应有尽有，共收藏了 1.58 万余幅。其中有意大利画家达·芬奇（Leonardo da Vinci，1452—1519）的两幅《圣母像》，意大利画家拉斐尔（Raffaello Sanzio da Urbino，1483—1520）的《圣母圣子图》《圣家族》，荷兰画家伦勃朗的《浪子回头》，以及意大利的提香（Tiziano Vecelli，约 1489—1576），佛兰德斯的鲁本斯，西班牙的委拉士贵支（Diego Rodríguez de Silva y Velázquez，1599—1660），意大利的提埃波罗（Giovanni Battista Tiepolo，1696—1770），西班牙的戈雅（Francisco José de Goya y Lucientes，1746—1828），法国的塞尚（Paul Cézanne，1839—1906）、雷诺阿（Pierre-Auguste Renoir，1841—1919）、高更（Eugène Henri Paul Gauguin，1848—1903），凡·高（Vincent Willem van Gogh，1853—1890）等人的名画均极珍贵，展示着一部完整的西方绘画史。

科学图书馆自建馆之日起就是艾尔米塔什博物馆的重要部分，收藏着俄罗斯帝国皇帝彼得三世（Pyotr Ⅲ Fyodorovich，1728—1762）的妻子、女皇叶卡捷琳娜二世的私人藏书。现在艾尔米塔什图书馆收藏着 70 万册艺术学、历史学、建筑学与文化类图书，涵盖了欧洲与东方各种语言。此外，该馆还藏有珍稀图书与手稿近 1 万册。

设立于 1920 年的东方民族文化艺术部有四个展区：古代东方、拜占庭与中东、中亚与高加索、远东。这个部门共设有 78 个展厅，有藏品近 18 万件。其中有大批来自中国的文物，包括来自新疆拜城克孜尔石窟、吐鲁番、甘肃敦煌莫高窟（图 10-4）、内蒙古阿拉善盟额济纳旗黑水城等地的佛教壁画、彩塑、卷轴画等珍宝。在博物馆三楼的中国厅，还可以看到很多流失俄罗斯的中国文物，有 200 多件殷商时代的甲骨文片，1 世纪的珍稀丝绸和绣品，还有历朝的青铜器、玉器、铜镜、瓷器、珐琅、漆器、陶俑、佛教造像、山水和人物画、屏风、红木家具等。其中的周代青铜簋、明代"景泰年制"的珐琅瓶、明代竹刻笔筒

图10-4 艾尔米塔什博物馆的敦煌艺术展厅（曾琬晴拍摄于2024年8月4日）

等，都是中国工艺美术的珍品。这些文物，依年代早晚序列，展示着中国五千年的文明史。

中国古代艺术撷英

柯兹洛夫的黑水城文物

彼得·库兹米奇·柯兹洛夫（Pyotr Kuzmich Kozlov，1863—1935）是俄国著名的探险家、考古学家。他一生最主要的贡献是对黑水城遗址的发现与发掘。黑水城始建于西夏时期（1038—1227），蒙古语称为哈拉浩特（Khara Khoto），又称黑城，位于今内蒙古阿拉善盟额济纳旗，离敦煌不远。它是西夏国的边防重镇，也是丝绸之路上的交通要塞。1907—1909年，柯兹洛夫领导的第五次考察队在额济纳旗境内的额济纳河支流纳林河东面的巴丹吉林沙漠边沿地带发现了西夏古城黑水城遗址。很快，他们就在建筑遗址中找到了大尺寸的唐卡等文物，还出土了很多西夏文写本，还有很多佛像、绘画、文书和铜币等文物。特别是在1909年6月，柯兹洛夫挖掘了一座名为"辉煌舍利塔"的佛塔遗址。在塔底13平方米的地宫里藏有20多尊佛像和书籍，还有众多汉、蒙、藏和西夏语的经卷写本，汉风佛画和藏风唐卡，是一项重大发现。在之后的考古过程中，柯兹洛夫发掘了很多佛塔遗址，收获了更多的文物。

柯兹洛夫从黑水城遗址中发掘出的文物种类及数量十分惊人。除了西夏文刊本和写本外，还有汉、藏、回鹘、突厥、女真、蒙古文等典籍，内容涉及佛典、经、史、子、集各类文献资料，还有辞典、兵书、官府文书、民间契约、医书、历书、卜辞等。从遗址中还发掘出土了300多幅佛教绘画作品，以及20多件木版印刷品、70余件木雕、泥塑像、铜和镀金铸像、丝麻织品、钱币及纸钞等。这些文物再现了西夏帝国历史的璀璨与辉煌，为研究佛教艺术及相关史学开拓了新的里程碑。这批文物于1909年秋天运抵圣彼得堡，保存在俄国皇家地理学会的新建大楼里。随后，有关艺术、考古类的文物送往俄国亚历山大三世博物馆之民族学部门。书籍、文稿则运往俄国科学院，即现今的东方研究所圣彼得堡分所保存。1933年，博物馆典藏的文物转送国立艾尔米塔什博物馆之东方部门收藏，共有3 500多件。因此，该馆是西夏文物收藏的世界之冠。

柯兹洛夫在黑水城遗址发掘出的绘画作品具有非常高的艺术史研究价值，可以分三种风格。一种是深受宋代影响的汉地风格，一种受西藏影响的藏传风格，还有汉藏合璧风格（图10-5）。柯兹洛夫带回的很多绘画都使用了藏传佛教唐卡的装裱方式，上下的装裱呈相对的梯形，不似汉族绘画的长方

俄罗斯

图10-5 艾尔米塔什博物馆的黑水城唐卡展厅（曾琬晴拍摄于2024年8月4日）

形。这些画的题材多是典型的藏传佛教人物，如绿度母、空行母、尊胜佛母、毗沙门天王、藏式风格的佛与菩萨等。例如一件缂丝唐卡绿度母，约制作于1227年以前，是精工细制的上乘作品。度母（梵名Tara），全称圣救度佛母，中国古代又称"多罗菩萨"。佛教认为他是观世音菩萨的化身，有一种说法认为他是由观世音菩萨的眼泪化成的。度母有许多不同的化身，包括有二十一度母、五百度母等，都是观世音菩萨的化身，而绿度母为所有度母之主尊，总摄其余二十尊化身之所有功德，在藏传佛教中十分受尊崇。绿度母着菩萨装，全身呈翠绿色，一面二臂，面容姣好，身材苗条，头戴宝冠，身佩各种璎珞珠宝，上身袒裸，下身穿裙，呈半跏趺坐之姿，华贵而慈祥，腿腰间还有坐禅助带，十分罕见。这件唐卡充分展示了西夏时期绿度母的形象，画面中以绿度母和胁侍的菩萨、金刚持为中心，上方还有密教的五佛，构成了崇拜的主体。该唐卡还将装裱边饰同时织进了画面，在上下的梯形边饰织出了宝瓶生莲、莲中生伎乐天人的图案。这幅唐卡充分表现着人体的健康与和谐的审美追求，它不仅是现存时代较早的藏传佛教美术作品中的佼佼者，度母所穿的紧身短衣还体现了西夏人根据本民族风俗的再创作（图10-6）。

图10-6 艾尔米塔什博物馆藏柯兹洛夫从黑水城得到的缂丝唐卡绿度母（西夏，绢本，约12—13世纪，100.9厘米×52.5厘米，1933年入藏，编号：XX-2362，艾尔米塔什博物馆提供）

奥登堡在新疆的收获

谢尔盖·奥多诺维奇·奥登堡（Сергей Фёдорович Ольденбург，1863—1934），是俄国近现代最著名的东方学家、印度学和佛教艺术史的奠基人之一。1909年6月，奥登堡组建了他的第一次俄国考察队，开始在喀什、吐鲁番、库车等地挖掘与考察古代遗址，到1910年结束，获得了大量文物（图10-7）。他首先考察了距吐鲁番最近的交河

图 10-7（左） 艾尔米塔什博物馆展出的奥登堡从新疆库车地区石窟剥下的部分壁画（曾琬晴拍摄于 2024 年 8 月 4 日）

图 10-8（右） 艾尔米塔什博物馆藏奥登堡从新疆库车地区石窟获得的三天王（或武士）彩塑像（龟兹，约 6 世纪，高 48 厘米，1931 年收藏，编号：Ку-207，艾尔米塔什博物馆提供）

故城、吐鲁番老城、高昌故城。接着又访问了阿斯塔那村附近、吐鲁番北部峡谷、胜金口、柏孜克里克、木头沟村附近以及吐峪沟等处的大小几十处石窟寺遗址，割取了大量的壁画，还拿走了不少彩塑残像。结束了吐鲁番的考察之后，奥登堡探险队就开往库车地区，以克孜尔石窟作为主要调查对象，也割取了大量壁画，拿走了不少彩塑像（图 10-8）。奥登堡的第一次考察共带回 30 多箱壁画、木雕等艺术品，近百件写本残片，还有 1 500 多张考察照片。写本残片中有各种语言的世俗文书，包括汉文和回鹘文、粟特文、梵文写本。这些世俗文书包括财产合同、婚约和律法文书，为研究千年前吐鲁番地区的社会风俗提供了重要证据。

　　奥登堡在新疆获得的艺术品，于 1931 年全部汇入了艾尔米塔什博物馆之东方部收藏。如今，在该馆的展厅里，来自吐鲁番柏孜克里克石窟的巨幅大壁画，是该馆中亚艺术品中的亮点。由于篇幅所限，下面仅介绍来自柏孜克里克石窟的一幅壁画，绘制于 11 世纪的回鹘高昌国时期。这幅长 339 厘米、高 232 厘米的巨型壁画表现的是文殊菩萨变相图，即骑着狮子的文殊菩萨在众眷属的簇拥下在山水间行走的情景（图 10-9）。文殊是智慧第一的大菩萨，他的座骑是狮子。张口瞪目的狮子

俄罗斯

正回头望着同样是愤怒表情的昆仑奴,两者形成了鲜明的对比。环绕在文殊周围的是弟子、菩萨、天王以及俗装的老者,形成了一个行进队伍。在众人的周围有一圈祥云,似乎暗示着他们是驾云而来。祥云的外围则是一系列的三角形小山,以及山间的佛塔与寺院,象征着佛教的世界。在画面的右侧,还有一尊体型高大的天王,承担着保护佛法的作用。整个画面的色调以朱砂和绿色为主,众人物也普遍具有丰满的面相,是对唐代壁画风尚的继承。而周围的小山则是自南北朝以来的"人大于山"的山水画之旧有传统。

图 10-9 艾尔米塔什博物馆藏奥登堡从吐鲁番柏孜克里克剥下的《文殊菩萨变相图》壁画(回鹘高昌国,11世纪,1931年入藏,编号:Тy-776,艾尔米塔什博物馆提供)

奥登堡的敦煌文物

1914年,奥登堡组织了第二次考察队,于5月从圣彼得堡出发。他力求对敦煌石窟进行一次彻底全面的考察,并以考古报告的形式出版。在敦煌莫高窟,奥登堡一共测绘了443个洞窟。奥登堡的耐心和苦干得到了回报,敦煌洞窟内残留的文物,包括从墙上脱落断裂成碎块的壁画，掉落在地上的佛像雕塑残块，或是已经被践踏成泥团硬块的绢画等，都被他们一一清理出来。这些收获都是斯坦因、伯希和、大谷光瑞探险队所忽视的，现在被奥登堡捡走了。他在洞窟里发掘出了很多残雕塑、壁画、绢画、麻布画、纸本画和版画等艺术品，这批资料对敦煌石窟考古研究都有极大的历史价值。例如，一件五代时期的绢本残片上画着六身坐姿供养人像，左侧是三身女供养人，右侧有三身男供养人，都穿着五代时期的贵族服装，中间的方形空白幅面应该是书写题记的地方。这片残件应该是一幅绢本佛画的下部，因为在唐、五代时期的绢画中，供养人往往绘在受崇拜的佛教神灵的下方（图10-10）。

在整个考察过程中，奥登堡依然有选择地切割了一些壁画，还拿走了莫高窟北区B77窟的彩色佛座背屏等文物。在对壁画的处理上，奥登堡不仅亲自选定了一批壁画，安排人进行拍照、临摹、记录，还率先想出用整块切割的方法带走完整的壁画16块，既减少了对壁画的损害，又便于运输和存放。

在清理莫高窟D464窟时，奥登堡与哥萨克护卫意外发现了130块珍贵的古代回鹘文木活字。另外，他的考察队通过在敦煌四处搜寻购买，还获得了一些从藏经洞流出的古代文书，特别是在洞窟内发掘了一万多件写本残件，更是大收获。这些残片和其他西方探险家从藏经洞中获得的完整文书不同，都是

图10-10 艾尔米塔什博物馆藏奥登堡从敦煌得到的绢画供养人（46厘米×13厘米，五代时期，10世纪，1977年收藏，编号：ДХ-233，艾尔米塔什博物馆提供）

俄罗斯

163

带着黄土泥巴的皱巴巴的小纸片，只可见残文断字。虽然品相不佳，但这些写本早的可上溯至434年的北凉晚期，晚的有1002年即大宋咸平五年的例子，时间跨度极长，并且涵盖了方方面面的内容，同样具有极高的研究价值，是藏经洞文书的一个有力补充。

1915年1月26日，奥登堡考察队启程回国，带走了在敦煌石窟拍摄的大量照片和测绘的图纸、客观文字记录，同时，还带走了剥离的一些壁画，以及从洞窟中清理发掘出的各类文物、彩塑与壁画残块，还有在当地收购的文物，包括文书、经卷、纸绢画、丝织品等。特别值得注意的是，他们还拿走了几尊完整而精美的彩塑，这是以前所有来敦煌的西方探险家没有做过的事。他们将所有文物装满了几大车，胜利凯旋。据统计，奥登堡此次在敦煌收集了幡画66件、绢画137件、纸本画43件、织物58件，还切割壁画14幅，拿走了大小彩塑像28尊。还有数量庞大的零散文物。他获得的敦煌文书数量多达11 014件，其中364件是比较完整的写本手卷，还有已经在印度失传的梵文佛教手稿。其中10 650件是残片，包括考察队在莫高窟洞窟中搜寻到的遗书，还包括清政府在运走藏经洞文书时遗弃的一些文书残片以及一些因不感兴趣而未运走的藏文文献。

奥登堡在敦煌莫高窟获取的28尊彩塑像，都是莫高窟不可多得的艺术精品。其中包括两件约造于北魏的苦修释迦像的头部，隋代弟子、菩萨像的头部，唐代菩萨像的头部，等等。还有北魏中心柱窟表面的影塑，和一尊来自北周第442窟的迦叶尊者彩塑像。这尊迦叶像身穿僧衣，双手于胸前合十，胸前刻出肋骨，消瘦的脸上布满皱纹，表现了一位饱经沧桑的老僧形象（图10-11）。一尊来自北周洞窟的阿难像，稚气可爱，面含笑意，表现了北周弟子像特有的窈窕身材。一尊同样来自北周洞窟的立菩萨像，则表现了北周菩萨像惯见的筒状身躯。还有一尊从隋代第253窟中搬出的立菩萨像，一对来自唐代第321

窟的蹲狮，以及从宋代第 111 窟搬走的一尊阿难像、一尊迦叶像、一尊菩萨像。

清代珍宝

艾尔米塔什博物馆还收藏了一批清代珍宝，制作于 18 世纪前后。这些珍宝包括金、银、象牙等珍贵材质制成的日用器物，如盒、碟、箱、托盘、烛台等，都是清代皇室或贵族家庭的用物。有些器物过去曾归尤苏波夫家族（Yusupovs）拥有。尤苏波夫家族是俄罗斯近代史上一个非常富有的贵族家庭，以慈善事业和艺术品收藏闻名。在帝俄时代，这个家族拥有自己的宫殿——位于圣彼得堡的尤苏波夫宫，和一个丰富的艺术品收藏。1917 年十月革命爆发后，苏维埃上台，没收了贵族的财产，尤苏波夫家族也不例外。于是，这个家族的收藏最终进入了国立艾尔米塔什博物馆。

在尤苏波夫家族收藏的清代珍宝中，有一件象牙制成的表现园林等景观的匣子，是乾隆朝（1736—1795）的作品，1922 年进

图 10-11　艾尔米塔什博物馆藏奥登堡从敦煌莫高窟北周第 442 窟得到的彩塑迦叶像（6 世纪，高 91 厘米，五代时期，10 世纪，1930 年入藏，编号：ДХ-9，艾尔米塔什博物馆提供）

入冬宫收藏（图 10-12）。象牙由于相对柔软和温暖的色调，是中国古代最受欢迎的雕刻材料之一。在出口到欧洲的委托生产的作品中，象牙温暖的乳白色受到欧洲人的重视。这个带有独立盖子的匣子由象牙片制成，采用极其精致的镂空雕刻，以漩涡花饰构成描绘风景之窗，窗内展现的是贵族人物游览自家园林的情景。景物的周围环绕着云朵和花朵的装饰。底座与支脚上饰有云纹浮雕。

尤苏波夫家族还收藏有一件用银、铜、玻璃、辉石和水钻

等多种宝物制成的烛台，采用了花丝、镀金、镀银、珐琅和矿物彩绘等多种技术，可谓奢华至极（图10-13）。在镀金的底座上承托着以花丝制成的花盆，盆的口沿处是镀金的联珠纹。盆中立有一株镀金的树，上结若干石榴。在中国古代文化中，石榴树寓意丰收、富贵、多子多福，象征着家庭和谐、丰衣足食、子孙满堂。古人常常将石榴作为喜庆、祝福和吉祥的礼品送给朋友和亲人。树的顶端立着烛台，是这个物件的真正使用功能。因此，这件烛台曾经寄托着一个清代贵族家庭的祝福。

艾尔米塔什博物馆还收藏了一批清代玉器，也是当时皇室或贵族家庭的实用品或赏玩品。其中以18世纪的中国玉器以及与中国有关的痕都斯坦玉器为主。痕都斯坦玉器是伊斯兰玉器重要组成部分，在清朝的宫廷中是非常名贵而特别的一种。痕都斯坦本为清代对北印度的称谓，而痕都斯坦玉器则泛称宫中所藏南亚、中亚等地区的玉器。这些玉器有玉洗、玉盘、玉碗、玉笔筒、玉瓶、玉花插、玉动物、玉佛手等，材质优良，形态精美，工艺精湛，都是这一时期中国玉器的代表作。有一件白玉佛手，玉质滋润玲珑，如新鲜的果实一般。一件圆雕玉鸳鸯，二禽口衔仙草，交颈相拥，是东方爱情的象征。一件青白玉洗，是该馆收藏的中国玉器之冠，器形浑厚敦重，表面有高浮雕的云龙，出没于汹

图10-12（上） 艾尔米塔什博物馆藏清代象牙匣子（清代乾隆时期，1736—1795年，11厘米 x 15.6厘米，原尤苏波夫家族藏品，1922年入藏，编号：ЛН-50，艾尔米塔什博物馆提供）

图10-13（下） 艾尔米塔什博物馆藏清代烛台（银、铜、玻璃、辉石和水钻，18世纪下半叶，高28厘米，原尤苏波夫家族藏品，编号：ЛС-91，艾尔米塔什博物馆提供）

图 10-14 艾尔米塔什博物馆藏清代五龙云玉洗（乾隆时期，1736—1795，31 厘米 x 28 厘米 x 17 厘米，1931 年入藏，编号：ЛО-153，艾尔米塔什博物馆提供）

涌波涛之中，外底阴刻漩涡纹，应是乾隆时期的作品（图 10-14）。但内底阴刻有"大清乾隆仿古"款，可能是后期加刻的。

乾隆皇帝的玉玺

该馆还藏有一枚乾隆皇帝的双龙钮玉玺，原是沙皇尼古拉二世（1894—1917 年在位）的藏品，于 1917 年入藏艾尔米塔什（图 10-15）。玉玺的侧面阴刻着乾隆皇帝的御制诗文，且有纪年，为乾隆四十六年（1781）。中国皇帝珍贵的玉玺，怎么会落入俄国皇帝之手？这其中必有一个令人伤心的故事。然而，这枚玉玺的原藏家的命运也十分悲催。

尼古拉二世，全名尼古拉·亚历山德罗维奇·罗曼诺夫（1868—1918），是俄罗斯帝国的末代皇帝，兼任芬兰大公和波兰国王。他早期经历俄罗斯帝国经济大崛起的时代，坚持君主专制，反对任何形式的民主改革。1904 年，他出兵中国东北，

图 10-15 艾尔米塔什博物馆藏清乾隆玉玺（9.1 厘米 x 10.6 厘米 x 10.6 厘米，乾隆四十六年，1781 年，原尼古拉二世藏品，1917 年入藏，编号：ЛО-277，艾尔米塔什博物馆提供）

引发了日俄战争，以失败告终。1917 年第一次世界大战期间，俄国发生二月革命，尼古拉二世退位，一家及随从后被囚禁于乌拉尔山附近的叶卡捷琳堡。1918 年 7 月 16—17 日晚，尼古拉二世和他的皇后及五名子女全部被处决，执行者为布尔什维克革命者雅科夫·尤罗夫斯基（Yakov Mikhaylovich Yurovskiy，1878—1938）。案发当晚，执行者用步枪和刺刀将末代沙皇一家杀死，随后将受害者遗体在科普季亚基森林毁尸灭迹。1998 年，时任俄罗斯总统叶利钦（Boris Nikolayevich Yeltsin，1931—2007）对此事件进行谴责，称杀害沙皇一家是俄罗斯历史上无比耻辱的一页。

JAPAN

日本

11

正仓院与奈良国立博物馆

奈良国立博物馆位于 710 — 784 年作为日本首都的奈良，具体位置在今奈良县奈良市登大路町，由独立行政法人国立文化遗产机构运营。1991 年 9—10 月，我作为中国社会科学院考古研究所派遣的访问学者，在奈良国立文化遗产研究所访学两个月。其间虽然经常外出参观访问，但住在奈良的时间是最长的，达 25 天左右。这个充满了唐代文化风尚的古城，使我深深沉迷其中。奈良国立博物馆是那时的一个必去场所，我不仅去那里拜访了朋友，还参观了在秋季举办的一年一度的正仓院展。奈良的近铁钟声，东大寺与元兴寺前悠闲的群鹿，还有在平城宫遗址散步的人们，都给我留下了深刻的印象。2019 年 11 月，我又两次重访了奈良国立博物馆，当然还是为了那充满魅力的正仓院宝物展去的（图 11-1）。同时也参观了馆内的佛像陈列和其他展览。与第一次来不同的是，中国游客特别多，他们也是为了正仓院而来的。奈良国立博物馆的建设，就是为了这个古都服务的，而东大寺的正仓院就是其中的重中之重。

图 11-1 奈良国立博物馆西新馆（右）与东新馆（常青拍摄于 2019 年 11 月 1 日）

博物馆的发展史

1867年是日本建立博物馆的开始，是以在法国巴黎举办的万国博览会为契机的。1871年，日本文部省内设立了博物局，是管理博物馆的机构，这也是东京国立博物馆的开始。1874年（明治七年），当时的奈良县县令藤井千寻力主当地官民共同创办奈良博览会社，并在第二年举办了第一届奈良博览会。这次展会以东大寺的大佛殿和四周的回廊为会场，展品以正仓院提供的宝物为主，加上其他寺院和个人收藏的书画、古器物、动植物标本和各类机械装置等。这次为期80天的展会盛况空前，到会人数达17万人。此后直至1890年的每一年（除了1877年），当地都举办了奈良博览会，一共15届。通过这些博览会，人们认识到日本传统佛教文化的重要性，对明治维新以来的排佛与神佛分离政策进行反思，从而引起了人们保护重要文化遗产的意识。与此同时，日本政府也于1888年建立了宫内省的"临时全国宝物调查局"，实施全国的文物调查，并制定保护措施。

1886年，日本政府对博物馆的管理做了调整，将博物馆领域归属宫内省管辖。1889年，政府决定在三个地方成立帝国博物馆，即东京、京都和奈良。1894年，帝国奈良博物馆的第一座正式建筑（即今佛像馆）竣工，它是奈良最早的西式建筑。它的设计师是当时任宫内厅户部工程师的片山东熊（1854—1917）。由于明治（1868—1912）政府主张全面学习欧美的西方文化，片山就采用了法国文艺复兴鼎盛时期的建筑样式，以他设计的位于东京的皇室宫殿建筑赤坂离宫为蓝本，使这座场馆成了明治中期代表性的欧式建筑（图11-2）。1969年，这座"旧帝国奈良博物馆"建筑被指定为日本重要的文化财（即日语中文化遗产的意思）。

1895年4月，帝国奈良博物馆正式开馆，对公众开放。1900年，随着宫内省官制的改革，东京、京都、奈良这三家博

图 11-2 奈良国立博物馆本馆（奈良佛像馆）入口（维基百科提供）

物馆均改名为"帝室博物馆"。于是，奈良馆就叫"奈良帝室博物馆"了，实际上是国立的性质。

奈良是日本第一古都，保存有日本最多最早的佛教寺院，还有众多的神社。但奈良的人口不多，不是日本的现代大都市。在奈良成立国立博物馆的宗旨，就是为了保护那些在神社和寺院收藏的诸多"名器与珍宝"，并向世人宣传它们的价值。进入昭和时代（1926—1989）以后，由于来自奈良各神社、寺院的寄存文物逐渐增加，当时陈列馆内的收藏空间明显不够用，就在1937年专门建造了收藏文物的库房。

同时，展出这些寺院与神社的收藏宝物也是奈良馆的重要使命。在20世纪上半叶，奈良馆的常设展就是日本传统美术，举办了很多与日本传统艺术或佛教美术有关的特别展览，如"天平文化纪念品特别展"（1928）、"以佛师运庆（？—1223）为中心的镰仓雕刻展"（1933）、"绘卷与佛画特别展"（1936）、"藤原美术展"（1938）、"平家纳经展"（1940）等。特别是在1932年，奈良博物馆还举办了"正仓院御物古裂展"。古裂，指具有文物价值的旧织物的残片，是关于正仓院古裂修复成果的展览。二战结束后，1946年10月，奈良馆举办了"第一届正仓院展"，在当时经济萧条的情况下，居然在仅22天的展期之内迎来了大约15万的观众。从此，奈良馆就成了著名的正仓院宝物的展示舞台。

1947年5月,奈良帝室博物馆由宫内省移交文部省管辖,改名为"国立博物馆奈良分馆"。1950年,日本政府制定了文物保护法,并在文部省的外局(中央直属部门)新设了"文化财保护委员会",而奈良馆成了这个委员会的附属机构。1952年7月,奈良馆更名成了独立"奈良国立博物馆",直至今日。

从明治时代以来,奈良各寺院、神社的文物一般会寄存或委托奈良馆代为保管并展览。到了昭和时代的20世纪60年代以后,国家开始支持并资助各神社、寺院建立自己的文物收藏库,对文物就地保管。因此,奈良的各寺院、神社陆续向奈良博物馆申请返还他们寄存的文物。在这样的情况下,奈良馆就从以往的举办各寺院神社的名品展览,转变为对佛像、佛画、佛教工艺品等进行系统性的展览,一直延续至今。

1968年6月,日本文化厅成立,同时废止了文物保护委员会,奈良馆也就成为文化厅的下设机构。1972年3月,新的展览馆——西新馆竣工,并在新馆揭牌正仓院展。1997年,东新馆和地下通道竣工,于1998年启用。西新馆和东新馆都是由日本建筑师吉村顺三先生(1908—1997)设计的,为了与展览内容相适应,特别采用了正仓院的仿木构干栏式建筑风格,但使用了现代玻璃材料(图11-1)。从此,奈良馆的总体展陈有了重大调整。奈良馆的常设主体展览主要是佛教美术,在佛像馆举办,是全馆的"雕刻馆",按佛教尊像的种类和制作技艺来分类展出,主要展示日本佛教雕刻艺术。此外,在个别展厅展出来自中国和朝鲜半岛的佛像艺术作品。为了突出这个展览主题,还建立了"佛教美术资料研究中心",并于1980年开馆。西新馆通常展出考古、绘画、书迹(墨迹)、工艺等不同门类的常设展,偶尔也会用作特别展的展厅。东新馆则主要用于举办春季特别展和秋季的正仓院展,有时也会举办各种小型专题展览。

为使文物留传后代,对文物进行定期修复是不可缺少的。因此,奈良馆专门建立了"文化财保存修理所",于2000年竣工，2002年对外开放。这个中心主要是针对漆工品、雕刻、绘画、书迹（墨迹）等类艺术品进行专门修复。同时，他们也承接馆外需要修复的国宝、重要文化财等，以及地方公共团体收藏的文物，也做与文物修复相关的学术研究活动。

2001年，奈良馆更名为独立行政法人奈良国立博物馆。2007年，又更名为独立行政法人国立文化财机构奈良国立博物馆。

展馆与收藏

截至2020年3月31日，奈良国立博物馆藏品总数为1 911件，其中日本国宝13件，重要文化遗产114件。除此之外，博物馆还收藏了团体或私人寄托品共计1 974件，其中包括52件国宝和306件重要文化财。博物馆的展馆由佛像馆、青铜器馆、东新馆、西新馆4个展区组成，且分工不同。

佛像馆是日本国内最完备的佛像展示设施，常年展陈近百尊佛像，包括很多日本国宝和重要文化财，主要是日本飞鸟时代（592—710）至镰仓时代（1192—1333）的佛像（图11-3）。同时也有一些中国佛教文物，如造像、绘画、法器（如三钴杵）等。它通过回廊连接着青铜器馆。2010年，该馆被更名为"奈良佛像馆"，专门展出佛像。2016年，又对展厅进行了大规模

图11-3 奈良国立博物馆之奈良佛像馆第6室内景（奈良国立博物馆提供）

的改装，并于同年开放。

青铜器馆建于昭和十二年（1937），位于佛像馆的南侧，当时是作为文物的收藏库使用的。2002年，它成了中国古代青铜器的常设陈列室，以展陈商代（前17—前11世纪）至汉代（前206—220年）的青铜器精品，都是坂本藏品。青铜器馆的坂本藏品，是由古美术商店"不言堂"的初代社长、著名美术品收藏家坂本五郎先生（1923—2016）寄赠给奈良馆的380余件青铜器组成的，是坂本先生倾其半生精力收集来的。这些器物包括礼器和乐器，还有武器、车马具、农具、文具等。

图11-4 奈良国立博物馆藏凤鸟纹提梁卣（商末周初，奈良国立博物馆提供）

中国的青铜器约从前2000年开始，夏商周三代是青铜器制作的高峰期。商周时代的青铜容器被称为彝器，是世界青铜器文化中的瑰宝。彝器主要是作为祭祀祖先神灵的宗庙器物，它们既是祭器也是礼器，其样式来源于生活用具（图11-4）。作为天子、诸侯、卿大夫、士等社会身份秩序的象征，礼器的数量决定了他们身份地位的高低。与此同时，演奏仪式音乐的乐器也表现了人们的身份。青铜器馆的这些青铜器有爵、觚、长颈尊、卣、觚形尊、方彝、罍、鼎、鬲、豆、盘、壶、钟、扁壶、蒜头壶、灶、博山炉、镇子、铙、錞于等，可谓种类齐全，丰富多彩，是理解中国青铜器知识的好材料。

东新馆的功能是举办特别展，如一年一度的正仓院宝物展，以及小规模的特别陈列展。西新馆主要作为名品展的展厅使用，如举办书画、工艺品、考古文物等名品展览。这些展览经常会更新，使游客在馆内可以经常看到新的展览。当每年秋季的正仓院展进行时，西新馆会被作为特别展厅使用，名品展暂停。位于一楼的图书角有约300本美术全集等参考书，游客可以自行阅读。从这里南边的窗户可远眺博物馆的日式庭园和八窗庵茶室。

贯穿佛像馆和东西两新馆的150米长的地下回廊，是自由活动区域。回廊里设有博物馆纪念品商店和餐厅。地下回廊中，在通向佛像馆附近的回廊，以通俗易懂的方式向游客介绍佛像的制作工艺模型以及佛教美术史。

在博物馆区域内还有八窗庵，原是兴福寺大乘院内的茶室，又名含翠亭，建于江户时代（1603—1867）中期。八窗庵茶室被捐赠给当时的奈良帝室博物馆，并于明治二十五年（1892）迁至博物馆所在区域。该茶室因江户时代著名的茶师古田织部（1544—1615）所钟爱的多窗式风格而享誉日本，它与兴福寺塔头慈眼院的六窗庵茶室（现隶属于东京国立博物馆），东大寺塔头四圣坊的隐岐禄茶室（迁至东京后毁于二战），被称为奈良三大茶室。归奈良国立博物馆管理的文物，还有春日东西塔遗址，位于春日大社鸟居的北侧，东西排列；西塔是永久四年（1116）由辅佐天皇的藤原忠贞所建；东塔是保延六年（1140）应鸟羽上皇要求所建。二塔均毁于治承四年（1180），现仅存遗址。

还有鸥外之门，曾经是博物馆建筑用地内的官舍大门，位于东北角步行街的一角。官舍为木造，屋顶以铜板覆盖。这里曾是担任帝室博物馆总长兼图书部主任森鸥外先生（1862—1922）在奈良期间居住的官舍。森鸥外先生以小说家、翻译家、军医等多个身份闻名于世，他从1917年12月到1922年7月一直担任总长一职。除了1922年，每年秋天都到奈良帝室博物馆工作。当时的总长负责东京、京都、奈良的帝室博物馆以及正仓院事务等要务，因而每年需要在奈良工作大约一个月，期间参与正仓院宝物的晾晒以及宝库的"开闭封"仪式；监督文物的调查和修理，指导博物馆工作等。这个官舍在昭和二十年代被拆毁，仅存大门。

中国古代艺术撷英

西安宝庆寺石刻造像

奈良国立博物馆收藏了三件来自西安宝庆寺的石刻造像，都是武周时期的作品，原属长安城光宅坊的光宅寺，也都被定为日本重要文化财。其中一件是长方形石板佛龛，内雕结跏趺坐佛并二胁侍立菩萨像，上方有树冠，树冠两侧各雕一身飞天（编号：1276-0）。这块石板像龛与东京国立博物馆收藏的宝庆寺的同类造像相似，体量也相仿。

另一件是十一面观音立像（图 11-5）。这尊造像有丰满的面相，身材窈窕而健美，具有挺胸、细腰、宽胯的特点。他的头上雕出了十个小头，呈宝塔状分布：下层五头，中层四头，最上层还有一头。他的右手向上持刻有"灭罪"文字的方形印章。十一面观音通常不持印，这说明该像的功能即是灭罪。在原宝庆寺的造像中，这种十一面观音还有多尊，而最初很可能造了八尊，具有保护佛法的功能。

十一面观音属于密教造像，是观音菩萨的一种变化身。关于十一面观音的经典，现存最早的是北周高僧耶舍崛多所译《佛说十一面观世音神咒经》。此后，唐高宗初年阿地瞿多所译《陀罗尼集经》卷四、唐高宗显庆元年（656）玄奘（602—664）于大慈恩寺翻译的《十一面神咒心经》、唐苏嚩罗译《千光眼观自在菩萨秘密法经》、唐不空译《十一面观自在菩萨心密言念诵仪轨经》、不空译《摄无碍大悲心大陀罗尼经计一法中出无量义南方满愿补陀海会五部诸尊等弘誓力方位及威仪形色执持三摩耶幖帜曼荼罗仪轨》等经典都对十一面观音的形象有过描述。但以上经典所记，都与奈良馆的这尊十一面观音像不尽相同。首先，诸经中的十一面排列法只分两层，即下层的十面（包括慈悲三面、瞋怒三面、降魔三面、暴笑面）与上层的一佛面，但这种规定是不适合用高浮雕形式表现的。为了使

图 11-5 奈良国立博物馆藏来自西安宝庆寺的唐代石雕十一面观音菩萨立像（通高 85.1 厘米，武周长安三年至四年，703—704，编号：1277-0，奈良国立博物馆提供）

日本

信徒从正面看到菩萨的十一面,雕刻这尊立像的艺术家特地采用了三层面的表现法。中国其他地区的十一面观音像,也大都是这种三层面或多于三层面的表现法。其次,该像最上一头为佛面,其他两层九头中,中部的多为菩萨面,位于两侧的有忿怒相面,似乎是为了对应经典中的瞋怒、降魔面,但不见暴笑面。表明这尊像并没有完全严格地依据特定的密典仪轨,应该是艺术家针对经典描述的再创作。另外,佛典记载,供奉十一面观音,可以消除一切疾病、忧恼、灾难、恶梦、恶心,包括所有的妖魔鬼怪,还可以消灭仇怨和来犯之敌。

中国砖佛像

奈良馆还收藏了两件来自中国的砖佛像。所谓砖佛,就是用模具制成的小片状浮塑像,再经过烧制而成的陶质造像,可以批量生产。其中一块约制作于北齐或隋代,表现释迦如来静坐于被双树环绕的佛龛中,树叶都呈向上的扇形,很像南北朝时期山水画中树的银杏叶状。在龛外的两侧还各有一蹲狮子,起着护法的作用。砖佛角上有钉孔,可能是用来固定在佛堂内或佛龛之上(图11-6)。另一件制作于唐代,大约呈方形,表现一结跏趺坐佛位于中央,双手交叠于胸前施说法印。他的身下坐着一个仰莲台,与两侧二胁侍菩萨站立的莲台有长梗相连。主佛的身后有头光和背光,再上方有花蔓垂下(编号:1091-0)。

图11-6 奈良国立博物馆藏中国出土方形独尊坐像砖佛(纵18.2厘米、横15.8厘米,厚5.4厘米,北齐至隋,6—7世纪,编号:1143-0,重要文物,奈良国立博物馆提供)

南宋陆信忠绘《十王图》

奈良馆还收藏了几幅中国佛教绘画，如一幅南宋的《佛涅槃图》，为日本重要文物。该画描绘的是释迦牟尼涅槃时的场景，在横卧的释迦周围聚集了诸多弟子，佛的母亲摩耶夫人也从天上赶来见儿子最后一面。众人的身后是两株桫椤树。画面的用色较为鲜艳，对比较强。从其墨书题记可知，画家是宁波的佛画师陆信忠（编号：756-0）。

还有一套十幅《十王图》，都是绢本着色的卷轴画。十王是冥界中的十位大王，冥界是人死后要去的世界。在冥界，死者每隔七天要被各位王审判生前的所作所为，从而决定轮回重生的世界。"十王"一词最早出现于《十王经》中。今传世有两种《十王经》，一为《佛说地藏菩萨发心因缘十王经》，一为《佛说预修十王生七经》，两本皆题为"成都府大圣慈恩寺沙门藏川述"。而十王思想的形成应该是唐代晚期。这两部经虽然都称是"佛说"，但实为假托"佛说"，是中国人编造的一部经，属于"伪经"范畴。但在唐朝以后，由于佛教中国化与世俗化的进一步深入，"伪经"却被中国信众广泛接受，因为它们能与中国人的信仰和思想相结合。《十王经》就是这样的经，它勾勒了一个较为完整的地狱构造。经中提出了完整的十王名号，他们依次为：一殿秦广王，二殿初江王，三殿宋帝王，四殿仵官王，五殿阎罗王，六殿卞成王，七殿泰山王，八殿平等王，九殿都市王，十殿五道转轮王。其名号的来源有的在印度佛经中可寻，有的则为中国传统神灵，如泰山王。

奈良馆藏的这套十幅《十王图》都是陆信忠所画。在十幅画中，每个画面中部均有一位着帝王或高官服装的阎王，在左上角有榜题指明他的身份。他的身旁有文吏辅佐，前面是被审判的小鬼们，还有鬼差正在惩罚这些在前世做恶的小鬼们（图11-7）。陆信忠是南宋宁波的民间佛像画家，他的作品多数流往日本。其画采用工笔重彩的画法，画工精致，设色艳丽，颇具装饰意味，有着浓厚的宗教色彩。

正仓院

奈良国立博物馆的最出色之处，就是每年秋天的正仓院宝物展，吸引着来自世界各地的人们。而该馆与正仓院的关联可以上溯至100年前。早在大正三年（1914），在当时的奈良帝室博物馆里就设立了正仓院部，来管理和展出那里的珍贵物品。

正仓院，位于奈良县奈良市的东大寺内，建于8世纪中期的奈良时代（710—794），是用来保管寺院和政府财产的木质仓库。这座体量巨大的干栏式建筑有北、中、南三仓，前两者用圆木条，后者用厚木板建成，已完好地保存了一千多年，现在由内阁府宫内厅管理（图11-8）。正仓院收藏的物品，是建立东大寺的圣武天皇（701—756）和光明皇后（701—760）使用过的服饰、家具、乐器、玩具、兵器等各种宝物，还有东大寺自己的传世物品，总数达9 000多件。其中包括大量的从唐代中国、新罗等地得来的各种宝物，还有从波斯来的文物。从唐朝得来的宝物，多是由日本派往中国的留学生或留学僧带回赠给圣武天皇的。

这些宝物主要有以下五批。其一，天平胜宝八年（756）六月二十一日，即圣武天皇死后的第49天忌辰，光明皇后将他

图11-7 奈良国立博物馆藏陆信忠绘《十王图》中的"一殿秦广王"（南宋，13世纪，绢本着色，纵83.2厘米，横47.0厘米，编号：1013-1，奈良国立博物馆提供）

图 11-8 奈良东大寺正仓院（摄影：あずきごはん）

的遗物 630 余件奉献给东大寺的大佛，为永久敕封，其品目详见《东大寺献物帐》。其二，同日，光明皇后另行奉献了药品 60 种，其内容记于《奉庐舍那佛种种药帐》。其三，在同年七月二十六日，光明皇后奉献圣武天皇遗物 84 件，并有题为《献东大寺》的目录。其四，天平宝字二年（758）六月一日，光明皇后又奉献书卷 1 卷。其五，同年十月一日，又奉献屏风 2 张。此外，有的遗物是在天平胜宝八年以前就收藏在仓内的。由于天平宝字八年惠美押胜之乱时大量武器被取走，又由于为补给施药院而将一些药品出仓，所以记录在献物帐上的物品有的今已不存在。此后，到了平安时代（794—1185），天历四年（950）东大寺胃索院的仓库被破坏，其收藏品转移到正仓院的南仓，其中包括天平胜宝四年四月九日大佛开光典礼的用品、天平胜宝八年五月二日圣武天皇葬仪用品等，至今犹存。

直到江户时代，正仓院一直由皇室监督下的东大寺管理。正仓院的三个仓库中，北仓存放着与圣武天皇和光明皇后有关的物品，因此从一开始就受到皇室严格管理。打开宝库大门时，需要有钦差大臣（天皇的使者）在场。到了室町时代（1336—1573），正仓院宝库成为严格意义上的"勅封藏"，但平安时代的各种文献和记录也将正仓院描述为"勅封藏"。因此，可以肯定的是，这是事实上的皇家勅封收藏。在平安时代中期，北、中、南三仓都被认为是御宝的收藏库，只有存放东大寺法器的南仓后来从"勅封"改为"纲封"，由包括东大寺别托在内的寺院僧侣组织管理。

1875年（明治八年），由于所藏宝物的重要性，正仓院被划归内务省管辖。1881年（明治十四年）4月7日，随着农商务省成立，内务省博物局划归农商务省，1884年5月又划归宫内省管辖。1908年（明治四十一年）4月，正仓院为帝室博物馆管辖。随着1947年（昭和二十二年）5月3日日本宪法的实施，包括正仓院在内的皇室财产成为国家财产，由宫内府图书寮主管。目前，正仓院宝物库和正仓院宝物由宫内厅的下属机构"正仓院事务所"管理。1997年（平成九年），正仓院被指定为日本国宝。1998年，正仓院成为联合国教科文组织登录的世界文化遗产"古都奈良文化遗产"的一部分。

正仓院的唐代宝物

正仓院的收藏种类之丰富，宝物之精美，颇为惊人。其收藏的珍宝95%是在日本制造的，但多具有异域风情的设计，也有来自唐朝、西域、波斯等地的物品。这些宝物汇集了绘画、书法、金属制品、漆器、木器、刀剑、陶器、玻璃器、乐器、面具、服饰、佛教法器等古代工艺美术的精华，还有古药、香料等，是一座文化资产宝库。还收藏有正仓院书籍文献，是了解相关历史物品的宝贵资料。它们不仅是研究当时的唐朝、日本贵族生活、佛教等领域的重要资料，也可由此了解当时日本与唐朝文化的交流情况。

下面，我们来看几件正仓院的唐代宝物。

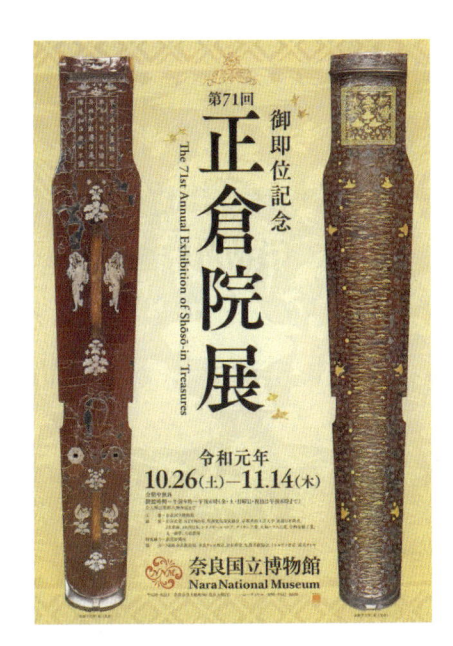

图 11-9 2019 年奈良国立博物馆第 71 回 "正仓院展"图录封面（两侧的琴为正仓院藏唐代"金银平脱琴"，编号：北仓 26）

金银平脱琴

这是一件来自中国的七弦琴，长 114 厘米，肩宽 20 厘米，制作于唐开元二十三年（735）（图 11-9）。琴的表面呈紫色，平脱花纹，正面项部为金色锦纹方格，格内描绘三人坐于树与花丛之中，分别作弹阮、抚琴、饮酒状，周围还有飞天与禽鸟、云气环绕，上方远处有山景。在金色方格的下方，有银色缠藤一株，藤下左右各坐一金色人物，一饮酒，一抚琴。四徽以下镶嵌水纹以及人物、花草、禽鸟等。琴背面的项部有东汉广汉郡雒县（今四川省广汉市）人、谏议大夫、乐安相李尤写的《琴铭》："琴之在音，荡涤邪心。虽有正性，其感亦深。存雅却郑，浮侈是禁。条畅和正，乐而不淫。"文字为嵌银平脱做出。其下再以嵌银之法在龙池、凤沼两侧分别平脱出对称的龙纹与凤纹。在琴腹内题有"乙亥之年季春造"字样。

中国传统的金银平脱工艺，是一种将髹漆与金属镶嵌相结合的技术，属于器物装饰技法。它的方法是在木器的表面用金银箔片镶嵌成花纹图案，再涂漆、打磨光滑。这面琴制作精良，镶嵌的装饰纹样与人物、兽禽、花树、山水等细腻典雅，诗情画意盎然，再以李尤写的《琴铭》相伴，给人以陶冶情操的启迪。它是唐代金银平脱器物中的佼佼者，更是一件绝少的唐代器物真品。

鸟毛立女屏风

这件屏风上共有六条幅，每一幅中都描绘着一位唐代风格的丰满型仕女在树下赏玩（图 11-10）。这些仕女的衣服上原来饰有鸟毛，现在大部分已经脱落，只剩下一小部分留在第三幅仕女的肩膀上。这些残存的羽毛是日本特产山鸟的羽毛。但

这件唐风浓郁的屏风仍有造于唐朝,并在日本添加羽毛的可能性。该屏风是圣武天皇遗赠的宝物,被列入《国家珍宝帐》。在江户时代,这件屏风进行了大规模的修缮和补绘,其中对第六幅修补得较多。

图 11-10(上) 奈良东大寺正仓院藏"鸟毛立女屏风"六幅(唐代,每幅长135.9厘米,宽56.2厘米,编号:北仓44)

图 11-11(下) 奈良东大寺正仓院藏"平螺钿背八角镜"之背面(唐代,编号:北仓42)

平螺钿背八角镜

这件唐代制作的平螺钿背八角镜有着"中国最美铜镜"之誉(图11-11),为圣武天皇生前爱用之物,曾被光明皇后收录在献纳目录《国家珍宝帐》中。它是青铜镜身,直径约27.4厘米,背面有珍珠贝母镶嵌而成的花鸟图案。用红色的琥珀作为花心,施以螺钿花纹,用玳瑁(即龟甲)、夜光贝壳镶嵌出宝相花等花鸟纹样,再剔刻出暗纹。图案之间的空间充满了黑色树脂状物质,上面镶嵌着白色或浅蓝色的绿松石和青金石等细片,最后经过打磨,使镜的表面平滑。其制作工艺可谓极尽奢华,美艳生辉。夜光贝壳和玳瑁被认为是来自东南

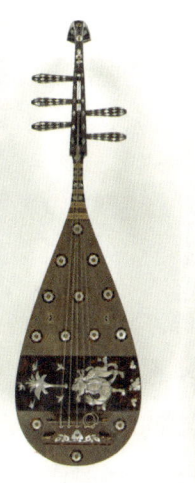

图 11-12 奈良东大寺正仓院藏螺钿紫檀五弦琵琶及局部（唐代，编号：北仓 29）

亚，琥珀来自缅甸或中国，绿松石来自伊朗，青金石来自阿富汗。这面镜和唐镜的成分比例与制造工艺非常相近，多数学者认为它是从唐朝传至日本的。

螺钿紫檀五弦琵琶

这件琵琶工艺精良，为五弦，比现在流行的琵琶多出一根弦，是现存唯一一件唐代五弦琵琶原物。它是圣武天皇的遗物，多数学者认为是从唐朝传入日本的（图 11-12）。它全长 108.5 厘米，腹宽 31 厘米，通体采用紫檀木制成，直项，琴轸分列琴头两侧，左三右二。琴面通身镶嵌螺钿，腹面杆拨处还贴以玳瑁薄片。所谓"螺钿"，是指用螺壳与海贝磨制成的各种图案，包括人物、花鸟、几何图形或文字等薄片，再根据画面的需要镶嵌在器物表面的装饰工艺。这件琵琶的背面底色是黑色髹漆，上面镶嵌着无数由玳瑁、夜光贝壳等做成的繁复而漂亮的花草图案，在每一片贝壳上都雕有精巧花纹。琵琶的正面有用螺钿表现的似热带树木和飞翔的鸟儿，还有骑骆驼弹奏琵琶的胡人。侧面是在红木上贴着发光的贝壳片，工艺十分精湛。它的拨子也采用螺钿制成。

琵琶并非中国的本土乐器，而是从西域传入的。五弦琵琶曾经是唐朝胡乐的核心乐器之一，曾经传入日本，但在中国本土宋代之时却消失了。正仓院保存的这把孤品，就成为今天研究大唐盛世音乐难得的证据。

银熏球

银熏球是一种银制球形的给衣服熏香的器物。在球的中心有燃香的香盂，由两个持平环支起，安装时使通过盂身的轴与内外两环的轴互相垂直并交于一点。在香盂本身重量的作用下，无论熏球怎样摇动，球内的盂体始终保持水平状态，使香火不会倾洒。这种熏球在陕西扶风法门寺唐塔地宫中就有发现，但形体较小。正仓院的这件银熏球是难得的传世品，且直径达18厘米，用纯银制成，球体从中间分成两半，顶部是盖子，底部是球体。如此大型的银熏球，加之精美的镂空缠枝花草与鸟兽纹工艺，是现存世间的银熏球之最（图11-13）。然而，球上的盖子是明治时代的修复品。

图 11-13 奈良东大寺正仓院藏银熏球（唐代，编号：北仓 153）

图 11-14　奈良东大寺正仓院藏螺钿紫檀阮咸（唐代，编号：北仓30）

螺钿紫檀阮咸

阮咸是一种中国传统乐器，简称"阮"。相传西晋"竹林七贤"之一阮咸善弹此乐器，由于当时社会对竹林七贤的崇尚，这种乐器便风行各地，并流传后世，成为独奏、合奏或为和歌伴奏的主要乐器之一。正仓院的这件阮咸总长100.4厘米，琴箱面径39.0厘米，厚3.5厘米，具有修颈圆身，四弦十四柱（图11-14）。琴体用紫檀木制成，嵌以螺钿、玳瑁、琥珀等饰物，形成了琴之正、侧、背面的串珠与花装饰，以及背面的一双鹦鹉口衔长长的彩色珠链，极为富丽。唐代的阮咸与今日的同类乐器有所不同，在中国早已失传。因此，这件稀世珍品对我们研究阮咸的发展具有举足轻重的作用。

木画紫檀碁局

围棋是一种中国传统策略棋类，使用格状棋盘和黑白二色棋子进行对弈。围棋在中国古代有"弈""碁""手谈"等多种称谓，属琴棋书画四艺之一。西方称之为"Go"，是源自日语"碁"的发音。在对弈时，由执黑色棋子的一方先行，对弈双方在十九乘十九条线的棋盘网格上的交叉点交替放置黑白两色棋子。落子完毕后，不能悔棋。在对弈过程中围地吃子，以所围"地"的大小决定胜负。

这件精美的围棋棋盘是由遣唐使从中国带往日本的，由紫檀制成，边线为象牙色，侧面的图案也为象牙色，棋局也以紫檀为地，嵌以象牙罫线，纵横各19道，还镶嵌有精致的花眼17个（图11-15）。侧边的四面上部各界四格，每格中用染色象牙镶嵌雉、雁、狮、象、驼、鹿以及胡人骑射、牵驼等形象，装饰既精美又细致。侧边的四面下部各有两个上沿做花牙子、下有托泥的壸门床座。在对局的两面上部左侧各设有备金环的抽屉一个，中有机关，一方启闭，对方也同时启闭，内有木雕龟形盘各一个，以容纳棋子。棋子为玉质，上绘有鸟形，制作十分精良。

图11-15 奈良东大寺正仓院藏木画紫檀碁局（唐代，长49.0厘米，宽48.8厘米，高15.7厘米，编号：北仓36）

正仓院展

在19世纪及以前，正仓院宝藏通常不对公众开放。1875

（明治八年）至 1880 年（明治十三年），作为每年奈良博览会的一部分，在东大寺大佛殿的回廊中向公众展出部分正仓院宝物。1889（明治二十二年）—1940 年（昭和十五年）期间，正仓院设置了展示架，仅在祭礼（即定期举行的宝物"干燥"晾晒）期间进行展示，允许公众参观。也有专门为外国政要打开仓库展览的例子，如 1922 年英国王储来访之时。

在二战期间举办过一次大型公开展览，是 1940 年 11 月在帝国东京博物馆举办的正仓院文物特别展，展出约 140 件宝物，参观人数超过 41.43 万人，创下了博物馆参观人数的新纪录。二战以后，奈良馆于 1946 年 10 月 21 日再次举办正仓院展览，33 件展品吸引了 15 万名参观者。

此后，在多数情况下，奈良国立博物馆都会在秋季举办一个月左右的正仓院展，每次展出 70 件左右的文物，且每年都会更换。但也有因故取消展览的年份。在 2019 年举办的是第 71 届。同年 10 月 14 日至 11 月 24 日，还在东京国立博物馆为庆祝令和天皇的登基举办了一次特别展。我都去参观了。

我曾经问一位前奈良国立博物馆的研究人员："正仓院的宝物多少年可以展完？"他说："每年的正仓院展内容都有所不同，同时要出版一本展览图录（图 11-9）。大约经过 25 年，所有的展品将会展览一遍。"也就是说，如果想要观赏完这个仓库里的所有宝贝，就需要连续去观看 25 年的正仓院展。我觉得可能需要更久的时间才能观赏完。让我们倾注一生的精力去关注正仓院的宝物吧！

12

东京国立博物馆

东京国立博物馆创立于1872年，是日本最早的博物馆。这个博物馆位于东京都台东区上野公园内，它由一幢日本民族式双层楼房的本馆（图12-1）和左侧的东洋馆、右侧的表庆馆以及大门旁的法隆寺宝物馆、后部的平成馆等5个展览馆及资料馆组成，共有43个展厅。该馆收藏品总数为11万件以上，其中包括日本国宝87件、重要文化财610件以上。博物馆由独立行政法人国立文化财机构运作。同时，社团法人"日本工艺会"的总部也设于馆内。1991年和2019年的秋天，我曾经四次访问东京国立博物馆，对它的场馆和藏品感触颇深。

图12-1　东京国立博物馆本馆
（常青拍摄于2019年11月4日）

博物馆的发展史

东京国立博物馆的前身是日本文部省博物馆，成立于1872年（明治五年）。在这一年的3月，文部省博物局在当时的汤岛圣堂大成殿（今东京都文京区汤岛）举办了国内首次博览会。这是日本举办博物馆活动的发端，当时的宣传广告及入场券等均保存于文部省博物馆内。东京国立博物馆也以这一年作为其创立时间。当时博览会主要以将在1873年维也纳万国博览会出展的展品为主，会场内主要陈列有书画、古代器物、动植物标本等，其中以名古屋城的金鯱最引人注目。1873年（明治六年），文部省博物馆被并入了1872年设置的太政官正院的"博览会事务局"，并迁址至内山下町（今东京都千代田区内幸町）。从同年4月15日起，该地也举办了为期三个半月的博览会，主要展示物品为动植物、矿物等。

1875年（明治八年），"博览会事务局"再度改称"博物馆"，归内务省管辖。起初也曾改称"内务省第六局"，后于1876年又改叫"博物馆"。同年，町田久成（1838—1897）任博物馆馆长。出身于日本江户时代萨摩藩（今九州西南部）的町田馆长对明治时期日本的博物馆建设和文物保护做出了很大贡献，他也被视为东京国立博物馆的首任馆长。在今博物馆内立有表彰町田馆长的石碑。另外，博物馆的上级主管机构也于1881年改为"农商务省"，此后又于1886年变为"宫内省"。

1877年，博物馆在上野公园的宽永寺本坊旧址（即今东京国立博物馆所在地）举办了首届内国劝业博览会。所谓"劝业"，就是"鼓舞劝勉"之意。至1904年，日本明治政府总共举办了五届内国劝业博览会，这是基于当时日本"富国强兵、产业兴国"的国策而举行的。其中博览会里的"美术馆"是日本最早被称为美术馆的建筑物。时任博物馆馆长的町田久成认为内山下町的博物馆过于狭小、容易发生火灾，申请将博物馆迁至上野公园,并于当年得到了当时执掌日本国家司法、行政、立法大权的最高国家机构太政官的批准。

1881年,在上野公园宽永寺旧址建成了二层红砖造的本馆。这是一座仿日本民族式的建筑,设计者为英国建筑师乔赛亚·康德(Josiah Conder,1852—1920)。该馆当年即作为第二届内国劝业博览会的展馆使用,并于次年3月起称为博物馆的总馆。在4年前建造的美术馆则作为2号馆使用。

1889年(明治二十二年),博物馆改称"帝国博物馆",馆长为明治至昭和(1926—1989)时代初期的日本官僚、政治家九鬼隆一(1852—1931)。当时,在京都和奈良都设有帝国博物馆(京都馆设于1897年,奈良馆设于1895年)。那时,东京馆内的美术部部长是明治时期日本美术界的核心人物、美术家、美术评论家、美术教育家、思想家冈仓天心(1863—1913)。此外,从美国来的哲学家、美术史学家欧内斯特·费诺洛萨(Ernest Francisco Fenollosa,1853—1908)也被聘为美术部理事。因此,帝国东京博物馆在美术品展陈和管理方面的力量得到了加强。

1900年,位于东京、京都、奈良三地的"帝国博物馆"同时改称"帝室博物馆"。这个名称一直使用至1947年(昭和二十二年)。同年,为了庆祝皇太子嘉仁亲王(即后来的大正天皇)大婚,在上野公园的东京帝室博物馆内本馆的右侧开始新建美术馆,该工程于1901年开工,于7年后的1908年竣工,并于1909年启用(图12-2)。这座由御用宫廷建筑师片山东熊(1854—1917)设计的美术馆就是"表庆馆",为欧式古典风格,直到21世纪仍是博物馆的主要建筑物之一,现为日本的重要文

图12-2 东京国立博物馆表庆馆(常青拍摄于2019年11月6日)

化遗产。

表庆馆的陈列展厅共有 2 层 9 室。这座古老建筑的展陈条件不太好，但建筑本身非常漂亮精美，现在为举行活动的会场，或者是展示那些受环境或光线影响比较小的文物，比如宝石、金属制品、石器等相关物品可以在这里展览。二战以后长期在这里展出考古资料，也用于做一些教育科普活动。现在一般用作特别展的会场。

1923 年，日本发生关东大地震，当时的本馆和 2 号馆、3 号馆均遭到严重损坏，无法使用。在此后的十余年间，博物馆的展出只在表庆馆一处进行。总馆的新建于 1932 年开工，1938 年落成并使用。2001 年，这个建筑以"旧东京帝室博物馆本馆"为名登录为日本重要文化财（图 12-1）。在新建的本馆落成后不久的 1940 年，便在此举办了纪念"皇纪 2600 年"的"正仓院御物特别展览"。这是首次将正仓院宝物（当时称为"正仓院御物"）向大众公开展出，盛况空前，短短 20 天内参观人数达到 40 万之多。

二战之后的 1947 年 5 月，在日本新宪法施行之日，"帝室博物馆"改称为"国立博物馆"，其上级主管部门改为文部省。1947 年 9 月，博物馆发行馆刊《博物馆新闻》。其创刊号头版刊登了《国民与博物馆必须重新审视古代美术品》的文章，明确了将战前的皇家博物馆转变为国民博物馆的方针。1952 年，该馆正式确定名字为"东京国立博物馆"，直至今日。改称国立博物馆后的首任馆长是日本昭和时代的哲学家、教育家和政治家安倍能成（1883—1966）。

20 世纪 50 年代以后，博物馆进行了大规模扩建。1962 年（昭和三十七年），在馆内西南侧建成了"法隆寺宝物馆"，两年后的 1964 年面向公众开放。这个馆主要收藏了 1878 年遭遇明治废佛毁释政策后的奈良法隆寺上贡给皇室的 300 余件宝物。但这个建筑使用了 30 多年后被拆除，在 1999 年由带有餐厅和

资料室的新法隆寺宝物馆所取代（图12-3）。

1968年，在馆内东侧（即本馆的左侧）建成东洋馆，收藏和展出日本以外的亚洲地区的美术品（图12-4）。1984年，在馆内西侧的表庆馆后建成资料馆，这个阅览馆所藏的图书、史料和照片资料对研究人员公开。

在东京国立博物馆院内，最后一个建成的场馆是"平成馆"，是为纪念皇太子德仁亲王（浩宫）的成婚而建的，于1999年（平成十一年）启用。这座建筑主要用于临时举办的特别展览，还有考古资料展示室、特别企划展示室和大讲堂。2019年（令和元年）10—11月间，为了庆祝日本新天皇德仁的登基，在这个馆特别举办了正仓院宝物展，我在那时三度参观了这个展览，观者如云（图12-5）。

馆区外的设施有黑田纪念馆，位于博物馆区外西侧。该馆是根据西洋画家黑田清辉（1866—1924）的遗愿而建立的，落成于1928年。二层的黑田纪念室收藏了《湖畔》《智·感·情》

图12-3（上左）东京国立博物馆法隆寺宝物馆（常青拍摄于2019年11月6日）

图12-4（上右）东京国立博物馆东洋馆（常青拍摄于2019年11月4日）

图12-5（下）东京国立博物馆平成馆与参观正仓院大展的人流（常青拍摄于2019年11月4日）

等黑田的作品。该馆长期以来归东京国立文化财研究所（后为东京文化财研究所）管辖，2007年"国立博物馆"与"文化财研究所"合并为独立行政法人国立文化财机构，黑田纪念馆也随之改由东京国立博物馆管理。黑田纪念馆本身也是保护建筑，主要展示油画，以及作为一个研修、学习的设施。

馆区外的设施还有柳濑庄，位于埼玉县所泽市坂之下，原为实业家兼茶道家松永安左卫门（1875—1971）的别墅。1948年，松永将该处物业捐赠给东京国立博物馆。现为日本重要的文化遗产。

1950年，日本设立了文化财保护委员会，东京国立博物馆成为该委员会的附属机构。1968年，该委员会废止，改由文化厅来管理博物馆。2001年，随着重组中央省厅的独立行政法人制度的实施，博物馆先后归独立行政法人国立博物馆和独立行政法人国立文化财机构，并自2007年起实施管理。

丰富的收藏与展览

东京国立博物馆的藏品以日本和亚洲各国为主，特别是丝绸之路沿线的亚洲国家，时代从史前到近现代。在地域上，藏品包含了日本、中国、朝鲜半岛、埃及、印度、东南亚（越南、泰国、柬埔寨等）、中近东地区（美索不达米亚等）、中亚等地区的美术品。其中印度的犍陀罗佛教雕刻艺术占有重要位置，对南太平洋诸岛的土著民族美术、欧洲近代的陶瓷和玻璃制品也有所收藏。博物馆除了收藏美术品外，还收藏了大量历史资料、图书、照片等，包括以江户时代为主的古文献、拓本、绘图、地图、照片和微缩胶片等，对学者们研究馆藏的美术品和日本历史很有帮助。

东京国立博物馆在创始初期，就开始使用预算经费有计划地购入藏品。例如，1873年，该馆从当时的白川县购入了江田船山古坟出土品，现被定为日本国宝。另外，11万件藏品中有许多为神社、寺庙或个人收藏家的捐赠物，而藏品的充实与扩大主要有赖于众多私人收藏家的捐赠。其中有工学博士横河民辅（1864—1945）的捐赠，他是建筑家、实业家、横河电机·横河桥梁的创立者。1932年以后，他多次向博物馆捐赠以中国陶瓷为主的文物。鉴藏家广田松繁（1897—1973）是古美术店"壶中居"的创立者。1947年，他向博物馆捐赠了以中国陶瓷与茶道具为主的藏品系列。他去世后，其家属也向博物馆捐了他的遗藏。日本造纸业实业家、书法家和篆刻家高岛菊次郎（1875—1969）于1965年为纪念自己90岁寿辰，将收藏的所有中国书画捐赠给博物馆。高岛过世后，其家属也向博物馆进行了捐赠。小仓武之助（1870—1964）是活跃于朝鲜半岛的实业家、收藏家，他的儿子在其逝世后的1982年向博物馆捐赠了1 040件朝鲜美术品。此外，美术品收藏家松方幸次郎（1865—1950）将约8 000件浮世绘版画藏品一次性存入了东京国立博物馆。

东京国立博物馆的五个楼馆各有分工，常规的陈列展主要在本馆和东洋馆，表庆馆和平成馆主要用作特别展，而法隆寺宝物馆主要展示法隆寺献纳物。在场馆中展出的艺术品约有3 000件，且随时进行轮流替换，特别是丝织品和绘画作品。但有的石雕或器物可以常年展出不换。本馆共有25个展室，位于1楼和2楼，主要陈列日本美术，包括绘画、雕刻、书法、金工、陶瓷、漆工、刀剑、民族资料（阿伊努、琉球）、历史资料等。东洋馆又称亚洲文物陈列馆，设有10个陈列室，展出的美术品主要来自中国、朝鲜半岛、东南亚（包括印度尼西亚、泰国、柬埔寨）、印度、埃及等。

东京国立博物馆是日本收藏中国文物最丰富的博物馆，有上万件，可分为中国历代佛教造像、历代器物、中国书画等三类，主要展出在东洋馆。在中国历代佛教造像展厅（图12-6），可以见到来自陕西西安宝庆寺的唐代造像，有几件凿自中国石窟的石雕像（详见下文），以及少量北朝至隋唐时期的石雕、金铜造像等。例如，一件东魏石灰岩雕背屏式如来三尊像（编号：TC-646）、一件北齐天保三年（552）石灰岩雕背屏式立菩萨像（编号：TC-375）、一件大理石雕北齐双树形半跏坐菩萨五尊像（编号：TC-63）、一件隋开皇五年（585）大理石雕立菩萨像（编号：TC-376），都是瑰宝。

东洋馆的"中国考古"展厅主要陈列历史时期的器物，涵盖了历代骨器、石器、陶器、玉器、青铜器等品种。陶器有甘肃、青海出土的齐家文化红色黑彩陶器、褐陶器，也有河南安阳殷墟出土的商

图 12-6（上） 东京国立博物馆东洋馆中国历代造像厅（常青拍摄于 2019 年 11 月 4 日）

图 12-7（下） 东京国立博物馆东洋馆中国早期器物展柜部分（常青拍摄于 2019 年 11 月 4 日）

代白陶豆、西周的灰陶鬲，河北易州出土的战国黑陶磨光纹小壶、夹砂红陶鬲，安徽寿县出土的战国彩釉壶等。玉器部分，有新石器时代晚期的玉斧、玉璧、玉环、玉饰，二里头夏文化的玉刀，商周时期的饕餮纹佩玉、龙纹佩玉、玉龙、玉鱼、玉鸟，战国时代的琉璃象嵌玉、夔龙纹玉器等。青铜器类，有商代的铜钺、铜矛，春秋战国时期的铜戈，云南、四川出土的战国至西汉时期的铜柄铁剑，陕西兴平出土的镀金银铜刀等。还有很多青铜礼器，包括工艺精湛的簋、爵、铎、尊、鼎等器物，应有尽有（图 12-7）。还有分别来自山东济南孝堂山下石祠、嘉祥县、鱼台县等地的汉代画像石，都有极高的研究价值。

"中国考古"陈列室的中古时期的三国到唐代器物以釉彩陶器和瓷器为主。有三国、两晋、南北朝时期古越州窑产的

日本

青瓷器，唐代长沙窑产的黄釉褐彩瓷器、绿釉瓷器、三彩陶俑等。该馆收藏的中古时期的中国珍宝还有如下几例，它们是被指定为国宝的中国善本书籍：唐代《碣石调幽兰》一卷，唐代《王勃集》卷第二十九、第三十，唐代《世说新语》一卷，唐代《古文尚书》一卷。在法隆寺进贡的宝物中，有唐代细字《法华经》一卷（694年），有两面唐代海矶镜、一张唐代黑漆七弦琴（724年制），也被指定为日本国宝。

宋代是中国瓷器的辉煌时期，该馆收藏有定窑的白瓷器、耀州窑的青瓷器、钧窑的靛青釉瓷器、官窑的青瓷器等。其中有越州窑的青瓷花纹水注、龙泉窑的青瓷唐草纹多嘴壶、褐釉划花牡丹唐草七宝纹瓶、磁州窑的白釉铁绘束莲纹瓶、吉州窑的梅花天目盏，以及建窑的兔毫或油滴纹天目盏，等等。日本人将宋代建窑黑瓷碗取名为"天目盏"，有其来历。相传日本镰仓时代的留学僧人在浙江西天目山首次见到这种黑瓷盏，便将其取名为"天目盏"并带回国。这种黑瓷盏有的在烧制过程中釉色纹样产生了变异，形成了不可复制的纯属偶然性的美丽图案，被称为"窑变"或"曜变"。天目黑茶盏传入日本后备受欢迎，特别是喜欢茶道的日本僧俗，将其视为茶道的上乘用品，有的在今日被定为日本国宝。

东洋馆元、明、清时期的瓷器更是琳琅满目，主要展示着景德镇陶瓷发展史（图12-8）。其中有元青花莲池纹大盘，明宣德青花牡丹唐草纹钵，明斗彩龙纹壶（"天"款），明珐华楼阁人物纹壶，"大明隆庆年造"款青花人物纹长方合子，"大明万历年制"款五彩龙牡丹纹瓶，清康熙五彩仙姑图盘，清"雍正年制"款粉彩梅树纹盘，"大清乾隆年制"款青花红彩蝠云纹壶，"大清乾隆年制"款红釉瓶，清代18世纪的蓝釉

图12-8 东京国立博物馆东洋馆中国晚期器物展柜部分（常青拍摄于2019年11月6日）

粉彩桃树纹瓶，等等。

此外，中国晚期器物展区还有清代犀角、中国漆工等专题。关于中国漆器，有南宋至明代的珍贵漆器，如南宋黑漆轮花盆，南宋朱漆轮花盆，元代龙涛螺钿菱花盆，元代黑漆菱花盆，元代楼阁人物螺钿十角砚箱，明代柳水禽螺钿合子，明代楼阁山水人物箔绘螺钿八角合子，等等。

在该馆所藏的 87 件国宝和 610 件重要文物中，有一批是来自中国的。在宋、元时代的绘画中，有南宋李生的《潇湘卧游图卷》、南宋李迪的《红白芙蓉图》、南宋梁楷的《雪景山水图》和元代僧侣画家因陀罗的《禅机图断简〈寒山拾得图〉》等 4 幅作品获得了"日本国宝"的桂冠。其余珍贵的中国绘画还包括南宋马远的《洞山渡水图》、明代朱端的《寒江独钓图》、清代赵之谦的《花卉图》等。

在该馆所藏的中国书法作品中，有以下六幅被定为日本国宝，它们是北宋临济宗杨岐派禅师圜悟克勤墨宝一幅（1124 年）、南宋僧侣诗人虚堂智愚墨宝一幅、南宋临济宗杨岐派第五代传人大慧宗杲墨宝一幅、南宋禅宗僧人无准师范墨宝一幅（1242 年）、元代著名文学家兼散曲名家冯子振墨宝一幅、元代禅师了庵清欲墨宝一幅（1341 年）。此外，该馆所藏书法还囊括了北宋黄庭坚、南宋朱熹、元代赵孟頫、清代八大山人（朱耷）、郑燮等名家作品。这些书画作品在东洋馆内轮换展出。

中国古代艺术撷英

来自石窟的造像

在东洋馆"中国雕刻"展厅的中国历代佛教造像部分，有凿自山西大同云冈石窟的北魏佛头像（编号：TC-408），山西太原天龙山石窟唐代第 10、第 18、第 21 窟的菩萨与佛头像、倚坐佛像（编号：TC-91、TC-92、TC-449）等，都是石窟造像中的精品。

一件巨大的菩萨头像在此厅中格外引人注目，它来自河南洛阳龙门石窟的宾阳中洞（图12-9）。关于龙门石窟宾阳中洞的开凿史，可见于北齐魏收（506—572）撰写的《魏书·释老志》。在500年，刚刚即位的北魏宣武帝元恪召大长秋（皇后的近侍官首领）白整，命令他模仿平城（今山西大同）的灵岩寺（即云冈）石窟，在洛阳城南的伊阙山上为其父母孝文帝和文昭皇后各营建一所石窟，为他们追福与造功德。到了宣武帝的永平年间（508—512），宦官刘腾（463—523）又建议为宣武帝本人再造一所石窟，共组成三所石窟，这就是龙门的宾阳三洞。遗憾的是，由于北魏末年的动荡，三窟中只有宾阳中洞按期完工了。

宾阳中洞是一所马蹄形平面穹隆形顶的大型洞窟，进深9.85米，宽11.40米，高9.3米。洞内正壁以释迦牟尼居中而坐，身旁立着迦叶和阿难，在两位弟子的外侧各有一身菩萨立像。南北两侧壁都是一立佛并二立菩萨的大型雕像，这两身立佛像代表了过去佛和在未来下生人间的弥勒佛。东洋馆的这件菩萨头像就来自北壁立佛的右胁侍菩萨。这位菩萨头戴三瓣莲花宝冠，莲瓣之间有忍冬叶，面相方圆，宽额，下颏稍尖，眉、眼、鼻宽大，嘴角上翘含笑意，但明显具有消瘦之感，是北魏晚期流行的秀骨清像风格的表现。将如此巨大而精美的头像凿下卖往国外，不得不说是一件心狠而难为之事，此像也是海外难得一见的皇家石窟造像工程之精品。

图12-9 东京国立博物馆东洋馆展出的来自河南洛阳龙门石窟宾阳中洞的北魏菩萨头像（公元6世纪初，高94厘米，编号：TC-465，常青拍摄于2019年11月4日）

图 12-10（上） 本书作者常青在东京国立博物馆东洋馆展出的西安宝庆寺石造像前留影（2019 年 11 月 4 日）

图 12-11（下） 东京国立博物馆东洋馆展出的来自西安宝庆寺的姚元景造如来三尊像龛（石灰岩，武周长安四年，704 年，编号：TC-718，常青拍摄于 2019 年 11 月 4 日）

西安宝庆寺石造像

据北宋高僧赞宁（919—1001）撰的《宋高僧传》卷二十六《周京师法成传》记载，677 年，武则天（690—705 年在位）在位于长安城内东北角的光宅寺建立了七宝台，以象征自己是弥勒佛下生，以及弥勒佛国的七宝再现人间。在原七宝台上镶嵌了很多由皇亲国戚、贵族官员们出资雕造的石板造像和十一面观音立像。大约在明代，七宝台的部分造像被收集到了明西安城南门内的宝庆寺中。1920 年以后，七宝台造像被古董商看中，陆续流失海外，其中有 21 件流入日本，美国收藏了 4 件。目前，西安宝庆寺的砖塔上还镶嵌了六件，西安碑林博物馆收藏了 1 件。流入日本的 21 件造像中，有 19 件原归细川家收藏，后由细川家族捐赠给东京国立博物馆，现全部展出在东洋馆的中国历代佛教造像展厅之中（图12-10）。此外，东京根津美术馆、奈良国立博物馆也有收藏。

因此，宝庆寺的造像，日本得其精华，而且在数量上占有绝对优势。在东京国立博物馆收藏的这些宝庆寺造像中，有 6 件是 703—704 年间的造像，拥有铭文题记，可知造像的功德主，如德感造十一面观音立像、姚元景造如来三尊佛龛（图 12-11）、高延贵造阿弥陀三尊佛龛、李承嗣造阿弥陀三尊佛龛、萧元造弥勒三尊佛龛、韦均造如来三尊佛龛等。这些石

日本

板造像的样式划一，都是一铺三尊式，即主尊为结跏趺坐佛像或倚坐的弥勒佛像，两侧有二胁侍立菩萨像，三像的上方或为华盖，或为树冠，两边各有一身飞天。这些造像都表现着初唐时代特有的健康体魄、窈窕优美的身段，展示着大唐长安的造像风范，具有极高的艺术研究价值。因为唐代造像遍布大江南北、黄河东西，且都有着统一的时代风尚，而这种时代风格就来自大唐首都长安。宝庆寺造像，正是反映唐代长安造像模式的绝好材料。

唐代海矶镜

东京国立博物馆收藏了两面海矶镜，均以白铜铸制，于唐代的 8 世纪制成。这两面铜镜原本是日本皇家收藏，由光明皇后（圣武天皇的皇后，701—760）于天平八年（736）二月二十二日圣德太子（572—621）忌日时献纳给法隆寺之物。1878年，再由法隆寺献纳给日本皇室，为"法隆寺献纳宝物"之一（图 12-12）。白铜，较之青铜的含锡量更高，并且更为坚硬而莹白，因此两镜的质地更加精良。根据伽马射线所得的透视照

图 12-12 东京国立博物馆法隆寺宝物馆展出的唐或奈良时代海矶镜之一（日本国宝，8 世纪，白铜，直径 45.9 厘米，边缘厚 1.40 厘米，编号：N-75，常青拍摄于 2019 年 11 月 4 日）

片显示，两面铜镜是在熔融度极高、流动状态极佳的情况下铸造成的，这种技术在当时来讲是十分高超的。

两面铜镜的直径尺寸虽有些微差异，但镜背的纹样只是略有不同，仅是镜钮周围有无水波纹之区别。镜背的上下左右四方表现山岳，山岳间有林木和坐于岩石上的人物，还有狮子及鹿、禽鸟等。在江波之间可见舟上的钓鱼翁，展现的是中国文化中流行的优美山水景色和闲适的生活情趣。但是，这两面铜镜的镜范是相同的，还是不同的，学术界目前尚无定论。此外，学者们的主要观点认为此两镜是在中国唐代制作的，但也有学者认为它们是以中国镜为范本在日本奈良时代（710—784）铸造的。

唐代黑漆七弦琴

这张木制黑漆七弦琴是在中国唐朝制作的，于奈良时代传入日本（图 12-13）。琴是中国传统乐器，是以手指按压琴弦，借以弹奏出各种高低不同的音律。这张十分难得的唐代古琴以桐木制成，在琴身表面涂以黑漆，琴身上还凿有两个纵长形响孔，琴面上镶有一列共 13 个切成圆形的贝片，用来表示手指按弦的位置，亦即琴徽。琴首的凸起处及琴身尾端的部分以紫檀制成。

在琴身内侧有墨书铭文曰："开元十二年岁在甲子五月五日于九陇县造"。可知此琴是唐玄宗在位时的开元十二年（724）

图 12-13 东京国立博物馆法隆寺宝物馆展出的唐代黑漆七弦琴（日本国宝，木制涂漆，109.8 厘米 ×17 厘米，开元十二年，724 年，编号：N-102，常青拍摄于 2019 年 11 月 4 日）

于九陇县（今四川省彭州市）制作的。它是迄今已知年代明确、制作地可考的最早的七弦琴，对研究中国音乐史意义重大。

梁楷绘《出山释迦图》

梁楷，南宋人，祖籍山东，活跃于13世纪初期的杭州，曾于南宋宁宗朝（1194—1224）担任宫廷画院待诏。他师从南宋初期的宫廷画家贾师古，擅于人物画、山水画，以及道教与佛教画。梁楷虽受赐宫廷画师最高荣誉之金带，却置之不顾，行事特立独行，自号为"梁风子"。他是在中国和日本均有很高声誉的大书法家、画家。

该馆收藏的《出山释迦图》，描绘的是经过长年累月苦修而仍未悟道的释迦牟尼，决定放弃苦行出山的情景（图12-14）。画面中的释迦满脸胡须，并有疲惫的神态，毫无一般佛像所表现的神圣之感，而是颇似一位苦行僧人，传递着释迦内心的解脱。这也是禅宗绘画特意将佛教神灵或宗派祖师人性化的结果，这样的艺术作品可以拉近佛与信徒们之间的距离。画面还以南宋宫廷画派流行的对角线式构图的寒冷冬季山石树为背景，大面积的淡墨染和岩石间的大斧劈皴，也具有浓厚的时代感。落款为"御前图画 梁楷"，说明此画系梁楷为宫廷所作。它是梁楷人物画的代表作。

此画传入日本后，先为足利将军家的"东山御物"。东山御物，是指日本室町幕府的第八代征夷大将军足利义政（1436—1490）于别邸"东山山庄"所评定收藏的茶

图12-14 东京国立博物馆藏梁楷绘《出山释迦图》（日本国宝，南宋，13世纪，绢本墨画淡彩，117.6厘米×52.0厘米，编号：TA-617，常青拍摄于2019年11月4日）

道名品。足利义政是创造室町幕府全盛期的第三代将军足利义满（1358—1408）之孙。梁楷的《出山释迦图》和二幅《雪景山水图》这三幅画上有足利义满的"天山"印，故推测这三幅画作流入日本之后，被足利义满家族收藏。在足利将军家的藏品目录《御物御绘目录》中将三画记为"出山释迦 胁山水 梁楷"。因此，想必足利将军家在鉴赏时常将此画与梁楷的另两幅《雪景山水图》放在一起，组成了三幅一组，而以《出山释迦图》为中幅。

梁楷的《雪景山水图》以大雪覆盖的高山为背景，绘有一位在酷冬严寒之中骑驴的旅行者，也是采用南宋宫廷画派流行的对角式构图法，即大量使用留白，仅用一角来表现山水，给观者以无限的想象空间。但也有学者认为其中一幅《雪景山水图》并非梁楷的真迹，而是南宋至元代之间的梁楷一派画家的作品。也有人认为这两幅《雪景山水图》的原画面要更大一些，可能是为了与《出山释迦图》配成一组三幅，而特意剪裁了部分。

继足利将军家之后，这三幅作品先传至若狭（今福井县）小滨藩主酒井家。此后，三幅画分开被人收藏。《雪景山水图》传至三井家，《出山释迦图》和传梁楷《雪景山水图》传至京都本愿寺等地。昭和二十三年（1948），三井家的《雪景山水图》入藏东京国立博物馆。多年以后，另两幅画也归东京国立博物馆所有了，其中《出山释迦图》于平成九年（1997）入藏，传梁楷《雪景山水图》于平成十六年（2004）入藏。三幅画也最终在这里重逢，并于平成十九年（2007）被合起来定为一件日本国宝。

13

京都国立博物馆

　　京都国立博物馆位于日本京都府京都市东山区，创立于1897年5月，是日本最重要的博物馆之一。博物馆由独立行政法人国立文化财机构运作，主要收藏与展示平安时代（794—1185）至江户时代（1603—1868）的京都文化艺术品，其中也有关于中国古代美术品的收藏与展览，并开展与文化财相关的研究和传播活动。用该馆自己的说法，设立京都国立博物馆的目的，是为了"收集并保管日本《文化财保护法》中规定的有形文物，向公众进行公开展示，并展开相关调查研究与教育普及事业，以保存并活用国家珍贵的文化遗产。"1991年和2019年，我曾经三次参观这座博物馆，其精美的展品和欧式场馆建筑，令我印象深刻（图13-1）。

图13-1　京都国立博物馆的明治古都馆（旧称本馆）（常青拍摄于2019年11月3日）

博物馆的历史

　　1888年（明治二十一年），日本宫内省设立了临时"全国宝物取调局"，由明治时代至昭和初期的日本官僚、政治家九鬼隆

一（1852—1931）任局长，对各地文物进行调查，包括日本各地的神社和寺庙。因为京都和奈良的文化遗产特别集中，迫切需要开发储存和保护这些文物的设施。于是，当时的日本政府决定在京都和奈良建立国立博物馆。那时，东京国立博物馆的前身已经于1872年在东京设立。1889年（明治二十二年）5月，东京博物馆根据日本政府的通知，更名为"帝国博物馆"。同时决定设立"帝国京都博物馆"和"帝国奈良博物馆"。

于是，京都国立博物馆的前身——帝国京都博物馆作为一个机构成立了。1890年（明治二十三年），京都帝国博物馆的建设地点确定在现址东山七条。这块地是旧方广寺（京都大佛）原境内的一部分。在1890年，它的东半部是私人领地，西半部是七条御料用地（旧恭明宫）。恭明宫是明治初期的神佛分离政策之后，供奉以前在皇宫御黑门内的佛像和历代天皇牌位的设施，于1870年设立，1876年废止。博物馆的本馆为法国文艺复兴风格的单层砖砌建筑，于1892年（明治二十五年）6月动工建设，1895年（明治二十八年）10月竣工。博物馆于1897年5月对公众开放，当时称为"帝国京都博物馆"。它的设计者片山东熊（1854—1917）时任宫内省内匠寮技师，曾经参与东京的赤坂离宫、奈良国立博物馆本馆（即奈良佛像馆）和东京国立博物馆表庆馆的设计。京都馆的正门也是欧式风格，也由片山东熊设计，于1895年竣工。如今的本馆与正门都于1969年被日本政府指定为重要文化财。

1900年（明治三十三年）6月，帝国京都博物馆和帝国奈良博物馆分别更名为京都帝室博物馆和奈良帝室博物馆，并划归东京帝国博物馆管辖。1924年（大正十三年），为恭贺皇太子（后来的昭和天皇）大婚，皇室将京都帝室博物馆下赐给京都市，更名为"恩赐京都博物馆"。二战以后的1947年，随着日本宪法的生效，东京和奈良的帝室博物馆的上级部门从宫内省改为文部省，隶属于文部省的外局——文化财保护委员会。

而恩赐京都博物馆继续由京都市管辖。此后，在将京都博物馆归还给国家政府的呼声日益高涨的情况下，1947年4月，京都馆被移交给国家管理。1952年，与奈良、东京二馆同时改名，从此便称为"京都国立博物馆"，直至今日。

在京都馆国有化之初，博物馆是文化财保护委员会的附属机构。从1968年起，京都馆隶属于同年新成立的文化厅。随着中央省厅机构的重组和独立行政法人制度的建立，该博物馆于2001年成为独立行政法人国立博物馆。2007年成为独立行政法人国立文化财机构运营的博物馆，并延续至今。

今日之京都国立博物馆由几个机构组成。最早拥有的展馆是片山东熊设计的明治古都馆（旧称本馆），是特别展示馆，也就是举办特别展览的场馆（图13-1）。1965年，由京都大学荣誉教授、建筑学家森田庆一（1895—1983）设计的新馆"平常展示馆"竣工，次年被用作常规展馆，对公众开放。后来，这座平常展示馆被拆除，在原址建造了仍然具有常设展览功能的平成知新馆（新平常展展馆），由著名建筑师谷口吉生（1937—2024）设计，于2009年动工，2013年8月竣工，并于2014年开始在此举办常设展览，对公众开放（图13-2）。此外，1930年还建成了技术资料参考馆。1980年，京都馆还拥有了自己的文化财保存修理所，负责修复文物之用。1981年，又在馆内的京都文化资料研究中心设立资料调查研究室和资料管理研究室。在连接正门和旧本馆（明治古都馆）的中轴线上，安置着法国雕塑家奥古斯特·罗丹（Auguste Rodin，1840—1917）的名作《思想者》

图13-2（上） 京都国立博物馆的平成知新馆（常青拍摄于2019年11月3日）

图13-3（下） 连接京都国立博物馆正门和旧本馆中轴线上的罗丹名作《思想者》雕像的复制品（常青拍摄于2019年11月3日）

雕像的复制品（图 13-3）。它于 1950 年由一位私人收藏家收藏，并于 1956 年成为国家财产。

在京都馆的区域内还有马町十三层石塔，是两座建于镰仓时代的十三层石塔，最初位于博物馆东北部的涉谷大道上。它们原来是私人所有者的寄托品。根据两座塔楼之一的铭文，两塔的建造可以追溯至 1295 年。两塔被搬迁后，原本建在京都馆旧本馆的附近。后由于新馆施工，迁至馆区的西北角餐厅旁边。

日本与亚洲艺术品收藏

在帝国京都博物馆开馆之前，京都就有一家府立博物馆。这个府立博物馆于 1875 年（明治八年）在京都御所的米仓设立，次年（1876 年）迁至河原町二条所的府立劝业场，但于 1883 年（明治二十年）关闭。这座府立博物馆的 1 000 多件藏品被帝国京都博物馆接管，其中包括后来被指定为重要文化财产的一些文物。当初设立京都馆的主要目的是为了保护京都地区的寺庙和神社的文化遗产，这些文物在明治初期暴露在近代化建设的浪潮中，面临着损坏或丢失的危险。因此，二战前在京都馆的主要展品是从京都的神社和寺庙存放在馆内的历史文物。但以后的收藏项目逐渐扩大，使京都馆成了一个综合性博物馆。

目前保存在京都馆的大部分藏品，包括国宝和重要文化财，都是二战后由文化财保护委员会（后来的文化厅）转移到博物馆的。这些藏品或者是用博物馆的预算购买的，或者是由私人收藏家寄赠给博物馆的。例如，在 1954 年，包括国宝《千手千眼陀罗尼经残卷》和许多重要文物在内的守屋收藏被捐赠给了京都馆。这批收藏品是以经典、铜镜为主，由律师收藏家守屋孝藏（1876—1953）收藏，在他死后由其家人捐赠给了京都馆。目前，大约一半数量的馆藏品是由其他物主委托给京都馆保存的，其中有很多是国宝和重要文物。截至 2020 年 3 月

图 13-4 京都国立博物馆的日本佛教造像展厅（京都国立博物馆提供）

31 日，该馆的藏品总数为 8 130 件，其中国宝 29 件，重要文物 200 件。除此之外，博物馆还收藏了总计 6 520 件其他拥有者寄放在此的文物，其中包括 88 件国宝和 615 件重要文物。

京都国立博物馆的收藏以日本艺术为主，有日本历代绘画、书法、佛教雕塑、器物等（图 13-4）。在这些种类的文物中，考古发掘出土的器物有弥生时代（前 10 世纪—3 世纪）的铜钟、古坟时代（3—7 世纪）的埴轮、飞鸟时代的佛舍利容器与舍利子、飞鸟时代的人物砖雕、奈良时代的木塔模型等。器物类还包括日本的刀剑、盔甲、铜镜、金银器皿、铁制灯笼、陶瓷器、漆器等，还有很多日本历代传统服装（以和服为主）。该馆的收藏还扩大到了日本以外的国家和地区，如来自印度的秣菟罗雕刻和犍陀罗佛教雕像，来自朝鲜半岛的高丽国（918—1392）写经、高丽国瓷器等。

该馆还收藏了不少中国文物，有铜镜、陶瓷器、唐代陶俑、唐代丝织品、宋代瓷器、元代漆器等。还有一些宋元明清的绘画作品，其中不乏著名画家之作，如南宋牧溪（即法常）（1207—约 1291）、南宋金大寿、元代吴镇、明代沈周（1427—1509）、清代恽寿平、清代王原祁、清代石涛（1641—约 1718）等。

下面，主要介绍一些来自中国的文物。

中国古代艺术撷英

南宋《维摩诘居士》挂轴

维摩诘居士相传是释迦在世时的一位以辩才出名的毗舍离族富翁。虽然他从未出家，却对佛教有着深刻理解。有一天，他假称患病，释迦派智慧第一的文殊菩萨来看望他，二人就佛法展开了辩论，引来众人观看，还有天女散花。

这个故事来自由后秦鸠摩罗什翻译的《维摩诘所说》，而这幅画表现的正是善辩的维摩诘，正在与文殊菩萨讨论大乘佛教教法（图 13-5）。年迈而精神的维摩诘居士斜靠在榻几上，右手执一柄拂尘，作正在辩论之姿。他的身后站着一位天女，正在散播神圣的花朵。画中人物的线描纯熟而流畅，与榻上细致规柜的图案形成了鲜明的对比。维摩诘本是印度居士，但此画中的人物没有半点印度味道，完全是一位活脱脱的中国贵族老者形象。天女也完全是中国风格的宫廷贵妇形象，说明了佛教艺术的中国化。相传此画继承了北宋末年著名画家李公麟（1049—1106）的传统水墨画风格。

图 13-5 京都国立博物馆藏南宋《维摩诘居士》卷轴画（13 世纪，绢本着墨，高 84.0 厘米，宽 53.6 厘米，重要文物，编号：AK379）

元 吴镇《白衣观音图》挂轴

吴镇（1280—1354），字仲圭，号梅花道人、梅沙弥等，浙江嘉兴魏塘桥（今嘉善县魏塘街道）人，元代著名画家，与黄公望（1269—1354）、王蒙（1308 或 1301—1385）、倪瓒（1301—1374）并称为"元四家"。在这幅卷轴画中，观世音菩萨身穿白衣，发髻高束，头巾连着大衣，结跏趺坐在出露水面的蘑菇形岩石上，身后有一大圆光，身旁放着插着柳枝的净水瓶，是这位菩萨慈悲救世的法器（图13-6）。菩萨的大衣用深墨线勾勒，婉转有致，与以皴法画成的粗糙岩石形成了鲜明对比。菩萨面容秀美，含笑意，神态慈祥亲切，有女相之感，似乎正在俯视着众生。

画面上方有天童山景德禅寺的云外云岫和尚（？—1329）所题的画赞，其中来自《楞严经》卷六的"从闻思修，入三摩地"，更加提炼了观音的教化功能。

清 恽寿平《花坞夕阳图》手卷

该画作者恽寿平（1633—1690），南直隶常州府武进县（今江苏常州）人，他初名格，但以其字"寿平"与号"南田"而闻名于世，是清初六大家"四王、吴、恽"之一。他初工山水，笔墨秀峭，后来与王翚（1632—1717）交往，多作花卉，并重视写生，往

图 13-6（左） 京都国立博物馆藏元吴镇《白衣观音图》（14世纪，绢本墨画，高 127.2 厘米，宽 54.3 厘米，重要文物，编号：AK275）

图 13-7（下） 京都国立博物馆藏清恽寿平《花坞夕阳图》（1671 年，纸本淡彩手卷，高 24.2 厘米，宽 106.1 厘米，重要文物，上野理一赠，编号：AK208）

往用水墨淡彩，清润明丽，自成一格，有"恽派"之称。与王时敏（1592—1680）、王鉴（1598—1677）、王翚、王原祁、吴历（1632—1718）同为"清初六大家"之一。他虽然从山水画转向花鸟画，但仍留有优秀的山水作品。这幅画就是其中的翘楚，在构图、线条、赋色方面都十分典雅。画中湖畔美丽的村庄大有世外桃源之感，在夕阳的温柔光线之下展示的是宁静和安详（图 13-7）。

从画面左上角的题词可知，这幅画创作于清康熙十年（1671），那年恽寿平 39 岁。他说此画是模仿北宋初的诗画僧、小景山水的名手惠崇（？—1017）画的《花坞夕阳图》长卷。坞，意为土堤。此画的立意，应是来自盛唐诗人严维（？—780）给诗人刘长卿（？—约 789）的赠诗《酬刘员外见寄》中的"柳塘春水漫，花坞夕阳迟"。这幅画是在清宣统三年（1911）的辛亥革命后避居日本的金石学家罗振玉（1866—1940）从中国带到日本的名品之一，后来成了大阪朝日新闻社社长上野理一（1848—1919）的收藏品。后被京都国立博物馆收藏。

日本

213

清 王原祁《仿黄公望山水图》挂轴

王原祁（1642—1715）出生于江苏太仓，他继承了明代大师董其昌（1556—1637）的绘画风格，是清代保守的山水画风格的代表人物。这幅山水画，他自称是模仿了元四家之一的黄公望笔法。黄公望是浙江平阳人，号一峰、大痴道人等，工书法，通音律，善诗词散曲，尤擅画山水。他的山水画气势雄秀，自成一家，名列"元四家"之首。他的传世画作有《富春山居图》等。王原祁的这幅山水图在构图上确有模仿黄公望之意，他既使用少量墨水的"干"笔触来描绘崎岖的山体，又使用墨和浅色做适当的晕染，以"湿"笔触来营造阴影效果（图13-8）。虽然水墨是此画的主要媒材，但色彩的运用却使卷轴呈现出了明亮感。

古代文书与书法作品

京都国立博物馆还有一批中国古代文书与典籍收藏，其中的一些写本颇具书法价值，主要是守屋的收藏品。其中有的被日本政府定为国宝，如唐代写本《世说新语·卷六残卷》。在这批文书中，年代最早的可能就是原守屋收藏的《大智度论·卷第八残卷》，约写于中国南北朝时代的5世纪，为卷子装，宽24.7厘米、长297厘米。这幅作品的字体虽然近似楷书，但肥厚的波磔用笔仍饱含隶书笔意。

京都馆收藏的唐代书写的楷体文书还有《汉书·扬雄传》第五十七（图13-9）。这幅文字的内容见于《汉书·列传》第

图13-8 京都国立博物馆藏清王原祁《仿黄公望山水图》（17世纪，纸本水墨淡彩，高103.0厘米，宽48.2厘米，重要文化财，上野理一赠，编号：AK183）

图 13-9 京都国立博物馆藏唐代写本《汉书·扬雄传》第五十七卷尾（7世纪，高 27.6 厘米，总长 1 394 厘米，国宝）

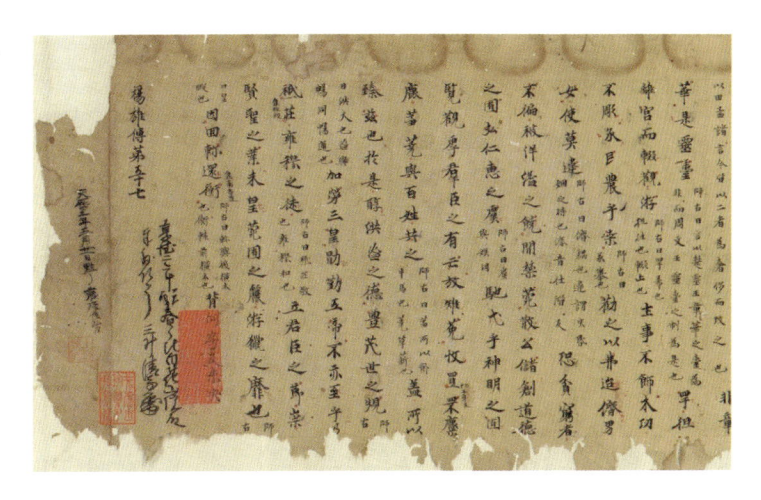

五十七，是关于西汉哲学家、文学家、语言学家、蜀郡成都（今四川成都郫县）人扬雄的传记，其中还包含他的赋文。这卷卷轴中的字体与唐代欧阳询（557—641）的书体风格相似，瘦长而线条遒劲。

《法华经·卷第三残卷》也是守屋藏品，是在唐朝官吏的监督下进行抄写的，被称为"长安宫廷写经"的经典之一。在卷末附有抄经和校经的人员名单，完成时间是唐高宗上元二年（675）。这幅作品也为卷子装，宽 26.2 厘米、总长达 535 厘米，字迹严谨端庄，是楷书的典范之作，很适合佛经内容的庄严。另一件佛经写本是《大方广佛华严经·卷第八》，是武周证圣元年（695）至圣历二年（699）间由于阗国三藏法师实叉难陀（652—710）翻译的八十卷本《华严经》之第八卷。本卷的字体端正且多带有折角，颇显力度。此外，该写本还使用了武则天执政时期（684—705）制定的新字，很有时代感。

稍晚一些的文书有朱熹（1130—1200）的《〈论语集注〉草稿》，是南宋思想家朱熹替四书（《大学》《中庸》《论语》《孟子》）所辑之注本中的《论语集注》的亲笔手稿。除了正文和注解用行书和草书书写外，随处可见增删或涂改的痕迹，透露着作者在定稿前的思考。

日本

215

京都馆还藏有传为东晋书法家王羲之（303—361，一作307—365，又作321—379）书法的唐代摹本拓片——《唐摹十七帖》（编号：BK336）。这是一册王羲之草书书法的拓本，名为《十七帖》，每幅高25.1厘米、宽16.4厘米，来自上野理一藏品。《十七帖》是王羲之草书的代表作，因卷首"十七"二字而得名。它的原墨迹早就佚失，现传世的《十七帖》是刻本。据唐代张彦远著的《法书要录》记载，《十七帖》原墨迹长一丈二尺，是唐太宗贞观年间（627—649）宫廷的藏品，共一百零七行，九百四十三字，是一幅名帖。这幅帖为一组书信，据考证是王羲之写给他的朋友益州刺史周抚的，书写时间约在东晋永和三年到升平五年（347—361）间，长达十四年之久，是研究王羲之生平和书法发展的重要资料。清代书法家包世臣（1775—1855）著有《十七帖疏证》一文，对其中文字颇有研究。

据这幅帖的《后记》记载，唐太宗（599—649）热衷于收藏王羲之的作品，曾命书法家褚遂良（596—658/659）等人临摹《十七帖》，如同他临摹《兰亭集序》一样。然后，他们根据临摹的稿件刻成石刻本。褚遂良及其后继的书法家将这些石刻本的拓片作为书法样本传授给学生。从其纸张完好、墨色陈旧细腻来看，这些拓本是最早从石刻本上取下的拓片之一，被认为是现存最精美的《十七帖》拓片。

美国

AMERICA

14

弗利尔和他的美术馆

弗利尔美术馆（Freer Gallery of Art）是由美国著名艺术品收藏家弗利尔（Charles Lang Freer，1854—1919）捐赠的艺术馆（图14-1），位于美国首都华盛顿市中心的国家广场（The National Mall）南侧（图14-2）。

弗利尔是美国著名的工业家与艺术品收藏家，他的藏品在亚洲艺术与美国19世纪艺术品收藏方面闻名于世。1906年，他决定将自己毕生收藏的艺术品捐献给由美国联邦政府代管的美国最高科研机构——史密森尼学会。史密森尼学会位于美国首都华盛顿，是全世界最大的博物馆群，管辖19座博物馆和美术馆、国家动物园以及9家研究机构。弗利尔还出资修建了以他个人名字命名的美术馆，用以安置、展出他的藏品。在他与史密森尼学会的契约生效之后，弗利尔还继续从中国、日本、美国收购亚洲艺术品，一并加入到他的捐献之列。最终他出资建造的弗利尔美术馆收藏了上万件艺术品（也包括其他人的捐献）。

弗利尔美术馆在1923年正式对外开放，它

图14-1（上） 华盛顿弗利尔美术馆（常青拍摄于2006年5月26日）

图14-2（下） 鸟瞰华盛顿国家大广场之国会大厦与史密森尼学会（红箭头所指者为弗利尔美术馆）

的许多中国文物都是在中国艺术史研究领域里不可或缺的精品。如今的弗利尔美术馆与相邻的赛克勒美术馆合称为弗利尔-赛克勒美术馆（The Freer Gallery of Art and Arthur M. Sackler Gallery，或简称为 Freer|Sackler），它们是一套行政管理下的两个独立博物馆（弗利尔不借也不外借其藏品，赛克勒则没有此项要求），合起来称为国立亚洲艺术博物馆（The National Museums of Asian Art），隶属史密森尼学会。该馆十分乐意与全世界致力于独立研究的学者们来分享他们的藏品，并帮助任何学者进行他们的深入研究课题。

弗利尔和他的清末中国之旅

1854年2月25日，弗利尔出生于纽约州的肯斯顿（Kingston）。他的祖先是法兰西胡格诺教徒（Huguenots），因17世纪的宗教迫害而逃离法国。在他的家族中，第一位来到美国新大陆的是纽约州新帕尔茨（New Paltz）皇家土地出让的原始拥有者之一。弗利尔的小学与初中是在公共学校学习的。但当他14岁时，他进入了邻居开办的水泥厂工作。16岁时，他成了位于肯斯顿的John C. Brodhead总店的一名店员。在同一座办公楼里，有纽约-肯斯顿与锡拉库扎（New York, Kingston & Syracuse）铁路的办公室，弗立克·J. 赫克（Col. Frank J. Hecker）是该铁路的主管。赫克被年轻的弗利尔的工作能力所吸引，并在1873年将弗利尔雇入了自己的公司。弗利尔从此开始了自己真正的铁路事业生涯。几年的铁路工作之后，弗利尔跟随赫克来到底特律，参与了制造火车的半岛火车工厂（Peninsular Car Works）组织并成为财务助理（图14-3）。1880—1900年间，弗利尔致力于这个火车制造公司及其后继者的工作。1900年，在完成了公司合并、组成新的美国火车制造公司（American Car & Foundry Co.）之后，弗利尔从他活跃的生意场中退休了，时年46岁。

图 14-3　弗利尔

在其生命的后19年里，弗利尔以极大的兴趣专心致力于他的艺术品收藏的研究与发展。在19世纪80年代初期，弗利尔开始了他的艺术品收藏。他购买的第一批艺术品是蚀刻版画与平版印刷品。在其最早收藏的艺术品之中，有他于1887年购买的美国著名印象派画家惠斯勒（James McNeill Whistler，1834—1903）的一套蚀版画作品——《威尼斯：第二系列》（Venice, Second Series）。1888年，他在访问英格兰时遇见了惠斯勒。但从那时起，他将自己越来越多的注意力转向了日本艺术。经过一个短暂的对日本浮世绘版画感兴趣的时期之后，他的兴趣转到日本古代绘画、屏风画与陶瓷艺术，并由此将他的收藏方向转向了中国古典艺术。

弗利尔于1895年、1907年、1909年、1910—1911年共四次访问东亚国家。在这些旅行与访问之中，弗利尔对一些公共与私人艺术品收藏进行了研究，与当地学者、收藏家们探讨有关问题，同时购买他感兴趣的艺术品以丰富其收藏。弗利尔的日记与信件展现了他从这些访问中学到的知识，以及他对自己学识的谦虚。

弗利尔首次访问中国是在1895年，当时他39岁。实际上，他的首次中国行是前往日本途中的意外停留。弗利尔当时对中国香港做了三天的短暂访问，然后又访问上海一周，再乘船前往日本做为期四个月的旅行。当他那次在计划外访问中国时，弗利尔对这个他仅为之短短一瞥的国家极为欣赏。在1895年4月到达日本之后，弗利尔偶遇了大丝绸出口商与艺术品收藏家原富太郎（1868—1937）。之后，弗利尔成了位于横滨郊区的原富太郎公馆的常客，并得以研究原富收藏的许多艺术精品。原富还介绍弗利尔认识了另一位收藏家及具有国际声誉的株式会社三井住友银行总裁——益田孝（1848—1938）。于是，弗利尔以得天独厚的机遇保持着与这两位日本大收藏家的友谊，并在他们的指导下开始发展自己在远东艺术领域的兴趣与知识，开始构筑自己的亚洲艺术品收藏。

　　1907 年，当弗利尔在十二年后再次访问中国时，已是闻名遐迩，但他仍以谦逊的态度把他的中国之行当作一次进一步学习中国艺术的机会。与前次相同，这次的中国行也很短暂。他抵达香港时，正值复活节的 3 月 31 日。在那里，他购买了一些中国陶瓷器（图 14-4），然后于 4 月 2 日前往广东去买更多的艺术品。这是他的首次中国内陆之行。与香港的西方风格形成了鲜明对比的被古城墙围绕着的广州给他带来了极佳的深刻印象。然后，他再次返回香港，又买了一些陶器和青铜器（图 14-5），再前往上海。在上海逗留的三天时间里，他集中精力购买了一些文物，然后乘船前往日本。

　　两年以后的 1909 年，弗利尔再次来到香港。他住在德国驻港总领事位于山间的别墅里，可以远眺欣赏香港湾的美景。德

图 14-4（左） 1907 年弗利尔收藏的北宋青白瓷瓶（11 世纪，来自江西景德镇，高 26.1 厘米，宽 13.7 厘米，编号：F1907.289，弗利尔美术馆提供）

图 14-5（右） 1907 年弗利尔收藏的商代晚期青铜觚（前 1200—前 1100 年，高 30.8 厘米，宽 13.1 厘米，编号：F1907.34，弗利尔美术馆提供）

国总领事也十分喜爱中国古代艺术,给弗利尔介绍了许多来自广东与香港的古玩专家、收藏家与古董商人。他们两人常在一起探讨学习。之后,弗利尔前往上海做了短期停留,再前往山东青岛,那里是德国人的一个重要租借地。接着,他经由天津前往北京。在天津访问期间,他参观了满洲贵族、清末政治家、金石学家、收藏家端方的私人收藏。在弗利尔的眼里,这是他所见过的最好的私人收藏,而端方也是他遇到过的最热情与最有才情的收藏家。

在北京,弗利尔参观了几个最为著名的历史丰碑性的建筑,包括天坛、先农坛、鼓楼等。为了方便处理自己的生意,他在北京内城租了几间房子。他非常高兴地发现:许多中国古董商认为他是为一些美国拍卖行收购中国文物的商人。喧闹的北京内城极大地吸引着他,令他把那里与同为历史文化名城的开罗和君士坦丁堡相比。在北京城外的旅行中,他参观了颐和园、长城、明十三陵。在一个多月的北京之行里,弗利尔积累了一个大的收藏,包括青铜器(图14-6)、陶瓷器与绘画。在离开北京之前,他把购买的所有中国艺术品打包装了八个货运箱,运往他位于底特律的家。他极为自豪地写道,这些购买使他的中国藏品水平超越了他的日本与波斯藏品。他的首次中国首都之行的成功促使他于第二年再次访问北京。

令弗利尔最值得纪念的中国之行是他于1910—1911年的最后一次访问。1910年9月11日,弗利尔从日本长崎市抵达上海,当天就前往一些地点参观中国陶瓷器与绘画作品。三天后,他乘船前往青岛,并在同月21日之前返回北京。他有幸参加了正在北京访问的美国战争部部长和他的妻子举办的正式晚会,并由此关系得以参观了清廷的紫禁城。他又一次访问了住在天津的端方,参观了以前没有看到的著名藏品。

弗利尔最后一次中国行的最重要部分是访问中国内地。在旅行之初,他原计划参观三个中国古代都城:开封、洛阳、西

图 14-6 1907 年弗利尔收藏的商代晚期青铜瓿（前 1200—前 1100 年，长 16.9 厘米，宽 24.2 厘米，编号：F1907.334，弗利尔美术馆提供）

安。10 月 19 日，他乘火车前往彰德府（今河南安阳），于第二天到达开封。那里的古城、古寺与宫殿遗址令他着迷。他描述道，开封对他来说，就好比是日本奈良的法隆寺，令他神往。在开封，他参观了卧龙宫、大相国寺、二曾祠、龙亭、佑国寺与铁塔、天清寺与繁塔、禹王台等文物古迹和名胜。10 月 26—27 日，在巩县的旅行中，他走访了白沙村，参观了著名的巩县大力山石窟寺和部分北宋皇陵。

10 月 29 日至 11 月 12 日，他参观考察了河南洛阳伊河两岸的龙门石窟，这是他在中国最困难与最危险的旅行。那时的龙门东山与西山石窟前是车水马龙的公路，几乎没有一处安全，因为山间的洞窟给当地拦路抢劫的土匪们提供了藏身之所。中国的官员与朋友们都提醒弗利尔注意旅行安全。弗利尔和他的队员们每天都在龙门石窟工作很长时间，他们在伊河两岸的龙门山崖间拍摄了大量关于各种洞窟与雕刻的照片，还制作了很多浮雕拓片（图 14-7）。这些照片和拓片现保存在弗利

美国

图14-7 洛阳龙门石窟宾阳北洞外观（弗利尔与周裕泰拍摄于1910年，弗利尔美术馆档案部藏，编号：FSA A.01 12.05.GN.084）

尔美术馆档案部，为学习与研究中国佛教雕塑的学者与学生们提供了极为重要的关于那个历史遗迹的原始记录。

在龙门的工作结束之后，河南府尹在其衙门里十分优雅地宴请了弗利尔和他的考察队员们。在洛阳，弗利尔还参观了关林庙，拍摄了一些照片。弗利尔原本打算接着去访问山西大同的云岗石窟，但他的考察队员们都觉得挣的钱够了，全部拒绝继续随他前往山西。同时，洪水又阻止了他向西访问西安的愿望。于是，弗利尔和他意气消沉的队员们返回了北京。

回到北京后，他的时间都被购买陶瓷器、青铜器、绘画所占据了。12月21日，弗利尔离开北京前往沈阳，去访问那里的宫廷文物收藏。在这个东北城市相当寒冷的周边地区度过了圣诞节之后，他去了大连与旅顺，然后再乘船于1911年1月前往上海。在上海，他见到了著名收藏家庞元济（1864—1949）收藏的文物精品，并购买了其的一些艺术品。庞元济，字莱臣，号虚斋，浙江吴兴南浔人。他既拥有财力，又精于鉴赏，收藏有铜器、瓷器、书画、玉器等文物，尤以书画最精，为全国著名书画收藏家之一。弗利尔从庞元济手中购买的文物包括传

图14-8 弗利尔美术馆藏传为唐代著名画家阎立本（601—673）绘《锁谏图》局部（元明时期摹本，宽36.9厘米，长207.9厘米，编号：F1911.235，常青拍摄于2006年5月22日）

为唐代著名画家阎立本（601—673）《锁谏图》的元明时期摹本，表现的是十六国前赵国（304—329）廷尉陈元达向皇帝刘聪（310—318年在位）冒死进谏的情景，画面气氛紧张，人物表情十分传神生动，是弗利尔美术馆收藏的中国人物画中的杰作（图14-8）。

经过长期的旅行与购买文物之后，弗利尔决定给自己放放假，与几位朋友去美丽的杭州来一次愉快轻松的旅行。2月9日，他们租了两艘形如房子的被命名为"安妮"（Annie）与"洛伊斯"（Lois）的大船，由纤夫拉着，经河道与运河从上海前往杭州。弗利尔的日记与信件中洋溢着他对这个美丽城市的激动心情，以及对西湖与周边环境的欣赏，使他的最长也是最后一次中国之旅达到了高潮。在杭州，他游历了西湖沿岸，参观了灵隐寺、飞来峰石窟、雷峰塔、保俶塔、净慈寺、岳王庙、苏小小墓、竹素园等名胜古迹，留下了大量的珍贵历史照片。

1911年2月20日，弗利尔乘火车从杭州返回上海，再从上海乘船前往日本长崎。他对中国文物的研究深度可以被他在中国的旅行日记证明，大量的内容记录着中国著名的瓷窑及其

图 14-9 1917年弗利尔收藏的新石器时代晚期玉璧（前 3300—前 2250 年，直径 16.9 厘米，厚 1.2 厘米，编号：F1917.50，弗利尔美术馆提供）

产品的特征。他还试图学习一些中文口语的基本原理，可见于他的日记中对一些中文基本词语发音的笔记。回到美国之后，费时日久地著录他的藏品以及一系列的疾病阻止他再次前往东亚访问。但四次东亚之行的结果造就了他在其余生描述他的藏品的与日俱增的洞察力（图 14-9）。

弗利尔对中国的考察，还倾注着他对中国艺术的热爱。在他的眼里，龙门石窟是"伟大的艺术品"。在中国的旅行和与中国人打交道，加深了他对中国的情感，令他感叹道："美国对中国的了解太少了，而我们美国人需要向中国人学习的地方太多了！""和更多的中国人打交道，让我对他们更加尊重，更有信心。有朝一日，他们会恢复数世纪以前的地位，在众多方面引领世界。"

中国古代艺术撷英

弗利尔的收藏注重于 19 世纪美国绘画和亚洲艺术。他收藏的中国艺术品，上自新石器时代，下至现当代艺术，包括陶瓷器、玉器、青铜器、绘画、雕塑、漆器、乐器等，种类齐全，应有尽有，很多在学术研究上有着重要价值。可以说，很多精品是学者们无法忽视的，也是无法躲开的。除了上面展示的几件他收藏的艺术品外，下面再介绍几件作品来说明其收藏的重要性。

东晋顾恺之《洛神赋图》手卷

在弗利尔的中国画收藏中，有传为北宋郭熙的《溪山秋霁图》，传为北宋范宽的《溪山独钓图》《华岳晴岚图》，北宋米芾的《云起楼图》，南宋阎次于的《山村归骑图》册页，南宋夏圭的《洞庭秋月图》，元代盛懋的《山水图》团扇，元代王蒙的《夏山隐居图》，以及元代钱选的《贵妃上马图》等。还有很多明清绘画杰作。南宋临摹的无款《洛神赋图》（图 14-10）

图 14-10　弗利尔美术馆藏南宋摹本《洛神赋图》局部（画面宽 24.2 厘米，长 310.9 厘米，编号：F1914.53，常青拍摄于 2006 年 5 月 22 日）

就是他收藏的一件珍贵作品。此画原是端方的藏品，端方死后被福开森（John Calvin Ferguson，1866—1945）买下。福开森是美国教育家、文物专家、慈善家、社会活动家，曾在"中华民国"初期任总统府政治顾问。他向大都会艺术博物馆索价10万美元，遭到拒绝。弗利尔知道后，就痛快地买下了。

《洛神赋图》是东晋名画家顾恺之（约344—406）根据三国时代（220—280）著名文学家曹植（192—232）写的《洛神赋》后有感而作的。由于顾恺之所作原本现已亡佚，仅存数套摹本传世。曹植原文借对梦幻之境中人神恋爱的追求，抒发了爱情失意的自我感伤。迄今存在的《洛神赋图》尚有七种之多，分藏在北京故宫博物院、辽宁省博物馆、中国台湾台北故宫博物院、美国弗利尔美术馆、伦敦大英博物馆等处。各本均仿六朝绘画风格，将全本的故事情节分为五幕十二景，其中的代表作品是北京本和大英本。辽宁本《洛神赋图》应是南宋高宗时期（大约1162年之前）所做的摹本。北京故宫藏本在各段没有附诗赋说明，卷中有乾隆的御题和藏印，还有元代赵孟頫（1254—1322）行书抄录的《洛神赋》全文，也有历代皇帝的题和跋。至于弗利尔藏本，和北京故宫藏本一样也无赋文，两者绘制形象近似，同属于宋人摹本。今人研究此图，多用大英博物馆的藏本。书画鉴定者对此卷有许多争论，但从未真正动摇过顾恺之作为原画作者的地位。一般的观点认为：现存此画不是顾恺之的原作，应是后人根据他的稿本临摹的。有的说是唐人摹，也有人说是宋人摹，说法不一。

弗利尔收藏的《洛神赋图》是一件公认的南宋摹本。有学者认为，这幅山水画很明显地展示了一角构图，与13世纪的马远、夏圭的绘画传统有关。但画中的最大特点人大于山，则是六朝山水画的主要特征。因此，此画仍是研究六朝山水画以及顾恺之原作画风的重要参考资料。另外，最新的学者研究认为此画很可能是顾恺之的原作。

图 14-11　弗利尔美术馆的中国佛教造像展厅（常青拍摄于 2023 年 8 月 13 日）

北魏龙门石窟宾阳中洞的维摩诘像

弗利尔还收藏了 330 多件中国佛教雕塑，材质包括鎏金铜、石雕、木雕、干漆夹苎、铁铸、瓷塑等，上自南北朝，下至清代，可以贯穿大部分中国佛教雕塑史（图 14-11）。其中有来自龙门石窟、巩县石窟、响堂山石窟等地的珍贵石刻，也有来自唐武则天（624—705）资助的长安城光宅寺七宝台的两件石刻十一面观音立像。一件由刘国之于刘宋元嘉二十八年（451）造的金铜弥勒坐像更是不可多得的南朝早期造像之例。

维摩诘居士与文殊菩萨对坐说法图是北朝时期佛教艺术界流行的一种题材，来自《维摩诘所说经》。该经自后秦高僧鸠摩罗什（344—413）译出后，不仅深受社会各阶层的喜爱，也引起了文人士大夫的浓厚兴趣。于是，维摩诘与文殊对坐辩论佛法的图像就在佛教艺术界流行起来了。迄今发现的规模最大的维摩诘与文殊对坐说法图来自龙门石窟 6 世纪初期由北魏皇室出资开凿的宾阳中洞。宾阳中洞东壁的窟门两侧布置了精美绝伦的浮雕艺术品：第一层是根据《维摩诘所说经》雕刻的维摩诘居士和文殊菩萨的对坐问法图；第二层是两幅巨大的佛本生故事浮雕，分别表现萨埵那太子舍身饲虎和须达拏太子布施济众的情节；第三层以写实的手法刻划了真实的帝后礼拜场面。北侧刻的是孝文帝礼佛图，南侧刻的是文昭皇后礼佛图，他们在大批随从的簇拥下缓缓行进着。第四层是一排神王浮雕像。不幸的是，在20世纪30年代，位于宾阳中洞前壁两侧的这几幅浮雕像被人为破坏与盗凿。帝后礼佛图现藏美国纽约大都会艺术博物馆与堪萨斯城纳尔逊艺术博物馆。前壁北侧上方的文殊菩萨头部被毁坏（或被盗凿），而位于前壁南侧上方的维摩诘像的全身则被盗凿。在法国汉学家沙畹于1909年出版的《北中国考古图谱》与日本学者常盘大定与关野贞于20世纪20年代出版的《支那佛教史迹》中，我们可以看到这对大型浮雕的原来面貌。

所幸的是，宾阳中洞的这幅大型维摩诘浮雕像在沉寂了近七十年之后终于重新面世。2001年，该像作为美国收藏家米伦（Myron）与保琳·福克（Pauline Faulk）遗赠物捐给了弗利尔美术馆，从此陈列在了这个公共参观场所（图14-12）。此像是在20世纪30年代离开中国的，到达美国时是众多的碎块，然后拼接而成的。这尊维摩诘像呈蹲坐之姿，头戴一帽，身着典型的中国文人士大夫的褒衣博带式大衣，右手执一扇，是典型的居士形象。它面带笑容，姿态安逸，很好地表现了这位居士潇洒自如的神态。维摩诘斜倚的姿势反映了当时（与文殊菩萨）辩论的场景，据经典所述他是坐在病榻之上。它失去的左臂（原支撑在靠垫之上）仍然保留在龙门石窟。在被盗凿之后，该像身体表面的许多细部石块丢失了，它的收藏者在重新组装之时用别的化学材料来代替。尽管它的现存状态损毁严重，这尊像仍然令人惊叹，并提供了为佛教徒的崇拜而开凿的龙门石窟之富丽堂皇的证据。

图 14-12 弗利尔美术馆藏来自河南洛阳龙门石窟宾阳中洞前壁的北魏维摩诘浮雕像（520 年前后，高 170.5 厘米，宽 141.4 厘米，厚 16.4 厘米，编号：F2001.7，米伦与保琳·福克遗赠，常青拍摄于 2023 年 8 月 13 日）

隋代卢舍那法界佛像

弗利尔收藏的一件卢舍那法界佛像，是同类题材作品的最佳范例。所谓卢舍那法界佛像，是指在图绘或雕塑的卢舍那佛像袈裟上表现须弥山、佛菩萨、六道众生、护法神王、菩萨行等图像的一种特殊的卢舍那佛像，也就是一种在卢舍佛像身上以图绘或浮雕的形式表现其法界的佛像。法界（Dharmadhatu）是一种佛教术语，其中的"法"与"界"因经典和教派的不同而具有不同的含义。在小乘佛教中，法界意指缘起与缘生法的真实样貌。缘起法意即一切有为法都是因各种因缘和合而成，任何事物都因为各种条件的相互依存而处在变化中，这是佛陀对世间现象的成住坏灭之原因、条件所证悟的法则。缘生又叫

美国

缘已生，意即由缘而生，与缘起有关。在大乘佛教中，法界指诸法真实本质的界限或功能差别，又名"法性""实相"等。法界包含了这样的意思：释迦证知了法界实相的缘故，生出了般若的智能，自利利他，福慧圆满俱足，最终成就佛道。《大方广佛华严经》把法界分为四种，即事法界、理法界、理事无碍法界、事事无碍法界。这四种法界，代表了对世界的不同层次的认识：第一种是凡夫的认识，后三种属于佛智。华严宗认为，只有事事无碍法界，才是佛智的最高境界。这里的"法"指一切诸法，也就是世间万物。"界"是"分界"之意，因为万物各有体性，分界不同，可称为"诸法的界限"，也就是现象界。所以，法界就是表现真如之理性、诸法之实相的，意即超越言表的横亘万事万物之中的绝对实相界。由于《华严经》进一步发展了法界的概念，使之成为大乘佛教重要理论概念之一，是故佛教徒与艺术家乐于将佛教的法界之概念图像化，并以雕刻或绘画的形式表现在《华严经》的教主卢舍那佛身体之上。于是就有了卢舍那法界佛像。

从考古发现来看，卢舍那法界佛像主要制作于北齐（550—577）、北周（557—581）、隋（581—618）、唐（618—907）、辽（916—1125），而以北齐、北周、隋代的卢舍那法界图像最为系统。弗利尔美术馆收藏了两件卢舍那法界人中像，一件是以线刻的形式将法界图像刻在一尊北周背屏式造像的背面（编号：F1911.412），一件则以浅浮雕的形式在一尊隋代圆雕立佛像的身体表面刻满了法界像，特别是后者，是现存同类题材造像中最为精美的一例（图14-13）。多数学者认为它表现的是《华严经》教主卢舍那佛的法界人中像或法界像。但对此像的不同观点仍然存在：有的认为是宇宙主释迦佛；有的虽认为是释迦，但佛袈裟上的图像却表现弥勒净土。而这尊佛像身上图像的佛典依据，实际来自《大方广佛华严经》，这些图像主要是基于《华严经》思想的表现并组织起来的，同时融合了其他佛教经典思想，是适用于当时禅观修行的"莲花藏世界海观"图像。

对卢舍那佛的崇拜来自《华严经》及其译梵为汉。《华严经》在中国汉族地区的翻译主要有三大版本。东晋（317—420）末印度人佛驮跋陀罗（359—429）译60卷《大方广佛华严经》；唐武则天时期，于阗国三藏实叉难陀奉制于东都洛阳大遍空寺译80卷《大方广佛华严经》；唐贞元十四年（798）罽宾国三藏般若奉诏译出40卷《大方广佛华严经》。这些《华严经》的译出，为制作各种卢舍那佛像提供了经典依据，包括现存卢舍那法界佛像。《六十华严》卷四"卢舍那佛品"就法界观做了形象描述："法界不可坏，莲花世界海，离垢广庄严，安住于虚空……譬如诸树木，花叶或生落，如是诸佛刹，成败亦复然。如依种种树，有种种果生，如是种种刹，有种种众生。种子差别故，果实生不同，行业若干故，佛刹种种异。譬如意宝珠，随意现众色，除诸妄想故，悉见清净刹。譬如空中云，龙王力能现，如是佛愿力，一切佛刹起。犹如工幻师，能现种种众，如是众生业，佛刹不思议。如是彩画像，知是画师造，如是见佛刹，心画师所成。"卢舍那法界像的图像正是这种思想的体现。弗利尔美术馆收藏的两件卢舍那法界佛像，便是学术界研究此类造像的不可多得的珍贵作品。

图 14-13　弗利尔美术馆藏隋代卢舍那法界佛像（高151.3厘米，宽62.9厘米，厚31.3厘米，编号：F1923.15，常青拍摄于2006年5月24日）

弗利尔美术馆

作为一名收藏家,弗利尔拥有一个敏感的、具有洞察力的审美观,而这个审美观为他探索中国古典艺术带来了极大的益处。那时,正是西方人审察中国艺术的开始。他对未来美术馆增加藏品与在该领域里系列研究的条款,对识别其藏品的学术与审美的重要性都有十分重要的意义。如今,他的捐赠品被史密森尼学会妥善地保管着,赠品的封条上写着他的话:"为了人类知识的增强与传播。"1919年9月25日,弗利尔逝世于纽约。

弗利尔不仅将自己毕生收藏的约1.1万件艺术品捐赠给了由美国联邦政府代管的位于首都华盛顿的史密森尼学会,并提供资金修建收藏、展出他的艺术品的美术馆,还用自己的钱设立了一个基金,以基金的收入来为美术馆在将来购买更多的东方艺术品,以及资助东方文明研究项目。他还立下了自己的遗嘱,使任何学习东方艺术的学者或学生都可以进入美术馆的库房去研究他的没有在展厅展出的艺术品,给无数学者、学生的研究提供了极大的便利。我们也由此可以看出弗利尔为东方艺术所做出的杰出贡献,以及他对晚辈学者们所寄予的期望。1923年5月2日,他建立的美术馆正式对外开放。建立弗利尔美术馆的目的,正如弗利尔自己所言,是为了使他的藏品能够面向美国人民,鼓励与促进对这些东方艺术品出产国家之文明的继续研究。尽管弗利尔并不是一名学者,但他以真诚之心对待真理的探索,并力求对艺术品有准确的了解。他的慷慨捐赠对增进东方艺术与文明的研究之贡献巨大,也对美国人民理解东方文化的审美标准产生了巨大影响。

根据弗利尔的遗嘱,从建馆之始,工作人员就开始不断地增加东方艺术品的收藏。随着岁月的流逝,美术馆工作人员对东方艺术的兴趣与知识也与日俱增。同时,远东与近东艺术品的市场价格也变得越来越高。于是,在20世纪中期与晚期,弗

图 14-14　2006 年 5 月 23 日本书作者在弗利尔美术馆库房与北宋《水月观音菩萨》挂轴（右侧挂轴：968 年，画面高 106.8 厘米，宽 58.9 厘米，来自敦煌藏经洞，绢本着色，编号：F1930.36）

利尔美术馆的藏品不仅数量大大增加，质量也上升到了一个新的高度。我们可以毫不夸张地说，在今天，不论是何地在收藏或研究亚洲艺术，弗利尔美术馆的藏品都被认为是建立公共与个人亚洲艺术品收藏的楷模与评估其藏品质量的极佳标准。由于展厅空间大小的限制，以及要保持那种雅致的常规展品陈列，每次只能展出极少一部分藏品。但是，展出的艺术品总是在更换。对于那些收藏在库房里的其余艺术品，学生们或其他任何人，只要对那些文物有特殊的兴趣，都可以提前预约，进入库房仔细观看，也可以拍照（图 14-14）。弗利尔在其《赠品契约》（Deed of Gift）的第一段就对这点做了强调："博物学院将用遗赠金额修建与装备该美术馆，特别留意为希望有机会对这些藏品不间断地研究的学生与其他人提供方便。"美术馆也举办一些特别展，选出部分藏品，以展示东方艺术的某个特殊方面。《赠品契约》特别禁止将馆内藏品借往他地展出，也禁止别地收藏的艺术品进入弗利尔美术馆展出。

1951 年，弗利尔美术馆建立了保存科学实验室，承担了东亚古代艺术品制作方法与制作材料的研究项目。这项研究具有双向目的：增进人们对亚洲艺术品制作技术历史的认识，使美术馆能更好地保存与保护这些受弗利尔嘱托的艺术品。

1999—2001 年间，我在弗利尔美术馆做高级访问学者（Senior research fellow）。这是我在美国的第一份工作，也是第一个在美国博物馆的研究项目。我当时的研究课题是弗利尔美术馆收藏的中国佛教雕塑。那时的经历，令我至今难忘。这个博物馆的图书馆、库房、办公室、餐厅等都在地下，我每天只有在中午吃饭时才来到地面——博物馆前的庭院里晒晒太阳，

图 14-15　弗利尔美术馆的中央庭院（常青拍摄于 2006 年 5 月 22 日）

逗可爱的小松鼠玩玩。我每周和库房管理员约两次，在下午 2—4 点去库房，记录弗利尔收藏的中国佛教雕塑，包括石雕、金铜造像和其他材质的造像。就这样，在一年多的时间里，我详细记录了该馆所有的中国佛教造像，包括文字记录、测量尺寸、拍照等，收集了完整的资料。接下来就是做研究了。

由于接踵而至的四年读博士、一年博士后、工作等，又不断搬家，直到 2014 年在密苏里州的圣路易市（St. Louis，MO）居住时，才完成了书稿。2016 年，《金石之躯寓慈悲——美国弗利尔美术馆藏中国佛教雕塑》（二卷，分"研究篇"与"录著篇"），这部史上第一次全面公布与研究弗利尔藏中国佛教雕塑的专著，由位于北京的文物出版社出版了，共计 39 万字。

在 2006 年、2015 年、2023 年，我还曾去过弗利尔美术馆，拜访老朋友，重温博物馆中的珍宝（图 14-15）。每次参观，都会有不同的感受，还有新的收获。另外，我也很喜欢弗利尔美术馆外的史密森尼学会的博物馆群，以及华盛顿的文化氛围。因为在那里，可以参观各种各样的博物馆，也可以看到世界各地的艺术品。

15

凡诺罗萨与波士顿的亚洲艺术

波士顿（Boston）是美国东北部马萨诸塞州（Massachusetts）首府，新英格兰地区的最大港口城市，始建于 1630 年，被称为美国"最古老的城市"。波士顿艺术博物馆（Museum of Fine Arts, Boston，简称 MFA）建成于 1870 年，是美国著名的一所大博物馆（图 15-1）。它的中国与亚洲艺术的收藏基础是收藏家恩内斯特·凡诺罗萨（Ernest Fenollosa，1853—1908）奠定的。

1870 年，哈佛大学波士顿图书馆美术馆和马萨诸塞理工学院为展出它们收藏的艺术品而倡议筹建一座博物馆，最初的收藏主要来自波士顿图书馆美术馆。该馆于美国建国 100 周年纪

图 15-1 美国波士顿艺术博物馆

念日的 1876 年 7 月 4 日正式于科普利广场（Copley Square）开馆（图 15-2）。而迁至现址的新馆于 1909 年 11 月 15 日对外开放。迁馆以后，策展人员对新馆艺术品陈列做了大规模的改进，尽量做到种类齐全，使每一个部门都有了非常丰富的收藏。1981 年由美国著名华裔建筑师贝聿铭（1917—2019）设计的主楼西翼落成并对公众开放。在世界众多著名的艺术博物馆中，波士顿艺术博物馆经过一百多年的发展，成了美国最负盛名的艺术博物馆之一。特别是其亚洲艺术品收藏，在世界各大艺术博物馆中占有重要地位。

波士顿艺术博物馆共设有美国装饰艺术和雕塑、亚洲艺术、古典艺术、埃及和古代近东艺术、欧洲装饰艺术和雕塑、绘画艺术、印刷、素描和照片、纺织、现当代艺术等部门，共有 178 个展室。其中亚洲艺术品的收藏最为丰富，堪与世界各大美术馆媲美。波士顿艺术博物馆的亚洲艺术品收藏的重点是日本、中国、印度艺术。其中中国的艺术品时代跨度很大，上自新石器时代，下至现代艺术，种类涵盖陶瓷器、青铜器、绘画、书法、丝织品、雕塑（图 15-3）、玉器、漆器等。可以说，其中国美术的收藏可以讲述一部中国美术发展史。

图 15-2（上） 波士顿艺术博物馆旧馆
图 15-3（下） 波士顿艺术博物馆的中国雕塑展厅

凡诺罗萨和亚洲艺术品收藏的发展

波士顿艺术博物馆怎么会有如此多的亚洲藏品呢？这还要从该馆成立日本部的初期说起。该馆最初的亚洲藏品得自于 19

世纪美国东方学者爱德华·穆尔斯（Edward Morse, 1838—1925）和旅日医生威廉·斯特吉斯·比格洛（William Bigelow, 1850—1926）在日本的收藏。1890年，波士顿艺术博物馆成立了日本美术部，并聘请凡诺罗萨来担任首任主任。

凡诺罗萨是美国著名的东亚美术史学家（图15-4）。他出生于1853年，他的父亲曼努埃尔·弗朗西斯科·西里亚科·凡诺罗萨（Manuel Francisco Ciriaco Fenollosa, 1822—1878）是一位西班牙裔钢琴家。他的中小学时代是在他的家乡马萨诸塞州的塞勒姆（Salem）度过的。后入哈佛大学学习哲学和社会学，于1874年毕业。随后，他在波士顿艺术博物馆的艺术学校学习了一年。1878年，他受日本政府的邀请，在东京帝国大学（今东京大学）教授政治经济学和哲学等学科，成了日本明治时代（1868—1912）现代化进程中的一位重要的教育家。在东京帝国大学任教的八年时间里，他对日本美术产生了极大的兴趣，对日本美术在世界的推介与研究起到了举足轻重的作用。他频繁地前往京都、奈良等日本古都参观访问，并与著名的古董商山中商会交往密切。同时，他与他的学生冈仓天心一同对日本寺庙、神社及其艺术品进行了调查，开启了日本《文化财保护法》的前身《古寺社保存法》的制定。另外，东京美术学校（今东京艺术大学）的创办，明治时代日本的美术研究、教育，传统美术的振兴等，都和凡诺罗萨的努力有着密切的关系。他还协助建立了东京帝国博物馆，并在1888年担任馆长。在日本，他皈依了佛教。

凡诺罗萨在日本期间，给自己购置了一个巨大的日本艺术个人收藏。当时的日本正值明治维新时期，社会上下均主张全盘西化，要"脱亚入欧"。正在转型期的日本人把目光都转向了西方艺术，对本国的艺术品并不重视，也无暇顾及市场上价位低廉的日本传统艺术，这些都给凡诺罗萨带来了极佳的机遇。在搜罗了大量的艺术珍品之后，一个堪称在日本以外最出色的日本艺术品典藏就在凡诺罗萨的家中形成了，并且构成了

图15-4 亚洲艺术品收藏家恩内斯特·凡诺罗萨（1853—1908）

后来波士顿艺术博物馆日本部的收藏基础。1886年，凡诺罗萨把自己的艺术品收藏出售给了波士顿医生查尔斯·戈达德·威尔德（Charles Goddard Weld，1857—1911），但条件是将来这个收藏必须要进入波士顿艺术博物馆。这个约定最后也实现了。

1890年，凡诺罗萨回到波士顿，担任波士顿艺术博物馆日本部策展人。此后，他开始着手建立中国艺术的收藏与展览。1894年，他策划了波士顿历史上第一个中国绘画展。1903年，该馆的"日本部"更名为"日本中国美术部"，其后又改名为"东方部"。在他任策展人期间，为该馆收购了大量的中国艺术品，而很多珍贵的中国藏品是通过日本渠道流入馆内的。凡诺罗萨在任期间，对该馆中国收藏的最大功劳就是从日本大德寺购买了十幅南宋名画《五百罗汉图》（全套共一百幅）（见下文）。同时，他对东亚艺术的收藏和鉴赏奠定了亚洲艺术的西方标准，在美国博物馆的东亚艺术界影响深远。他一生出版了多部亚洲艺术著作，倡导东方美学。他的著作《中日艺术源流》，让西方人重新了解了中国和日本的艺术之美。

1897年，凡诺罗萨离开波士顿，接受了东京师范学校（今筑波大学）英国语言文学教授的职位。1900年，凡诺罗萨又返回美国，撰写论文，在大学讲授关于亚洲的课程。1908年，在伦敦大英博物馆调查中的凡诺罗萨因心脏病突然离世。按凡诺罗萨的遗愿，他的遗体在伦敦火化，遗发则送往日本埋葬在三井寺法明院。第二年，由东京美术学校（今东京艺术大学）出资，凡诺罗萨被重新安葬在琵琶湖的高处。

冈仓天心的贡献

在凡诺罗萨之后，他曾经在东大的学生冈仓天心（1863—1913）继任为波士顿艺术博物馆日本中国美术部主任（图15-5）。冈仓天心是日本明治时期著名的美术家、美术评论家、美术教育家、思想家，还是日本近代文明启蒙期的重要人物之一。在当时的日本，近代著名的启蒙思想家、教育家福泽谕吉（1835—1901）认为日本应该"脱亚入欧"，而冈仓天心则提倡东方的精神观念应深入西方，亚洲价值观应对世界进步做出贡献。他因此而被誉为"明治奇才"。

冈仓天心1863年生于神奈川县横滨的一个藩士家庭。他从小除了学习汉学，还在7岁时进入外国人开办的英语学校学习英语。16岁时，进入东京帝国大学，成为该校的首届学生。在那里，他和充分肯定日本文化的凡诺罗萨相遇，成了凡诺罗萨的学生和助手，致力于拯救日本传统文化和艺术品。1880年，他大学毕业，获得文学学士学位，之后在文部省从事美术教育和古代美术保护工作。在日本全盘西化的潮流中，冈仓天心却主张保护和发展日本传统美术，并且学习西方绘画写实手法，创造新型日本绘画。1886—1887年，他与凡诺罗萨一起去欧洲和美国考察。回国后，致力于东京美术学校的建立，同时创办日本著名的美术学研究刊物《国华》。1890年，他担任东京美术学校第二任校长，并兼任帝国博物馆理事、美术部部长等职。从1893年起，他多次去中国、印度考察，加深了对亚洲文化的认识。当时的东京美术学校在日本很有名，为日本培育了一大批美术家。1898年，他受到东京美术学校校内人士的排斥，被迫辞职。此后，与一同辞职的几位美术家创立了日本美术院，领导新日本画运动。

1904年，在凡诺罗萨的推荐下，冈仓天心来到波士顿艺术博物馆的日本中国美术部工作。为了帮助该馆收集艺术品，他奔波于日本、中国、美国之间。1910年，冈仓天心成为日本中国美术部部长。此后，他常常前往中国调查古代文物。当时的中国正值辛亥革命前后，政局不定，市场上的文物价格低廉。冈仓天心因此购买了大批古代艺术珍品，包括南宋夏圭的《风雨行舟图》、元代王振鹏的《姨母育佛图卷》（图15-6）、宋

图15-5 冈仓天心（1863—1913）

美国

徽宗赵佶（1082—1135）摹唐代画家张萱的《捣练图》等。1912年，他将《捣练图》无偿捐献给波士顿艺术博物馆。

冈仓天心一生致力于美术事业，他不仅是日本现代美术的开拓者和指导者，也是亚洲东方文化的宣传家，宣传东方文化艺术的优越性，强调日本文化艺术的重要性。他将亚洲文明视为一体，让西方国家不断地被东方文化、思想、艺术的魅力所吸引。冈仓天心认为：亚洲只有一个。喜玛拉雅山脉产生了两个强大的文明，一个是中国文明，另一个是印度文明，但因为强调各自的主张而分裂。但是，所有亚洲民族共同的思想遗传基因是"爱"，从而诞生世界性的大宗教——佛教等。1903—1906年，他用英文写了《东方的理想》《东方的觉醒》《日本的觉醒》《茶之书》四部重要著作，至今仍有深远影响。

1913年9月2日，冈仓天心于日本赤仓去世。在波士顿艺术博物馆的大门斜侧，有一个日式枯山水庭院，以冈仓天心的名字命名为"天心园"，由日本庭院设计师设计。

中国珍宝撷英

波士顿艺术博物馆现藏有中国和日本绘画5 000余幅，是其亚洲艺术品收藏的精华所在。其中的中国部分以唐宋元绘画最为著名，代表作品有传唐阎立本（约601—673）《历代帝王图》、宋徽宗摹唐代张萱《捣练图》等，都是不可多得的珍品。

图 15-6（上） 元代王振鹏绘《姨母育佛图卷》（绢本，画面高31.9厘米、长93.8厘米，编号：12.902）

图 15-7（下） 传唐代阎立本绘《历代帝王图》局部（绢本着色，高51.3厘米，宽531厘米，编号：31.643）

传唐代阎立本《历代帝王图》卷

该馆所藏最负盛名的中国绘画是《历代帝王图》卷（图15-7）。1931年，美国画家和艺术品收藏家丹曼·沃尔多·罗斯（Denman Waldo Ross，1853—1935）购得此图，捐赠给了波士顿艺术博物馆。该画又名《列帝图》《十三帝图》《古列帝图卷》《古帝王图》。画面为横卷，是一幅历代帝王的肖像画。画面从右至左画有十三位帝王肖像，他们是西汉昭帝刘弗陵、东汉光武帝刘秀、魏文帝曹丕、吴大帝孙权、蜀汉昭烈帝刘备、晋武帝司马炎、陈文帝陈蒨、陈废帝陈伯宗、陈宣帝陈顼、陈后主陈叔宝、北周武帝宇文邕、隋文帝杨坚、隋炀帝杨广等。各帝王图前均有楷书榜题，且均有侍从，人数不等，在全画卷中形成了相对独立的十三组人物，共计四十六人。画中没有作者的题款，拖尾部分有北宋、南宋及清代以来的题跋，可知北宋以来人们就将此画定为初唐阎立本之作。

全画卷的十三位帝王所着有正规朝服和便装之分，姿态和侍从的配置有些程式化。有的位于不同时空中的帝王还相对而视，既增强了人物个性和历史作用的强烈对比，也使画面在布局方式上形成了一个统一的整体。另外，各帝王与侍从按等级森严的伦理观念，做了形体大小不同的处理，即突出地表现了帝王的高大形象。画家既注意刻画帝王们的共同特性，又根据他们的不同政治作为、境遇命运，意在让后世帝王们"见善足以戒恶，见恶足以思贤"，起到了以史为鉴的作用。

宋徽宗摹唐代张萱《捣练图》卷

《捣练图》是波士顿艺术博物馆收藏的另一幅具有唐代风格的名画（图15-8），纵37厘米，横145.3厘米。《捣练图》系唐代开元年间（713—741）画家张萱的作品，学者们多认为此图系宋徽宗摹本，但仍忠实原作。1912年，冈仓天心从北京一位晚清贵族手上购得，于同年入藏波士顿艺术博物馆。"练"是一种丝织品，刚刚织成时质地坚硬，必须经过沸煮、漂白，再用杵捣，才能变得柔软洁白。此图为工笔重彩画，表现的是唐代妇女捣练、缝衣的工作场面，是盛唐时期的一幅重要的具有生活气息的风俗画。在长卷画面上共画了十二个人物，自右向左表现着唐代妇女在捣练、络线、缝制、熨平劳动操作时的情景。作者对这些劳动场面的观察细致入微，所用线条工细遒劲，设色富丽，人物均有"丰肥体"的造型，是盛唐仕女画的典型风格。《捣练图》还形象地描绘了各种活动中的妇女们的神态，以及人物间的互动关系，使人物的身份、年龄、分工、

图15-8 宋徽宗摹唐张萱《捣练图》卷（绢本着色，画面高37.1厘米，宽145厘米，编号：12.886）

动作各有不同。但在面部的刻画上，作者则用当时人们所欣赏的美人的典型丰腴面相，用于图中的每一位成年女子，表现出了盛唐崇尚的审美情趣。三位活泼可爱的女童则给这个单调的劳作场面带来了欢快的气氛。

在8世纪盛唐时期精工丰腴型仕女的画家有张萱、周昉等。张萱是周昉的老师，京兆（今陕西西安）人，开元时曾任史馆画直。他对表现亭台、树木、花鸟等皆穷其妙，尤其擅长仕女画。北宋宣和年间（1119—1125）由官方主持编撰的宫廷所藏绘画作品的著录著作《宣和画谱》所载他的绘画作品中，有不少描绘贵族妇女的游春、梳妆、鼓琴、奏乐、横笛、藏迷、赏雪等悠雅闲散的生活场景。他画中的贵族妇女大都具有曲眉丰颊、体态肥硕，服装繁缛华丽的特点，被称作"绮罗人物"。他的作品代表着唐玄宗（712—756年在位）时代仕女画的典型风格。遗憾的是，由于年代久远，张萱的绘画作品多数已散失无存。现存的《捣练图》《虢国夫人游春图》等为数不多的几幅画虽然很可能是后人摹本，但仍再现着他的绘画技艺与盛唐朝野崇尚丰腴之美的社会风气。

《捣练图》上没有作者和摹者的款印，仅在卷首题跋曰："宋徽宗摹张萱捣练图真迹"。另有金章宗完颜璟（1168—1208）用瘦金体题"天水摹张萱捣练图"。瘦金体是宋徽宗独创的字体。金章宗爱好书法，曾效法徽宗字体，几可乱真。由此推测，金章宗曾经是《捣练图》的收藏者，应是金灭北宋后掠夺皇室书画收藏而来。金章宗题中的"天水"，原系地名，在今甘肃境内，是赵氏郡望。有人认为此二字指代宋徽宗赵佶。但也有学者认为此图是由宋代画院的画师代笔的，仍不失为名画作。

隋代石雕观世音立像

波士顿艺术博物馆还有丰富的中国佛教艺术品收藏。在1912年以前，一尊身高2.49米的石雕立姿观世音像从陕西西安地区的"古石佛寺"移出，归纽约的山中商会所有。1915年，山中商会以3.2万美元的价格出售给了波士顿艺术博物馆。该菩萨像具有北周遗风：双肩披挂着复杂的长璎珞，窈窕的身段也与西安地区出土的一些北周白石菩萨像相似。但该像的腹部挺起，以强调女性般的身姿（图15-9），展示着隋代长安地区新时代的新风格。隋代长安的造像风格也影响到了山西、河南、河北等地。

隋金铜阿弥陀佛坛像

一套位于坛上的鎏金铜造19世纪晚期发现于河北赵县，在1911年以前归著名收藏家端方所有。在1922年以前，又归美国收藏家沃尔特·斯科特·菲茨（Walter Scott Fitz，1847—1927）所有。在1922年，由菲茨捐赠给了波士顿艺术博物馆。该像也表现着典型的隋代造像新风格（图15-10）。据其铭文题记，这组像由范氏家族出资铸造于开皇十三年（593）。这套像的总体风格与西安发现的隋开皇四年（584）董钦造像有相似之处。主尊结跏趺坐佛所穿大衣样式表现为印度右袒装与汉式褒衣博带装的结合形式，在中国佛教造像史上不多见。与董钦造二菩萨像相似，范氏的二胁侍立菩萨像也具有窈窕身材，只是不扭动身体，更似北齐菩萨像的直立之姿。二力士也与董钦力士像相似，只是在比例上略小一些，也是扭动着身体。但此二力士的头部更显大，与北齐的力士像更接近一些。不同于董钦像，范氏主佛像还有二弟子与二辟支佛胁侍，四像均着僧装，辟支佛头顶有螺形发髻，与现存最早的龙门石窟北魏晚期开凿的路洞门券处辟支佛浮雕的基本图像一致，可见前朝的图像传统。

图15-9 隋代石雕观世音立像（高249厘米，编号：15.254）

图 15-10 河北赵县发现的隋开皇十三年（593）金铜阿弥陀佛及其胁侍组像（高 76.5 厘米，编号：22.407）

唐四天王浮雕像

波士顿艺术博物馆还收藏了一组四天王浮雕像，约造于公元 8 世纪的唐代（图 15-11）。据传这组天王像原被安置在西安附近一座寺庙的佛塔塔身的南北两侧。佛塔大约在清末民初坍塌，1920 年左右，这组四天王石雕像便流落到了美国。四大天王是佛教中的重要护法神，其信仰多见于佛经。天王图像在南北朝时期就已出现，但到了唐代才开始流行。唐代的天王像多

图 15-11 唐代石雕四天王像（约 8 世纪下半叶，高 59 厘米，编号：20.721）

成对出现，即只在佛的说法图中表现两身天王像，以代表四大天王。因此，唐代制作的一组四天王造像就显得稀有可贵了。

南宋林庭珪《五百罗汉图轴：施饭饿鬼》

南宋时期，僧人义绍住持东钱湖惠安院时，他邀请明州车轿街（现宁波市海曙区车轿街）的两位佛像画师周季常、林庭珪绘制了 100 幅《五百罗汉图轴》，历时 10 年，每幅图中表现 5 位罗汉，以及与情节相关的人物等。就整套《五百罗汉图轴》而言，它是目前世界上现存数量最多、阵容最大、制作最精美的宋代佛教题材作品，特别是在图中穿插描绘了佛教历史事件、佛教故事以及当时寺院僧人的生活场景等内容，客观上反映了中国佛教史和宋代明州地区的佛教生活画卷。例如，在有些图中可以看到当时的政府官员、寺院住持甚至画家本人的影像，其中的舍利塔至今还能在宁波阿育王寺看到。画中还绘有当时僧人们使用的香炉、案几、罗汉椅等，很多用品的形制已经失传。其中的大部分画作有用金泥写成的题记，记载着当年的捐献者、画家的姓名以及作画年份等信息。这套作品最初被供奉在惠安院内。

美国

不久，前来南宋游学的日本僧人在天童禅寺求法，其真诚之心感动了义绍，义绍就将百幅《五百罗汉图轴》赠予日本求法僧。这些画作先保存在镰仓寿福寺，后转藏箱根早云寺，又于1590年移藏京都丰国寺，再转藏奈良大德寺。途中有6幅遗失，日本僧人木村德应在1638年补齐。1894年，在波士顿艺术博物馆举办了一场中国古代绘画展览，展出的是这套罗汉画中的44幅。起初，这批画作是作为抵押品，因为大德寺僧人们以此向费诺罗萨认识的一位日本收藏家借钱，用来修缮寺院，而凡诺罗萨则将这些画作运往美国，在纽约和波士顿展出。展览结束后的1895年，其中的10幅画被直接出售，5幅卖给了波士顿艺术博物馆，5幅卖给了哈佛大学教授、博物馆赞助人丹曼·罗斯（Denman Waldo Ross，1853—1935），但这5幅画最终也赠予了波士顿艺术博物馆。还有2幅进入了弗利尔美术馆的收藏。

图 15-12　南宋林庭珪绘《五百罗汉图轴：施饭饿鬼》（画面高111.4厘米，宽53厘米，编号：06.292）

波士顿艺术博物馆收藏的《施饭饿鬼》便是这百幅中的一幅，由林庭珪绘制于1178年（图15-12），也是丹曼·罗斯捐赠给该馆的五幅之一。画面描绘的是在山谷之中，苍松之前，正中坐着一位地位与身份较高的罗汉，他手托饭钵，周围围绕着四位罗汉和一位侍从，画面上方有云雾缭绕，带给人们一些神秘气氛。整体画面的上部使用对角线构图，是当时南宋宫廷画院流行的山水画构图方式，为南宋人喜见。此外，还可以看到南宋画家们惯用的晕染和斧劈皴法。然而，该画面的聚焦主题却是在主体中心罗汉的右下方，一个体量矮小的饿鬼，眼睛注视着罗汉手中的饭钵，起到了人鬼之间的艺术传情效果。

传南宋马和之《〈诗经·小雅〉六篇书画卷》

另一幅传为南宋的画作也很有名,它就是《〈诗经·小雅〉六篇书画卷》,传为南宋高宗(1127—1162年在位)书、马和之画(图15-13)。该手卷画大约绘制于12世纪下半叶,一侧有明代著名画家文徵明(1470—1559)和清朝乾隆皇帝(1736—1795年在位)的题字。马和之,生卒年不详,钱塘(今浙江杭州)人,宋高宗绍兴年间(1131—1162)登第,一说官至工部或兵部侍郎。他是南宋宫廷画院中官品最高的画师,居御前画院十人之首,擅画佛像、界画、山水,尤其擅画人物画。他的人物画师法唐代画家吴道子和北宋画家李公麟(1049—1106)。他模仿吴道子的笔法,创用柳叶描(一作马蝗描),用笔起伏、线条粗细变化明显,着色轻淡,笔法飘逸流利,活泼潇洒,富有韵律感。但是他在师法前代大师的同时又能自成一家。因为他的绘画风格与唐代吴道子相仿,被当时人称"小吴生"。从波士顿艺术博物馆收藏的这幅画作中,似乎就能领略到马和之的用笔神妙。

《诗经》作为儒家经典,一直备受古代帝王们的推崇。宋高宗曾亲自书写《毛诗》三百篇,再命马和之为每篇画一图,然后汇成巨帙。惜当时仅成五十余幅。这组画在明末清初曾被官员与书画收藏家梁清标(1620—1691)拥有。后归入清廷收藏,为乾隆、嘉庆皇帝拥有。清朝灭亡后,该画由末代皇帝溥仪(1906—1967)带到长春。1945年二战结束后,这组画被分散售往世界各地,后来这幅作品归一名日本收藏家所有。1951年,该画又归入美国纽约著名画家与书画收藏家王己千(C. C. Wang,1907—2003)收藏。在同一年,由王己千出售给了波士顿艺术博物馆,售价1.2万美元,资金来自该馆的 Marshall H. Gould 基金。

波士顿艺术博物馆收藏的这幅图卷表现的是《诗经·小雅》中的六首诗与配图,它们分别是《南有嘉鱼》《南山有台》《蓼萧》《湛露》《彤弓》《菁菁者莪》,在卷首题"龙光写盛"。

整个作品以图画形式使诗歌的内容形象化，借此宣传儒家礼教。例如，《蓼萧》是《诗经·小雅》中的一首典型的祝颂诗，表达了诸侯朝见周天子时的尊崇之意，通篇表现对君主的祝颂之情，带有明显的臣下语气，因为它是诸侯颂美天子之作。西周初年，国势昌盛，诸侯纷纷来朝，表示归附。周王常设宴招待来朝诸侯。此诗就是在宴会上歌颂周王的乐歌。与诗相配的，是画家所作的图画，表现周王坐于大殿正中，正在与分列两旁的众诸侯欢宴的情景（图15-13）。殿外是众诸侯的侍从与他们乘坐的车马，表现他们千里迢迢赶来赴宴的场景。大殿为树木环抱，左侧还绘有水草与云气，暗示着周王的神圣。此诗画合璧之作，以含蓄、形象的手法巧妙地点明了诗旨所在，即周天子恩泽四海，众诸侯有幸承宠。

图15-13 传宋高宗书、马和之绘《〈诗经·小雅〉六篇书画卷》局部（绢本，画面高27.3厘米，长383.8厘米，编号：51.698）

2001年4月，我在美国华盛顿国家美术馆做高级访问学者时，特意前往并参观了波士顿艺术博物馆，在展厅里仔细考察了中国古代艺术品，特别是其中的佛教文物。记得当时还在展厅里约见了亚洲部的一位策展人，她赠送了我一本馆藏图录。该馆收藏的中国文物种类齐全，时间跨度大，其中的艺术珍品还有很多，在谱写中国美术史中具有不可忽视的地位。

16 纽约大都会艺术博物馆探秘

图 16-1 美国纽约大都会艺术博物馆（常青拍摄于 2001 年 4 月 14 日）

大都会艺术博物馆（The Metropolitan Museum of Art）是美国最大的艺术博物馆。它位于美国纽约第五大道的 80—84 街（图 16-1），与规模相当的著名的美国自然历史博物馆隔着中央公园（Central Park）遥遥相对。美国自然历史博物馆主要展出自然界、动物、人类发展的历史，而大都会博物馆则重在展现人类创造的艺术发展史。该博物馆占地面积为 13 万平方米，它是与英国伦敦的大英博物馆、法国巴黎的卢浮宫、俄罗斯圣彼得堡的艾尔米塔什博物馆齐名的世界四大博物馆之一。纽约是世界著名的旅游城市，而大都会又是纽约的旅游地点之首。据统计，2016 年有访客 700 多万人次。

1870 年，一群银行家、商人、艺术家、思想家发起了建立大都会艺术博物馆的倡议，他们期望这座博物馆能够给予美国公民有关艺术与艺术教育方面的熏陶。同年的 4 月 13 日，纽约州议会为大都会艺术博物馆颁发了一项法令，提出了建立这座博物馆的宗旨："为了在城市中建立和维持一个艺术博物馆和图书馆，为了鼓励和发展美术研究和艺术在生产和自然生活的应用，为了增加相关科目的一般知识，也为了向公众提供教育和娱乐。"1871 年，博物馆与纽约市商议后，得到中央公

图 16-2　1914 年的大都会艺术博物馆

园东侧的一片土地作为永久馆址。这座仿欧洲传统样式的建筑由美国建筑师卡尔弗特·沃克斯（Calvert Vaux）和合伙人雅各布·雷·莫尔德（Jacob Wrey Mould）设计。但沃克斯的新歌特式设计并没有获得多少赞赏，反而被认为是设计过时。1872 年 2 月 20 日，博物馆首次对外开放。

博物馆在后来有过多次扩建。南翼建于 1911 年，北翼建于 1913 年（图 16-2）。1971 年又有了新建筑计划，工程为期超过 20 年，目的是为了扩大展览空间、增加研究人员的研究设施。在这些新的扩建计划中，于 1975 完成了罗伯特·雷曼翼，那里珍藏了很多欧洲油画大师的名作，包括印象派、后印象派的许多著名画家。安置来自埃及丹铎神殿的"赛克勒翼"，完成于 1978 年。"美国翼"于 1980 年对外开放，在那里全面展示美国艺术史。"迈克尔·C. 洛克菲勒翼"，自从 1982 年开始，收藏了来自非洲、大洋洲、美洲的文物。"莉拉·艾奇逊·华莱士翼"，自 1987 年开始收藏了很多现代艺术作品。而"亨利·河克拉维斯翼"则展出自文艺复兴至 20 世纪初的欧洲雕塑与装饰艺术。这些新建筑物落成后，博物馆的常规展更加全面与丰富。1998 年 6 月，韩国艺术展厅对外开放，使亚洲艺术的展览系列更加完整。展览古希腊艺术的"罗伯特和蕾妮展览厅"在 1996 年开幕，新希腊画廊于 1999 年 4 月开幕，而塞浦路斯画廊于

2000年开幕。至2006年,博物馆的建筑物总长度达到了约400米,占地18万平方米,比19世纪80年代的馆址大了20倍。

全面而丰富的收藏

大都会艺术博物馆藏有埃及、巴比伦、亚述、远东和近东、古希腊和罗马、欧洲、非洲、亚洲、美洲、大洋洲、拜占庭和伊斯兰等各地艺术珍品330余万件。这个庞大的收藏包括了各个历史时期的建筑、雕塑、绘画、素描、版画、照片、玻璃器皿、陶瓷器、纺织品、金属制品、家具、挂毯、乐器、武器、盔甲和乐器等。

大都会的收藏,一开始便与个人捐赠有着不解之缘。铁路界商人约翰·泰勒·约翰斯顿(John Taylor Johnston)的个人艺术品收藏品是博物馆最早的收藏。出版商乔治·帕尔默·普特南是博物馆在创建时期的监督人,艺术家伊士曼·约翰逊当时担任博物馆的共同创办人。在他们的指导下,博物馆的馆藏,由最初的罗马石棺和大部分来自欧洲的174幅绘画,迅速增长。1873年,博物馆收购了卢吉·帕尔玛·德·塞斯诺拉(Luigi Palma di Cesnola)所收集的塞浦路斯文物。此后,在博物馆各部门历代策展人一百多年的努力下,来自世界各地的文物和艺术品源源不断地进入大都会,最终造就了这座世界四大博物馆之一的艺术殿堂。

大都会艺术博物馆的展览大厅共有3层,分服装、希腊罗马艺术、原始艺术、武器盔甲、欧洲雕塑及装饰艺术、美国艺术、R.莱曼收藏品、古代近东艺术、中世纪艺术、亚洲艺术、伊斯兰艺术、19世纪欧洲绘画和雕塑、版画、素描和照片、20世纪艺术、欧洲绘画、乐器和临时展览等部门,还有保存科学部和科学研究部。馆内的陈列室共有248个,常年展出的几万件展品,仅是博物馆总库存的冰山一角。常规展览与临时展览主要在一、二层举办，楼顶常常举办当代艺术家的临时展览。埃及政府赠送美国的丹铎神殿陈列在该馆的赛克勒大厅内，这是在埃及以外世界上仅有的一座埃及古神殿，1978年9月正式对外开放。大都会的T.J.沃森图书馆于1964年建立，有藏书18.5万余册，是世界上收藏艺术、考古书籍最完善的图书馆之一。

大都会艺术博物馆分馆——隐修院（The Cloisters）于1938年创建，位于纽约市的福特·特赖恩公园（Fort Tryon Park），展出中世纪的几座修道院及其艺术，包括建筑、雕塑、壁画、彩色玻璃、泥金写本、双角兽图案挂毯、圣物箱、圣餐杯、象牙制品、金属器等。

中国古代艺术撷英

大都会的"远东艺术部"成立于1915年，在1986年改名为"亚洲艺术部"，拥有6.45万平方英尺（约5 992.25平方米）的展厅。经过历任策展人的努力，大都会共收藏亚洲艺术品6万件以上，上起新石器时代，下迄21世纪，包括来自东亚、南亚、东南亚和喜玛拉雅地区的书法、绘画、版画、雕塑、金属器物、陶瓷、漆器、丝织品等，是西方国家中最大和最全面的亚洲艺术品收藏，几乎涵盖了亚洲的各个文明。特别是以书法和绘画作品著称，无论巨大的日本屏风和成套的版画，还是中国的卷轴画，均不乏名家之笔。此外，还有来自南亚及东南亚的石雕和铜质雕塑，印度的微型绘画，尼泊尔和中国西藏等地区的绘画和金铜造像等，也是馆藏的优势所在。

大都会艺术博物馆有相当出色的中国藏品，其中的精华艺术品分别展出在早期器物厅（图16-3）、晚期器物厅、早期佛教造像厅、晚期佛教造像厅、历代书画厅等。由于篇幅所限，在此仅举如下几例。

图 16-3（上） 大都会艺术博物馆早期中国器物厅（前为唐代佛教造像碑，编号：30.122，常青拍摄于 2020 年 2 月 3 日）

图 16-4（下） 大都会艺术博物馆藏商至西周祭坛套装 13 件青铜器（前 11 世纪晚期，1901 年陕西凤翔府宝鸡戴家湾出土，坛高 18.1 厘米，宽 46.4 厘米，深 89.9 厘米，Munsey Fund, 1931 年，编号：24.72.1.–14.，大都会艺术博物馆提供）

商至西周祭坛套装青铜器

  大都会收藏有中国现代考古尚未开始之前唯一有出土地点记录的一套青铜器（图 16-4）。这也是目前出土铜禁和共存酒器均保存完整的唯一成套青铜器，是西周祭祀礼器。清光绪二十七年（1901），陕西凤翔府宝鸡戴家湾的村民们发现了这套 13 件青铜器，后来被当时最著名的收藏家端方买下来。端方去世后，家道逐渐中落。1924 年，其家族决定将这套青铜器卖掉。当时大都会博物馆正好聘请有名的中国通——加拿大教育家、文物专家、慈善家、社会活动家福开森（John Calvin

Ferguson，1866—1945）做中国的收购代理。在与日本人的竞争中，福开森最终将这套青铜器以约20万两白银的价格成功拿下。禁身为一长方形台座，台面上遗留有放置二卣一尊的痕迹。两侧的卣形制相近，居中的尊表面主体纹饰为兽面纹。这三件较大的酒器，都铸有铭文"鼎"字。另有斝、盉、觚、爵、角各一件，觯四件。还有一勺，据说出土时放在卣中。这套青铜器具有较高的学术和欣赏价值。

北魏金铜弥勒佛会坛像

大都会有两个中国佛教雕塑展厅，号称是中国以外最好的中国佛教雕塑收藏，确实名不虚传。大部分中国佛教造像是在20世纪20—50年代获得的，文物的来源主要是私人收藏者。在以早期佛教雕塑为主的赛克勒厅中，陈列着大大小小的石雕佛教造像，包括大量的凿自山西大同云冈石窟（图16-5）、河南洛阳龙门石窟、河北邯郸响堂山石窟、山西太原天龙山石窟的佛教雕刻，上自北魏，下迄唐代（图16-6）。在中国历代器物展厅和以晚期中国佛教雕塑为主的展厅中，还陈列着一些造像碑、金铜佛像，以及稀有的隋代（581—618）夹纻干漆佛坐像等。此外，该馆还收藏有大量的无纪年的从北魏至明代（1368—1644）的单体石造像、木雕像、金铜造像、泥塑像、造像碑、石雕佛塔等，都是研究中国佛教艺术史不可多得的实物资料。

大都会藏有一套1924年在河北定县出土的正光五年（524）金铜弥勒佛会像，以其制作精美闻名于世（图16-7）。根据铭文题记，该像于524年造于新市县（今河北正定）。它是一组在四足方坛之上及前部造的十三尊像，以体量较大的主尊立姿弥勒佛为中心，胁侍以四菩萨、四供养人、二力士、二狮子。主尊弥勒立佛有清瘦的面容，潇洒的身姿，再现了北魏晚期的立佛风尚。弥勒身后华丽的镂空大背光边缘有一周飞天，这种

图 16-5（左上） 大都会艺术博物馆早期中国佛教造像展厅中的两尊北魏交脚弥勒菩萨像（来自云冈石窟第 15 窟，编号：22.134、48.162.2，常青拍摄于 2020 年 2 月 3 日）

图 16-6（左下） 大都会艺术博物馆早期中国佛教造像展厅（赛克勒厅，常青拍摄于 2020 年 2 月 3 日）

图 16-7（右） 大都会艺术博物馆收藏的北魏正光五年（524）金铜弥勒佛会像（1924 年河北正定县出土，高 76.8 厘米，宽 40.6 厘米，厚 24.8 厘米，Rogers Fund, 1938 年，编号：38.158.1a-n，大都会艺术博物馆提供）

背光和飞天的组合也见于龙门石窟北魏晚期开凿的宾阳中洞主佛，但其特色是将飞天置于背光边缘。该弥勒佛立于覆莲台之上，莲台之下是一个四足方座，四足方座前面有两身思惟菩萨像。这组造像的特别之处在于其下更大的四足方坛承托着佛座和除两狮子以外的所有造像。这件制作精良的铜造像原来可能用于一个家庭佛龛之中，应属于某个官僚或富裕家庭。

龙门石窟《孝文帝礼佛图》浮雕

在赛克勒厅永久展出的还有一件当之无愧的国宝——凿自龙门石窟宾阳中洞的《孝文帝礼佛图》大型浮雕（图 16-8）。

图 16-8　大都会艺术博物馆收藏的凿自龙门石窟宾阳中洞的北魏《孝文帝礼佛图》大型浮雕（6世纪初，高 208.3 厘米，宽 393.7 厘米，Fletcher Fund, 1935 年，编号：35.146，大都会艺术博物馆提供）

在 20 世纪 30 年代初，前往中国收购文物的大都会艺术博物馆东方艺术策展人普爱伦（Alan Priest，1898—1969）访问了洛阳龙门石窟。在为数众多的佛雕之中，他唯独喜爱北魏宣武帝（499—515 年在位）为其父孝文帝（471—499 年在位）及其皇后造功德而开凿的宾阳中洞。在这所洞窟的前壁有大型浮雕《皇帝礼佛图》与《皇后礼佛图》，展示孝文帝与他的皇后在随从的簇拥之下礼佛的场面。普爱伦希望凿下《皇帝礼佛图》运到大都会艺术博物馆收藏与展出。但普爱伦靠一己之力显然无法完成这项工作。于是，在 1934 年，他前往北京，与琉璃厂的古玩商人岳彬（？—1954）签定了一个买卖合同，他愿付 1.4 万银元从岳彬手中买下此浮雕。但岳彬与他的公司也无法独自完成这项工作。岳彬便请洛阳的古玩商人马龙图帮助，他愿付马龙图 5 000 银元。接着，马龙图请龙门石窟对面偃师县杨沟村保甲长王梦林与土匪王东立、王毛、王魁帮助，付给他们 2 000 银元。王梦林等人便持枪胁迫同村石匠王光喜、王水、王惠成三人去宾阳中洞盗凿《皇帝礼佛图》与《皇后礼佛图》。当时

的龙门石窟不仅无人管理，窟前还是车水马龙的公路。三名石匠只能在夜间潜入洞中盗凿。他们先凿下众浮雕像的头部，再凿下众像的身子。王梦林仅付了三石匠很少的费用，这些被凿下的碎片就被运往了北京岳彬的公司。于是，普爱伦如愿地得到了《皇帝礼佛图》，其于1935年入藏大都会艺术博物馆。

元《药师经变》壁画

来自山西洪洞广胜下寺主殿的元代大型《药师经变》壁画（图16-9），也是永久地展出在赛克勒厅。这幅《药师经变》长约15.2米，20世纪30年代流往美国，后被美国著名中国艺术品收藏家赛克勒（Arthur M. Sackler，1913—1987）收藏。1964年，赛克勒以他母亲的名义将这幅大壁画捐献给了大都会。曾经担任大都会博物馆东方艺术部策展人的阿什温·利佩（Aschwin Lippe，1914—1988）于1965年发表了该壁画。他指出：大都会与堪萨斯城纳尔逊艺术博物馆收藏的类似大小的元代壁画，其长度基本符合广胜下寺主殿山墙（大约15米长）。而广胜下寺前殿山墙的长度只有10米。因此，大都会与纳尔逊的壁画应来自广胜下寺主殿。美籍华人学者景安宁认为大都会壁画

图16-9 大都会艺术博物馆收藏的元代《药师经变》壁画（约1319年，来自山西洪洞广胜下寺主殿，高751.8厘米，宽1511.3厘米，亚瑟·M.赛克勒赠，以纪念他的父母艾萨克·赛克勒（Isaac Sackler）和索菲·赛克勒（Sophie Sackler），1965年，编号：65.29.2，大都会艺术博物馆提供）

的原位置在后殿东壁。纳尔逊与大都会收藏的这两幅大壁画，绘制于 1309 年前后。

这幅大型壁画的主佛是药师佛，为东方净土世界中的七佛之一。在壁画上部两角处各有三身小坐佛，表现了这个组合中的另六位佛。壁画中的次要人物有主佛右侧的坐姿观音菩萨，主佛左侧的姿态相近的坐姿如意轮观音，各手执一宝珠。在画面中还有八身立菩萨像。两身立于主佛身后的菩萨可定为日光与月光，因为他们分别以手持日或月。根据唐僧玄奘（602—664）于 650 年、唐僧义净（635—713）于 707 年分别译的《药师琉璃光如来本愿功德经》记载，日光与月光在药师净土中居于众菩萨之首。站在主佛前两侧的二身菩萨分别为药王与药上，也是帮助药师行医的大菩萨。在三身主要坐像的两侧各有二身不知名的立菩萨。位于画面两侧的人物共同表现了药师佛的胁侍与护法：药叉十二大将，每侧六位。就现存作品来看，以十二神将作为胁侍的仅出现在《药师经变》之中，这也是确定该题材的主要依据之一。这幅壁画既反映了《药师经变》题材自隋唐以后在元代的延续，也体现了山西地区元代壁画制作的高超水平。

唐　韩干《照夜白》卷

大都会还有极其丰富的中国绘画与书法收藏，很多属于唐、宋、元、明、清及当代的名家之作，包括北宋书画家米芾（1052—1108）、北宋画家屈鼎、宋元之际的画家李衎（1245—1320）的作品。正是由于这批丰富的收藏，使大都会拥有美国最大的系列书画展厅，常年更新展出中国书画作品（图 16-10）。出于保存的原因，书画作品一般展出的时间不超过四个月。因此，与

图 16-10　大都会艺术博物馆的中国书画展厅之一（常青拍摄于 2020 年 2 月 3 日）

图 16-11 大都会艺术博物馆收藏的唐代韩干《照夜白》卷（约 750 年，纸本墨绘，画面高 30.8 厘米，宽 34 厘米，The Dillon Fund 赠，1977 年，编号：1977.78，大都会艺术博物馆提供）

常年变化不大的器物和雕塑作品展不同，书法展每年都要更新几次，使常去大都会参观的游客经常能看到新的作品。

唐代画家韩干（约 706—783）的《照夜白》便是大都会所藏名画中的佼佼者（图 16-11）。这幅画描绘的是唐玄宗李隆基（685—762）喜爱的坐骑"照夜白"的形象。它被系在木桩上，鬃毛飞起，昂首嘶鸣，四蹄腾起。此画不仅画出了马膘肥肌健的外形，也着力表现了它似欲挣脱缰索的雄骏风采。韩干用笔简练，线条纤细而有力，仅在四肢及头部多加晕染，同时也衬托出了马的立体感。画面的右上角题曰"韩干画照夜白"六字，系南唐后主李煜（937—978）题字。左侧上方有"彦远"二字，似为唐代著名美术史家张彦远（815—907）的题名。左下有北宋米芾的题名，并盖有"平生真赏"朱文印。照夜白是西域大宛向唐玄宗敬献的两匹宝马之一,不仅在唐朝的极盛时期曾经伴随唐玄宗游山玩水,还在"安史之乱"时陪他度过了一生中最为落魄的时光。韩干是玄宗朝的宫廷御用画师,擅长画马。这幅流传于世的珍品,再现着韩干的画技,成了后世画家画马的典范。

传五代董源《溪岸图》挂轴

董源(? —约962),字叔达,洪州钟陵(今江西省南昌市进贤县钟陵乡)人。他是五代绘画大师,南派山水画的开山鼻祖,与李成(919—967)、范宽并称"北宋三大家"。他曾担任南唐国(937—975)的北苑副使,因此又称"董北苑"。董源擅长山水画,多用水墨,着色轻淡,对描绘溪桥渔浦、洲渚掩映的江南景色尤为擅长。现存大都会艺术博物馆的《溪岸图》传为董源所作,是一幅绢本浅设色的江南山水画,与董源的技法与风格相似。它以近景、中景、远景的方式描绘江南溪岸、水边台榭、农家小院、水牛、行走的农夫等,有着写实与细腻的皴法(图16-12)。在图的上半部与下半部,又明显将主要山体位于画面的左侧,这与南宋宫廷画派流行的对角线式构图法相似。

根据画上的印章,《溪岸图》最初由南唐内府而入宋朝内府,后曾由南宋权相贾似道(1213—1275),元代著名画家赵孟頫,元代鉴藏家、画家柯九思(1290—1343)等收藏。明代

图16-12 大都会艺术博物馆收藏的传五代董源《溪岸图》轴(南唐,绢本着墨与色,画面长220.3厘米,宽109.2厘米,原王季迁藏品,Oscar L. Tang家族捐赠,纪念Douglas Dillon,2016年,编号:2016.750,大都会艺术博物馆提供)

初年，该画入藏洪武朝（1368—1398）内府，后去向不明。1938年，画家徐悲鸿（1895—1953）于桂林购得《溪岸图》。同年，画家张大千（1899—1983）向其借观该画，爱不释手，遂想据为己有。1944年，张大千托好友张目寒（1902—1980）将清代画家金农（1687—1763）的《风雨归舟图》赠予徐悲鸿，用来交换《溪岸图》。1949年，张大千将该画带到海外，藏在他的大风堂中。1968年，张大千将《溪岸图》转让给好友、纽约收藏家王己千。1997年，大都会艺术博物馆董事、美籍华裔金融家、慈善家唐骝千（1938—？）出资从王己千手中买下《溪岸图》等12件中国古代画作，并寄藏于大都会。2017年，唐骝千正式将此画捐赠给大都会。

然而，在1997年大都会收藏《溪岸图》后不久，美国的中国艺术史学家高居翰（James Cahill，1926—2014）提出此画并非董源的真迹，而是张大千的伪作，一时引起强烈反响。为此，大都会艺术博物馆于1999年12月专门举办了一场国际学术研讨会，对《溪岸图》的真伪问题做了专题研讨，会后出版了会议论文集《中国画的真伪问题》(Issues of Authenticity in Chinese Painting)。其中学者们的观点分为三种：董源的原作；张大千的伪作；可能不是董源作品但为一幅北宋绘画。时任大都会亚洲艺术部研究员的何慕文（Maxwell Hearn）则通过X射线等现代科技对《溪岸图》的材质等做了检测，证明《溪岸图》所用纸的纤维与近代纸不同，确为古纸。因此，该画为宋代作品应无疑问。但是否为五代董源的原作，还需要更多的证据。

元　赵孟頫赵雍赵麟《吴兴赵氏三世人马图》卷

马夫和马的主题与传说中的春秋时代（公元前770—前476）相马高手伯乐有关。在元朝初年，当蒙古统治者限制中国士大夫的聘用时，伯乐对良马的辨识能力，就成了招募贤能人才的隐喻。与此同时，政府官员也成了正确使用学术人才的象

征性称呼。大都会收藏的这件《人马图》实际上是由赵氏家族三代人相继绘成的。赵孟𫖯为政府派来的高级监察专员飞卿画了第一幅《人马图》，时间是元成宗元贞二年（1296）正月十日，即其辞官不久（图16-13）。那么，在这幅画中精心绘制的牵马人可能是他的自画像。到了元惠宗至正十九年（1359）八月，赵孟𫖯之子赵雍（1289—1369）见到了其父所画的第一幅《人马图》，"悲喜交集，不能去手"，也在旁绘了一幅《人马图》。同年十月，赵孟𫖯之孙、时任浙江等处行中书省检校官的赵麟，奉其父赵雍之命，也在旁绘了一幅《人马图》。由此形成了三世三幅《人马图》，成了艺坛佳话。

三幅《人马图》的笔法很相似，都在使用流畅的墨线勾勒的同时，用淡墨对轮廓线进行了晕染，使人物的衣着和马的肌肉具有一定的视觉立体感。可以看出艺术家纯熟的绘画技艺。

阿斯特庭院

1981年春，中美合建的以中国苏州网师园为模式的阿斯特庭院（Astor Court）在该馆的亚洲艺术展区竣工落成，是一座从

图16-13 大都会艺术博物馆收藏的元代赵孟𫖯赵雍赵麟《吴兴赵氏三世人马图》卷局部（赵孟𫖯画）[元贞二年（1296）、1359年，纸本着墨与色，画面宽30.2厘米，长178.1厘米，John M. Crawford Jr. 赠，1988年，编号：1988.135，大都会艺术博物馆提供]

图 16-14 大都会艺术博物馆仿苏州园林的阿斯特庭院（明代，17世纪，The Vincent Astor Foundation 赠，1981 年，常青拍摄于 2006 年 6 月 12 日）

壁中隐出的小亭子，和几个矗立着的太湖石，象征着中国古典园林的一角（图 16-14）。庭院的殿堂——"明轩"陈列着中国明代家具，再现了明代中国上流阶层的家居及其环境。

2001 年年初，我在美国华盛顿国家美术馆做高级访问学者时，第一次前往纽约参观了大都会艺术博物馆（图 16-1）。场馆的巨大，展品的丰富，游人如潮，都给我留下了深刻的印象。那时，我只简单地记录了在展厅里的中国佛教雕塑，因为短时间内是无法尽赏它的巨大收藏的。2005 年 7 月，我从堪萨斯大学博士毕业后，便前往大都会做博士后研究，为期一年，是一次十分难得的考察该馆中国收藏的机会。在 2005—2006 年，我住在曼哈顿岛中央公园的东北侧，每天上午步行 15 分钟前往大都会上班。在一年的时间里，我不仅全面记录了展厅和库房里的中国佛教雕塑作品，还每天下午抽一小时去看博物馆里的所有艺术展品，当然是从中国和亚洲部分开始的。就这样，我带着三角架和相机，边看边拍照，终于看完了馆内所有的亚洲、埃及、巴比伦、亚述（图 16-15）、远东和近东、古希腊和罗马、中世纪欧洲、拜占庭、伊斯兰、文艺复兴、欧洲绘画、非洲、大洋洲、美洲、素描、摄影、当代艺术等展厅，还有一些特展和位于天台上的临时展览，以及大都会的分馆隐修院。于是，我的电脑里便装着整个大都会艺术博物馆的精华了。以后，我还多次去大都会，如2010年和2020年，每次参观大都会，都是一直看到闭馆。那时最引人入胜的景象，便是博物馆正门外的台阶上坐满了看了一天展览而疲惫不堪的人们（图16-6），和在他们面前卖艺的街头表演，还有在馆前卖画和照片的艺术品小摊贩们。

美国是一个全民热爱艺术的国家，这是以他们的发达经济为基础的。民以食为天，解决了衣食住行的人们，自然会考虑以去博物馆欣赏艺术品为自己的一种精神享受。纽约是美国最大的城市，还是美国的文化与艺术中心，不仅吸引着世界各地的人们，也吸引着居住在美国其他地区的人们。大多数外地美国人前来纽约旅游观光时，都会考虑参观大都会艺术博物馆。如今，越来越多的中国人也已脱贫致富，他们在前往美国旅游时，也会选择纽约大都会作为一个重要项目。那里是美国最佳的参观中国流失海外的艺术品的场所，既可以欣赏中国历代艺术之美，也能够领略这些艺术品折射出的中国近百年的沧桑。

图16-15（上） 2006年6月10日本书作者在大都会艺术博物馆的古代亚述展厅留影

图16-16（下） 美国纽约大都会艺术博物馆（常青拍摄于2010年6月7日）

17

从华尔纳到赛克勒：哈佛大学的珍藏

位于马萨诸塞州剑桥市（Cambridge of Massachusetts）的哈佛大学，是美国最著名的大学之一。哈佛大学的收藏也是远近闻名，主要保存在它的两大类博物馆中：艺术博物馆和文化、自然历史博物馆。哈佛的艺术博物馆与英国牛津大学的阿什莫林艺术与考古博物馆（The Ashmolean Museum of Art and Archaeology）、英国剑桥大学的菲茨威廉博物馆（Fitzwilliam Museum），堪称世界上最有影响的大学艺术博物馆。

哈佛艺术博物馆（Harvard Art Museums）隶属于哈佛大学，由三座博物馆和四座研究中心组成，其中三座博物馆为：福格艺术博物馆（Fogg Art Museum，建立于1895年）、莱辛格博物馆（Busch-Reisinger Museum，建立于1903年）及赛克勒博物馆（Arthur M. Sackler Museum，建立于1985年）。四座研究中心为：萨第斯考古勘探研究中心（Archaeological Exploration of Sardis，成立于1958年）、现代艺术技术研究中心（Center for the Technical Study of Modern Art，成立于2002年）、哈佛艺术博物馆档案库（Harvard Art Museums Archives）及斯特劳斯保护技术研究中心（Straus Center for Conservation and Technical Studies，成立于1928年）。还有一个藏书15万余册的艺术参考书图书

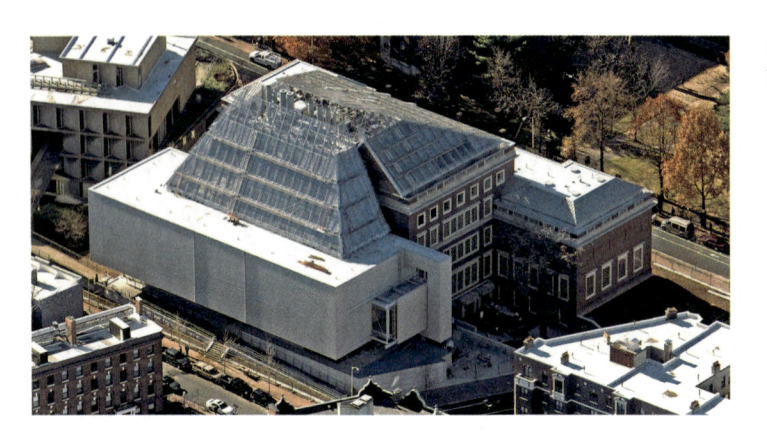

图 17-1 2014 年年底完工的哈佛艺术博物馆

馆，也闻名于美国教育界和学术界。这三座博物馆于 1983 年整合为一个机构，最初命名为哈佛大学艺术博物馆。在 2008 年时，将大学二字从机构名称中移除而成现在的名称：哈佛艺术博物馆。哈佛艺术博物馆改扩建项目在 2014 年年底完工（图 17-1）。扩建工程持续 6 年之久，耗资 3.5 亿美元，总面积 20.4 万平方英尺（约 1.9 万平方米），首次将三座博物馆聚集在一个屋檐下，并新建了带有文化艺术研究中心的展区，一个特展画廊和三个小型大学画廊。这座杰出的大学艺术博物馆的主要功能便是服务于哈佛大学的学生和教师，也吸引着很多前来参观的游客和带着研究课题而来的学者们。

福格的首创

哈佛的三座艺术博物馆都是以收藏者和捐赠者的名字命名的，其中福格是第一座。福格艺术博物馆是 1891 年用缅因州商人威廉·海斯·福格先生（William Hayes Fogg，1817—1884）（图 17-2）意外的遗赠筹建起来的博物馆，1896 年对公众开放。

福格是家里十个孩子中最小的一个，他从十四岁起便在一所乡村商店中当店员，开始了他的经商生涯。他经历过一次生

图 17-2 哈佛艺术博物馆藏威廉·海斯·福格（1817—1884）肖像［油画，美国画家伊士曼·约翰逊（Eastman Johnson，1824—1906）绘于 1887 年，高 155.6 厘米，宽 107.6 厘米，编号：1982.49，哈佛艺术博物馆提供］

270

意冒险失败之后，在30岁时，加入了他哥哥的经商行列，一同创办了波士顿福格兄弟公司（Fogg Brothers of Boston）。这是一家对华贸易的运输公司。在鸦片战争以后，1842年签署的《南京条约》的生效使中国开放了包括上海在内的五个通商口岸，英国对中国香港实行殖民统治。日本的德川幕府也于1853年对外开放贸易。这些对外开放的举措，使东亚的商业贸易初步呈现出繁荣景象，茶叶和丝绸作为东亚的主要商品深受西方人青睐。福格兄弟便利用这个难得的商机，成了中西贸易中的弄潮儿。在从事与中国的贸易五年之后，他们将其商业基地迁往纽约。威廉·福格的哥哥去世之后，他就任公司首脑，时年38岁。同时，他的公司也从原先的福格兄弟公司变成了以后闻名的中国日本贸易公司（China and Japan Trading Company），主要从事美国与中日之间的贸易。在以后的三十年间，福格的财富与日俱增，最终确立了他在纽约商圈的社会地位。

威廉·福格和他的妻子经常外出旅行。在他们旅行期间，就由他的侄子——来自缅因州南贝威克（South Berwick）的商人霍雷肖·纳尔逊·托姆布雷（Horatio Nelson Twombly，1831—1896）帮助管理公司。他们通过常年在亚洲的旅行，经营了一个相当大的亚洲艺术品收藏。同时他们也活跃在慈善界。当威廉·福格在1884年去世时，他的个人资产已超过了150万美元。除了纽约，他的公司在上海、横滨、大阪、伦敦、旧金山等地都建有分部。当他的妻子伊丽莎白·福格（Elizabeth Fogg）在1891年去世时，他们的资产捐赠给了美国很多家教育及慈善机构。哈佛大学接受了福格的东方艺术品收藏和20万美元，以便在校园里修建福格艺术博物馆（William H. Fogg Art Museum）。

最先建成的福格艺术博物馆，是一座意大利文艺复兴式的建筑，建于1893年，由美国著名建筑学家理查德·莫里斯·亨特（Richard Morris Hunt，1827—1895）设计。1925年，博物馆搬迁到了昆西街32号（32 Quincy Street），这是一座乔治亚式

（Georgian Revival style）风格的建筑（图17-3）。原先的文艺复兴式建筑则在1974年拆除，以便利用空间修建学生宿舍。

福格艺术博物馆主要收集的是中世纪及之后的西方绘画、雕刻、素描、印刷品和照片。它的藏品中有荷兰后印象派画家凡·高（Vincent Willem van Gogh，1853—1890）的自画像、法国早期印象派艺术品、美国乡村风景画，还有素描及装饰艺术等，都是不可多得的艺术珍品。这些收藏都可以用于美术史方面的教学与研究，使大学生直接接受人类文化艺术的教育，并且陶冶情操。与此同时，福格艺术博物馆还利用这些收藏培养了一批艺术博物馆的专业管理人才。

在哈佛，紧随福格之后修建的是布什·莱辛格艺术博物馆。该馆在1901年以"德国博物馆"为名建立，因为它的主要藏品是来自德语国家的艺术，包含素描、照片及印刷品，其中收藏有文艺复兴、巴洛克时期的艺术品，地区包括中欧、北欧等。该馆的藏品也是面向哈佛师生的教学、科研与学习。1911年，维纳·奥托新馆建成并开放，人们可以在此更好地欣赏艺术品。该馆在以后的收藏品中还加入了德国表现主义作品、维也纳直线艺术和1920年的构成派艺术作品。

第三座艺术博物馆是亚瑟·赛克勒博物馆，建于1985年（图17-4）。赛克勒是一位美国精神科医生、企业家和艺术品收藏家，特别是国际知名的亚洲艺术品收藏家，也是该馆藏品最大的捐赠人。该馆收藏有很多高质量的亚洲艺术品，也有来自别的私人收藏家的捐赠。主要收藏有古代亚洲、伊斯兰教和印度教的艺术品，如中国古代青铜器、玉器、陶瓷、古代绘画和

图17-3（上） 1925年开始使用的哈佛大学福格艺术博物馆

图17-4（下） 1985年建成的哈佛大学赛克勒博物馆

佛教雕刻等，还有来自朝鲜半岛的陶瓷、日本的浮世绘版画、印度的微型绘画、阿拉伯的书法、波斯的地毯、希腊和罗马的古青铜器与石雕等。

上述三所艺术博物馆在 21 世纪又进行了合并。2008 年，哈佛将福格位于昆西街 32 号的老馆关闭，开始了扩建整修工程。从 2008 年 9 月至 2013 年 1 月，位于剑桥百老汇 485 号的赛克勒博物馆接替了昆西街 32 号的福格老馆、莱辛格博物馆，再结合自身的藏品，来做对外展出工作。2014 年，昆西街 32 号的扩建与整修完成后，新的建筑物便将原来的三家博物馆整合在一起，成为一座先进的展馆设施，取名为"哈佛艺术博物馆"（图 17-1）。

华尔纳和哈佛的中国艺术品收藏

哈佛大学的中国艺术品收藏，还和一位著名的亚洲艺术史学家有着不解之缘，他就是兰登·华尔纳（Langdon Warner，1881—1955）（图 17-5）。华尔纳是近代美国著名的探险家、考古学者。1881 年出生于美国马萨诸塞州一个律师家庭，1899 年入哈佛大学学习，主修佛学和考古学。1903 年，华尔纳从哈佛大学毕业后，参加了一次到俄属中亚细亚地区的地质学和考古考察。1905 年重返母校哈佛大学进修考古学一年。1906 年留学日本，专攻佛教美术。1910 年在朝鲜和日本调查佛教美术。由于他在这方面的知识修养，1913 年在哈佛大学第一次开设了东方艺术课程，主要讲授中国和日本艺术史。同年，位于华盛顿的史密森尼学会资助他前往亚洲考察了

图 17-5　兰登·华尔纳（1908 年拍摄于日本）

一年多时间，后因第一次世界大战的爆发而中断。1916年他来到中国，为新成立的俄亥俄州克利夫兰艺术博物馆（Cleveland Museum of Art）收集中国文物。1923年回到哈佛，任教授与哈佛大学福格艺术博物馆（Fogg Art Museum）东方艺术的策展人，开始组织考古队远赴中国考察丝绸之路。

华尔纳也曾前往伦敦、巴黎、柏林、圣彼得堡等地参观过英国的斯坦因、法国的伯希和、德国的勒柯克（Albert von Le Coq，1860—1930）、俄国的科兹洛夫（Pyotr Kuzmich Kozlov，1863—1935）等著名探险家和考古学家在中国西北获得的文物，并与一些当时在西域美术方面著名的中国美术史专家和汉学家有过接触与交往，也读过他们的书，使他对中国的西北产生了浓厚的兴趣。再加上他的专业关系，以及他曾来中国北京商谈美国人在中国建立考古学校的事宜，这一切都促使他特别想到中国西北进行实地考察。1922年，福格艺术博物馆正在物色人物前往中国的西北从事古物搜集，华尔纳就成了最佳人选。

1923—1924年，华尔纳在中国做了第一次考察。1923年7月，华尔纳携同队员霍拉斯·杰恩（Horace Jayne，1898—1975）一行到达北京，找了一个叫王近仁的翻译，当时的直系军阀吴佩孚（1874—1939）为他们在中国的探险行动提供了极大的方便。考察团首先由北京到西安，然后才正式开始考察。第一个目的地是额济纳黑水城遗址。早在此前，俄国探险家、考古学家科兹洛夫已来过此地做了考古发掘，得到大量西夏至元代的珍贵文物，包括古写本、绘画和塑像等。因此，华尔纳在黑水城的考察收获不大。他于是前往敦煌，中途杰恩因为身体原因返回北京。

1924年1月，华尔纳到达敦煌莫高窟。他的原始目标可能是藏经洞内的古代写本与绘画。但那时的藏经洞已经空了，再没有什么文书可取了。于是，他就把目标转移到了那些窟内的塑像与壁画上。为了顺利进行工作，华尔纳给了当时看守莫高

图 17-6（上） 1924 年唐代蹲跪菩萨彩塑从敦煌莫高窟第 328 窟搬出（华尔纳拍摄于 1924 年）

图 17-7（下） 甘肃敦煌莫高窟唐代第 328 窟正壁龛

窟的王道士（王圆箓，1851—1931）一些礼物之后，王道士同意他揭取壁画。后来，华尔纳又以 70 两银子的价钱，从王道士处得到了唐代开凿的第 328 窟通高 120 厘米盛唐精美彩塑供养菩萨像一身，现存哈佛艺术博物馆（图 17-6）。第 328 窟正壁大龛内原有彩塑像九身，为结跏趺坐佛并二弟子、二坐菩萨、四蹲跪菩萨（图 17-7）。华尔纳搬走的是位于主佛右侧的一尊蹲跪式菩萨像（图 17-8）。这尊塑像仪态端庄，双手合十，呈虔敬地聆听佛法的姿态，是典型的唐代艺术风格。据敦煌文物研究所的统计，华尔纳用特制的胶布，用涂有黏着剂的胶布片敷于壁画表层，剥离莫高窟第 320、第 321、第 328、第 329、

美国

275

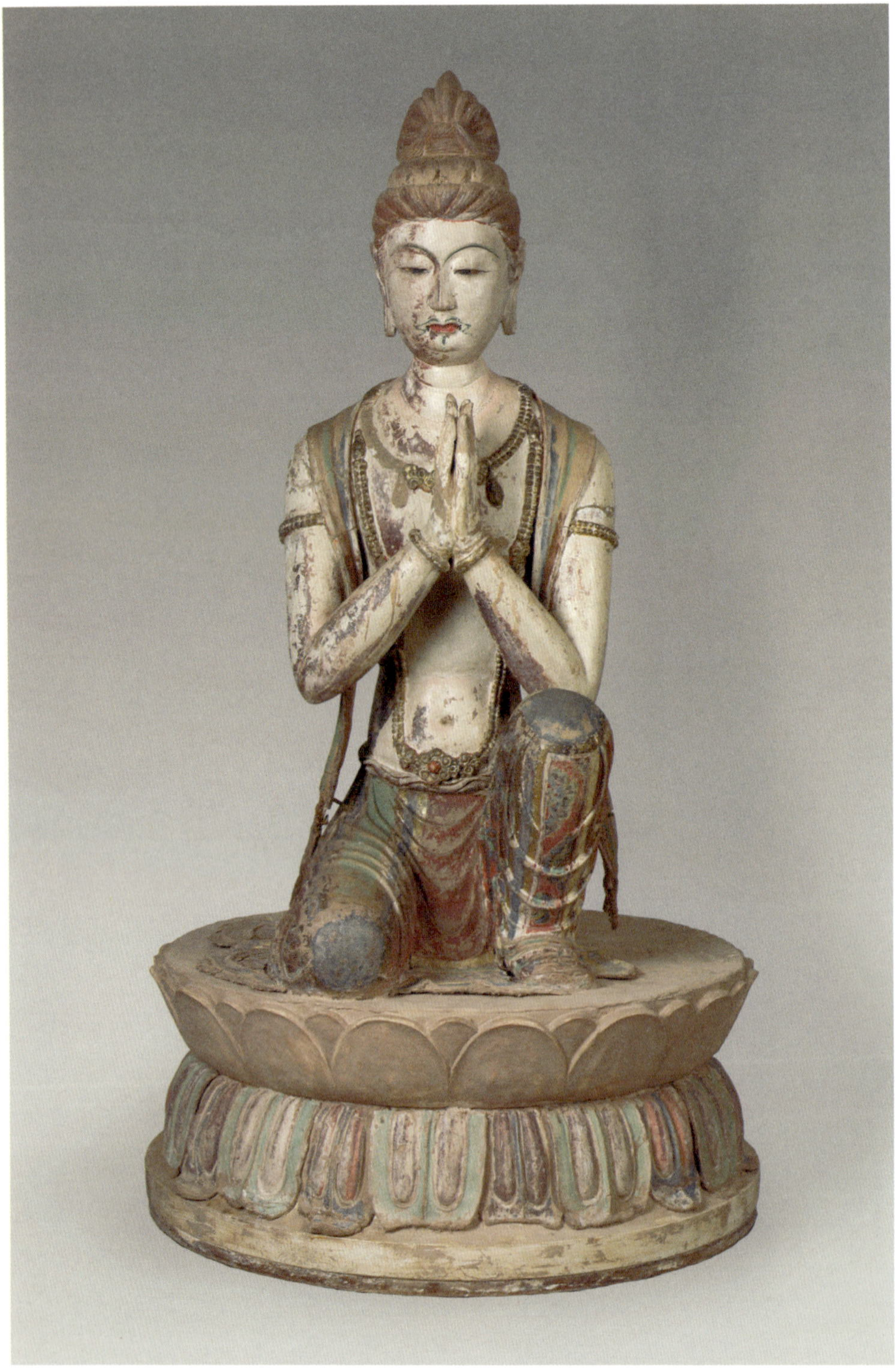

图 17-8（左页） 哈佛艺术博物馆藏来自敦煌莫高窟第 328 窟的唐代蹲跪彩塑菩萨像（7 世纪晚期，高 122 厘米，编号：1924.70，哈佛艺术博物馆提供）

图 17-9（下） 哈佛艺术博物馆藏来自敦煌莫高窟第 323 窟的唐代佛教史迹壁画《八人乘船运送一尊佛像》（约 7 世纪，高 50.8 厘米，宽 94 厘米，编号：1924.41，哈佛艺术博物馆提供）

第 331、第 335、第 372 等窟的唐代壁画精品壁画 26 方，共计 32 006 平方厘米。其中初唐画有汉武帝（前 141—前 87 年在位）遣博望侯张骞（前 195—前 114 年）出使西域迎金佛的故事画，有关民族历史与中国佛教史重要故事内容的壁画等。他在揭取壁画时采取的这种方式极其简单、原始、拙劣而粗暴，导致壁画受到摧残，今天走进一些洞窟仍感触目惊心。

在华尔纳获得的莫高窟壁画残片之中，有一幅来自莫高窟唐代开凿的第 323 窟的佛教史迹画，描绘八人乘船运送一尊佛像，包括僧侣、俗家弟子和两位划船者（图 17-9）。位于船中部的是一尊立佛像，着袒裸右肩式的大衣，站立在一座宝帐之中。宝帐的顶部装饰有火焰宝珠。唐僧道宣（596—667）在《集神州三宝感通录》卷中记述了这样一则故事："东晋成帝咸和（326—334）中，丹阳尹高悝往还帝阙，每见张侯桥浦有异光现。乃使吏寻之，获金像一，西域古制，光趺并缺。悝下车载像，至长干巷口，牛不复行。悝止御者，任牛所往。遂径趣长干寺，因安置之。扬都翕然观拜，悟者甚众。像于中宵必放金光岁余。临海县渔人张侯世于海上见铜莲花趺丹光游泛。乃驰

舟接取，具送上台。帝令试安悝足，恰然符合。久之，有西域五僧，振锡诣悝云：昔游天竺，得阿育王像，至邺遭乱，藏于河滨。王路既通，寻觅失所。近感梦云：吾出江东，为高悝所得，在阿育王寺。故远来相投，欲一礼拜。悝引至寺。五僧见像，歔欷涕泣，像为之放光，照于堂内，及绕僧形。僧云：本有圆光，今在远处，亦寻当至。五僧即住供养。至咸安元年，南海交州合浦采珠人董宗之每见海底有光浮于水上，寻之得佛光，以事上闻。简文帝敕施其像。孔穴悬同，光色无异。凡四十余年，东西祥感，光趺方具。此像花台有西域书，诸来者多不识，唯三藏法师求那跋摩曰：此古梵书也，是阿育王第四女所造。"这幅壁画也许表现的正是高悝在水中初得佛像之时，或是与之类似的僧俗从水中运送佛像的故事，因为画中表现的与这个故事并不完全吻合。

在敦煌，华尔纳还购得敦煌写本《妙法莲华经》残卷。当时由于气温寒冷，不利于胶水的使用，加上他也缺乏助手，便在剥取了壁画之后，于1924年4月返回兰州，经北京回国。

华尔纳结束中国之行回美国后，写成了《在中国漫长的古道上》一书。其中有这样一段自白式的描写：经过了五天由早到晚的工作，并五夜的内心惭愧——由于我们的粘剥，使得这些古代壁画与洞窟分离了。我们把一块块壁画夹放在平板之中，用毯子裹紧，再用皮条捆牢。它们将经过大车（马车）、火车、轮船先后十八个星期的运输，被送到哈佛大学福格艺术博物馆。

华尔纳在敦煌的经历与收获，使他在美国获取了很大的荣誉。于是他决定进行一次更大规模的考察活动，目的地仍是敦煌，主要是为了更多更好地揭取壁画和搬走彩塑。在他组建的第二次考察团成员中，有专门负责剥离壁画的，有负责壁画保存的，有搞测量、记录的，还有摄影师和随行医生……可以说，这是一个相当专业的考察团，主要针对的是莫高窟有西魏纪年的第285窟，他们准备将这个洞窟的全部内容搬到美国去。

华尔纳的第二次考察还有一个任务,就是在中国寻找一所与哈佛大学合作共同研究中国文化的学校。他选中了北京大学。北京大学的陈万里先生(1892—1969)作为中国专家随队西行。陈万里的随行表面上是为考察队释读汉文碑铭,实际上是为了阻止华尔纳搬移敦煌文物,这就给华尔纳的考察活动带来了极大不便。他们沿途所发生的事,陈万里都记在了他的个人日记《西行日记》中。

1925年2月16日,考察团离开北京,于5月19日到达敦煌。在和敦煌县政府接洽的过程中,华尔纳等被拒绝了考察莫高窟的要求,原因就是华尔纳第一次来敦煌时的破坏行为。当地百姓曾向王道士责问此事,使王道士很尴尬。经过一番磋商之后,敦煌县最后给考察团一系列限制与规定,使考察团成员不得住宿在千佛洞,参观千佛洞时要由当地派出的人监视,并且必须在当日返回县城,不准破坏壁画及其他一切文物。于是,华尔纳在这次考察中只购得一件敦煌写本《大般若经》,在敦煌活动了3天,便于5月23日离开了。之后,他们去了安西榆林窟,在那里拍了一些照片。1938年,华尔纳发表了研究榆林窟的成果——《佛教壁画:万佛峡一所九世纪石窟研究》。

1925年5月30日,全国各地爆发了"五卅运动",北京大学最终决定不与哈佛大学合作,并电令陈万里脱离考察团提前返校。哈佛大学也考虑到中国国内的形势,电报要求华尔纳一行结束活动回国。于是,华尔纳不得不中止考察活动,于同年8月返回哈佛大学。1927年,他被美国艺术与科学学院(American Academy of Arts and Sciences)聘请为访问学者(Fellow)。

华尔纳在中国的考古生涯因美国介入二战而中断。二战期间,华尔纳受雇于美国军方,成为"历史丰碑、艺术和档案部门"(Monuments, Fine Arts and Archives [MFAA] Section of the U.S. Army)的顾问。这个工作也给他带来了一定的声誉。在二战后期,当美军对日本实行战略性轰炸,特别是准备在日本使用原子弹时，由于华尔纳的建议，美国避开了京都、奈良这些拥有丰富历史遗迹和遗物的古代都市，有效地保护了日本的文化遗产，如奈良的法隆寺等，那也是全人类文化遗产的组成部分。当然，这种保护日本文化遗产的最初设想来自美国战争部长（U.S. Secretary of War）亨利·刘易斯·史汀生（Henry Lewis Stimson, 1867—1950），但他不是日本艺术史专家。因此，华尔纳的功劳是不容忽视的。但在中国，过去一直误认为那是著名古代建筑专家梁思成（1901—1972）的功劳。

华尔纳不认为他和其他西方人把中国文物搬离原地有什么不对。将他自己的艺术考察行为评价为英雄般的行为，认为他是在保护中国文物免遭破坏。他还为纽约大都会艺术博物馆策展人普爱伦从龙门石窟宾阳中洞搬移《孝文帝礼佛图》浮雕的行为辩护，说："如果我们因为购买那些被凿下的碎片曾经被批评，我们为了收集和拼合这些碎片所花费的爱心、劳力和美元应该让所有的批评闭嘴。中国人自己导致（这些文物流失）的所做所为远比任何人在这个国家所做的要大得多。值得注意的是，大部分的破坏都是根据买家提供的图像来满足西方收藏家的订单。"但这种观点显然很难令人信服。如今，有中国人要求哈佛博物馆归还华尔纳从敦煌获得的壁画残块。但博物馆认为：华尔纳提供的购买账单，证明他在敦煌获得的这些艺术品是合法的，不应该归还给中国。

中国古代艺术撷英

在哈佛艺术博物馆的一百多年历史之中，藏品汇集了几代人的慷慨捐助，绝大部分捐助者都是哈佛大学校友。哈佛艺术博物馆大约有 25 万件藏品，涵盖各种材质，时代跨越古典时期至现当代，分别来自欧洲、北美、北非、中东、南亚、东亚、东南亚等地。特别是亚洲艺术品收藏尤为出色，有来自韩国、日本的绘画和漆器，印度绘画等。哈佛艺术博物馆所藏的中国文物及艺术品也十分丰富，主要来自福格艺术博物馆于20世纪初的收购和捐赠，以及赛克勒捐赠的一些个人收藏。赛克勒在美国捐赠艺术博物馆时，往往是随同捐赠他自己的藏品，在他的博物馆中展出。哈佛的中国藏品包括为数众多的古代玉器、青铜器、瓷器、雕塑等，还有一些来自著名石窟的造像。

有几件藏品值得特别一提。温斯罗普（Grenville Lindall Winthrop，1864—1943）是来自纽约的律师和艺术品收藏家，他是马萨诸塞湾殖民地（Massachusetts Bay Colony，1628—1691）第一任总督约翰·温斯罗普（John Winthrop，1588—1649）的直系后裔。1943年在他去世前，将其所有艺术品收藏捐赠给了福格艺术博物馆。下面介绍几件温斯罗普收藏的精美中国古代艺术品。

商代提梁卣

在温斯罗普的藏品中，有一件精美的商代提梁卣（图17-10），购自位于纽约的日本著名古董商行——山中商会。

尽管没有同时代的记录解释商代青铜器上装饰的含义，但兽形图案的盛行以及青铜或玉制成的动物形状器皿的出现，清楚地表明了动物在商代工匠技艺中的重要性。商代的主要主题是动物面具，在后来的文献中被称为"饕餮"。实际上，商代青铜上更多的动物图像是夔龙纹，而经常用两个夔龙纹的侧面组成一个饕餮面具。在这件提梁卣的表面，这个神秘的夔龙图像反复出现，并且相互重叠，用了阴刻线与浮雕的形式密集地表现这种野兽。虽然我们无法识别它是何种野兽，但似乎是当时真实的和想象的动物的组合形式，有两只鲜明的眼睛、角、耳朵和尖牙。在商代晚期，动物形状的青铜器皿被更多地铸造，这可能是为了响应从中国南方引进的兽形青铜器。这件提梁卣酒器就是一个绝妙的例子：它巧妙地在器的前面融合了一只老

虎形象，而在后面的把手上融合了一只猫头鹰，在盖子上描绘了动物的头部，而容器上则描绘了它们的身体，还有四只兽形足。它是一件以多种抽象的表达方式来展示动物题材的作品。

图17-10 哈佛艺术博物馆藏商代提梁卣（前14—前11世纪，高17.2厘米，温斯罗普遗赠，1943年，编号：1943.52.102，哈佛艺术博物馆提供）

战国谷纹玉璧

温斯罗普还收藏了一件战国时期的玉璧（图17-11），是从纽约的中国古董商卢芹斋手中购买的。中国制作玉器的历史可以上溯到新石器时代晚期，如红山文化和良渚文化。玉器在商周时期比较兴盛，汉代以后逐渐式微。在周代，墓地中的玉器数量显著增加，多块玉器和珠子被缝制或串在一起，覆盖在死者的脸上和身体上。这种殉葬方式是基于玉器可以保护死者尸体不朽的说法。玉器的人物、动物造型日益写实，表面图案也更加复杂，装饰性更强。

在众多的玉器中，玉璧一直是最为流行的种类之一。璧是中国古代用于祭祀的玉质环状物，其半径是中部空半径的三倍左右。中国最早的一部训诂书、也是世界上现存最早的单语言词典《尔雅》中说："肉倍好，谓之璧，好倍肉，谓之瑗，肉好若一，谓之环。"这里的"肉"是指玉的边，"好"是指中部的孔。也就是说，圆形的璧要比它中部的圆孔直径起码要大一倍，但这只是理想的比例，而实际考古出土的玉璧很少合乎这

图17-11 哈佛艺术博物馆藏战国时期的谷纹玉璧（约公元前4世纪，直径20.6厘米、厚0.6厘米，温斯罗普遗赠，1943年，编号：1943.50.649，哈佛艺术博物馆提供）

一比例。

在玉器中，璧是用于祭天的礼器。《周礼·春官·大宗伯》记载："以玉作六器，以礼天地四方：以苍璧礼天，以黄琮礼地，以青圭礼东方，以赤璋礼南方，以白琥礼西方，以玄璜礼北方。"可知玉璧作为礼器在国家祭祀活动中的重要作用。此外，玉璧还可以作为权力的象征，用作平时的佩戴，和放置在死者身上用于殉葬。

玉璧的形状通常是圆形的，但也有出廓璧，即在圆形轮廓外雕有龙形或其他形状的钮。玉璧的纹路主要有蟠螭纹、蟠虺纹、勾云纹、谷纹、蒲纹、龙凤纹、兽纹等。谷纹是战国至汉代玉璧上一种常见的纹饰，形似谷粒，饱满凸出，如温斯罗普收藏的这件战国玉璧。制作时先以管钻钻出圆形外形，再打蒲格，后以小铊具修成谷粒形象。常见谷纹玉璧分为两种形式：一种谷粒轮廓以阴线勾勒，表面能清晰地看出那道旋转的阴刻线；另一种将表面阴线修饰掉，纯为谷粒旋涡状，谷粒自然饱满，制作难度更大，如哈佛的这件玉璧。这种器身满饰谷纹的玉璧被称为谷璧，是重要的礼仪用璧，也是持有者身份地位的象征，被称为"瑞玉"。如《周礼·大宗伯》上所说："以玉作六瑞，以等邦国。王执镇圭，公执桓圭，侯执信圭，伯执躬圭，子执谷璧，男执蒲璧。"蒲璧就是表面装饰着蒲纹的玉璧，也是战国、汉代常见的玉璧纹饰，为仿照人们日常所铺席子的纹饰而来的。很多谷纹是在蒲纹的基础上进一步加工而成的。

十六国金铜坐佛像

温斯罗普从山中商会处购得的一件十六国时期的金铜坐佛像十分有名，被很多学术论著引用（图17-12）。这尊鎏金青铜雕塑描绘了历史上的释迦牟尼佛结跏趺坐在长方形宝座上，两侧有一对小狮子和两个施主雕像。佛陀的双手施禅定印，这是一种冥想的姿势。从他肩膀上升出的八个三角形火焰，表现

图 17-12 哈佛艺术博物馆藏来自河北的十六国时期金铜坐佛像（约 4 世纪，高 32 厘米，宽 24 厘米，厚 13 厘米，温斯罗普遗赠，1943 年，编号：1943.53.80，哈佛艺术博物馆提供）

的是佛的神通。佛陀希腊式的面部特征、胡须、头发和袈裟反映了古代犍陀罗艺术的影响。犍陀罗是一个古地名，它的地域包括今天的巴基斯坦北部、阿富汗东部和印度西北部的部分地区。在那里 1—4 世纪建立的贵霜帝国对中国早期的佛教传播起着关键作用。在佛座的两侧各雕一只狮子，也是犍陀罗佛像的普遍做法。而佛座两侧身穿短袖衣、手拿莲花的供养人，也表现着中亚人的特点。事实上，这尊佛像是中国已知最早的标志性佛像之一，因为它忠实地表现着犍陀罗艺术风格，而不是中国人的样貌。同时，与大多数印度佛像不同，它是采用分模技术铸造的，这是前佛教中国青铜铸造的主导模式。佛像头顶的空腔可能表明该雕像体内曾经存放过文物。

天龙山石窟第 21 窟坐佛雕像

山西太原天龙山石窟在民国时期遭到严重毁坏，始做俑者便是日本的山中商会。温斯罗普收藏的一件细砂岩雕坐佛像（图 17-13），是唐代佛教雕塑中的杰作，就是山中商会从天龙山第 21 窟中凿下的，后卖给了温斯罗普。

这件浅灰色砂岩雕像带有多色痕迹，来自天龙山第 21 窟北壁。受到印度宗教习俗以及开窟造像的影响，中国佛教信徒从 5 世纪开始在中国北方的山崖间建造了许多精致的石窟寺。这

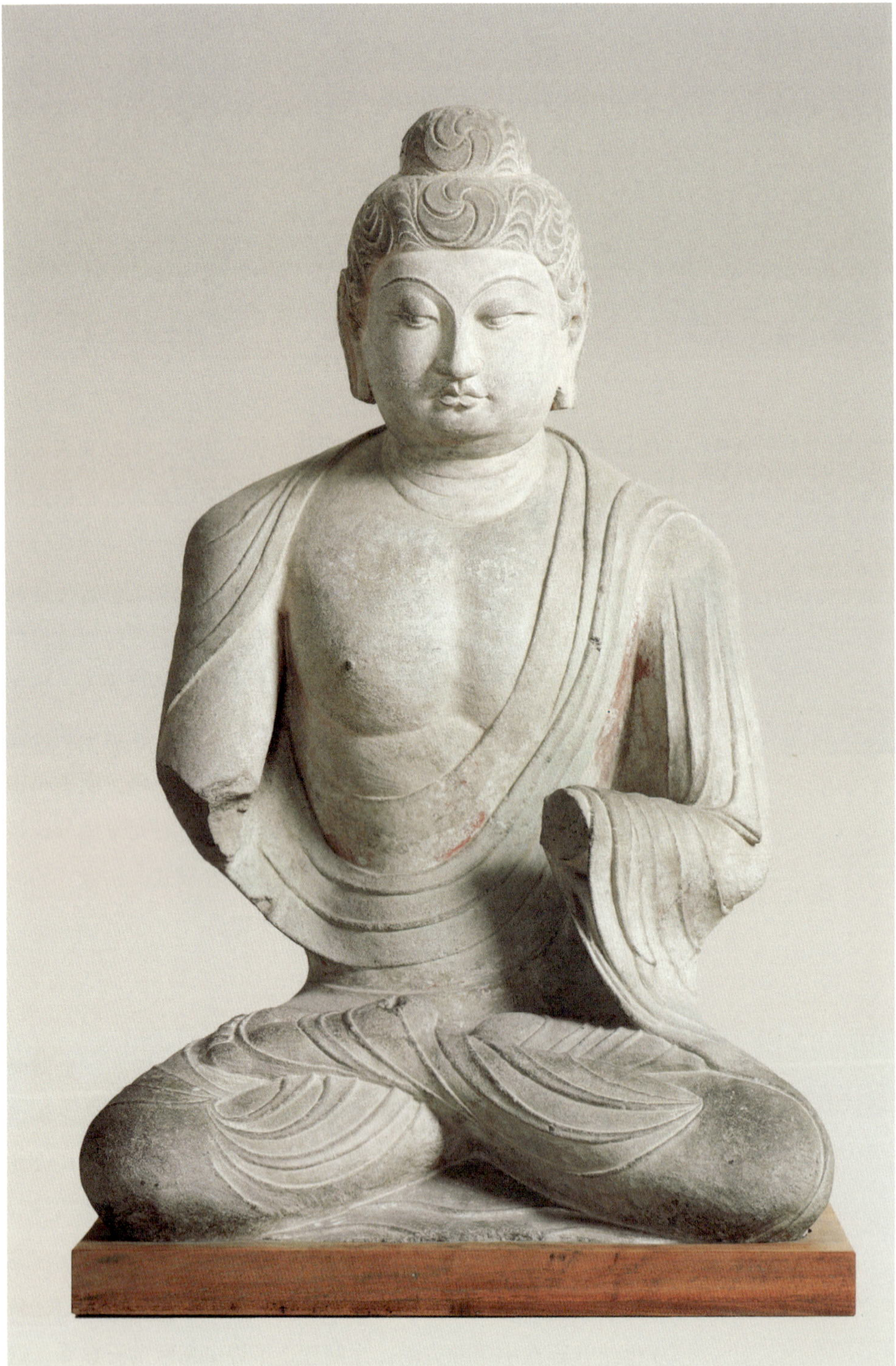

图 17-13（左页） 哈佛艺术博物馆藏来自山西太原天龙山第 21 窟的盛唐石雕坐佛像（8 世纪早期，高 109.5 厘米，宽 75 厘米，厚 47 厘米，温斯罗普遗赠，1943 年，编号：1943.53.22，哈佛艺术博物馆提供）

些洞窟或摩崖造像龛所依的山体有石灰岩或砂岩崖壁，作品体量的大小不一，从只有不足 2 平方米的小石窟（通常被僧侣用作私人冥想空间）到拥有纪念性雕塑的大型石窟寺院。窟内装饰有雕刻、壁画和彩塑等。通过赞助这些佛教艺术品，包括皇帝及其家人在内的社会各阶层展示了他们对佛教的虔诚信仰，以及为自己、为家人所寄托的美好愿望。

哈佛艺术博物馆收藏了来自温斯罗普的石雕大坐佛和五个浮雕，都是来自山西太原天龙山石窟。从 6—8 世纪，大约有 25 所石窟开凿在天龙山的崖壁上。窟内的正、左、右三壁一般都有浮雕像，而通常是在正壁雕一尊主佛像，两侧是菩萨等胁侍人物。在窟顶一般雕有飞天，表现吉祥的佛国天空。为了增加它们在昏暗洞穴光线下栩栩如生的可见度，这些浮雕像的身体表面原来都涂有颜色，在坐佛和其他雕像上发现的颜料痕迹就证明了这一点。而这件坐佛所表现的写实而矫健有力的体魄，正是盛唐佛教雕像的典型时代风尚，体现着大唐国运的强盛和对外来文化的兼收并蓄。

清　八大山人《明月与西瓜》图

哈佛艺术博物馆还收藏有很多中国书画。如清代朱耷（八大山人，1626—1705）绘的《明月与西瓜》图轴（图 17-14），绘于清康熙二十八年（1689）。八大山人，原名朱统𨨂，别名朱耷，法名传綮，字刃庵，号八大山人等，江西新建人，祖籍直隶凤阳（今安徽），明朝宗室，是明太祖朱元璋（1328—1398）第十七子——宁献王朱权（1378—1448）的八世孙，著名书画家，与石涛、髡残（1612—约 1692）、弘仁（1610—1663 或 1664）并称为清初"四僧"。明朝灭亡后，面对国毁家亡，他心情悲愤，剃发为僧，在佛教寺院避难。出世的佛教生活给了他极大的创作自由，使他得以追求佛法、诗词、书画相伴的平静生活。他直到去世都忠于明朝，拒绝侍奉甚至不承认清朝的统治。妻子去世后,他自号八大山人,在画作上署名时,常把"八大"和"山人"竖着连写,似"哭"字又似"笑"字,表达"哭笑不得"之意。他的作品对中国绘画历史进程的彻底改变比任何其他艺术家几乎都大。但对绘画题材或内容的动机,他从不言明,我们也无法确切了解。也许可以从他的身世来推想其画中的隐喻。

在这幅画中,从他题写的诗句,我们可以得知他的想法:"昭光饼子,一面月圆,西瓜上时个个甜。月饼子驴年派熟为期。己巳闰之八月十五夜,信思所得。八大山人"。瓜熟月圆,都是大家希望的。但饼子却像月亮一样,如梦如幻,遥不可及。指望饼子成熟,那只是痴人说梦,因为世上没有驴年,怎么都不会等到。大有作者借圆月、月饼表现对恢复大明王朝的希望破灭,以及对清朝统治不满的情绪,用成熟的甜西瓜来表达对明朝的向往。14世纪朱元璋所领导的起义推翻了元朝(1271—1368),当时的起义者就是携带月饼作为他们政治忠诚的可识别标志。尽管早先的起义成功了,但朱耷似乎暗示任何当时反对清朝的起义都没有成功的希望。最近的研究表明,瓜显然也是对前朝忠诚的象征,由于其种子较多,瓜也是皇家血统的体现。

该画是由厄尔·摩士(Earl Morse)在1964年捐赠给哈佛

图 17-14　哈佛艺术博物馆藏清代朱耷绘《明月与西瓜》图(康熙二十八年,1689年,纸本着墨,高73.6厘米,宽45.1厘米,厄尔·摩尔赠,1930年,编号:1964.94)

大学的。厄尔·摩士是美国食品工业的管理者，也是艺术品收藏家和前任美国希伯来教会协会（Union of American Hebrew Congregations）的主席。经过长年的经营，他建立了一个自己的中国艺术品收藏，以绘画和雕塑为主。其部分藏品曾在纽约大都会艺术博物馆展出。1930年，厄尔·摩士毕业于哈佛大学法学院，捐赠其艺术品收藏给母校，是他回报母校的方式。

这些中国古代艺术品，为在哈佛大学培养中国艺术史人才，普及中国美术史的教育，惠及世界各地专家学者们的研究，都做出了积极的贡献。同时，这些中国藏品，也在创造哈佛大学的博物馆文化方面具有重大意义。

2001年4月间，我在美国华盛顿国家美术馆做高级访问学者时来到哈佛大学，主要参观赛克勒博物馆，因为那时哈佛艺术博物馆的亚洲文物全部收藏、展出在赛克勒博物馆。在这里，我不仅记录了所有在展厅中展出的中国佛教造像，还在馆长与策展人的帮助下记录了收藏在库房里的所有中国佛教雕塑。此外，我还参观了哈佛大学校园（图17-15）、福格艺术博物馆，在哈佛—燕京学社（Harvard-Yenching Institute）给当地的中国留学生做了一场关于中国佛教艺术的讲座。当时的福格艺术博物馆里已经没有亚洲艺术品了，我只看到了西方艺术品。那时的福格艺术博物馆给我的印象是陈旧与阴暗，与赛克勒博物馆的崭新与明亮形成了鲜明的对比。如今的哈佛艺术博物馆已焕然一新，是旧的传统建筑与新风格屋顶与后翼的结合（图17-1），机构也更加完备，必然会更好地服务于大学教育和展示亚洲与中华文化。

图17-15 2001年4月28日本书作者在哈佛大学的创建者哈佛雕像前留影

18

宾夕法尼亚大学考古与人类学博物馆

宾夕法尼亚大学考古学与人类学博物馆（The University of Pennsylvania Museum of Archaeology and Anthropology）坐落在美国费城宾夕法尼亚大学校园内，成立于1887年，是美国很有名气的博物馆之一，藏品丰富多彩，跨越各个时代（图18-1）。在馆藏约100万件的文物中，其古代两河流域美索不达米亚文明的艺术品在西方博物馆界享有盛誉。此外，博物馆还拥有古代埃及、希腊、罗马的大量出土文物，还有来自亚洲、非洲、美洲、地中海、近东、大洋洲等地的文物，其中以来自这

图 18-1 宾夕法尼亚大学考古学与人类学博物馆（常青拍摄于2006年5月18日）

些地区的考古发掘品独具特色。在这些藏品中,有来自全世界的 300 多次考古学和人类学的调查和发掘所得,主要是在医学教授威廉·佩伯(William Pepper,1843—1898)担任宾大教务长期间进行的。它是全美规模最大的大学博物馆之一,也是世界上大型考古学与人类学博物馆之一,以及美国收藏中国文物的中心之一。

藏品的积累

1887 年,佩伯教务长说服宾大董事会建造一座古朴的防火建筑,以收藏、展出日后从今伊拉克等地的古代遗址做考古探险得来的文物和艺术品。在 19 世纪末至 20 世纪初,许多北美和欧洲博物馆都组织了在地中海周边国家和近东地区的考古发掘,并与东道主国分享发掘品。宾大也是这个考古热浪中的一员,获得了许多文物和艺术品,成为馆藏的主体。因此,宾大博物馆的大部分藏品都有明确的考古发掘来源,在考古与人类学领域具有很大的研究价值。

在一百多年的时间里,宾大博物馆在对今天伊拉克境内的考古发掘中陆续积累了一大笔收藏,是关于古代巴比伦、奥斯曼帝国的巴格达(the Ottoman Empire's Baghdad)、巴士拉(Basra)和摩苏尔省(Mosul)考古研究的重要实物资料,包括近 3.9 万块泥板和一些珍贵的铭文文物。因为当时伊拉克文物法准许当地出土的文物由伊拉克博物馆和发掘者分享,宾大博物馆就得到了出土文物和艺术品的近四分之一。他们的考古发掘还拓展到了阿拉伯半岛上的土耳其(Turkish Arabia)。这也是美国在整个中东地区开展的第一个考古项目。20 世纪 60 年代以后,宾大博物馆将中东考古的重点转向伊拉克以外,主要集中在伊朗、叙利亚和约旦。这些地方的考古成果给重新审视、理解美索不达米亚文明提供了更广阔的视野,也极大地丰富了博物馆的收藏、展览与研究。此外，馆内的埃及收藏也被认为是世界上最好的埃及收藏之一，有大量的雕像、木乃伊和浮雕等，包括重 13 吨的古埃及第十九王朝法老拉美西斯二世（Ramses Ⅱ，约公元前 1279 年—前 1237 年在位）的花岗岩狮身人面像。

馆内的中国艺术展厅最为醒目，建成于 1916 年年初。这是一座砖结构、圆形穹顶、无柱、高和直径约 110 米的建筑，自然光线从穹顶下的一周天窗中落下，映照厅内展出的巨幅壁画、石雕造像、三彩陶俑等各类文物与艺术品（图 18-2）。此外，还有来自河北邯郸响堂山石窟的北齐佛与菩萨雕像（图 18-3），一尊来自河北易县的辽代三彩罗汉坐像（18-4），来自山西平定的辽代银面具（图 18-5），魏晋南北朝时期墓葬神道两侧的石雕狮和麒麟等，以及其他雕塑品，包括佛教造像碑和单体金铜造像等，使这座西洋风格的大厅散发着中国文化的魅力。这座圆形展厅里的文物虽然不多，但大多数是经过卢芹斋等著名古董商之手获得的，属于高质量的展品。最吸引中国人注意的是唐太宗（599—649）昭陵六骏的两骏——"飒露紫"和"拳毛䯄"。其余四骏现收藏在西安碑林博物馆。在这个中国展厅中，最为醒目的是两幅巨大的彩绘壁画，来自山西洪洞广胜下寺的前殿，题材分别是《药师经变》和《炽盛光佛经变》。它们与现藏纽约大都会艺术博物馆的元代壁画《药师经变》、堪萨斯城纳尔逊艺术博物馆收藏的元代壁画《炽盛光佛经变》来自同一寺院的不同大殿。

图 18-2 宾大博物馆中国艺术展厅（常青拍摄于 2006 年 5 月 18 日）

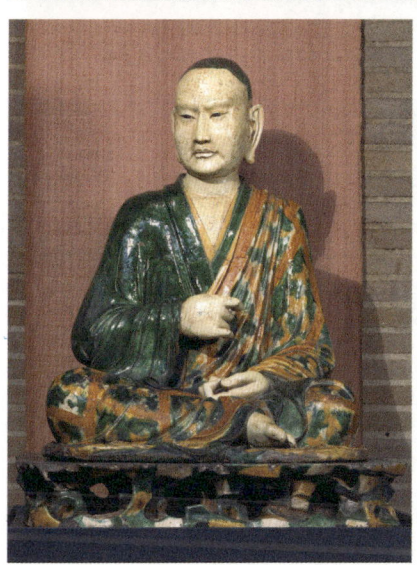

图18-3(上) 宾大博物馆藏河北邯郸北响堂山石窟北齐菩萨头像(高84厘米,宽35.5厘米,厚37厘米,编号:C354,1918年购自卢芹斋,宾大博物馆提供)

图18-4(下左) 宾大博物馆藏来自河北易县的辽代三彩罗汉像(10—13世纪,高94厘米,宽94厘米,厚17厘米,1916年卢芹斋捐赠,编号:C66B,宾大博物馆提供)

图18-5(下右) 宾大博物馆藏来自山西平定的辽代银面具(1944年购自马赛厄斯·科莫,编号:44-16-1A,宾大博物馆提供)

唐太宗的昭陵二骏

昭陵是唐太宗李世民和文德皇后长孙氏（601—636）的合葬墓，位于今陕西省醴泉县。昭陵的建设是从唐贞观十年（636）长孙氏首葬到开元二十九年（741），持续了105年之久。"昭陵六骏"是指原位于昭陵北面祭坛东西两侧的六件青石骏马浮雕，每块石刻宽约2米，高约1.7米。这六件骏马浮雕，表现的是李世民在唐朝建立前的征战中先后骑过的六匹战马，分别名为"拳毛䯂""什伐赤""白蹄乌""特勒骠""青骓""飒露紫"。为纪念这六匹战马，李世民令工艺家阎立德（596—656）和画家阎立本（阎立德之弟，约601—673）用浮雕描绘六匹战马，列置于陵前，永远陪伴他的左右（图18-6）。"昭陵六骏"造型优美，雕刻技艺精湛，是中国古代石刻艺术中的珍品。不幸的是，六骏中的"飒露紫""拳毛䯂"于1914年

图18-6 陕西醴泉县唐太宗昭陵"飒露紫"（1907年拍摄，采自沙畹《北支那考古图谱》no.440）

图18-7 宾大博物馆藏唐太宗昭陵"拳毛䯄"（649年，高166.4厘米，宽207厘米，厚44.4厘米，1920年购自卢芹斋，编号：C396，宾大博物馆提供）

被人打碎装箱，由古董商卢芹斋卖到美国，现陈列于宾大博物馆（图18-7）。当时，其余四骏也被打碎装箱，但在盗运时被截获，现陈列在西安碑林博物馆。

"飒露紫"是李世民东征洛阳、铲平王世充（？—621）势力时的坐骑，列于陵园祭坛西侧首位，前胸中一箭。它是六骏之中唯一在旁边伴人像的。据后晋刘昫（887—946）等撰《旧唐书》卷五十九《丘行恭传》记载，唐武德三年（620），李世民与王世充在洛阳邙山的一次交战中，为了探清对方实力，他自己跨上"飒露紫"，只带了数十名骑兵，猛冲敌阵，和随从将士失散，只有将军丘行恭（586—665）一人紧随其后。围追堵截的王世充骑兵一箭射中"飒露紫"，丘行恭急转马头，向敌兵连射几箭，并翻身下马，把自己的坐骑让给李世民，他一手牵着受伤的"飒露紫"，一手持刀和李世民一起突围。回到营地后，丘行恭为"飒露紫"拔出胸前的箭，"飒露紫"就倒下了。

李世民为了表彰丘行恭拼死护驾的战功，特命将丘行恭给他的坐骑拔箭的情形刻于石屏上。李世民为其题赞文曰："紫燕超跃，骨腾神骏；气詟三川，威凌八阵。" 根据这个赞语，我们可以想象这匹坐骑像一只轻健飞行的纯紫色燕子。"飒露"一词来源于突厥语,对应汉译为"沙钵略""始波罗"。根据《通典》卷197、《隋书》纪传等文献以及突厥碑铭,"沙钵略"和"始波罗"常被突厥人用作领袖的荣誉性称号,将其"勇健者"称为"沙钵略"和"始波罗",是突厥汗国的高级官号之一。用这种称号来称呼唐太宗的坐骑,表达了这匹马征战疆场的丰功伟绩。所以,"飒露紫"的含义应是"勇健者的紫色骏马"。

"拳毛䯄"是一匹毛作旋转状的黑嘴黄马,为李世民平定刘黑闼(?—623)时所乘。刘黑闼本来是隋末瓦岗寨李密(582—619)的裨将,窦建德(573—621)失败后,他占据了夏国的旧州县,并勾结突厥人,自称汉东王,后来也被李世民击溃。622年,李世民率领唐军与刘黑闼在今河北曲周一带作战。刘军主力渡河时,唐军从上游决坝,趁机掩杀,夺得胜利。石刻上的"拳毛䯄"身中九箭,说明这场战斗之激烈。此马矫健善走,蹄大快程。唐太宗为这匹马题赞曰:"月精按辔,天驷横行;孤矢载戢,氛埃廓清"。"拳毛"音源于突厥文,汉文在《北史》中称为"权于麾国"。所以,"拳毛"的标准译名应源于"权于麾",它可能是从"权于麾国"来的大良马。

二骏流入宾大博物馆,与古董商卢芹斋有关(图18-8)。根据卢芹斋的"卢吴公司"档案,他们在1913年就开始在北京策划盗卖昭陵六骏石刻了。根据已有的证据,早在1912年,几个外国古董商就在策划偷盗六骏。1913年5月,这些外国古董商将六骏盗运出昭陵,在途中遭到当地农民的拦截,残石被没收,运到了省城西安。听到有人要价1万两(银)出售六骏残石,卢芹斋立即派人前往西安,打听六骏的下落。与卢芹斋公司有关系的人到西安后,发现放置石骏的地方是长安旧督署(俗称南院)。因为石雕分量过重,有人就叫石匠将每块打成几截,然后偷运。但最后,卢芹斋只购到了二骏。

卢芹斋声称他的昭陵二骏是由当时中国的最高领导人袁世

图18-8 卢芹斋(1880—1957)

凯（1859—1916）同意出售给他的，时间是在 1915 年。他这样做，是为了向世人声明他是通过合法渠道购买的。可事实并非如此。很可能是袁世凯的部下陆建章（1862—1918）受袁世凯的次子袁克文（1890—1931）的委托，伙同古玩家赵鹤舫（1881—1936）庇护盗运二骏至北京，然后落入卢芹斋之手。陆建章原在袁世凯手下任军政执法处总长，1914 年春，河南农民军领袖白朗（1873—1914）的起义军兵临西安，袁世凯急令陆建章率北洋第七师进驻西安，陕西便成了陆建章的天下，直至 1916 年 5 月 25 日他离陕回京。因此，在此期间二骏应该控制在陆建章的手中。

早在 1914 年 12 月，卢芹斋抵达纽约，在纽约结识了宾大博物馆馆长乔治·高登博士（George Byron Gordon，1870—1927）。当时宾大博物馆正在筹备陈列于圆形大厅的中国艺术大展，苦于缺少中国一流文物精品。卢芹斋的到来无疑雪中送炭，他十分爽快地同意出借瓷器、雕刻品及绘画等在圆形大厅展出。卢芹斋还向高登推荐手中的来自响堂山石窟的北齐石雕像，高登一见十分喜欢，表示愿意购买三尊。以后，高、卢二人达成了一种默契：以后凡遇石雕，卢芹斋大都先让高登过目挑选。

有了这种合作的基础，卢芹斋就很自然地把昭陵二骏首先介绍给了宾大。1918 年 3 月 9 日，高登首次在纽约看到了已经运抵美国的"二骏"石刻，非常兴奋，并致信卢芹斋表示愿意购买。而后他立即报告博物馆董事会，请求筹集卢芹斋的索价 15 万美元，并将两件石刻从纽约运抵宾夕法尼亚大学免费展出。直到 1920 年年底，著名商人、工程师、慈善家埃利基·约翰逊（Eldridge R. Johnson，1867—1945）给宾大博物馆捐款 15 万美元，宾大又与卢芹斋讨价还价，最后以 12.5 万美元成交。宾大博物馆于 1921 年 1 月 7 日支付完了向卢芹斋购买二骏的全部款项（图 18-9）。

至于"昭陵六骏"是一起被盗，还是分批遭遇厄运，已不得而知。但有一点是肯定的，由于体量太大，难以运输，"六

图 18-9 宾大博物馆中国艺术展厅中的昭陵二骏（宾大博物馆提供）

骏"都遭到了肢解，被分割成大小不同的碎块装箱运往西安的。"飒露紫"和"拳毛䯄"大约在 1916—1917 年被偷运至美国。其他"四骏"被放置在西安图书馆，1950 年以后保存在西安碑林博物馆。

广胜下寺的两幅经变壁画

来自山西洪洞县广胜下寺两幅被宾大博物馆收藏的壁画，构图严谨，均以一位主佛为中心，胁侍以两坐菩萨与众多的侍从人物，反映了山西地区元明时期的佛教壁画风格，以及唐代以来佛教经变画的传统。这两幅壁画分别是《药师经变》（编号 C688）（图 18-10）与《炽盛光佛经变》（图 18-11）（编号 C492-495、C692）。其中，《药师经变》原位置在前殿东壁，《炽盛光佛经变》原位置在前殿西壁。

这两幅壁画进入宾大博物馆也和卢芹斋有关。在民国年间，广胜下寺年久失修，颓败不堪，寺内僧人的衣食都没有了着落。根据 1929 年《重修广胜下寺佛庙记》碑的记载，在 1928 年，有远道而来的客人登门求购广胜下寺壁画，僧人贞达与乡绅商议后，认为这是募款修庙难得的机会。经过谈判，广胜下寺以 1 600 银洋的价格卖掉壁画，寺庙随后得到重修。被卖掉

图 18-10（上） 宾大博物馆藏山西洪洞县广胜下寺前殿东壁明代壁画《药师经变》（约1476年，高533厘米、宽880厘米，1927年购自卢芹斋，编号：C688，宾大博物馆提供）

图 18-11（下） 宾大博物馆藏山西洪洞县广胜下寺前殿西壁明代壁画《炽盛光佛经变》（约1476年，高541厘米，1927年购自卢芹斋，编号：C492-495、C692，宾大博物馆提供）

的共有四幅大壁画，前殿与后殿各两幅，购买这些壁画的人就是卢芹斋。之后，卢芹斋连续两年与宾大博物馆馆长等人通信，在1929年，前殿的两幅明代壁画便入藏宾大博物馆。1932年，后殿元代壁画《炽盛光佛经变》入藏纳尔逊艺术博物馆。1954年，美国收藏家赛克勒（1913—1987）从卢芹斋在纽约的分店买下了后殿的元代壁画《药师经变》，后来在1964年以他父母的名义将其捐献给大都会艺术博物馆。1965年，大都会将这幅大壁画与一些中国早期佛教造像陈列在新落成的赛克勒厅。此外，宾大博物馆所藏《药师经变》图右侧缺少四位神将，这一部分壁画的三块残片藏于法国巴黎吉美博物馆。后殿东山墙左

上角还有一小部分壁画未被揭走。

也许是为了掩人耳目，卢芹斋在出售壁画时，谎称这些壁画来自河南省清化镇的相传建于唐代的月山寺。后来才被美国学者赴广胜寺调查时证实它们的真正来源。现存广胜下寺前殿前檐下的明成化十二年（1476年）《重修前佛殿落成记》碑也证明了明代重建前殿的史实。因此，宾大的二幅前殿壁画应绘于明代，即在1475年前后。

宾大《药师经变》的题材在早年也曾有过许多不同意见。学者们曾经将其主佛判为释迦，不是炽盛光佛、阿弥陀佛、药师佛。如今，"药师说"似已为学术界所接受。将其断为药师佛的主要依据是主佛被坐姿的日光与月光菩萨所胁侍，并在画面左侧有六身人物，在画面右侧有两全两残的人物，而原来也应该绘有六身人物，共同组成了药叉十二大将题材。这十二大将的身份可以从他们的手持物来考察。根据有关药师经典记载，这十二身大将与药师佛的十二大愿有关，也可与中国传统的十二宫、十二时、十二个月相对应。十二个天象理念还常以十二生肖来象征。药叉十二大将有时也将这些动物表现在他们的战袍或头发上。尽管这幅壁画在从寺院运至博物馆时被切割成块而毁坏多处，但动物的形象仍可在药叉们的战袍或头发中见到。

宾大的另一幅壁画是《炽盛光佛经变》。判定这个题材的主要依据是主佛右侧坐菩萨手中所持经书上的题记："佛说大威德金轮佛顶炽盛光如来消灾吉祥经"。另外，主佛左手所持的金轮以及现存于壁画中的九曜中的七曜形象也是一个证明。水星与金星站在主佛身后两侧。水星的冠上有圆形装饰，中有一钱，其左手持一卷轴。金星的冠上有一鸟，并持一琵琶。木星位于画面的右侧，手托一大盘，盘中有三桃子。罗睺与计都为二身绿面人物，位于木星之后。日、月神位于画面两侧的前部突出位置。月神位于左侧，其身后一侍者怀抱一兔，更加证实了他的身份。火星可能原来位于月神侍者的左侧，现仅存一残剑，也许原为其所有，因为剑是火星的标志物。现在画面左侧明显与右侧的五身人物不对称。笔者以为：该壁画原题材应为炽盛光佛与十一曜，与纳尔逊艺术博物馆收藏的广胜下寺后殿元代绘制的《炽盛光佛经变》壁画相似。左侧缺损部分原应绘有土星、紫炁、月孛（或其中的一曜绘于右侧），使左右两侧基本对称。

但是，学者们对宾大《炽盛光佛经变》中的两身胁侍坐菩萨的身份判断却不确定。有人认为主佛右侧的执经册坐菩萨头顶有一小阿弥陀佛，应为观音；主佛左侧的坐菩萨应为弥勒。壁画主要三身像是释迦、观音、弥勒的组合。有人则相信两身坐菩萨分别是文殊（主佛之左）与普贤（主佛之右），尽管任何一位都没有明确的标志物。还有人认为两坐菩萨为观音与如意轮，或是日光与月光。

2006年5月18日，我在纽约大都会艺术博物馆做博士后研究时，参观访问了宾州大学和这座著名的博物馆。这是一座典型的考古博物馆，来自埃及、罗马、墨西哥、加拿大等地的考古发掘品密集地陈列在馆内，还有来自西亚、印度、巴基斯坦、日本、泰国、缅甸、尼泊尔，以及中国各地的文物。而来自中国的文物很受优待，陈列在一个巨大的圆顶展厅之中，里面有上述的一些中国古代艺术精品。那天，我紧张地记录完了展厅内的所有中国文物。尤其令我心情十分激动的，是见到了来自家乡西安的昭陵六骏中的二骏，这是我期待已久的相会（图18-12）。宾大博物馆收藏的中国古代艺术杰作，一直服务于美国学者的研究和学生们对中国文化艺术的学习。上述雕塑与绘画作品在谱写中国美术史时也占有一定的地位。但有的藏品的悲惨经历，又给我们带来了诸多哀叹。那是历史给中华民族带来的永远抹不去的遗憾。

图18-12 本书作者常青与宾大博物馆藏唐太宗昭陵"飒露紫"合影（649年，石刻高172.7厘米，宽207厘米，1920年购自卢芹斋，编号：C395，姚崇新拍摄于2006年5月18日）

19

芝加哥艺术研究所

芝加哥艺术研究所（The Art Institute of Chicago）位于芝加哥市中心，密歇根湖湖畔（图19-1）。2001年3月，我从已经春暖花开的华盛顿来到芝加哥，这个美国中部地区的最大城市。它靠近密歇根湖，素有"大风城"之称。那时的芝加哥依旧寒冷，大风呼啸，树上还没有长出新叶。在两周的时间里，我主要参观了芝加哥艺术研究所，全面记录那里收藏的中国佛教造像。还在该馆亚洲部研究员潘思婷（Elinor Pearlstein）女士的帮助下记录了收藏在库房里的中国佛教造像和别的文物（图19-2）。此外，我还参观了菲尔德博物馆（Field Museum）、芝加哥大学，还在该大学的艺术史系做了一场关于长安佛教艺术的讲座。室外的寒冷，并没有影响我对调查中国古代艺术的热情。特别是收藏在芝加哥艺术研究所的中国珍宝，不愧为该地区最好的中国文物宝库。

图 19-1（上） 芝加哥艺术研究所外观

图 19-2（下） 2001年3月21日本书作者常青与芝加哥艺术研究所亚洲部研究员潘思婷女士在该馆文物库房内合影

博物馆的建设与收藏

1879年，通过市民的倡议，芝加哥艺术学院（Chicago Academy of Fine Arts）取代了成立于1866年的芝加哥设计学院（Chicago Academy of Design）。这所历史悠久的学院有着这样的教育目的：对艺术作品系列的创造和展示，并通过所有适当途径对艺术进行挖掘和延伸。1882年12月，该机构改名为现在人们熟知的芝加哥艺术研究所。芝加哥艺术研究所得到的最早的艺术品收藏，就是为了教育学生而提供的一些艺术学习的范本。1893年12月，芝加哥艺术研究所的展厅正式对外开放（图19-3）。其建筑外观呈现维多利亚风格，门前有两只巨大的青铜狮子。馆内大小展室、长廊有上百个。

经过一百多年的努力，该馆收藏着极为丰富的艺术品，约有30万件，以绘画和雕塑为主，辅以建筑、摄影、手工艺、纺织品等，时间跨度由公元前3000年古埃及的文物至当代的波普艺术（Pop art），地域包括欧洲、美洲、亚洲、非洲等，以欧洲和美国的藏品为主。它是美国的一所重要博物馆。著名的欧洲艺术赞助人、俄国的工业家、外交家阿纳托莱·德米多夫王子（Anatoly Nikolaievich Demidov, 1813—1870）从他的荷兰大师收藏中向博物馆出售13幅作品，包括哈尔斯（1580—1666）、

图19-3 19世纪90年代的芝加哥艺术研究所

伦勃朗（1606—1669）、霍贝玛（1638—1709）等人的杰作，是博物馆早期收藏的基础之一。来自芝加哥的银行家和艺术品收藏家爱德华·斯蒂克尼（Edward S. Stickney，1824—1880）的包括460幅大师复制品版画以及收藏基金的捐赠，进一步扩展了该馆欧洲艺术品的收藏。芝加哥艺术研究所还收藏了一批古典雕塑模制品，显然是为了教学的需要，是迄今为止美国最大的复制品收藏。博物馆致力于收藏艺术真迹，如前4世纪古希腊著名的雕刻家普拉克西特列斯（Praxiteles），约活动于前4世纪前后的古希腊画师阿佩莱斯（Apelles），意大利佛罗伦萨的早期画家契马布埃（Giovanni Cimabue，1240—1302），意大利画家、雕刻家与建筑师乔托·迪·邦多纳（Giotto di Bondone，1266—1337）等大师的作品。芝加哥艺术研究所藏品的强项还有大量印象派和美国艺术家的作品，如法国印象派代表人物莫奈（Oscar-Claude Monet，1840—1926）、法国后印象派及新印象派画家修拉（Georges Pierre Seurat，1859—1891）、荷兰后印象派画家凡·高（Vincent Willem van Gogh，1853—1890）、美国画家爱德华·霍普（Edward Hopper，1882—1967）等人的作品。同时，博物馆也对收藏当代作品十分热衷，因为芝加哥的收藏者们很沉醉于先锋艺术（Avant-garde）作品，就形成了馆中印象派和后印象派（Post-Impressionism）的精华作品系列。

像美国其他博物馆一样，芝加哥艺术研究所的理事委员会由当地名流和富商组成。其中有芝加哥的肉类加工业企业家菲利普·丹福思·阿穆尔（Sr. Philip Danforth Armour，1832—1901）、芝加哥企业家马歇尔·菲尔德（Marshall Field，1834—1906）、著名的芝加哥商界领袖和慈善家查尔斯·劳伦斯·哈钦森（Charles Lawrence Hutchinson，1854—1924）、芝加哥的工程师兼工业家乔治·普尔曼（George Mortimer Pullman，1831—1897）等。还有著名的律师、实业家、慈善家和艺术品收藏家马丁·赖尔森（Martin A. Ryerson，1856—1932），他还将其丰厚的艺术品收藏捐献给了博物馆。毕业于哈佛大学的工程师威廉·弗伦奇（William M.R. French，1843—1914）担任首任馆长（任期 1885—1914）。博物馆运作的资金来源也是理事们和社会各界的赞助。

中国古代艺术撷英

芝加哥艺术研究所有 3.5 万多件来自亚洲的藏品，时间跨越上下五千年，文物种类有铜器、瓷器、玉器、纺织品、屏风、绘画、版画、雕塑等。这些文物与艺术品来自近东、中东、印度、东南亚、中国、日本、韩国等地。该馆也是美国拥有中国文物最多的博物馆之一。该馆的入口大厅展示的就是中国文物，在中国馆展厅中，有来自新石器时代晚期的良渚文化玉器，包括玉璧、玉琮（图 19-4）等。馆中还陈列着精美的商周青铜器，包括鼎、尊、壶、盘、镜、戈（图 19-5）等礼器与生活器皿，还有青铜车马具，是该馆中国藏品中的强项之一，为世人所瞩目。此外，墓室出土的历代陶俑也是该馆收藏的项目，以唐代的三彩人物俑、马俑以及彩绘陶俑为代表（图 19-6）。还有唐代三彩陶质器物，如罐、瓶、枕等。来自磁州窑、龙泉窑、景德镇等地的宋、元、明、清瓷器，展示着中国高超的陶瓷工艺（图 19-7）。中国古代家具也是该馆收藏的项目之一。还有一些明、清时期的丝织品，展示着朝野男女服装（图 19-8）。该馆还收藏了不少历史照片，都是近代中国的真实写照。

图 19-4 芝加哥艺术研究所藏良渚文化玉琮（约前 3000—前 2000 年，高 26.7 厘米，宽 7.6 厘米，厚 7.6 厘米，编号：1950.526，芝加哥艺术研究所提供）

306

图 19-5（左页上） 芝加哥艺术研究所藏战国错银纹青铜戈（前 480—前 221 年，长 20 厘米，宽 13 厘米，罗素·泰森赠，编号：1950.1627，芝加哥艺术研究所提供）

图 19-6（左页下） 芝加哥艺术研究所藏唐代彩绘陶质女俑（8 世纪上半叶，高 56.2 厘米，波特·帕尔默夫人赠，编号：1970.1073，芝加哥艺术研究所提供）

图 19-7（右上） 芝加哥艺术研究所藏宋代青白瓷鸭形薰炉（高 19.1 厘米，罗素·泰森赠，编号：1941.963，芝加哥艺术研究所提供）

图 19-8（下） 芝加哥艺术研究所藏清代皇后吉服（约 19 世纪，高 151.4 厘米，长 188 厘米，约瑟夫·亚当斯为纪念伊迪·亚当斯赠，编号：1937.335，芝加哥艺术研究所提供）

美国

北魏晚期石棺床残件

　　该馆收藏了一套约制作于 6 世纪初期的北魏晚期石棺床残件，展示了当时高超的雕刻技艺。共有四块，有八幅雕刻图像，原属同一座石棺床，共同围绕在墓主的石棺周围。在这些残件表面均以汉民族传统的剪地阴线刻手法表现与墓主人生前生活相关的人物和场景，即在人物、山石、树木等轮廓之外剪地，使其形象突起，然后再以阴线刻出细节。其中一块刻着作为老年男性的墓主人郊游的场景，他席地而坐，周围站立着四位男女侍从，在其头上打着象征他高贵身份的伞盖。画面中还刻着流云、山石、树木，但突出人物的高大，是南北朝时期特有的"人大于山"的融山水与人物于一体的表现手法（图 19-9）。另外几幅雕刻分别表现主人在侍从簇拥下乘牛车出游，郊游之时男主人与众侍婢坐于床帐之中、女主人与侍女坐于床榻之上、女主人与侍女等场景，其周围环绕的山石树木均不大于中心人物。此外，这些人物还表现着北魏晚期流行的清秀形貌，展现着那个时代的人物潇洒飘逸风采的审美时尚。

图 19-9　芝加哥艺术研究所藏北魏晚期石棺床残件之一（高 45.0 厘米，宽 64.3 厘米，厚 3.5 厘米，编号：1995.363.1，芝加哥艺术研究所提供）

西魏大统十七年造像碑

　　该馆收藏了一些珍贵的佛教造像。西魏大统十七年（551）造像碑是在 1926 年入藏该馆的（图 19-10）。它伫立在博物馆的入口处，十分醒目，显示着其馆藏精品的不可替代的地位。事实也的确如此。造像碑是中国传统石碑与佛教艺术相结合的形式，主要流行在北朝时期。但目前发现的西魏国（535—557）单体造像并不多，且就高达 3.39 米的体量而言，此碑也属于佼佼者。该碑碑首为螭首，在该碑正面，碑首处刻有坐佛与二弟子小龛，碑身处各龛表现佛与菩萨的说法图，以中部的一所大龛为中心。大龛的下方有雕刻该碑的发愿文题记，两侧是供养人

图 19-10　芝加哥艺术研究所藏西魏大统十七年造像碑（左：正面，中：侧面，右：背面）（551年，高 339 厘米，宽 99 厘米，厚 21.6 厘米，编号：1926.591，芝加哥艺术研究所提供）

行列。最下方刻有众供养人姓名与身份。在该碑背面，碑首处的小龛内雕过去、现在、未来的三世佛坐像，碑身上方二龛表现佛的涅槃与入棺情节，龛上有浅浮雕树林，象征着佛入涅槃的环境。涅槃代表着佛教修行的最高境界，在碑中表现释迦入涅槃，合乎佛教义理。碑身背面中、下部表现立菩萨与坐佛说法图，再下为浮雕的供养人行列，并且在最下部刻出了众供养人的姓名与身份。从图像与题记可知，此碑是由众多身份高贵的信徒共同出资雕刻成的。从造像风格来看，该碑既表现着北魏造像的旧传统，包括佛着褒衣博带式大衣，也有西魏的风格，如身躯显丰满的造型。它是研究西魏佛教雕塑的重要实物资料。

唐代二菩萨石雕坐像

有一对唐代坐菩萨石雕像，安置在博物馆的入口处，也是馆藏中国文物中的精品。它们呈游戏坐姿，坐于束腰叠涩覆莲座上（图 19-11）。它原属露西·莫德·白金汉（Lucy Maud Buckingham）的个人收藏，1930 年入藏该馆。二像在宝座的束腰处有鼓出的球形装饰，使人们联想到在唐代长安城一些寺院遗址中发现的石造像样式。因此，这对石雕像的原产地如果不

图 19-11 芝加哥艺术研究所藏唐代二菩萨石雕坐像（7 世纪末至 8 世纪初，左：高 157.5 厘米，编号 1930.85；右：编号 1930.84a，芝加哥艺术研究所提供）

是在长安一带，也应该是在长安造像风格影响下制作完成的。它们有着写实的矫健与婀娜身姿，椭圆形丰满的面相，头顶束着高高的发髻，表现着盛唐初年特有的风尚。其中一尊呈思维之姿，另一尊端坐，呈聆听佛法时的不同的生动姿态。

唐开元十二年石塔残件

唐代佛教僧俗制作了很多小型石塔，一般为密檐式。塔身第一层较高，正面有塔门，门上有尖拱形门楣，门两侧各浮雕一身金刚力士像，门内是一小室，小室的后壁一般浮雕佛与菩萨等像。芝加哥艺术研究所就收藏了一座这种石塔的第一层（图 19-12），制作于唐玄宗开元十二年（724），可见此类石塔

图 19-12 芝加哥艺术研究所藏唐代石塔残件［开元十二年（724 年），高 66.0 厘米，宽 43.2 厘米，厚 41.9 厘米，编号：1927.287，芝加哥艺术研究所提供］

的基本样式。它来自露西·莫德·白金汉的收藏，于 1927 年入藏该馆。该塔门楣上方正中雕着一个铺首，两侧各有一飞龙，都是来自汉民族传统文化因素。二飞龙的上方各有一身飞天，均有帔帛向身后飘扬，是典型的唐代飞天造型。塔内小室后壁上有浮雕结跏趺坐佛像，右臂已残，是佛的说法形像。佛两侧还各雕着一身菩萨立像，做聆听佛说法的婀娜姿态。

元　王蒙《林麓幽居图》轴

该馆还收藏了很多中国古代书画。元代著名画家王蒙（1308 或 1301—1385）的《林麓幽居图》挂轴，便是其中的杰作（图 19-13）。这幅画，描绘着一位文人在深山丛林的茅屋别墅中抚琴的情景，表现着画家自己向往隐居生活的情怀。王蒙字叔明，号黄鹤山樵、香光居士，湖州人。他是元朝著名画家赵孟頫的外孙。在元朝末年，他弃官隐居在临平（今浙江余杭临平镇）黄鹤山，自号"黄鹤山樵"，直至晚年才下山出仕，于明朝初任山东泰安知州。他与黄公望（1269—1354）、吴镇（1280—1354）、倪瓒（1301—1374）合称"元四家"。他的山水画据说是受到赵孟頫的影响，还师法五代与北宋名家。但从现存他的绘画作品来看，其风格独特，自创一体，特别是擅长以繁密的笔法描绘重峦叠嶂、长松茂树等，使其画作所表现的信息丰富，在细节上又富于变化。根据他的题款，这幅画绘制于元至正辛丑年，即至正二十一年（1361），画幅的上方有现代

图 19-13　芝加哥艺术研究所藏元代王蒙《林麓幽居图》轴（高 177.8 厘米，宽 64.2 厘米，编号：1947.728，芝加哥艺术研究所提供）

图 19-14　白金汉女士

画家吴湖帆（1894—1968）于 1938 年的题款。1947 年，该画入藏芝加哥艺术研究所，是用艺术品收藏家兼慈善家白金汉女士（Kate S. Buckingham，1858—1937）捐赠的基金购得。

白金汉女士（图 19-14）主要收藏欧洲中世纪雕塑、挂毯和装饰艺术品。在艺术品收藏界，她最著名的举措就是将其家族收藏捐献给了芝加哥艺术研究所。1858 年，白金汉女士出生在俄亥俄州曾斯维尔市（Zanesville）的一个富裕家庭。他们兄妹三人都是艺术品收藏家。其兄克拉伦斯（Clarence）作为他们家庭的代表加入了芝加哥艺术研究所的理事会，深深影响着白金汉女士。1913 年和 1920 年，她的兄、姐相继去世，她就成了其家庭艺术品收藏的唯一继承人和代表。她首先将其姐露西·莫德（Lucy Maud）收藏的四百多件中国青铜器以其姐的名义捐赠给了博物馆。1924 年，她将自己收藏的欧洲中世纪雕塑、挂毯、装饰艺术品等捐赠给了博物馆。1925 年，她又将其兄克拉伦斯收藏的数千件日本版画捐给了博物馆。与此同时，她还在博物馆建立了一个基金，用于拓展艺术品收藏以及资助公共艺术项目。为此，芝加哥艺术研究所特别将这些捐赠所资助的艺术项目命名为"白金汉社团"（Buckingham Society）。

近现代摄影作品

在博物馆的藏品中，有一批近现代摄影作品。其中包括美国著名摄影记者阿瑟·罗斯坦（Arthur Rothstein，1915—1985）于 1946 年在中国拍摄的作品，记录湖南衡阳大饥荒。阿瑟·罗斯坦是美国首屈一指的纪实摄影家，在长达半个世纪的摄影生涯中，他总是与苦难和战争产生关联。1940 年，罗斯坦加入了美国战争信息办公室（OWI），成为美国陆军的摄影师，随军来到中国-缅甸-印度战区工作。他在 1945 年退伍后留在中国，担任联合国善后救济总署（UNRRA）的首席摄影师，拍摄在中国的救助工作。在此期间他记录了湖南等地的大饥荒和上海虹口流离失所的犹太幸存者的困境。

在中国的一年时间里,这位联合国善后救济总署的首席摄影师以敏锐的洞察力和精炼的视觉语言创作出这些令人极为震撼的作品,为我们留下了珍贵的影像。湖南衡阳地区作为联合国善后救济总署救灾工作的重点,当时的灾情惨状也就理所当然地被罗斯坦记录下来。在这组作品中既有直面苦难的视觉冲击,如埋葬饿死儿童的场面,也有心怀悲悯的温情注视,如一位骨瘦如柴的老大爷挣扎在生死线上时的无助表情,表现着在苦难面前人与人关系的悲悯思考(图 19-15)。

芝加哥艺术研究所自建立之初,就带有鲜明的地方色彩。博物馆的建立、藏品的捐赠,以及购买藏品基金的捐献等,基本来自芝加哥本地杰出人士的无私奉献。然而,该博物馆的藏品以及向市民所展示的,却是来自全世界的文化艺术。一个社会文化艺术生活的繁荣,博物馆所起的作用举足轻重。那些为博物馆的建设做出无私奉献的人们,将永载世界文化的史册。同时,他们也是沟通中美文化交流的使者,因为他们捐赠的中国古代艺术品将永远向美国人述说着中国灿烂的文明。

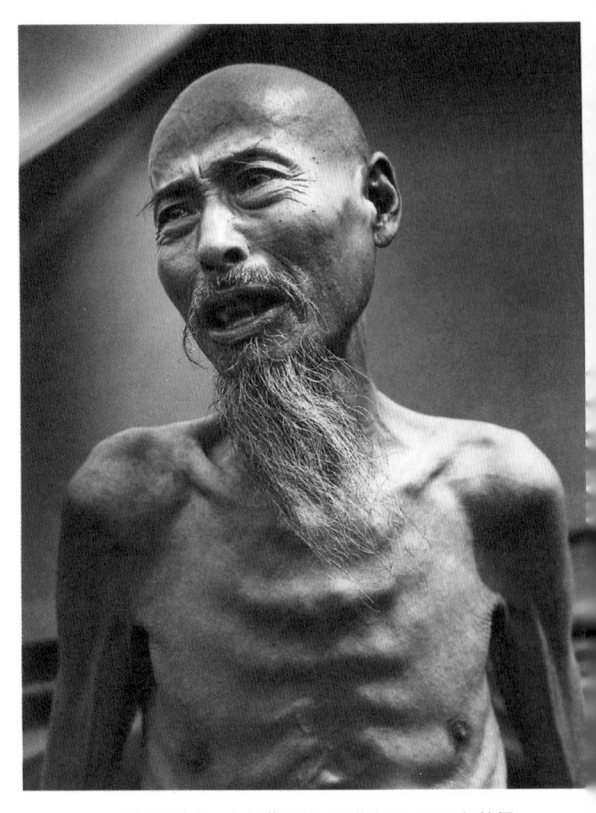

图 19-15 芝加哥艺术研究所藏阿瑟·罗斯坦于 1946 年拍摄的衡阳饥荒中的中国老人(高 30.7 厘米,宽 22.8 厘米,伊丽莎白和弗雷德里克·迈尔斯捐赠,编号:1983.1562,芝加哥艺术研究所提供)

20

纳尔逊和史克曼在堪萨斯城的贡献

纳尔逊-阿特金斯艺术博物馆（Nelson-Atkins Museum of Art）位于美国密苏里州与堪萨斯州交界处的堪萨斯城（Kansas City, KS and MO）（图 20-1）。2001 年 3 月，我在美国华盛顿国家美术馆做高级访问学者时，第一次参观了纳尔逊-阿特金斯艺术博物馆。以后，和该馆的接触就多起来了，因为我在同年 8 月进入了堪萨斯大学（The University of Kansas）艺术史系读博士了，而我的大学所在地劳伦斯市（Lawrence）离堪萨斯城只有 30 分钟的车程。如果要乘飞机去别的地方，都要去堪萨斯城的机场。记得在 2003 年，我的导师开了一门"宋元佛教艺术"

图 20-1 纳尔逊-阿特金斯艺术博物馆主馆（纳尔逊博物馆提供）

课,还把一次课放在了纳尔逊博物馆的库房里,大家围坐在一幅当时没有展出的宋代壁画前面来讨论问题,是一次很特别的体验。我当时对这个博物馆唯一不满意的地方,就是中国佛教造像展厅太过黑暗,无法拍出质量高的照片。但让我吃惊的,还是这个博物馆的中国文物之丰富,质量之高。那么,在这个美国人都不太注意的中部地区,怎么会发展起来这样一个出色的亚洲与中国艺术品收藏博物馆的呢?这还要感谢纳尔逊和史克曼二位了。

博物馆的创建与收藏

纳尔逊-阿特金斯艺术博物馆是在橡树厅(Oak Hall)的地面上建成的,这是《堪萨斯城之星》(Kansas City Star)报社的创建者威廉·罗克希尔·纳尔逊(William Rockhill Nelson,1841—1915)的家(图20-2)。他在1915年临终之时,立下遗嘱,要求在他的妻子和女儿去世后,将他的所有资产用来为公众购买艺术品。这个遗赠后来被他女儿、女婿以及律师的资产形成的额外基金增强了。1911年,前教师、房地产商人詹姆斯·伯里斯·阿特金斯(James Burris Atkins)的遗孀玛丽·麦卡菲·阿特金斯(Mary McAfee Atkins,1836—1911)向政府遗赠了30万美元,用来建立一座艺术博物馆。在地产界的有效运作下,这笔钱在1927年以前增值到了70万美元。

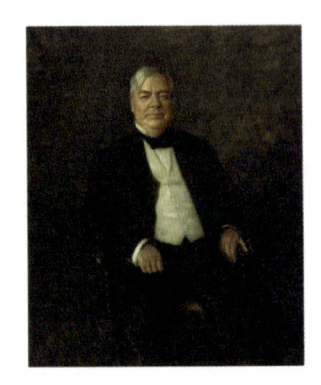

图20-2 美国画家威廉·梅里特·切斯(William Merritt Chase,1849—1916)绘的威廉·罗克希尔·纳尔逊肖像画(1907年,油画,高152.4厘米,宽127.32厘米,纳尔逊赠,编号:34-316,纳尔逊博物馆提供)

上述分别来自两处的遗赠原本是要分别建立两座博物馆的,而阿特金斯的博物馆原打算建在宾夕法尼亚谷公园(Penn Valley Park)。但是,管理两处资产的理事会最终决定将二者合并,还加入了一些小型的其他人的遗赠,共同建立一座重要的艺术博物馆。场馆的建筑设计者是享有盛誉的堪萨斯城建筑学家怀特两兄弟——Wight and Wight,也称为 Wight & Wight,是密苏里州堪萨斯城的一家建筑公司,由托马斯·怀特(Thomas Wight,

1874—1949）和威廉·怀特（William Wight，1882—1947）兄弟俩建立。他们设计了密苏里州和堪萨斯州的几座标志性建筑。博物馆于1930年破土动工，1933年12月11日对公众开放。这座建筑模仿了克利夫兰博物馆（Cleveland Museum of Art）的古典建筑（Beaux-Arts）风格（图20-1）。

这座六层的建筑长120米，宽53米，面积大于克利夫兰博物馆。当地人把它叫作纳尔逊美术馆（The Nelson Art Gallery）或者简单地称作纳尔逊画廊（The Nelson Gallery），但实际上是两座博物馆。直到1983年，才正式将它命名为"纳尔逊-阿特金斯艺术博物馆"（The Nelson-Atkins Museum of Art）。在此之前，该馆的东侧翼叫"阿特金斯艺术博物馆"（The Atkins Museum of Fine Arts），同时，西侧翼和接待大厅叫"威廉·罗克希尔·纳尔逊美术馆"（The William Rockhill Nelson Gallery of Art）。

1999年，建筑学家斯蒂文·霍尔（Steven Holl，1947—？）取得了设计博物馆附加建筑的资格。在原建筑的东侧修建了具有现代风格的有1.53万平方米的布洛赫大厦（Bloch Building），以一家在加拿大、美国和澳大利亚运营的美国税务准备公司H&R Block的创建者——美国商人和慈善家亨利·W. 布洛赫（Henry W. Bloch，1922—2019）的名字命名。布洛赫大厦主要收藏与陈列博物馆中的现当代艺术、非洲艺术、摄影和特别展览，另外还有一个餐厅，以及斯宾塞艺术参考图书馆（Spencer Art Reference Library），还有一个野口勇（Isamu Noguchi，1904—1988）雕塑天井。野口勇是一位美国艺术家、家具设计师和景观设计师。这座新侧翼在2007年6月9日对公众开放，它的大门成了博物馆的主要入口（图20-3）。

图20-3 纳尔逊-阿特金斯艺术博物馆的东侧翼——布洛赫大厦（纳尔逊博物馆提供）

作为博物馆的主要资助

者，威廉·纳尔逊（William Nelson）只是资助了钱，而非一个个人艺术品收藏。此后，在博物馆策展人的努力下，一个庞大的艺术品收藏建立起来了。由于当时的美国正处于经济大萧条时期（1929—1933），全球艺术品市场涌现出大量低价倾销的珍贵艺术品，而收购者很少，该馆因此在很短的时间内收购了大量的艺术品，奠定了在艺术博物馆界的地位。纳尔逊艺术博物馆的现有藏品涵盖了东亚、东南亚、欧洲、美国、非洲、大洋洲等文化圈，以及现当代艺术、摄影、版画、建筑设计与装饰艺术等门类。其中包括中国藏品在内的东亚艺术品有9 000多件。欧洲绘画是众人的关注点，主要包括意大利画家米开朗琪罗·梅里西·达·卡拉瓦乔（Michelangelo Merisi da Caravaggio，1571—1610），西班牙文艺复兴时期画家、雕塑家与建筑家埃尔·格列柯（El Greco，1541—1614），意大利文艺复兴后期威尼斯画派的代表画家提香（Tiziano Vecelli 或 Tiziano Vecellio，1488/1490—1576），欧洲巴洛克绘画艺术的代表画家之一、17世纪荷兰黄金时代绘画的主要人物伦勃朗（Rembrandt Harmenszoon van Rijn，1606—1669），弗兰德巴洛克画派早期代表人物鲁本斯（Sir Peter Paul Rubens，1577—1640），法国印象派代表人物及创始人之一莫奈（Claude Monet，1840—1926），荷兰后印象派画家、表现主义先驱凡·高等人的作品。其中亚洲部主要收藏和展示来自中国、日本、朝鲜半岛、印度、伊朗及东南亚国家的艺术品。

史克曼的贡献

纳尔逊博物馆的中国藏品主要分为三部分：中国历代雕塑（以佛教造像为主）、中国历代器物（商周青铜器为精华）、中国历代书画。特别是历代书画，不乏名家之作，在美国的中国美术史界享有盛誉。这些艺术品大部分是在20世纪30年代通

图 20-4　美国画家露易丝·M. 博耶（Louise M. Boyer，1890—1976）绘的史克曼肖像（约绘于 20 世纪 70 年代，干点画，6.83 厘米×20.14 厘米，画家赠送，编号：R74-5/1，纳尔逊博物馆提供）

过哈佛大学研究生劳伦斯·史克曼（Laurence Sickman，1907—1988）在中国旅行期间和在纳尔逊博物馆工作期间购买的。他于 1953 年被任命为该博物馆馆长，在任 25 年。可以说，他是纳尔逊博物馆中国收藏的真正建立者。

史克曼是美国现代著名的艺术史学者与汉学家（图 20-4）。他出生于科罗拉多州（Colorado）的丹佛市（Denver）。早在高中时代，他就对日本和中国艺术十分感兴趣。1930 年，23 岁的他毕业于哈佛大学，精通汉语。随后，在哈佛–燕京学社（Harvard-Yenching Institute）的资助下，他前往中国访问了许多历史遗迹。在中国，他有幸遇到了昔日在哈佛大学读书时的老师华尔纳（Langdon Warner，1881—1955），成了他一生事业的转机。华尔纳是美国近现代著名的亚洲艺术史学家，当时是堪萨斯城纳尔逊艺术博物馆的董事会成员之一，并受该馆之托，为博物馆建立东方艺术品收藏。于是，华尔纳带着史克曼访问了许多中国的古董市场与收藏家。华尔纳告诉史克曼：堪萨斯城的报业大亨十多年前捐出家业，成立了一笔基金，专用于艺术品购买。当时的世界艺术品市场因为美国经济大萧条而价格跌入低谷，他希望史克曼为正在筹建中的纳尔逊博物馆收购中国文物。

华尔纳返回美国后，史克曼继续在中国收购文物。1931 年，史克曼进入纳尔逊艺术博物馆工作，成为华尔纳的助手。1935 年，他成了该馆东方艺术策展人。之后，在纳尔逊基金会 1 100 万美元的赞助下，史克曼多次前往中国，为纳尔逊艺术博物馆购买了许多中国绘画、雕塑、青铜器、陶瓷器、家具等，上自新石器时代，下至清代，并在该博物馆研究这些中国艺术品。在史克曼的努力下，纳尔逊艺术博物馆成了世界闻名的收藏与展出中国艺术品的博物馆之一。如今的纳尔逊收藏有 7 500 件以上的中国艺术品，就是在史克曼建立的收藏基础上形成的。

二战时期（1939—1945）的 1942 年，史克曼入伍，他的策展人工作被打断，成了美国空军 55 战斗机大队（38th Fighter

Squadron of the 55th Fighter Group）的一员，参加战斗。但是，美军高层很快发现了他的真正特长，即对亚洲艺术史的了解。于是，在战后的1945年下半年，他被选入盟军中央司令部成为艺术专员（Monuments Men），在日本由驻日盟军总司令麦克阿瑟将军（Douglas MacArthur，1880—1964）统辖下的"纪念碑、美术和档案部门"（Monuments, Fine Arts, and Archives [MFAA]）工作，负责检查远东参战国家的艺术品受损情况。他在美军占领日本后的东京工作过一段时间，这对他了解日本艺术史很有帮助。与他在日本东京同一个机构工作的，有一位叫李雪曼（Sherman Lee，1918—2008）的学者，以后也将在美国的亚洲艺术史学界发挥强大作用。其间，史克曼还去了韩国，调查博物馆和文化史迹。然后，他的大部分时间是在他熟悉的中国度过的，并与东京总部保持着密切联系。他流利的汉语和在中国的人脉资源，使他调查中国艺术史迹的工作得以顺利进展。

史克曼在1946年10月退役离开亚洲，返回纳尔逊艺术博物馆工作，并于1953年担任该馆馆长，直到1977年退休。他在发展亚洲艺术品收藏的同时，也注意扩展美国和欧洲艺术的收藏。因为他的研究热情始终在中国艺术上，他除了行政工作，还勤于研究，发表了很多关于中国艺术史的论著，在学术界的影响很大。1973年，他获得了弗利尔奖章（Charles Lang Freer Medal），这是给予亚洲艺术史研究者的一项很高的荣誉。

1972年，中美《上海公报》于美国总统尼克松访华期间在上海签署，中美关系随之开始解冻。1974年，为了中美政治关系的缓合，中国在美国筹办了第一次出国文物展——"中华人民共和国的考古发现"（Archaeological Finds of the People's Republic of China）。这个有385件展品的大型展览在美国首都华盛顿成功展出三个月后，第二站就去了纳尔逊博物馆，足见史克曼的智慧和在中国的人脉之广。

1977年，史克曼退休。新任纳尔逊馆长拉尔夫·特雷西·泰德·科（Ralph T. Coe，1929—2010）举办了展览——"山谷之中：史克曼和东方收藏"（Hills and Valleys Within: Laurence Sickman and the Oriental Collection），以纪念史克曼 25 年间为博物馆做出的杰出贡献。

1988 年 5 月 7 日，史克曼逝世于堪萨斯城。

史克曼生前还和位于堪萨斯城附近的堪萨斯大学艺术史系建立了密切的关系。他特意在该系设立了"劳伦斯·史克曼"奖学金（Laurence Sickman Scholarship），每年奖励一位在学习中国艺术史方面成绩突出的学生。2002 年，我在堪萨斯大学艺术史系攻读博士学位时，很荣幸地获得了这个奖学金。

中国古代艺术撷英

纳尔逊收藏的中国古代文物中有众多精华，在中国美术史研究领域有着重要地位。但限于篇幅，在此仅介绍五例，即可见其文物重要性之一斑。

龙门石窟《文昭皇后礼佛图》浮雕

纳尔逊博物馆收藏了一大批高质量的中国佛教造像，有凿自河南洛阳龙门石窟与山西太原天龙山石窟的佛教雕刻，特别是来自龙门石窟宾阳中洞的北魏《文昭皇后礼佛图》浮雕（图 20-5），可与收藏在大都会艺术博物馆的来自同一洞窟的北魏《孝文帝礼佛图》浮雕配对，是研究中国石窟供养人像不可多得的佳作。

在龙门，北魏皇室仿效山西大同云冈石窟的先例，在伊阙山的石灰岩悬崖上开凿了一系列巨大的洞窟。这幅大浮雕所在地宾阳中洞于大约 523 年在皇室的赞助下竣工。《孝文帝礼佛图》位于洞内前壁北侧，而这幅《文昭皇后礼佛图》原来位于前壁的南侧。它们都是北魏宫廷笃信佛教的具体表现，这些浮

图 20-5 纳尔逊-阿特金斯艺术博物馆藏龙门石窟宾阳中洞北魏《文昭皇后礼佛图》浮雕（约522年，石灰岩，高203.2厘米，宽278.13厘米，1940年纳尔逊基金会购买，编号：40-38，纳尔逊博物馆提供）

雕旨在为皇帝和皇后做永久的功德，以表达他们对雕刻在洞窟正壁佛像的崇拜。在这幅礼佛图中间的人物，头戴莲花冠，雍容华贵，应该表现的是文昭皇后。而较小一些的人物，同样戴着花冠，可能是宫廷妃嫔。

这件雕刻品是现存最好的中国石窟供养人雕塑之一。从风格上来说，它展现了北魏雕塑世俗的一面，与同时代的宗教图像完全不同。遵循当时宫廷传统，图中的人物比例修长，潇洒飘逸，身穿汉民族的宫廷服装，长长的衣裙、宽大的袖子和自然柔和的衣褶曲线赋予了人物极大的优雅感。同时，严谨的构图还确保了礼佛行进队伍的庄严，似乎正在缓缓地向着窟内移动，走向主佛。

1940年，纳尔逊博物馆主要从奥托·伯查德（Otto Burchard，1892—1965）博士手中购买了这幅浮雕的碎片。当龙门石窟宾阳中洞的北魏《孝文帝礼佛图》被盗凿、入藏大都会艺术博物馆之后，同窟的《文昭皇后礼佛图》最后被纳尔逊博物馆收藏。北京琉璃厂的古玩商岳彬在20世纪30年代得到这幅大型浮雕的碎片之后，也许是无人能以重价购买整件浮雕，他并没有将它整件出售，而是分成了许多小块出售，都于1934—1935年间流散到了中国和海外的市场上。让《文昭皇后礼佛图》复合之功应推纳尔逊艺术博物馆的首任东方艺术策展人与第二任馆长史克曼。史克曼与哈佛大学福格艺术博物馆的华尔纳经过多年的努力搜寻，收集到了大部分被凿下的数百片《文昭皇后礼佛图》碎石块，经过两年的修复，最终复原了这幅浮雕，于1941年展出在了纳尔逊新开的中国雕塑展厅。当代中国人十分痛恨那些在古董交易中使中国国宝流失的古玩商人与外国策展人、学者或收藏家，但中国政府和人民却十分敬重史克曼，并感谢他使这件国宝得以复原，虽然它仍然保存在美国。至于岳彬，1952年被逮捕下狱，于1954年死于北京狱中。

北宋　李成《晴峦萧寺图》轴

纳尔逊艺术博物馆以收藏精美绝伦的中国古代艺术品而闻名于西方汉学界，尤其是以中国书画作品而著称于世。其重量级的中国绘画主要包括北宋李成的《晴峦萧寺图》、北宋许道宁的《秋江渔艇图》（渔舟唱晚图）、北宋赵佶的《四禽图》、南宋马远的《西园雅集图》、明代董其昌的《仿古山水册页》、石涛的《赠刘石头山水册页》等，都是研究中国绘画史不可或缺的名作。

李成是北宋时期最有影响力的山水画家。他出身贵族世家，是唐朝皇室李氏的后裔。907年，李氏家族随着唐帝国的灭亡而失势。李成是北方人，儒家学者。他隐逸作画，揭示了文人画的真正目的。他的画主要描绘冬季高耸山峰的中国北方风景。纳尔逊-阿特金斯艺术博物馆藏的《晴峦萧寺图》是李成现存画作最好的例子，描绘了那个时期山水画的特征，主要表现冬季的纪念性景观（图20-6）。该画的主要特征是远处地面上占主导地位的中央山脉，两侧是一些次要山峰。他用"皴"的造型笔触来描绘岩石和山脉的肌理，呈现出山景的真实特征。令人信服的空间清晰地界定了前景、中景和远景。从前景地面上的桥通往中景山地上佛寺的小路，画家似乎在邀请游客在风景中漫步。李成用雾气、阴天、枯死的树木等，清晰地描绘了画中的气氛，表现了冬季寒冷的景象。他开创了北宋雄伟、曲折的山水构图典范，影响了后世的许多艺术家。

辽或金木雕水月观音像

纳尔逊博物馆还有很多来自中国佛教寺院的唐、宋时期的单体造像与北朝造像碑，以及来自河北易县八佛洼的两尊辽代三彩罗汉像等。在这些造像中，最引人注目的便是安置在元代大壁画前面的来自山西的辽或金代（907—1279）木雕水月观音像（图20-7）。

观音是佛教中以慈悲为怀的菩萨。这尊观音像以安逸的姿势坐在长满苔藓的模仿崎岖岩石的底座上，他蜷曲着右腿，把右臂搁在他的右腿膝上，同时以左臂支撑着身体重心，左腿下舒，左脚踏在一朵水波中浮出的莲花上。他面含微笑，双目下视，应该是看着他面前莲花水池中倒映的月亮。菩萨的服饰，如高高的发髻与宝冠，华丽的项链，都经过了细致的雕刻、镀金和彩绘，有着繁复的细节。菩萨是佛教中第二等级的神灵，仅次于佛。但他们与佛不同，而是舍弃涅槃，留在世间度人，直到一切众生证悟为止。其中，观音作为慈悲之神是最受人们喜欢的神灵，因为他能够回应人们的祈祷并保护信徒免受灾难。这尊观音所坐的岩石位置，象征着南海的一座岛屿——普陀洛迦岛，也就是观音的家。这尊观音像集中体现了11—12世纪佛教雕塑中开始渗透的新人文主义，使雄伟的神灵散发着一种温和、平易近人的情感，比早期造像更有宗教感染力。

图20-6　纳尔逊-阿特金斯艺术博物馆藏北宋李成《晴峦萧寺图》轴（绢本着墨与淡彩，画画高111.76厘米，宽55.88厘米，1947年纳尔逊基金会购买，编号：47-71，纳尔逊博物馆提供）

图 20-7 纳尔逊-阿特金斯艺术博物馆藏辽金木雕漆水月观音像（10—13世纪，高241.3厘米，宽167.64厘米，厚110.49厘米，1934年纳尔逊基金会购买，编号：34-10，纳尔逊博物馆提供）

除了右前臂之外，这尊雕像和底座都是用一件树干雕刻而成的。现存表面的涂漆和沥粉堆塑设计都可以追溯到16世纪，是后期庄重之作。经过对这件作品的科学分析，得知他的脸部、胸部和手部的原始表面是肉色的。

该像在1932年5月26日以前归一位不知名的中国北京商

人所有。在之后的 1933—1934 年间由卢芹斋收藏。1934 年，纳尔逊-阿特金斯艺术博物馆从卢芹斋手中购买了这件杰出的作品。史克曼第一次看到这件观音像是在 1932—1933 年的冬天，它位于那位不知名的中国商人的后院，因为它太大了，无法放置在商店内。当时地上有雪，这件木雕被肢解了躺在雪地里。史克曼在 1932 年 5 月 26 日给华尔纳发电报提到这尊雕像，说它是一件"优质木质雕成的观音，表面有彩，高约 8 英尺，对方要价两千多"。他希望博物馆购买这件作品。但华尔纳当时认为这件雕像太贵了。史克曼便听从了华尔纳的建议，没有购买。然而，该雕塑随后被卢芹斋购买了。当史克曼于 1933 年 12 月抵达纳尔逊博物馆参加该馆的开幕庆祝活动时，他惊讶地发现这尊观音木雕像正坐在馆内"中国佛寺"的展厅里，如同我们现在见到的那样。原来，当卢芹斋从北京商人手中购买了这尊观音木雕像后，便直接卖给了纳尔逊博物馆。

广胜下寺元代《炽盛光佛经变》壁画

1932 年，纳尔逊博物馆购入了一幅巨大的元代壁画《炽盛光佛经变》，在美国享有盛誉（图 20-8）。1934 年，史克曼访

图 20-8　纳尔逊-阿特金斯艺术博物馆藏《炽盛光佛经变》壁画（原藏山西洪洞广胜下寺主殿，长约 1483 厘米，宽约 714 厘米，1932 年纳尔逊基金会购买，编号：32-91/1，纳尔逊博物馆提供）

问了山西洪洞县广胜下寺。该寺僧人告诉他，由于寺院的经济困难，僧人们吃饭都成了问题，于是他们在20世纪20年代出售了寺内的古壁画给古董商们，并说这些壁画已经在美国了。那场交易是在1929年，寺僧为筹款修缮寺院和解决经济问题，要价1 600大洋将4幅壁画卖给了古董商。赵城县（洪洞县赵城镇）的县长和当地的乡绅也都参与其中，共同出谋划策。事后还勒石记功，把出售壁画的事情原原本本地记录了下来，以表彰参与者的功德。1 600大洋，在当时对寺僧和平民来说，可是一笔巨款了。于是，史克曼推断纳尔逊新近购买的壁画一定来自广胜下寺。

这个推测后来被证实了。怀履光（William Charles White，1873—1960）是加拿大圣公会在中国的传教士，也是一位对中国文化和古代艺术品精通的汉学家。在怀履光的倡仪下，两位中国学生于1938年调查了山西稷山县兴化寺与洪洞县广胜下寺。当他们向广胜下寺的僧人们出示纳尔逊壁画的照片时，僧人们证实：那就是该寺出售的壁画中的一幅。1934年，中国古建筑学家梁思成（1901—1972）与林徽因（1903—1955）也调查了广胜下寺。第二年他们发表文章认为纳尔逊当时新得的壁画来自广胜下寺的主殿。后来的研究确认了它的原位置在后殿（即主殿）西壁。

广胜下寺的四幅壁画飘洋过海来到美国，是古董商卢芹斋一手策划的。大约在1932年，壁画被分开出售。下寺前殿的两幅壁画被宾大考古和人类学博物馆购买。后殿西壁的《炽盛光佛经变》被纳尔逊博物馆购买。1933年，纳尔逊博物馆开馆时，这幅壁画作为馆藏的艺术珍品，被永久陈列在博物馆特设的"中国佛寺"展厅之内（图20-9）。后殿东壁的《药师经变》壁画后来被纽约收藏家赛克勒购买，并在20世纪60年代把它捐赠给了纽约大都会艺术博物馆。在大都会艺术博物馆，《药师经变》壁画也被永久陈列在以赛克勒名字命名的早期中国佛

图 20-9：纳尔逊-阿特金斯艺术博物馆的"中国佛寺"展厅

教造像展厅之中。

  关于纳尔逊的这幅壁画，经过学者们半个多世纪的研究，其年代与题材、艺术风格都逐渐清晰了。有学者认为，这幅壁画与山西其他地区的元代佛道壁画有相似性，大约绘制在元大德七年（1303）晋南大地震之后的 14 世纪上半叶。将它判定为《炽盛光佛经变》，主要原因是主佛左手所持的金轮炽盛光佛的持物，以及戴有月轮的月光菩萨坐在主佛的右侧，和戴有日轮（中有一三足乌）的日光菩萨坐在主佛的左侧，他们都是炽盛光佛的左右胁侍菩萨。另外，炽盛光佛的主要宗教功能是降服九曜，是指北斗七星和辅佐二星。在中国民间，九曜指金、木、水、火、土、太阳、太阴、计都（Ketu）和罗睺（Rahu）九位星君，认为它们会影响人生祸福。佛教认为，炽盛光佛可以降服九曜，造福人类。在这幅壁画中，在炽盛光佛的左侧，金星（Venus）为持琵琶者，木星（Jupiter）为持桃盘者，水星（Mercury）为持笔与卷轴者，土星（Saturn）执一书（实为印盒），火星（Mars）为一红脸者并持一剑。由于纳尔逊与大都会壁画原来是相向分布在广胜下寺主殿的山墙上，画家们似是有意将它们的众胁侍人物布局设计得相似。在这两幅壁画中，都是一主佛与二胁侍菩萨坐于正中，他们的身旁环列八大立菩萨。纳尔逊壁画两侧部所表现的九曜，在大都会壁画中则对称性地表现为因陀罗、梵天以及药叉十二大将。位于二壁画右下角的人物也有相似的姿态。

在中国佛教艺术中，炽盛光佛与药师配对本不流行，何以在广胜下寺后殿和前殿就出现了两例呢？有学者认为：纳尔逊壁画中的炽盛光佛有着消除自然灾害的功能。1303年山西南部地震以后，当人们动工重修广胜下寺之时，首先考虑的就是如何能够避免再次发生地震破坏。当主殿壁画完成时，炽盛光佛就被赋予了抵御自然与人为灾难的功能。同时，药师佛以及《药师经变》壁画中的观音与如意轮观音菩萨则可以强有力地保护人们不受伤害和提供必要的照料。等到明代重修前殿时，人们又重复性地再绘了这两种题材，可见它们对当地人民生活的重要性。

北京智化寺明代万佛阁藻井

藻井是中国传统建筑室内天花板的中央装饰，一般做成向上隆起的井状，有方形、多边形或圆形等，饰有各种花纹、雕刻和彩绘。藻井多用在宫殿中最重要的宝座或寺庙佛坛上方室内的天花板部位。因此，在北京故宫三大殿、天坛祈年殿都可以看到明、清皇家最高级别的藻井艺术。北京城还有很多敕建寺庙，如法海寺、隆福寺等的主要建筑也有精美的藻井。相比之下，北京智化寺的明代藻井在历史、艺术价值诸方面都堪称是明代藻井艺术中的佼佼者。

智化寺是明朝宦官王振（？—1449）的家庙，位于北京东城区禄米仓胡同东口路北，坐北朝南，是北京现存最大的明代建筑群之一。王振在明朝内廷管理宦官与宫内事务的"十二监"之一司礼监任职,他透过明英宗朱祁镇(1427—1464)的信任,掌控了明朝中央政府的政治权力。明正统八年(1443),王振开始兴建私庙,于隔年建成,明英宗赐名"智化禅寺"。后来,王振在正统十四年(1449)土木堡之变中死去,英宗皇帝则被瓦剌俘虏。多年后,英宗皇帝被释放回国,再通过政变重新掌权。这位皇帝还十分怀念坏事做尽的王振,为他举行祭祀仪式,招魂安葬,将其牌位奉祀于智化寺内,赐名为"精忠"之祠。此后,智化寺便有人前往参拜,直至今日。

智化寺内本来有三方藻井,分别安置在轮藏殿、智化殿、万佛阁内顶部,现在只剩下轮藏殿一处,其他两方分别流往美国的纳尔逊博物馆和费城艺术博物馆(Philadelphia Museum of Art)。万佛阁位于如来殿的二层,室内面阔三间,每间置一尊佛像,最为尊贵的是居中的毗卢遮那佛,他是密教的主尊佛。就在这尊毗卢遮那佛像的上方,原来镶嵌着一方精美的藻井。在一张老照片中还可见32间小型佛殿模型,紧挨着藻井最下端的方井外框(图20-10)。现该殿内缺失藻井之处,露出其上的木结构梁架。万佛阁原来的室内顶部除了藻井还有126块天花板,每块都彩绘着曼陀罗,就是表现密教宇宙观的世界图像。当这个藻井被拆卸时,那些小型佛殿模型和天花都一并被卸下了。纳尔逊博物馆除了收藏藻井之外,还藏有32座小型佛殿中的17座,以及原126块天花板的111块(图20-11)。

智化寺藻井选用上等的

图20-10 1931年拍摄的北京智化寺如来殿二层万佛阁及藻井(纳尔逊博物馆提供)

图 20-11（上） 纳尔逊-阿特金斯艺术博物馆藏北京智化寺万佛阁清代天花板（东北角）(1736—1796，柏木雕刻、贴金箔、浮雕龙图案，461.33 厘米 × 444.82 厘米，1931 年纳尔逊基金会购买，编号：31-118/1 B，纳尔逊博物馆提供）

图 20-12（下） 纳尔逊-阿特金斯艺术博物馆藏北京智化寺万佛明代阁藻井（1444 年，柏木雕刻、贴金箔、浮雕龙图案，444.82 厘米 × 461.33 厘米，1931 年由纳尔逊基金会购买，编号：31-118/1 A，纳尔逊博物馆提供）

楠木雕琢而成。流失美国的两方藻井，在样式、图案方面差异不大。万佛阁藻井平面略呈方形，其中二边长 444.82 厘米，另二边长 461.33 厘米，表面有明代晚期的镀金与彩绘。整个藻井四角以支条区划成八角形，再置方格二重，相互套合成内八角，空档内置"八宝"（图 20-12）。内八角与井心之间的斜板上环雕八条游龙。在中央的圆心部位雕着一条矫健粗壮的龙，盘绕垂首，俯视向下。周边则雕刻精细的缠枝花草图案。这个

藻井的整个结构精巧绝伦，以中国传统世俗的高贵象征表现着出世间佛教殿堂的神秘功能。

纳尔逊博物馆于 1931 年从北京智化寺获得了该藻井，自 1933 年 12 月该馆开幕以来，一直是馆内"中国佛寺"展厅中的重要展陈，被镶嵌在屋厅，距离地面约六米。但这件藻井是如何进入该馆的，却有三种说法。说法一是纳尔逊博物馆的口头相传。在 1930 年春夏之交，智化寺的和尚们将万佛阁的藻井卖给了木匠铺，因为它是楠木的，可以做成棺材。当时受雇于博物馆的史克曼曾经参观过智化寺，当他再次寻找殿内藻井时，发现已经不在了，听说在那个木匠铺的后院，等着做棺材。于是，他便出钱从木匠手里买了过来。因此，是他们拯救了这个藻井被做成棺材的命运。

说法二是根据当时居住在智化寺内的目击者的回忆。这个买卖的牵线人是居住在距智化寺仅两三百米的羊尾巴胡同（今阳照胡同）的纪姓古玩商，藻井是以 800 元或 1 000 元的价格卖给美国人的。是智化寺的住持普远和尚先卖给了纪某，纪姓古董商又转卖给了美国人。还说那天拆卸藻井时，天下着雨。似乎连老天爷都为之悲痛！

据老北京古玩界人士回忆，在旧北京古玩商中，只有一个姓纪的，因家中排行老三，人称"纪三爷"，是个专为洋人服务的掮客。史克曼当年在北京时，经常出入琉璃厂，广交古董商，为纳尔逊博物馆收获了大量中国文物。因此，史克曼应该认识这位纪三爷。很有可能的情况是：家住智化寺附近的纪三爷，对智化寺的情况十分熟悉。很可能是在纪三爷的引导下，史克曼才来到智化寺参观文物的，一眼便看中了这座斗八藻井。当纪三爷得知史克曼对智化寺藻井的兴趣之后，便充当了寺僧与史克曼的牵线人，促成了这笔交易。这样主动从中国寺院拆卸藻井，肯定是不光彩的事情。于是，美国方面便对此事讳莫如深。

说法三，是纳尔逊博物馆的档案记录。在这件藻井的档案说明文字中，记录着它在 1931 年 7 月之前由 E. A. Punnett & Co. 所有，并说这是一家在中国的公司。很有可能是在北京的一家古董商铺。通过史克曼，纳尔逊博物馆从 E. A. Punnett & Co. 的手中购买了这方藻井，时间是 1931 年。笔者不知晓这个公司与上述纪三爷是否有关，还是指的上述那个木匠铺。或者两者都不是，而是另一个古董商铺。

另外，根据著名建筑学家刘敦桢先生（1897—1968）于 1932 年在《中国营造学社汇刊》上发表的《北平智化寺如来殿调查记》一文和美方提供的旧照片可知，智化寺智化殿和万佛阁的两座藻井是在 1930 年夏、秋之际被拆卖的。事实的真相应该是这两座藻井分别由受雇于两个美国博物馆的研究人员，通过中间人——北京的一位古董商买走的。智化殿的藻井被时任费城艺术博物馆馆长与东方艺术策展人霍雷思·杰恩（Horace Jayne，1898—1975）购得。这个时期，正是中国文物大量流失海外的高峰期，两个精美的智化寺藻井也未能幸免，成为北京文物的一项重大损失。

不过，民国时期的 20 世纪 30 年代，北京智化寺僧人经济窘迫，为了生计，卖物、租屋无所不干。寺院住持普远和弟子们甚至将寺中的许多古松柏都卖给了棺材铺。于是，卖些寺内文物救急，就是情理之中的事了。另外，促成藻井被卖的还有中国古玩商人。所以，国宝的流失，只能是那个时代给中国带来的悲剧！

21

布伦戴奇旧金山赠奇珍

位于美国西海岸的加利福尼亚州（California）旧金山市（又名三藩市，San Francisco），是19世纪华人苦力们淘金的所在地。这里有一所收藏中国传统艺术品的世界闻名的博物馆——旧金山亚洲艺术博物馆（The Asian Art Museum of San Francisco）。这个著名博物馆的建立，和其中国艺术藏品基础的奠基人、工业家与收藏家布伦戴奇（Avery Brundage，1887—1975）密不可分。

布伦戴奇的传奇人生

很少有人会想到，这位创立亚洲艺术博物馆的布伦戴奇，最在行与最著名的工作是第15届国际奥林匹克委员会（International Olympic Committee，IOC）主席，从1952—1972年是他的任期。他是一名比较专业的体育运动员，也是一位著名的亚洲艺术品收藏家。

1887年，布伦戴奇出生于底特律（Detroit）一个工人家庭。他是首位非欧洲出身的国际奥委会主席。五岁时，他的父亲把家搬到了芝加哥（Chicago），不久就抛弃了妻儿。因此，布伦戴奇基本上是由亲戚扶养长大的。他从伊利诺伊大学（The

University of Illinois）毕业，专业是工程学，还是一名田径明星。他参加了 1912 年在瑞典首都斯德哥尔摩举办的夏季奥运会的五项全能和十项全能比赛，但没有夺得奖牌。在 1914—1918 年间，他夺得了三次美国田径赛冠军。同时，也建立了自己的建筑公司，成了建筑业界中的商业巨贾。当他从田径场上退役后，便开始致力于体育运动的行政管理工作，并且很快在美国体育组织中脱颖而出。1928 年，他担任了美国体育协会会长。1929 年，他开始担任美国奥林匹克委员会（American Olympic Committee）委员。他作为美国队的领队参加过 1936 年在纳粹德国柏林举办的夏季奥运会，并在同一年进入了国际奥委会工作。1946 年担任国际奥林匹克委员会副会长（图 21-1）。1952 年任第五任国际奥委会主席（IOC president）。1964 年 6 月，他访问过中国台湾，会见过蒋介石。

图 21-1　布伦戴奇在 1948 年英国伦敦奥运会上讲话

布伦戴奇对亚洲艺术的兴趣，来自他在 1936 年年初的德国加尔米施-帕滕基兴（Garmisch-Partenkirchen）冬季奥运会之后参观伦敦皇家艺术研究院（Royal Academy of Art）的一个中国艺术展览。他事后声称：和妻子一起花了一个星期参观了那个展览，深深地被中国艺术品迷住了。但他真正开始收藏亚洲艺术品则是在其于 1939 年两个星期的访问日本之后。在日本，他访问了横滨、京都、大阪、奈良、日光等城市。之后，他又访问了中国的上海和香港。由于当时中日间的战争，他无法在这次他的唯一一次中国行中探寻珍宝，是他一生的遗憾。

在 1939 年 6 月的国际奥委会伦敦会议之后，他决定成为一名亚洲艺术品收藏家。与弗利尔相似，他购买了很多关于亚洲艺术品的书籍，勤奋学习之下，便拥有了良好的亚洲艺术知识。因此，他具有购买一流艺术品的能力，很少被那些不良古董商欺骗。

1941 年年底美国参与二战之后，在美国的日本商家资产被冻结，给布伦戴奇带来了最佳的收购日本艺术珍品的机会。古董商们发现他很愿意花钱购买文物，但他却是一位知识渊博和非常棘手的议价对象。布伦戴奇聘用正在加州大学伯克利分校（The University of California-Berkeley）任艺术史教授的法国学者雷内-伊冯·勒费弗尔·达尔让斯（René-Yvon Lefebvre d'Argencé，1928—1997）为他收藏的策展人，以及购买顾问。他们两人决定：只有在两人都认可的情况下，才会购买一件艺术品。

他的良好的玉器收藏有上自新石器时代下至当代的作品，他还收藏了数百件中国、日本、朝鲜半岛的铜器与佛教造像。最惊人之举：他从卢芹斋的手中购得了闻名于世的铸造于后赵建武四年（338）的鎏金铜坐佛像，这是迄今发现的最早纪年中国佛教单体造像，被无数的论著谈及与发表，因为凡是研究中国佛教艺术史的专著都无法避开此像。这尊金铜佛像也使旧金山亚洲艺术博物馆闻名于世。他还收藏有来自河南洛阳龙门石窟、河北邯郸响堂山石窟的佛教雕刻，以及来自河南安阳修定寺著名的唐代亭阁式塔的砖模浮雕数件。在一篇 1948 年发表于《生活》（Life）杂志的关于布伦戴奇的文章中，历史学者与记者罗杰·巴特菲尔德（Roger Butterfield，？—1981）说："他的收藏被认为是这个国家最大与最重要的收藏之一。"

他最喜欢的中国画家是 12 世纪的北宋皇帝徽宗，但却无缘购得其作品。布伦戴奇多次购买从亚洲国家走私出来的艺术品。当他决定要卖掉一件自己的藏品时，一般都是出自他对这件文物兴趣的消失，并非想着从中获利。1954 年，他的藏品价值已超过了 100 万美元。到了 1960 年，美国记者罗伯特·沙普伦（Robert Shaplen，1917—1988）在其为《纽约人》（The New Yorker）杂志撰写的关于布伦戴奇的文章中说：他在担任国际奥委会主席期间，经常抽空去拜访艺术品商人，使他的藏品价值达到了 1 500 万美元。足见其收藏增长之快。

在 20 世纪 50 年代晚期，布伦戴奇越来越关心如何让社会利用他的藏品了。他在芝加哥和加利福尼亚的家都被藏品堆放

图 21-2（左） 布伦戴奇与他的收藏品

图 21-3（右） 位于金门公园的旧金山亚洲艺术博物馆（旧馆，常青拍摄于 2001 年 3 月 26 日）

满了，使他不得不将鞋盒子放在床底下（图 21-2）。1959 年，布伦戴奇同意将其部分收藏捐赠给旧金山市，条件是：旧金山必须建立一个新博物馆来收藏和展出这些艺术品。第二年，旧金山市市民投票通过了一项 272.5 万美元的债券发行，利用发行债券筹集资金建立新博物馆，用以安置布伦戴奇的捐赠品。这就是位于旧金山金门公园（Golden Gate Park）的亚洲艺术博物馆旧馆（图 21-3），于 1966 年向公众开放，和笛洋美术馆（M. H. de Young Memorial Museum）位于一个共同空间内。

1964 年，他在加州圣巴巴拉（Santa Barbara）的家拉皮涅塔（La Piñeta）发生了火灾，毁掉了许多他的藏品。1969 年，布伦戴奇准备向旧金山捐赠第二批收藏品时，他开出的条件之一，是要求旧金山市成立一个独立的管理机构，来负责管理这些艺术品，并将这些艺术品用于向人们进行东方文化的教育，教育经费 3 亿美元由旧金山市政府提供。为此，市政府专门成立了一个机构——亚洲艺术委员会，委员会主任由市长直接任命。这个委员会拥有精通亚洲各国艺术品的专家、文物保护专家，并负责筹集和管理博物馆所需的大部分资金。博物馆从此还拥有了自己的图书馆和影像档案馆。旧金山市政府仍然负责博物馆的建筑维修、安全保卫等，保障博物馆的正常运营。

1969 年，布伦戴奇又将他的一部分收藏捐赠给了这所博物馆，并立下遗嘱：在他死后，将所有剩下的藏品捐赠给博物馆。1973 年，此前一直名为"亚洲艺术文化中心"的博物馆正式更名为"旧金山亚洲艺术博物馆"。

与他结婚近半个世纪的妻子伊丽莎白（Elizabeth）于 1971 年去世。布伦戴奇曾开玩笑说，他的野心是娶一位德国公主。1973 年 6 月，他与德国罗伊斯-科斯特里茨亲王海因里希三十七世（Heinrich XXXVII, Prince of Reuss-Köstritz, 1888—1964）的女儿冯·罗伊斯公主（Mariann Charlotte Katharina Stefanie von Reuss, 1936—2003）结婚，使他的愿望得以实现。冯·罗伊斯曾在 1972 年联邦德国慕尼黑奥运会期间担任翻译。她说，她在 1955 年认识了布伦戴奇，当时她 19 岁。当布伦戴奇被记者问及他们相差 48 岁的年龄时，布伦戴奇回答说：他比自己的实际年龄显得年轻，而她相对于自己的年龄则显得成熟。因此，他们之间应该不是 85 岁和 37 岁的差别之大，而更应该像是 55 和 46 岁。

不幸的是，他与公主结婚不到两年，就在 1975 年 4 月因流感和严重咳嗽进入加米施-帕滕基兴医院（hospital at Garmisch-Partenkirchen）。1975 年 5 月 8 日，他因心力衰竭去世，葬在芝加哥的罗斯希尔公墓（Rosehill Cemetery）。

丰富的亚洲艺术品收藏与展览

旧金山亚洲艺术博物馆有中国、日本、南亚、喜马拉雅部，各部专家策展人各司其职。1985 年，又增加了东南亚部。1989 年，有了韩国艺术品收藏。此外，博物馆还拥有自己的图书馆、保存科学研究室和摄影部。旧金山市政府提供博物馆的正常运作费用，以及建筑物的维修。

该博物馆的宗旨除了收藏和展览，还要介绍和普及东方文

图 21-4 位于市民中心的旧金山亚洲艺术博物馆（新馆，常青拍摄于 2016 年 8 月 27 日）

化。博物馆常年举办各种东方文化知识讲座、示范教学，还经常组织学生参加博物馆活动。积极参与社会生活，使该馆赢得了更多社会人士的支持和赞助，不断收到一些大公司、基金会和个人的捐赠。由于不断有个人捐赠，其藏品也逐年增加。

随着藏品的不断增加，亚洲艺术博物馆需要更大的空间。1994 年，旧金山选民们再次通过为建设新的亚洲艺术博物馆而发行公债的决议案。经过近 10 年的筹备和建设，亚洲艺术博物馆终于在 2003 年隆重地迁入了位于市民中心（Civic Center）的新址（图 21-4）。这个新馆是由一座 20 世纪初法国风格的建筑改建而成的，与市民中心的市政厅等建筑风格相和谐。

新馆有 1.72 万平方米，将原来的使用面积增加了 125%。博物馆除常设的 33 个展厅外，还有两个总共 8 500 平方英尺（约 790 平方米）的专题展厅、三个教室和一个资源中心。博物馆还有一个附设的礼品廊和一个日本茶室，在日本京都建成，拆卸运到旧金山重新组装的。

如今，该馆拥有约 7 700 件布伦戴奇的亚洲艺术藏品，而整个博物馆的亚洲艺术品有 1.7 万多件，其年代跨越上下 6 000 年。该馆的所有收藏与展览分属七个部门，以地理划分，它们是南亚、波斯世界和西亚（the Persian World and West Asia）、东南亚、喜马拉雅和中国西藏佛教世界（the Himalayas and the Tibetan Buddhist World）、中国、韩国、日本。在各展厅的展览中，有三个主题十分重要：佛教的发展、贸易与文化交流、地方的信仰与实践。总体来说，这是一座在全美拥有亚洲艺术藏品最多的博物馆。

中国艺术品占所有馆藏品的 50% 以上，其中包括玉器、铜器、兵器、陶瓷、漆器、书画、丝织品（图21-5）、家具、金银器、珐琅、竹雕、象牙雕、玻璃器、角器等，还有许多佛教单体造像与造像碑，非常系统地展示着亚洲与中国的艺术史。其中青铜器、陶瓷和佛教雕塑为藏品强项，在博物馆界闻名遐迩。来自中国的陶瓷有2 000多件，涵盖了4 500年的中国陶瓷发展史。该馆有800多件商周时期的青铜器。收藏的玉器有1 200多件，从新石器时代至清代，为世界上收藏中国玉器最丰富的博物馆。中国佛教艺术包括单体石雕像、造像碑、绘画和金铜造像，还有凿自河南洛阳龙门石窟、河北邯郸响堂山石窟的石刻像（图21-6）。中国的世俗绘画与书法作品也有很多，上自10世纪，下迄21世纪，其中不乏名家之作（图21-7）。下面仅择几例细谈。

中国古代艺术撷英

西周凤鸟形青铜尊

　　这件尊被铸成了凤鸟形，整体造型是写实的，但鸟爪和尾却是抽象的（图21-8）。它的头昂起，凤眼圆睁，高冠直立，禽体丰满，两翼收紧，凤尾下垂。双腿与尾形成了稳定的三点支撑。器物上的各部位布满了羽片纹，均为抽象的半圆形阴刻上弧线，来表现凤鸟的羽毛。这种器物应为贵族宗庙祭祀用的礼器。周朝的人崇敬喜爱凤鸟，有"凤鸣岐山"的典故。因此，凤鸟形青铜尊便成为西周时期比较流行的祭祀礼器。

图21-5（上）　旧金山亚洲艺术博物馆藏清代织毯（设计有狮子玩锦球和花间蝴蝶的羊毛地毯，约1775—1825年，宽160厘米，长284.5厘米，布伦戴奇赠，编号：2010.376，旧金山亚洲艺术博物馆提供）

图21-6（中）　旧金山亚洲艺术博物馆中国佛教造像展厅（常青拍摄于2016年8月27日）

图21-7（下）　旧金山亚洲艺术博物馆中国书画展厅（常青拍摄于2016年8月27日）

图 21-8 旧金山亚洲艺术博物馆藏西周凤鸟形青铜尊（约前 1050—前 771 年，高 17.8 厘米，宽 12.7 厘米，布伦戴奇赠，编号：B60B7）

东汉陶座西王母仙境青铜摇钱树

在汉代（前206年—220年），统治者不鼓励人们参与没有被官方记录在案的祭祀活动，这种异端的祭祀被称为"淫祀"，包括对一些自然神如山神、土地神的崇拜。在汉帝国的西南部，一种非正统的祭祀活动在士大夫和平民中流行，就是对摇钱树的崇拜。汉代的摇钱树一般是铜质的，还有陶或石质的树座。它们的形态可能象征着社树，代表着社神，也就是土地神，它能给人们带来土地、粮食和财富。因而这种"树"又和"钱"联系起来，在树枝上挂上许多汉代发行的铜钱作为象征。因此，在社树上系钱是汉朝末年的一种淫祀。在东汉墓中发现的一件摇钱树座上，可看到浮塑的两个人物正在采摘一棵钱树上的铜币，展示了人们对这种吉祥树的崇拜和愿望。根据考古发现，总的来看，刻或塑在摇钱树座上的图像一般是吉祥动物，如象征长寿和财富的蟾蜍，还有如驾龙虎的西王母等神仙像。而青铜树枝上一般铸造着驾龙凤的西王母、神仙人物、仙兽仙鸟、铜钱等形象，表现了人们对长寿和财富的期盼。

亚洲艺术博物馆收藏的这件东汉陶座西王母仙境青铜摇钱树也是如此（图21-9）。靠近树顶部的主要人物是西王母，她坐在由龙和虎支撑的宝座上。在这棵青铜树上可以看到许多长着翅膀的仙人，他们是西王母天堂里的居民。挂在这棵树枝上的钱币复制品象征着对来世富足和好运的祝愿。这棵钱树曾被放置在坟墓中，希望死者的灵魂居住在昆仑山西王母娘娘的天堂时拥有财富。

有趣的是，在青铜树树干上还有佛像，结跏趺坐，右手抓衣襟，左手施无畏印，身穿通肩式大衣，有着希腊人的面相（图21-10）。在四川绵阳发现有类似的摇钱树树干上的佛像，四川乐山麻浩崖墓也发现了一尊类似风格的东汉浮雕坐佛像。摇钱树和崖墓中雕塑的主要题材本就是中国神仙，而用佛来代替神仙，正好说明了东汉佛教的特点。因为那时正是佛教初传

图 21-9（上） 旧金山亚洲艺术博物馆藏东汉陶座西王母仙境青铜摇钱树（25—220 年，来自四川地区，总高 175.2 厘米，直径 50.8 厘米，The Connoisseurs' Council 赠，编号：1995.79.a-.dd，旧金山亚洲艺术博物馆提供）

图 21-10（下） 旧金山亚洲艺术博物馆藏东汉陶座西王母仙境青铜摇钱树局部佛像（常青拍摄于 2016 年 8 月 27 日）

中国之时，中国人不了解佛为何种神灵。于是，从贵霜帝国来的僧人为了让中国人信佛，就谎称佛也是中国人信仰的神仙的一种。于是，才会有这种将佛与传统神仙杂糅的现象。佛的面相为希腊风格，因为那正是在犍陀罗地区流行的佛像风格。而犍陀罗地区正是东汉佛教的初传之地——贵霜帝国的领地。

那么，犍陀罗是怎么影响到中国西南地区的呢？根据考古资料显示，摇钱树主要在今四川和重庆地区发现，还有陕西南部和靠近四川的贵州西北部。东汉以后的三国时代（220—280），魏国（220—265）居于北方，蜀汉（221—263）控制着西南，吴国（222—280）经营着南方与东南方。此时的摇钱树发现在原东汉西南部即蜀汉，此地又连接着中国西北，特别是今甘肃西部地区，那里是中国通往贵霜帝国的丝绸之路的一个重要部分。根据文献记载，在2—3世纪，有很多移民通过今甘肃西部从贵霜和康居（今乌兹别克撒马尔罕）迁居到了中国西南地区，蜀汉就有一支由中亚移民组成的军队，其中就包括贵霜人。这些史料被当今四川考古发现的东汉墓葬中出土的具有中亚人面孔的陶俑所支持。这些中亚来的胡人带来了他们对佛教的信仰，还有犍陀罗的艺术实践。因此，在摇钱树上出现佛像，很有可能与四川的中亚移民信仰相关联。2—3世纪的中国人是把佛当作本土文化中神仙的一种来接受的，再用犍陀罗样式的佛像取代如摇钱树那样的祭祀物品上的本土神灵形象的地位。

后赵建武四年（338）鎏金铜坐佛像

这尊鎏金铜坐佛像，是目前发现的最早中国单体纪年佛像，被博物馆视为镇馆之宝（图21-11）。它是亚洲艺术博物馆中国藏品中出版最多的一件作品，几乎被所有有关中国早期佛教雕塑的主要出版物收录。它的重要性在于底座背面的残铭文，其中有"建武四年"字样，可将该像的制造追溯到338年。这尊佛像结跏趺坐，双手于腹前施禅定印，头顶的发髻表面有竖线发纹，身穿通肩式大衣，身下有方形台座。从风格上看，此雕像属于五胡十六国时期，也就是4—5世纪的风格。那时，中国佛教艺术主要接受来自古代犍陀罗地区佛教雕塑的影响，因此具有希腊式的面孔。这件小型雕塑原本可以供奉在一个家庭用的佛龛之中，

图21-11 旧金山亚洲艺术博物馆藏后赵建武四年（338）鎏金铜坐佛像（高42.5厘米，宽36.8厘米，厚11.4厘米，布伦戴奇赠，编号：B60B1034）

接受人们的崇拜。和其他佛像一样，这件作品的功能也是为资助者积累功德和善业。它所制造的地区属于后赵国，是一个由非汉族的羯族统治的中国北方国家，以今河北省为中心，统治时期为 319 — 350 年。除了信奉佛教之外，羯族统治者还利用中亚佛教和中国信徒的影响力来巩固自己的统治。

龙门石窟擂鼓台中洞唐代主佛头像

擂鼓台区位于河南洛阳龙门石窟东山的最南端，这里呈南北向开凿了三所大窟，被称为擂鼓台南、中、北洞，都是在武周时期（690—705）开凿的。在擂鼓台中洞窟外门楣上方，刻有"大万伍仟佛龛"的题额，指明了窟内的主要造像题材是一万五千佛，因此该洞也叫"大万伍仟佛洞"。中洞窟内平面近似于马蹄形，穹窿形顶，高 5.78 米，宽 6.3 米，深 7.7 米。在地面中央凿一个两层叠涩的横长方形基坛。该窟内部的平面近似于马蹄形，窟内正、左、右三壁都可以分为上、下两段，在正壁（东壁）下部有一个平面呈半月形的高 1.48 米的基坛，坛上雕出倚坐弥勒佛和二胁侍立菩萨像，作为窟内的一铺主像。这尊主佛的头部已经缺失了，就收藏在旧金山亚洲艺术博物馆（图 21-12）。他的头顶有馒头形肉髻，在发际和肉髻表面刻着水波纹，头发有比较写实的起伏感。他面相长圆而丰满，双目下视着众生，嘴角含着笑意，表现着典型的大唐东都洛阳风格。在窟内四壁和窟顶部位布满了小佛像，表现一万五千佛。

图 21-12　旧金山亚洲艺术博物馆藏龙门石窟擂鼓台中洞唐代主佛头像（高 43.2 厘米，宽 30.5 厘米，布伦戴奇赠，编号：B60S38+，常青拍摄于 2016 年 8 月 27 日）

美国

在窟内环绕着正、左、右三壁下段，浮雕着高一米许的二十五身僧人像，他们的身体都是向左侧着，自左壁西部起，到右壁西部为止，形成了一个师资相承的行列。这些僧人表现的是西土传法二十五祖像，从迦叶到师子比丘。可以看出，这是一所充满了宗教魅力的洞窟。主佛是该窟的灵魂所在，而主佛的头部正是他的精神体现。不幸的是，这件佛头却流落到了美国的旧金山。

明代仇英《竹林七贤》扇面

仇英（约1501—约1551），字实父，号十洲，明代著名画家，原籍江苏太仓，后移居苏州。他是明代吴门画派的四家之一。他早年曾经当过漆工、画磁匠，并为人彩绘栋宇，也曾以卖画为生。后成为闻名遐迩的大画家。仇英作品题材广泛，擅长画人物、山水、车船、楼阁等，尤其擅长仕女画。仇英画过不少折叠扇。这种扇子可以放在长袍宽松的袖子里，在需要的时候展示在其他人面前。自12世纪以来，扇子在中国精英与文人阶层中流行起来，而扇子上的图画或书法则展示了持有者喜好的各种主题和图像。仇英在有金色斑点的纸上画扇子，在苏州曾经引发了一股新时尚。金色的质地象征着风扇的高价值，也象征着持有者的财富。因此，这种扇子是当时最抢手的奢侈品之一，而拥有一把仇英画的扇子也是社会地位和精致生活品质的象征。

这幅扇面画展示了具有象征意义的流行故事，描绘了竹林七贤这七位隐居学者的生活方式（图21-13）。竹林七贤是指曹魏（220—265）末至西晋（265—316）初年的七位名士，包括山涛、阮籍、刘伶、嵇康、向秀、阮咸、王戎。他们的活动区域在当时的山阳县（今河南省焦作市）的竹林里面。这七人是当时玄学的代表人物，虽然他们的思想倾向不同。阮籍、刘伶、嵇康、阮咸始终主张老庄之学，山涛、王戎则好老庄而杂以儒

图 21-13 旧金山亚洲艺术博物馆藏明代仇英《竹林七贤》扇面（约 1550 年，金色斑点纸着墨和色，画面高 24.8 厘米，宽 54.9 厘米，旧金山亚洲艺术博物馆购买，编号：B79D5.i，旧金山亚洲艺术博物馆提供）

术，向秀则主张名教与自然合一。他们中的一些人成为司马氏政权的高官，而有的人则与司马氏集团持不合作态度。他们在生活上不拘礼法，清静无为，聚众在竹林喝酒、纵歌，揭露和讽刺司马家族朝廷的虚伪。这七人的生活方式与风格深受两晋与南北朝人们的喜爱，他们的艺术形象从此开始流行。仇英的这幅画描绘了一个世外桃园般的世界，不受人类战争和动荡的影响。

明代藏传佛教护经板

护经板也称封经板，是藏传佛教用于保护佛经的木质护板。由于板上通常会雕刻精美的佛教图像，属于藏传佛教艺术种类之一。它的历史可能上溯到 7 世纪。那时，从印度传入中国西藏地区的贝叶经书附有带孔的护板。以后，西藏的经书仍仿贝叶经的长条形式，书写在长条形藏纸上的散页，用黄布包裹。为了使经书固定成册，就用上等的木材按略大于经书的尺寸，精制成两块护板，上下夹护。其中位于上面的一块或雕或画，来表现一些佛教题材图像或吉祥图纹，当作经书的封面。

美国

而另一块则放在全书的底部，然后用干净的皮绳捆扎，并用特制的金属扣加以固定。这样的做法可以对经书起到保护和装饰作用，也便于经书的携带和传播。经书被藏传佛教信仰者视为圣物，不仅用于念诵，还可以用于供养、膜拜。

这件护经板原来应位于一本经书的上面，表面雕刻着复杂的图像（图21-14）。四周是叶状与联珠纹的边饰，中央的主尊是一位四臂神灵，他的左手上托着象征性的雷电，右手上托着一本经书，很可能表现的是智慧圆满的文殊菩萨。这件护经板所表现的主题很可能涵盖着板内经书的内容。两侧还各有一位坐佛，包括右侧的释迦牟尼正在以右手施触地印，以见证其成佛功德；左侧的阿弥陀佛双手放在腹前施禅定印。三位主尊的身后都有一个舟形大背光，背光的表面刻着各自的护法神。其中中央主尊身后的背光表面刻的是六拏具中的部分护法神。所谓六拏具，就是密教的六种护法形象。按《造像量度经》解释，他们是：大鹏金翅鸟，表现慈悲之相；鲸鱼，是保护之相；龙女，是救度之相；童男，是福资之相；兽王（即山羊），是自在之相；象王，是善师之相。六拏具经常出现在佛的背光之上，

图21-14 旧金山亚洲艺术博物馆藏藏传佛教护经板（明代，约1500—1600年，木板彩绘与镀金，高30.5厘米，宽73.7厘米，厚3.8厘米，布伦戴奇赠，编号：B60B182，旧金山亚洲艺术博物馆提供）

图 21-15 本书作者常青在旧金山亚洲艺术博物馆（旧馆）展出的后赵建武四年（338）金铜佛像旁留影（2001 年 3 月 27 日拍摄）

但往往不全，只表现六拏具中的部分护法，这块护经板即是。在三位主要神灵的大背光之间刻的是其他佛教神祇浮现而出，形成了热闹非凡的法会场面。

2001 年 4 月，我在美国华盛顿国家美术馆做高级访问学者时，第一次前往旧金山参观了亚洲艺术博物馆。那是位于金门公园（Golden Gate Park）的旧馆，是一座西班牙风格的建筑（图 21-3）。那时的博物馆，由于建筑陈旧，展出空间很有限，大部分佛教造像无法在展厅展出，只能平躺在库房的地面上。我不仅全面记录了展厅里的中国佛教造像，还在该馆策展人的帮助下，记录了所有库房里收藏的造像。记得在给这些造像拍照时，我只能横跨在一尊尊造像的身上，面对着躺在地下的造像拍照。当时心想这算不算是对佛的不敬啊！在那时的展厅里，我以无比激动的心情和后赵建武四年金铜佛像合影（图 21-15）。到了 2016 年 8 月，当我再次来到旧金山参观亚洲艺术博物馆时，该馆早已搬迁到了旧金山市政府所在的小广场，为了与周围的景观匹配，新的博物馆是一座欧式建筑（图 21-4），虽然它是展出亚洲艺术的场地。在馆内，展厅的面积比旧馆大大增加了，中国佛教造像展厅可以展出其收藏的大部分造像了。还有别的展厅，共同展出着中国古代艺术的历史。亚洲艺术博物馆里的中国文物，和旧金山街道上随处可见的华人，以及世界上最大的唐人街，共同述说着华人在新大陆的历史。

美国

22

李雪曼和三家博物馆藏珍记

2001年8月，我在华盛顿弗利尔美术馆的高级访问学者工作结束后，准备驱车前往堪萨斯大学攻读博士学位。弗利尔美术馆的一位策展人告诉我："你要开两天的车，中途会经过克利夫兰市（Cleveland）。克利夫兰艺术博物馆（Cleveland Museum of Art）收藏的中国古代艺术品非常好，你应该去看看。"于是，我就开车在8月24日晚上到达克利夫兰市，找了一家旅店住下。第二天上午参观了克利夫兰艺术博物馆，里面的中国藏品确实令我兴奋。特别是其中一件体量高大的唐代石雕十一面观音像，是我迄今见到的同类题材作品里最佳的一例，至今记忆犹新（图22-1）。还有一个深刻的记忆是：当我开车准备离开这座城市时，路经一个住宅小区，突然窜出一条狗，差点被我撞着，吓得我连忙急刹车。

俄亥俄州（Ohio）的克利夫兰市，是个有40万人口的中等城市（如在中国就是个小城市了）。而在20世纪20年代时，克利夫兰曾经是美国第五大城市，因为它那时的工业极其发达。靠钢铁、制造业发家的百万富翁云集在克利夫兰东区的一条大街——欧几里德大道（Euclid Avenue）。因为那里的富豪太多了，此街也就有了"百万富翁一条街"的美誉。但到了

图22-1 2001年8月25日本书作者常青在克利夫兰艺术博物馆展出的唐代十一面观音石雕像（编号：1959.12）前留影

20 世纪 80 年代，克利夫兰衰落了，因为以往的发达工业和制造业衰落了。但东区仍然是繁荣的艺术、科研、医疗、文化中心。克利夫兰艺术博物馆就坐落在东大道 11150 号（11150 East Boulevard），也就是在这条大街旁边一湾湖水的北端，周边是七八个博物馆、克利夫兰交响乐团音乐厅，还有著名的凯斯西储大学（Case Western Reserve University，CWRU）和美国知名的克利夫兰医学中心（Cleveland Clinic Main Campus）。

克利夫兰博物馆的建设与收藏

克利夫兰艺术博物馆是美国一座重要的美术博物馆，位于俄亥俄州克利夫兰市中心以东克利夫兰大学圈地区（图 22-2）。在克利夫兰的知名工业家希曼·赫尔伯特（Hinman Hurlbut，1819—1884）、约翰·亨廷顿（John Huntington，1832—1893）、和赫拉斯·凯利（Horace Kelley，1819—1890）的资助下，博物馆在 1913 年建立。博物馆及其所在的韦德公园（Wade Park）由当地建筑公司哈贝尔和贝尼斯（Hubbell & Benes）设计，采用希腊复兴式殿宇形制。韦德公园是克利夫兰大学圈附近的一个公园，所在的 75 英亩绿地是由当地的慈善家杰普莎·韦德（Jeptha H. Wade，1811—1890）捐赠的不动产。博物馆于 1916 年对外开放，其宗旨正如杰普莎·韦德的孙子、博物馆的首任副馆长

图 22-2 克利夫兰艺术博物馆外观（克利夫兰艺术博物馆提供）

杰普莎·霍默·韦德二世（Jeptha H. Wade Ⅱ，1857—1926）所说，是"永远为了全人类的利益"（for the benefit of all people, forever）。早在1913年，韦德二世就是该博物馆的创建人之一。博物馆开馆之后，他是首任副馆长。1920年，韦德二世任馆长。韦德公园如今主要是克利夫兰艺术博物馆、克利夫兰植物园和克利夫兰自然历史博物馆的园区，以及从公园南端面向艺术博物馆的韦德潟湖。这个公园以及位于公园中心的博物馆已成为在国家登记的历史遗迹（on the National Register of Historic Places）。

从2001年开始的一系列扩建和改造，使克利夫兰艺术博物馆的建筑格局得以创新，整个博物馆的空间被串联起来，既可容纳不断增加的艺术品收藏，也将原本不同的建筑整合为一体。克利夫兰艺术博物馆的新馆于2012年10月向公众开放。整个建筑共有四层，表面墙体由镜面黑色不锈钢覆盖，取代了旧博物馆馆址上复杂的场馆结构。由于克利夫兰艺术博物馆的馆藏有限，其工作的重点在于策划和举办公共的艺术项目及活动。因此，建筑师在博物馆的地下设计了一个两层楼高的多功能厅，用于满足开展丰富多彩的公共活动的需要。

克利夫兰艺术博物馆的收藏和展览划分为16个部门，包括中国，现代欧洲，非洲，绘画，版画，欧洲（绘画及雕塑），纺织，伊斯兰，美国绘画与雕塑，希腊和罗马，当代艺术，中世纪艺术、装饰和设计，前哥伦布和北美土著艺术，日本和韩国，印度和东南亚，摄影等。该馆收藏的艺术品总数超过6.1万件，永久收藏了来自世界各地的众多艺术品，特别是以大量前哥伦布艺术品、中世纪欧洲、亚洲和印度的艺术品而闻名于世。博物馆还拥有9.2亿美元的捐赠（2023年），是美国第四富有的艺术博物馆。此外，英格尔斯图书馆和博物馆档案馆（The Ingalls Library and Museum Archives）是博物馆的研究中心，向公众开放。它拥有超过56万册图书和丰富的电子资源，是美国最大、最全面的艺术研究图书馆之一。

李雪曼对克利夫兰的贡献

克利夫兰的中国艺术品收藏，是在历代馆长与策展人的努力之下得来的，李雪曼是其中最为杰出的一员，他是美国又一位享有盛誉的亚洲艺术史学家（图22-3）。李雪曼在华盛顿特区的美利坚大学（American University in Washington, D.C.）获得了学士与硕士学位。1939—1941年，李雪曼作为一名研究助理在克利夫兰艺术博物馆工作，以完成他在克利夫兰市西储大学（Western Reserve University，即今凯斯西储大学，Case Western Reserve University）学习的博士论文。1941年，他在西储大学获得博士学位。同年，他成了底特律艺术研究所（Detroit Institute of Arts）的远东艺术策展人，从此开始了他的亚洲艺术史研究与策展生涯。

二战期间，李雪曼参军服役。在战后的1946—1948年间，李雪曼转入在日本由驻日盟军总司令麦克阿瑟将军统辖下的"纪念碑、美术和档案部门"工作，负责检查远东参战国家的艺术品受损情况。不久，他退役，但继续以美国公民的身份留在日本东京，给麦克阿瑟将军当顾问，从事日本美术品和古迹的登记与保护工作。和他在一起工作的还有两位艺术史专家，他们是帕特里克·伦诺克斯·蒂尔尼（Patrick Lennox Tierney，1914—2015）和劳伦斯·史克曼。蒂尔尼是美国艺术史领域的日本学家，曾任犹他大学（The University of Utah）名誉教授、犹他州美术馆（The Utah Museum of Fine Arts）前日本艺术策展人，还曾任加利福尼亚州帕萨迪纳市（Pasadena）南加州大学（University of Southern California, USC）太平洋亚洲博物馆（Pacific Asia Museum）馆长。史克曼则是中国艺术史学家，后任堪萨斯城纳尔逊艺术博物馆馆长。

1948年，李雪曼加入了西雅图艺术博物馆（Seattle Museum of Art），成为该馆的助理馆长，并于1951年成为该馆副馆

图22-3 李雪曼（1918—2008）

长。此间，他曾在西雅图的华盛顿大学（The University of Washington）讲授亚洲艺术史。

在李雪曼的亚洲艺术史生涯中，他对克利夫兰的贡献最大、最显著。根据前大都会艺术博物馆馆长菲利普·德·蒙特贝罗（Philippe de Montebello, 1936—? ）的说法，李雪曼是"一位著名的亚洲艺术专家"，他因"在各个领域购入大量重器，真正改变了克利夫兰艺术博物馆，他应该被人们铭记。"事实的确如此。1952 年，李雪曼又回到了克利夫兰，成为该馆的首席东方艺术策展人。1957 年，他被任命为助理馆长。1958 年，他成为副馆长，后来又成为馆长，直至 1983 年退休。在李雪曼长期为克利夫兰艺术博物馆工作期间，他为该馆收购了大量的亚洲艺术品，包括数量众多的精美中国文物，种类有佛教造像、青铜器、陶瓷器、金银器、书画等，使这所博物馆一跃成了美国著名的亚洲艺术品的收藏地之一。

克利夫兰的中国珍宝举例

战国时代嵌错鸾鸟青铜莲盘

克利夫兰艺术博物馆收藏的中国古代器物中不乏珍贵之作。在其收藏的青铜器中，有商晚期的提梁凤纹方卣，满身装饰着纹饰，表面有五层凤鸟纹错落有致，比例极其和谐。还有安阳殷墟出土的商代兽面纹斝，器形庄严肃穆，是斝中的杰作。有一件西周牛角兽面纹尊，其三段式的结构有安阳殷墟同类器物的遗风。一件制造于西周早期的夫父丁鼎，高 57.4 厘米，器形大而宏伟，口沿厚实，颈部有三组兽面纹，浮雕感极强，底纹雕刻规范而遒劲，在器物内有铭文曰"夫父丁"。此外，该馆还收藏有春秋晚期的龙耳方座簋，战国时期的嵌错鸾鸟莲盘，后者采用青铜镶嵌孔雀石和蓝铜矿粉末的技术制作而成。其中的鸟嘴上昂，衔莲盘，具有灯的功能。该鸟呈振翅欲

图 22-4 克利夫兰艺术博物馆藏战国时代嵌错鸾鸟青铜莲盘（高 23.3 厘米，Leonard C. Hanna Jr. 基金购买，编号：1991.8，克利夫兰艺术博物馆提供）

飞之态，鸟爪紧扣圆形器座，有着丰富的想象力，工艺极其精湛（图 22-4）。还有出土于湖南长沙的战国漆木双鹤双蛇鼓座，于 1948 年外流至美国，是典型的楚国器物风格。时代晚一些的器物有东汉绿陶瞭望台，南北朝龙首三足酒器，唐代三彩马与骆驼，宋代的汝窑洗等。

北凉石塔

克利夫兰艺术博物馆收藏有丰富的中国佛教艺术品。其中有435年制作的来自甘肃北凉国（397—439）的小石塔（图22-5）。北凉国是十六国晚期在甘肃河西走廊兴起的一个小国，但却具有发达的佛教文化艺术，对之后统一中国北方的北魏国产生过影响。现存的北凉国佛教艺术有武威天梯山石窟、张掖金塔寺石窟、酒泉文殊山石窟等，还有在新疆吐鲁番、酒泉等地发现的十几座小石塔，许多有着明确的纪年，是研究北凉国佛教艺术的珍贵资料。克利夫兰的这件北凉石塔造于缘和四年（435），有着与别的北凉石塔相同的八角形平面底座和覆钵形塔身，塔身上雕七坐佛与坐姿相同的弥勒菩萨像，形成了佛教的过去六佛、现在释迦牟尼、未来弥勒佛的传承体系。

唐代十一面观音雕像

克利夫兰艺术博物馆还收藏了北齐国（550—577）的大理石立佛五尊雕像、形体巨大的唐代石雕十一面观音像、唐代做工精细的夹纻干漆坐菩萨像、宋代木雕彩绘立菩萨像等。其中的十一面观音雕像，是同类题材雕刻像中的佼佼者（图22-1、图22-6）。这件十一面观音像有着胖圆的面相，双目慈悲，下视众生。残存的躯干丰腴，但仍有窈窕之感。他的主头上还有十个小头，分三层排列：最下一层有七头，其中有五头为忿怒相，二头为菩萨相。中层三头与上层一头均为忿怒相。十小头上均束高发髻，且在发髻前均有一尊小型的结跏趺坐佛像，表现的是观音的主人阿弥陀佛。目前，还没有发现比这件造像更为优美的唐代十一面观音像。

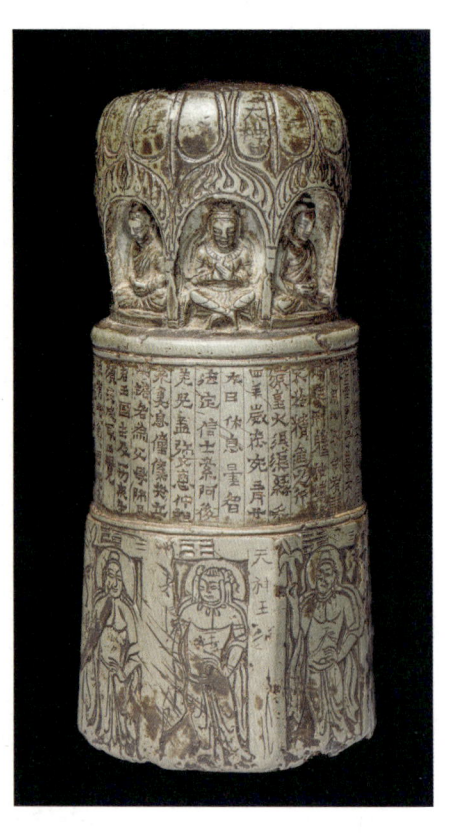

图22-5 克利夫兰艺术博物馆藏北凉石塔（435年，16.9厘米，J. H. Wade基金购买，编号：1990.84，克利夫兰艺术博物馆提供）

图22-6（右页） 克利夫兰艺术博物馆藏唐代十一面观音雕像（700年前后，灰色砂岩，129.6厘米×63.6厘米×25.4厘米，Severance and Greta Millikin赠，编号：1959.12，克利夫兰艺术博物馆提供）

美国

唐代干漆夹苎菩萨坐像

有一件唐代干漆夹苎菩萨坐像，也是难得的珍品（图22-7）。干漆夹苎可分为"脱胎干漆夹苎"与"木心干漆夹苎"两种技法。脱胎干漆夹苎使用泥塑成胎，再用漆将苎麻布层层裹在泥胎外，形成造像外形的漆壳。待漆干后，再将泥胎取出，脱空而成像。木心干漆夹苎则以木材为胎，也是用漆层层敷上苎麻布，待成形后，并不将木胎取出。这种造像因其工艺复杂

图22-7 克利夫兰艺术博物馆藏唐代干漆夹苎菩萨坐像（约700年，高44厘米，宽37厘米，霍华德·帕梅利·埃尔斯的妻子阿黛尔·奇索尔姆·埃尔斯赠，以纪念其夫，编号：1983.86，克利夫兰艺术博物馆提供）

与轻便而有很高的声誉。一般干漆佛像适合用于"行像"仪式，但它的缺点是容易被毁坏，因此难以保存于世。由此看来，克利夫兰收藏的这尊唐代脱胎干漆夹苎菩萨坐像，就十分难能可贵了。它表现的是一位十分可爱的游戏坐供养菩萨像，属于地位高的佛教神灵的胁侍。

现存最早的干漆夹苎造像，是保存在美国的三件隋代作品，都是结跏趺坐佛像，分别被大都会艺术博物馆、弗利尔美术馆、马里兰州巴尔的摩沃尔特斯艺术博物馆（Walters Art Museum, Baltimore, MD）收藏。在唐朝，鉴真和尚（688—763）东渡日本弘法，后被尊为日本律宗祖师。他的弟子为鉴真制作了一件干漆夹苎坐像，现藏于奈良唐招提寺，被日本奉为国宝。

明代周臣《流氓图》卷

李雪曼还为克利夫兰艺术博物馆建立了一个精品中国绘画收藏，有一大批五代（907—960）至现代的著名画家作品，在书画界极富盛名。其书画收藏所涵盖的大画家有五代巨然，南宋米友仁、梁楷、刘松年、马远、马麟、李嵩、牧谿，元代赵孟頫、吴镇、倪瓒，明代戴进、周臣、唐寅、蓝瑛、文徵明、丁云鹏、董其昌、吴彬，清代陈洪绶、髡残、八大山人、王翚、石涛、王原祁、华喦、罗聘、虚谷，现代齐白石等人。

明代周臣的《流氓图》卷绘于明正德十一年（1516）。这幅作品的原作是一本包含 24 幅人物画的册页，如今已被装裱成两幅手卷画，一幅收藏在克利夫兰博物馆，另一幅收藏在夏威夷的火奴鲁鲁艺术博物馆（Honolulu Museum of Art，HI）。克利夫兰的这幅画描绘了六位人物（图 22-8）。当时，生活在苏州的周臣罕见地描绘了曾经充斥着街市的底层贫困人群，包括乞丐和街头耍把式卖艺的。尽管明代的苏州是座繁荣昌盛的城市，但其经济的快速发展却导致了社会阶层的两极分化。富人很富有，而那些被迫离开自己的农田、无家可归之人，或是失业、

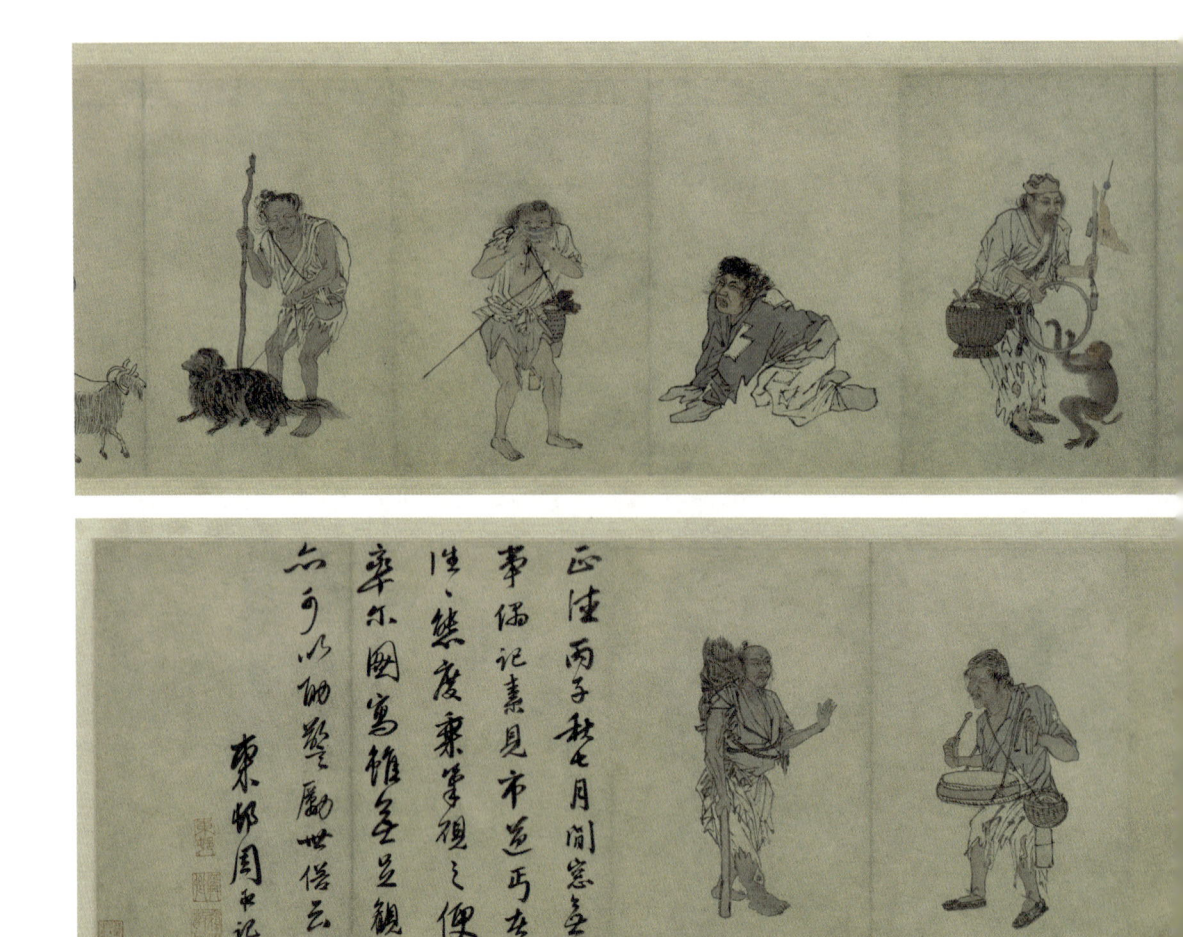

生病之人，流浪的残疾人，却生活在社会的底层，过着食不果腹的日子。这些社会上的人物激起了画家的同情心而作此画。在画前题写"周臣流氓图"的赵鹤琴（1894—1971），字惺吾，号铁樵，浙江鄞县人，是现代书法、篆刻、绘画家。画后有周臣的亲笔题记："正德丙子秋七月，闲窗无事，偶记素见市道丐者种种态度。乘笔砚之便，率尔图写。虽无足观，亦可以助警励世俗云。东邨周臣记。"

图 22-8 克利夫兰艺术博物馆藏明代周臣《流氓图》卷（1516年，纸本着墨与淡彩，31.9 厘米 x 244.5 厘米，John L. Severance 基金购买，编号：1964.94，克利夫兰艺术博物馆提供）

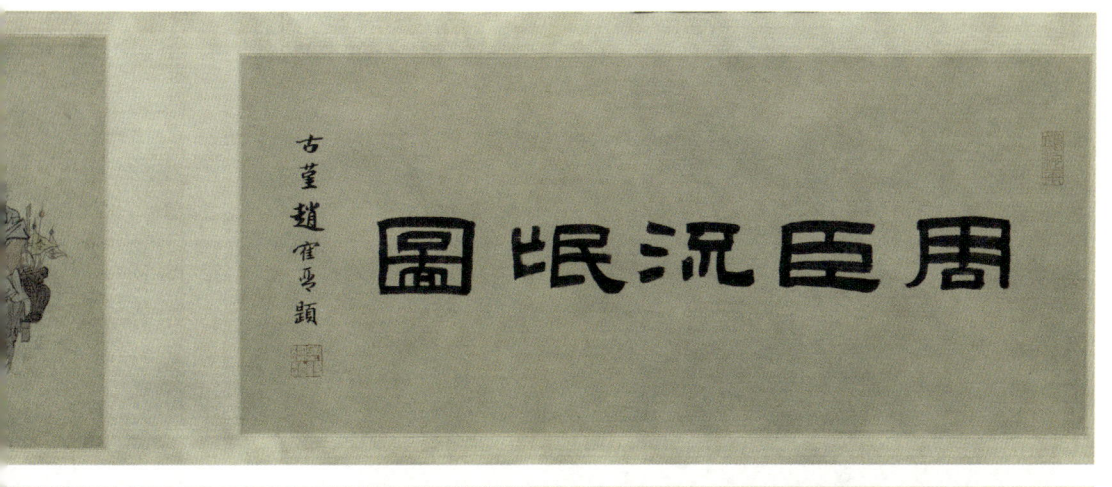

清代郎世宁绘《乾隆帝及后妃图卷》

　　乾隆帝后和 11 位妃子的肖像也是其中的一幅名画。这幅肖像画中的乾隆皇帝只有 26 岁，即他在位的第一年。画中青年时代的乾隆皇帝面目清秀，神采奕奕（图 22-9），旁有墨书题记曰"乾隆元年（1736）八月吉日"。他的肖像之后是皇后和 11 位妃子的肖像，记录了宫廷女性在获得各自封位时的样子，真实描绘了乾隆皇帝一生的不同阶段所娶妃子的样貌。前三幅皇帝、皇后、令妃（1727—1775，未来嘉庆皇帝的母亲孝仪纯皇后魏佳氏）的肖像画是由在清代宫廷工作的意大利耶稣会

图 22-9 克利夫兰艺术博物馆藏清代郎世宁绘《乾隆帝及后妃图卷》中的乾隆帝（1736—1770 年，绢本着墨色，画面 53 厘米 x 688.3 厘米，John L. Severance 基金购买，编号：1969.31，克利夫兰艺术博物馆提供）

（罗马天主教）传教士画家郎世宁（Giuseppe Castiglione，1688—1766）绘制的，而后几幅则由中国宫廷画家创作。画卷上所绘的均为 13 位人物着冬季服冠的半身肖像。

这幅画是专供乾隆皇帝玩赏的，不是画给外人看的。而乾隆一生只看过三次，即绘制完成之时、七十岁时和他退位之际。在乾隆肖像头部左上侧钤有"古希天子"圆章，是为乾隆 70 岁寿辰的美称。在其画像右侧盖有"八徵耄念之宝"方印，这是乾隆 80 岁华诞的嘉号。这些肖像画有助于确认皇帝与后妃的地位，建立他们之间的角色和身份关系。这幅手卷画也是皇室的家庭档案画，表明乾隆构建的帝王形象与自我家庭成员的密切关系。这幅画被存放在一个雕花红漆盒中，据传原属圆明园。1860 年，英法联军火烧圆明园后，此画被掠夺并流失海外，于 1969 年被克利夫兰艺术博物馆收藏。

李雪曼与洛克菲勒的中国文物

在李雪曼为克利夫兰艺术博物馆工作期间，他还受石油大王洛克菲勒基金会的邀请为他们购买亚洲艺术品。约翰·戴维

图 22-10　约翰·戴维森·洛克菲勒三世

森·洛克菲勒三世（John D. Rockefeller Ⅲ，1906—1978）是美国慈善家（图 22-10），洛克菲勒家族的第三代成员，小约翰·戴维森·洛克菲勒（John Davison Rockefeller Jr.，1874—1960）的长子和第二个孩子，也是标准石油公司（Standard Oil）联合创始人约翰·D. 洛克菲勒（John Davison Rockefeller Sr.，1839—1937）的孙子。他是洛克菲勒所有与社会相关的家族事业的下一任管理者，参与了一系列慈善项目，其中许多项目是他的家族发起的，并支持与东亚事务相关的组织。自 1929 年以来，他总共在 20 个不同机构的董事会中担任职务，其中大部分与家族有关，包括洛克菲勒大学（Rockefeller University）、纽约国际之家（International House of New York）、中华医学基金会（China Medical Board）等。他还于 1952 年创立了人口委员会，并重组了日本协会（Japan Society）。此外，他还为非裔美国人的继续教育设立了联合黑人学院基金（United Negro College Fund），继承了祖父在亚特兰大斯佩尔曼学院（Spelman College in Atlanta）资助黑人女性教育的家族传统。

　　他在亚洲文化事务上的一项重要贡献，就是在 1956 年建立了亚洲协会（Asia Society），旨在促进亚洲与美国之间的更大合作。此前，他们夫妇二人曾多次造访日本及南亚、东南亚等国，结识了多位亚洲国家元首，并于 1953 年建立经济文化委员会（Council on Economic and Cultural Affairs, Inc.），支持以亚洲为重点的国际经济活动。1960 年，亚洲协会的首个展览"美国收藏中的亚洲艺术珍品"（Masterpieces of Asian Art in American Collections）在当时纽约的"亚洲之家画廊"（Asia House Gallery）举办，展品由李雪曼与其他几位重要的亚洲艺术史专家挑选，包括纳尔逊-阿特金斯艺术博物馆馆长史克曼。可能是因为这个机缘，1963 年，李雪曼成为洛克菲勒三世亚洲艺术品收藏的顾问。在此后的 15 年时间里，李雪曼帮助洛克菲勒三世与其妻子组建了全美国著名的亚洲艺术品私人收藏。

美国

洛克菲勒家族的收藏从藏品的绝对数量上不能跟以往的如弗利尔那样的收藏大家相比，但他们的收藏眼光却有独到之处。当洛克菲勒三世开始自己的收藏时，欧美的很多大小博物馆已经建立了很好的亚洲艺术品收藏。所以，他们决定不再做一个综合性的亚洲艺术品收藏，而是挑选各个门类的精品，尤其是雕塑和器物类的精品。

到了 1970 年，洛克菲勒三世夫妇的亚洲艺术品收藏已经很丰富了，于是就在这年，李雪曼在亚洲协会策划了展览"亚洲艺术：洛克菲勒三世夫妇收藏精选"（Asian Art: Selections from the Collection of Mr. and Mrs. John D. Rockefeller 3rd）。1974 年，洛克菲勒三世夫妇正式宣布将其收藏赠予美国亚洲协会。1975 年，李雪曼又策划了展览"亚洲艺术Ⅱ：洛克菲勒三世夫妇收藏精选"（Asian Art, Part II: Selections from the Collection of Mr. and Mrs. John D. Rockefeller 3rd）。

1978 年 6 月 11 日，约翰·洛克菲勒三世在一起车祸中不幸去世。1979 年，洛克菲勒三世夫妇的收藏正式移交亚洲协会。到了 1981 年，洛克菲勒三世夫妇的全部收藏迁移至位于纽约曼哈顿公园大道 725 号的亚洲协会现址，并在此地展出（图 22-11）。

2006 年，我在纽约大都会艺术博物馆做博士后研究期间，曾经来到亚洲协会博物馆，参观了洛克菲勒三世夫妇的亚洲艺术藏品。这个博物馆给我的印象是小而精。展出的中国古代艺术品不多，但质量很高。这个亚洲艺术品收藏就是 1963—1978 年期间在艺术史学家李雪曼的建议下建立的。

图 22-11　位于纽约市的亚洲协会总部

亚洲协会博物馆藏品包括传统和当代的亚洲及亚裔美国艺术，藏品包括古代雕塑、绘画和器物等类，地域包括东亚、东南亚、南亚、喜马拉雅山文化圈。其中有来自巴基斯坦、印度、孟加拉国、尼泊尔、缅甸、泰国、柬埔寨、越南、印度尼西亚、中国、韩国和日本的约 380 余件艺术品和手工艺品，跨越的时代上自前 11 世纪，下至 19 世纪。目前，洛克菲勒的收藏是亚洲协会博物馆馆藏的核心。1981年亚洲协会新大楼启用时，洛克菲勒三世的藏品被完整地展出。如今，该馆的藏品不仅包括1978年洛克菲勒三世赠送的作品，还包括此后该馆的收购，以及其他收藏家的捐赠品等。此外，洛克菲勒三世的妻子——布兰切特·费里·胡克·洛克菲勒（Blanchette Ferry Hooker Rockefeller，1909—1992）在丈夫去世后继续对亚洲协会慷慨解囊，并将其遗产中的一部分遗赠给博物馆。该馆的当代收藏开始于2007年，数量增加很多，其中包括来自亚洲和美洲艺术家的100多件重要的视频、动画、摄影和新媒体艺术作品。

在洛克菲勒三世夫妇收藏的中国古代艺术品中，有仰韶文化彩陶、商周时期的青铜器、汉唐时代的随葬陶俑、唐代金银器、唐代佛教石雕造像、宋明时期的瓷器、明代漆器、宋至清代的绘画等。其中的一件唐代高脚银杯带有压花、雕花、雕刻和镀金的制作技术，可以追溯到伊朗和粟特（以今乌兹别克斯坦为中心）的金属制品，展示着唐朝与中亚各国之间的文化交流（图22-12）。在杯身浮雕的叶瓣上，开花的藤蔓与鸟类交替出现在仰莲瓣状的景观中，这是佛教对该杯设计的影响。高脚杯在中国古代文化中一直被使用，早期的陶瓷制品经常用于对神灵的祭祀。

图22-12 纽约亚洲协会博物馆收藏的唐代银杯（7—8世纪，4.8厘米×6.4厘米，洛克菲勒三世夫妇藏品，编号：1979.118p，亚洲协会博物馆提供）

在洛克菲勒三世向亚洲协会捐赠的藏品中，来自中国宋、明时期的瓷器是一个强项。洛克菲勒三世从他父亲那里继承了对中国陶瓷的热爱。他的父亲小约翰·洛克菲勒以收藏明朝（1368—1644）的法华瓷器和清代康熙时期（1662—1722）的珐琅彩瓷器而闻名。洛克菲勒三世

的中国瓷器收藏不仅包括官窑瓷器,还有在中国国内市场和外销市场上流行的优质瓷器品种。在他们夫妇和李雪曼的共同努力下,共收藏了 60 多件宋代至清代的精品瓷器,都是他们在 1960—1977 年间从北美和欧洲的经销商和收藏家那里获得的。

其中的一件杰出藏品是磁州窑的白地黑花梅瓶(图 22-13)。磁州窑,是宋元时期中国北方代表性的民间窑场,位于河北省磁县,古称磁州,故名磁州窑。该窑生产的白地釉下彩绘瓷最有代表性,运用黑白对比的装饰手法,起到了强烈而明快的装饰效果,富有北方地区的民俗风格。这件瓷瓶的浅灰色胎上施有一层白色泥浆料,这种泥浆料用质量良好的高岭土制成,能够使器物表面更加细腻,被称为化妆土。然后用黑色泥浆覆盖。将设计的轮廓切入黑色浆料后,再将背景部分剔掉,露出下面的白色,保留黑色的图案。然后,再在整个器身表面(除足外)均匀地涂上一层薄薄的、略带白色的透明釉。在这件藏品的设计中,一朵牡丹占据了中心位置。花瓣、叶子和弯曲的图案,在黑白剔刻的轮廓下,显得十分清晰、灵动,图案的分布比列也是平衡的。这种瓶子的形状被称为"梅瓶",是中国陶瓷历史上最流行的形式之一,并使用了几个世纪。它虽然被称为花瓶,但它们很可能是用于储存和盛酒的瓶子。

图 22-13 纽约亚洲协会博物馆收藏的金代磁州窑梅瓶(12 世纪,高 31.8 厘米,宽 21.6 厘米,洛克菲勒三世夫妇藏品,编号:1979.141,亚洲协会博物馆提供)

李雪曼与亚克兰的中国文物

1983 年,李雪曼在克利夫兰艺术博物馆馆长任上退休,于第二年移居北卡罗莱那州(North Carolina)的教堂山市(Chapel

Hill），被北卡大学（The University of North Carolina）聘为客座教授，讲授亚洲艺术史。北卡大学有一所博物馆，叫亚克兰艺术博物馆（Ackland Art Museum）（图22-14），那时，该馆没有亚洲艺术品收藏。此后，李雪曼就帮助亚克兰艺术博物馆购买亚洲艺术品，建立亚洲艺术品收藏，并把自己收藏的100多件亚洲艺术品捐赠给了这所博物馆，成了该馆亚洲收藏的基础。其中包括中国佛教造像、器物、绘画等。

我于2006—2008年间在亚克兰艺术博物馆工作，担任亚洲艺术策展研究员（curatorial fellow of Asian art）两年。我在该馆独立策划了四个展览：常规的东亚艺术展厅（图22-15）、印度艺术展厅、东南亚艺术展厅，和一个特别展——"笔之精神：中国书法与绘画"（The Spirit of the Brush: Chinese Calligraphy and Painting）。这些展览的主要展品就是来自李雪曼的捐赠，以来自中国、日本、印度的雕塑、绘画、器物为主。

那么，李雪曼是怎么建立起自己的收藏的呢？他在克利夫兰担任馆长期间，经常为博物馆购买艺术品，就有了很多接触高档古代艺术品的机会，但他的职业道德非常强。他总是给克利夫兰艺术博物馆购买一流的艺术品，如果遇到一些二三流的艺术品，价钱也不太贵，他就自己买下了。因此，他捐给亚克兰的自己的收藏，与他给克利夫兰和洛克菲勒购买的文物相比，在质量上差别很大。例如，前文已述，李雪曼给克利夫兰购买的中国绘画，都是一流画家的作品。而他自己则购买了一些二三流画家的作品，如一件清代二流画家的作品，那就是钱慧安（1833—1911）的一幅人物画。钱慧安，初名贵昌，字吉生，号清溪樵子，宝山（今属上海）人，擅长画人物仕女，画风受陈洪绶的影响。李雪曼收藏的这幅钱慧安的《携琴访友图》轴

图22-14（上）亚克兰艺术博物馆（常青拍摄于2006年4月6日）

图22-15（下）本书作者常青在亚克兰艺术博物馆独立策划的东亚艺术展厅（亚克兰艺术博物馆拍摄于2007年3月7日）

绘于清光绪四年（1878），描绘了一位清代文人在仆童的伴随下携琴访友的情景，背景有山、桥、松、溪（图22-16）。

图22-16 亚克兰艺术博物馆藏清代钱慧安绘《携琴访友图》轴（1878年，纸本着墨与淡彩，画面60.9厘米×96.5厘米，李雪曼夫妇赠，编号：92.11.1，常青拍摄于2006年9月9日）

在李雪曼帮助该馆购买的中国文物中，有一件干漆夹苎关羽像值得注意（图22-17）。关羽是东汉末年的军事将领，屡建功勋，后被曹操与孙权联军所败，被杀。他的忠勇事迹在元末明初小说家罗贯中（约1330—约1400）写的《三国演义》中被充分演绎，从而广为流传。由于他的忠勇很受儒家学者的推崇，在宋、元、明、清时期，关羽已变成了忠勇之神，受到了人们的广泛崇拜，被尊称为"关帝"，并在各地建庙祭祀。这件关羽干漆塑像大约制作于明代的15世纪90年代，他身披战袍，头戴幞头，足登战靴，右臂下伸，右手原持有青龙偃月刀，已佚；左手抚其用鬃毛做成的美髯，表现着大无畏的英雄气慨。前文已述，古代的干漆夹苎像很少有保存至今的，这件造像也是难得的珍品了。

北卡大学是美国有史以来的第一所公立大学，建立于1789

年。北卡罗莱那州的教堂山市，就是倚靠北卡大学建立起来的大学城，总人口只有六万，而北卡大学的师生员工总数就有三万人左右。但是，这个位于美国东部偏南的小城市，气候温和宜人，风景优美，到处都是原始森林，是美国著名的退休养老城市。因此，我在这个城市生活的两年里，到处可见老年人。而李雪曼之所以退休以后和夫人选择在此地居住，也是这个原因。但这里的缺点就是人少、寂寞。李雪曼的晚年也是如此。特别是当他在一生的最后几年里身患帕金森综合征，外出要在家人的帮助下乘坐轮椅，行动不便，时常感到很寂寞。当他实在太寂寞时，就和亚克兰博物馆联系，想去馆里看看展览和自己捐赠的亚洲古代艺术品。

图 22-17 亚克兰艺术博物馆藏明代干漆夹苎关羽像（约 1490 年，71.7 厘米 x 33 厘米 x 28.5 厘米）

于是，我在 2006—2008 年间有幸见到李雪曼及其家人四次。记得有一天，馆长告诉我李雪曼要来，说是想看他的收藏品，让我准备一下。我就选择了几件他的藏品，还有几个他以前帮助博物馆购买的艺术品，在库房里安置好，算是给他办了一个小展览。那天，李雪曼坐着轮椅，在他的两个女儿和夫人的陪同下，来到了博物馆。我先带他们参观展厅，再带他们参观库房。他的一个女儿也曾经担任过克利夫兰艺术博物馆的馆长，那时也退休了。我见到了他们全家很高兴，并和李雪曼在博物馆的库房里合影留念（图 22-18）。

2008 年 7 月 9 日，李雪曼逝世，终年 90 岁。第二年，李雪曼原来工作过的克利夫兰艺术博物馆举办了"无尽山水"（Streams and Mountains without End）艺术展，亚克兰艺术博物馆也同时举办了"竹林之贤"（Sage in the Bamboo Grove）艺术展，以纪念这位杰出的亚洲艺术史学家。同样在 2009 年，位于纽约的亚洲协会也举办了展览

图 22-18 2007 年 7 月 3 日本书作者常青在亚克兰艺术博物馆库房与李雪曼及其夫人露丝·李（Ruth Lee）合影留念

"亚洲之旅：战后美国的艺术品收藏"（Asian Journeys: Collecting Art In Post-War America），虽然主要是在介绍洛克菲勒三世夫妇的收藏，但也在赞扬李雪曼对这个收藏的杰出贡献。

李雪曼著作等身。他出版的关于亚洲艺术的书有《中国山水画》（*Chinese Landscape Painting*，1954 年）、《日本装饰风格》（*Japanese Decorative Style*，1961 年）、《远东艺术史》（*A History of Far Eastern Art*，1964 年）、《柬埔寨古代雕塑》（*Ancient Cambodian Sculpture*，1969 年）、《水墨色彩：克利夫兰艺术博物馆藏中国绘画及相关陶瓷》（*The Colors of Ink: Chinese Paintings and Related Ceramics from the Cleveland Museum of Art*，1974 年）、《日本设计的天才》（*The Genius of Japanese Design*，1981 年）、《日本艺术中的现实反思》（*Reflections of Reality in Japanese Art*，1983 年）、《过去、现在、东方和西方》（*Past, Present, East and West*，1983 年）等。其中影响最大的是他在 1964 年出版的《远东艺术史》，至 20 世纪 90 年代已修订再版五次，至今仍是许多美国大学学习亚洲艺术史的必用教材。我在美国密苏里大学圣路易分校（University of Missouri-St. Louis，缩写 UMSL）教授亚洲艺术通识课五年多，就是使用这本书为教材。

23

圣路易斯艺术博物馆

图 23-1　2001 年 8 月 26 日本书作者常青在圣路易斯艺术博物馆前留影

圣路易斯市（St. Louis, MO）位于密苏里州的东部，是密苏里州最大的城市，人口约 60 万。圣路易斯是在 1764 年由法国皮毛商人建立，名字来源于法国国王路易九世（Louis IX, 1214—1270）。路易九世是法兰西王国卡佩王朝（Capétiens）第十一位国王（1226—1270 年在位），在位期间，进行司法、货币和军事改革，加强并巩固王权，发展文化和艺术，使卡佩王朝达到鼎盛时期。因其执法公正、信仰虔诚，接连发动两次十字军东征，对天主教的传播贡献巨大。因此，在他死后不久便被追封为"圣徒"，后世称其为"圣路易斯"（Saint Louis），并称他的统治时期为"圣路易斯的黄金时代"。圣路易斯城也就因此被命名。1903 年，由美国雕塑家查尔斯·亨利·尼豪斯（Charles Henry Niehaus, 1855—1935）创作的圣路易斯神化雕像（The Statue Apotheosis of St. Louis）被安置在圣路易斯艺术博物馆（Saint Louis Art Museum, SLAM）前面（图 23-1）。

2001 年 8 月 26 日，我在华盛顿弗利尔美术馆的高级访问学者工作结束后，在驱车前往堪萨斯大学攻读博士学位的路上，特意在圣路易斯市停留了一天，以便参观圣路易斯艺术博物馆。那是我第一次参观这个博物馆（图 23-1）。2010—2015 年，我先后在圣路易斯市的华盛顿大学（Washington University in St. Louis，WashU）和密苏里大学圣路易斯分校（University of Missouri-St. Louis，UMSL）担任博士后讲师（post-doctoral teaching fellow）和客座教授（adjunct professor），教授亚洲艺术史与中国艺术史专题课，每个学期都要带领班上的学生去这个博物馆参观实习，让学生们亲自考察那里的亚洲艺术品，因此对该馆的亚洲艺术展厅了如指掌。为了鼓励学生们学会以调查实物资料为基础来写论文，我就鼓励班上的学生们去圣路易斯艺术博物馆找自己喜欢的艺术作品来写期末论文，谁用了自己调查的第一手资料，我就给他们额外的分数。于是，这个博物馆里的许多中国文物都被我的学生们研究过了。

博物馆的建设与收藏

圣路易斯艺术博物馆是美国主要的艺术博物馆之一，展出来自世界各地的绘画、雕塑和器物等古代与现代艺术杰作。博物馆是一座三层建筑，位于密苏里州圣路易斯森林公园（Forest Park），最初是为 1904 年圣路易斯世界博览会（Louisiana Purchase Exposition）建造的美术宫（Palace of Fine Arts），由美国建筑学家卡斯·吉尔伯特（Cass Gilbert，1859—1934）设计（图 23-2）。圣路易斯艺术博物馆收集、展示、解释和保护不同时代和文化的最高质量艺术作品，它的办馆宗旨是教

图 23-2　1904 年为圣路易斯世界博览会建造的美术宫（后为圣路易斯艺术博物馆）

育、激发、发现和提升人类精神，为圣路易斯人民和世界保留艺术成就的遗产，并参与、包容和代表支持它的圣路易斯社区的全部多样性。如今，该博物馆的综合藏品实现了其创始人所追求的鼓舞人心和教育的目标，博物馆藏品的质量和广度使其跻身同类机构中最佳之列。

圣路易斯艺术博物馆的起源可以追溯到1879年。当时圣路易斯美术学校和博物馆（Saint Louis School and Museum of Fine Arts）作为圣路易斯的华盛顿大学的一部分成立了。这座新生的博物馆位于波士顿建筑商行皮博迪与斯特恩斯（Peabody and Stearns）委托韦曼·克劳（Wayman Crow，1808—1885）建造的一座建筑里。韦曼·克劳是圣路易斯华盛顿大学的创始人之一、商人、政治家。韦曼的儿子小韦曼·克劳（Wayman Crow Jr）于1878年在英国去世。韦曼在圣路易斯建造此馆，以纪念他的儿子小韦曼·克劳。该建筑位于19街和卢卡斯广场（19th and Lucas Place），现为蝗虫街（Locust Street）。圣路易斯美术学校的校长是哈尔西·艾夫斯（Halsey Cooley Ives，1847—1911），给学生们提供美术工作室和艺术史教学，并得到同校美术博物馆收藏的支持。

当1904年圣路易斯世界博览会闭幕时，圣路易斯美术学校和博物馆就从韦曼·克劳建造的建筑搬到了卡斯·吉尔伯特设计的美术宫大楼。而位于19街和卢卡斯广场的那座老建筑很快就年久失修，最终于1919年被拆除。

自博物馆搬迁后，馆长艾夫斯向州议会（General Assembly）提交了一项法案，要求征收艺术税以支持博物馆的维护。圣路易斯市民以近4∶1的优势批准了该法案。然而，该市的财务总监拒绝分配税款，因为博物馆属于私立的华盛顿大学，不被承认为市政实体，政府无权为这笔钱向市民征税。密苏里州最高法院于1908年维持了这一决定。这导致博物馆于1909年从华盛顿大学正式分离出来，并促成了三个艺术机构的重整。一个是新创建的公共城市艺术博物馆（public City Art Museum），将保留在美术宫，该机构后来演变为圣路易斯艺术博物馆。1912年，一个组织委员会被指派接管该馆的领导权。第二个是隶属于私立的圣路易斯华盛顿大学的米尔德里德·莱恩·肯珀艺术博物馆（Mildred Lane Kemper Art Museum），它的藏品已经借给城市艺术博物馆好几年了，现在是山姆·福克斯设计与视觉艺术学院（Sam Fox School of Design & Visual Arts），是华盛顿大学的一部分。原来的圣路易斯美术学校（St. Louis School of Fine Arts）迁至华盛顿大学校园。随着校园名称和位置的变化，它继续运营。直到2006年，这所学校也并入了山姆·福克斯设计与视觉艺术学院，该学院涵盖研究生和本科生艺术与建筑学课程，也是华盛顿大学的一部分。

在20世纪50年代，博物馆进行了扩建，包括一个用于电影、音乐会和讲座的礼堂。1971年，为了博物馆的未来财务保障，圣路易斯市的选民批准了大都会动物园和博物馆区（Metropolitan Zoological Park and Museum District，ZMD）的创建。1972年，博物馆再次更名为"圣路易斯艺术博物馆"，直至今日。今天，博物馆由税收、个人和公共协会的捐款、博物馆商店的销售和基金会提供财政支持。

进一步扩建博物馆的计划于2005年开始，但正式施工于2009年开始，同时，博物馆仍然对公众开放。扩建后的博物馆增加了超过2.08万平方米的展厅面积，包括一个地下车库。扩建后的设施于2013年夏天开放。

该馆最初的展品只是各种石膏模型、电铸复制品和其他各种媒体的优秀设计示例的集合，但很快就让位于来自世界六大洲的丰富多样的古代艺术作品的收藏。如今，圣路易斯艺术博物馆收藏了大约3.6万件世界知名的艺术品，跨越5 000年的历史和文化。有超过2 700件藏品在展厅中展出。藏品系列分为：美国、古代埃及、非洲、大洋洲、美洲、亚洲、装饰艺术和设计、1800 年前的欧洲、伊斯兰、现代和当代、版画、素描和照片。

现代艺术品收藏品是该馆的强项，包括欧洲许多绘画大师如马蒂斯、高更（Paul Gauguin，1848—1903）、凡·高等人的作品。博物馆特别强大的 20 世纪德国绘画收藏，有世界上最多的德国画家马克斯·贝克曼（Max Beckmann，1884—1950）绘画作品的收藏，包括他的名作《基督和通奸被带走的女人》（Christ and the Woman Taken in Adultery），是一件被纳粹从自己的博物馆没收的作品。近年来，博物馆一直在积极收购战后德国艺术品，以补充其贝克曼的收藏。

大洋洲和中美洲的作品收藏，以及手工编织的土耳其地毯，是世界上最好的同类收藏之一。博物馆还收藏了埃及木乃伊阿蒙神的男祭司（Amen-Nestawy-Nakht），还有美国艺术家的作品，其中包括美国博物馆中最大的美国画家乔治·卡莱布·宾汉姆（George Caleb Bingham，1811—1879）的绘画收藏。

中国古代艺术撷英

博物馆收藏的亚洲文物以来自中国和日本的藏品为主，包括绘画、雕塑、器物等种类。其中的中国文物以器物为主，雕塑与绘画次之。器物类包括历代陶瓷器、商周青铜器、历代铜镜、汉代随葬陶制楼阁和其他模型等；雕塑以佛教造像为主；绘画的时代上自北宋，下至现代。下面仅详细介绍七例中国古代艺术品。

商代卧虎形玉佩饰

该馆收藏了许多商周时期的玉器，其中一件商代卧虎形玉佩饰品造型生动（图 23-3）。在中国古代文化中，虎与龙一样，都是远古时期的原始图腾，也是传统吉祥物。古人对猛虎有矛

图23-3 圣路易斯艺术博物馆收藏的商代卧虎形玉佩饰（前11—前10世纪，高4厘米，长10.8厘米，厚0.3厘米，J. Lionberger Davis 赠，编号：485:1956，圣路易斯艺术博物馆提供）

盾心理，一方面认为老虎食人；另一方面又认为老虎是有灵性的神兽，能镇灾、辟邪。东汉学者许慎编著的《说文解字》说："虎，山兽之君。"北宋杨侃（965—1038）编著的《两汉博闻》旁注说："取虎形镇邪，以其威风异常也。"因此，在古代的玉佩饰品中，有不少带有虎形。商代的玉雕佩饰件发达，其中就有不少虎形佩饰，有片状也有圆雕件，一般形体较小。大多有穿孔可系挂，使之成为可佩可用、美观实用的玉饰品。圣路易斯的这件玉虎为扁身片状的侧面相，呈匍匐状，四爪前伸，以抽象的风格雕成，张口，有利齿，在头上有一小圆孔，表明它原来为一挂件。身体表面以阴刻线表示前后肢和粗劣的虎皮纹，是商代玉器雕刻的普遍做法。

西周青铜面具

商周时代的青铜器是该馆收藏的另一强项，且数量多、质量高。如一件来自山西太原的西周青铜兽面具（图23-4），面

图 23-4 圣路易斯艺术博物馆收藏的西周青铜面具（约公元前 10 世纪，博物馆购买，编号：288:1949，圣路易斯艺术博物馆提供）

阔 41.6 厘米，面高 27.8 厘米，厚 8.3 厘米，表面塑作夸张的兽面，背面相应凹陷。两只圆形大眼突出，有圆形镂空瞳孔，眉弓如牦牛角，鼻如烟囱，大嘴开咧，两侧的獠牙毕露上卷，两耳竖立，面颊两侧的鬃毛外撇，额头呈三个相叠的三角形，狰狞可怖。该器造型诡异，与商代青铜钺上的饕餮纹相似，应是一种权力与威严的象征。

北宋刘寀《落花游鱼图》卷

该博物馆收藏的中国绘画，上自北宋，下至现代，其中不乏名人作品，包括北宋刘寀（活跃于 1080—1120）的《落花游鱼图》卷。更多的绘画主要来自明、清和现代，有明代夏昶、文徵明，清代石涛、华嵒、丁敬、王宸、法式善、江藩、童衡、戴熙、吴青云，以及现代齐白石、王继元、王个簃、杨善深等人的作品。

北宋刘寀《落花游鱼图》卷便是这个绘画收藏中的杰作

（图 23-5）。刘寀，生卒年不详，北宋画家，字宏道，开封（今河南）人。他历任州县官，授朝奉郎，但性情狂逸，喜好诗酒与游山玩水，擅长诗词与画鱼。元代夏文彦《图绘宝鉴》称他画的鱼是"虽风萍水荇，观之活动。至于鳞尾性情，游潜回泳，皆得其妙"。圣路易斯收藏的《落花游鱼图》以工笔设色的方式十分生动地描绘了一群鱼儿围着飘落在水中的花瓣，自由嬉戏。沿着卷轴从右向左展开，有精致的粉红色花瓣飘入水池中，吸引了下方游动的细长银色鱼的注意力。多刺的岩鱼在隐藏着蜘蛛虾和成群小鱼苗的水草中嬉戏，而大型鲤鱼和金鱼则流畅地游动。其中，又有大鱼和小鱼相互交叉，远的和近的鱼往来穿梭，既富变化，又均衡有序。在画面的右侧，多数鱼的运动方向和水藻摆动的方向相反，表现了水的流动感和鱼群游动的韵律。就细节而言，每条鱼的形象准确生动，栩栩如生，写实感极强，呈现着鱼儿欢乐的景象。

撰成于北宋宣和二年（1120）夏天的宋徽宗时期内府藏画谱录《宣和画谱》中有段关于刘寀画鱼的叙述："盖画鱼者，鳍、鬣、鳞、利分明，则非水中之鱼矣，安得有涵泳自然之态。若在水中，则无显露。寀之作画，有得于此。"说他能画出水中游鱼的自然之态。虽然圣路易斯的这幅画没有署名，却是学者们公认的刘寀画鱼杰作，也是中国绘画中非常罕见的作品之一。

图 23-5　圣路易斯艺术博物馆收藏的北宋刘寀《落花游鱼图》卷（12 世纪，绢本着墨色，画面 26.4 厘米 ×255.3 厘米，William K. Bixby Trust for Asian Art 购买，编号：97:1926.1，圣路易斯艺术博物馆提供）

图 23-6　圣路易斯艺术博物馆收藏的明代青铜道教神像（16世纪，青铜，部分鎏金，高180.3厘米，宽121.9厘米，厚96.5厘米，博物馆购买，编号：169:1919，圣路易斯艺术博物馆提供）

明代青铜道教神像

圣路易斯艺术博物馆收藏的中国古代雕塑，主要是佛教造像和墓室随葬陶俑，如十六国时期的金铜坐佛像、北魏石雕背屏式立佛三尊像、隋代石雕立佛与立菩萨像、唐代三彩陶俑、唐代金铜观音坐像、宋代木雕水月观音像、明代铜坐佛像等。还有一件体量高大的明代道教铜像格外引人注目。

道教是中国传统宗教，有着众多神灵，各司其职。其中的地官大帝，全称"中元二品七炁赦罪地官洞灵清虚大帝青灵帝君"，亦称地官、清虚大帝等。他是道教中三官大帝（天官、地官、水官）之一，掌管五岳大帝、五岳诸真人及惜地神仙已得道者。传说"地官赦罪"，农历七月十五日是地官的诞辰，中国民间称这一天为"中元节"，在这一天祭祖，并祈求地官赦免祖先亡魂之罪。这一天也是祭祀一切亡灵的日子。按博物馆研究人员的说法，这个比真人还大的青铜塑像表现的正是地官（图23-6）。他正襟危坐，头戴宝冠，身披官服，面相俊朗，双目下视，面含微笑。他的双手原来在胸前握着一块笏板，现已丢失。尽管它重达900多千克，身体庞大，但却比例和谐优美，宽大的长袍从肩膀到脚的衣褶写实流畅，神态充满活力，表现着高超的雕塑技艺。此像应来自一座道观中的一组神灵造像，即表现着天、地、水三官。来自同一地点的另外两官的青铜像现收藏于美国得克萨斯州达拉斯市的克劳亚洲艺术博物馆（Crow Museum of Asian Art, Dallas, TX），和加利福尼亚州斯坦福大学的康托艺术中心（Cantor Arts Center at Stanford University, CA）。

清代青铜香炉

圣路易斯艺术博物馆还收藏了一批清代制造的青铜器，且很多器型是模仿商周青铜器制造的，专门在一个小展厅里展出，展示了清代文人与官僚阶层对商周青铜古器的喜好。其中的一件簋型香炉，便是这种复古风的代表作。簋，是西周时期流行的青铜礼器，是盛食物用的。但这件器物之上有六个梵文镀金字，有着动物面具形的镀金凸耳手柄，下面还有覆莲瓣的底座，莲花花瓣的中部也有镀金（图23-7）。该器物的底座由镀金的四只青蛙支撑，十分生动。可以看出，这件青铜器完全失去了西周青铜簋的原始功能，充当着佛教寺院香炉。梵文字母表明它的赞助人可能是藏传佛教寺庙或信仰该宗教派别的信徒。在清代，满族皇室对藏传佛教十分崇信，这件精美的青铜香炉极有可能来自一所高级别的藏传寺院，它的资助者很可能与清朝贵族有关。

清代珐琅彩装饰镀金时令花卉复合花瓶

该馆收藏的中国陶瓷器很丰富，上自仰韶文化彩陶，下至清代瓷器，各种窑口齐全，比较完整地讲述着中国陶瓷发展史。其中的一件产自江西景德镇的花瓶，在青瓷釉上以珐琅彩装饰和镀金的技艺描绘着各种花草图案，瓶颈两侧有镀金行龙形扭，腹下的一周镀金仰莲瓣装饰展示了佛教的影响。在瓶的腹部镂空的一周圆形幅面中塑出了牡丹、梅、菊等时令花卉，精美绝伦（图23-8）。

图 23-7（上） 圣路易斯艺术博物馆收藏的清代青铜香炉（18 世纪，26.7 厘米 x 45.7 厘米，Robert E. Kresko 赠，编号：24:2005a,b，圣路易斯艺术博物馆提供）

图 23-8（下） 圣路易斯艺术博物馆收藏的清代珐琅彩装饰镀金时令花卉复合花瓶（18 世纪晚期，高 27.9 厘米，宽 20 厘米，塞缪尔·C. 戴维斯遗赠，编号：1116:1940，圣路易斯艺术博物馆提供）

美国

清代石涛《山水》轴

　　石涛是清初画家，俗姓朱，名若极，小字阿长，僧名元济（一作原济），别号石涛等。他是广西全州（今全县）人，明靖江王朱亨嘉（1583—1646）之子。明朝灭亡之后，他出家为僧，与弘仁、髡残、朱耷合称清初"四僧"画家。石涛善于探索、革新，他早年的山水画师法宋元诸家，晚年用笔纵肆，格法多变，在山水、花卉、人物方面均有所长，别具一格。根据他的亲笔题记，圣路易斯的这幅山水画是画给"永翁先生"的（图23-9）。在这幅挂轴画中，石涛描绘了两位朋友在山间河上钓鱼、交谈的场景，还有两人在山上的房舍里交谈。石涛使用富有表现力的笔触、多样的墨线和皴法，将巨大的山峰与小人物形成对比，传达了自然山水的魅力。他的墨书题记强调了个人风格的重要性，这也是石涛的个人追求。他总是创作着不同于当时流行风格的画作，大胆地创新，而较少关注对大艺术家的模仿，更多地培养着自己超越传统的独特风格。

图23-9　圣路易斯艺术博物馆收藏的清代石涛《山水》轴（约1687—1690，纸本着墨，面画高177.5厘米，宽67厘米，购买基金：Friends Endowment Fund and funds given by Mary and Oliver Langenberg, Mr. and Mrs. Whitney R. Harris, Mrs. James Lee Johnson Jr., Susan and David Mesker, an anonymous donor in honor of Sam and Marilyn Fox, and Dr. and Mrs. Andrew Luh。编号：79:2000，圣路易斯艺术博物馆提供）

CANADA

加拿大

24

多伦多皇家安大略博物馆

皇家安大略博物馆（Royal Ontario Museum，简称 ROM），是北美洲第五大博物馆和加拿大最大的世界文化和自然历史博物馆，同时也是加拿大收藏中国文物最丰富的博物馆（图 24-1）。它位于加拿大安大略省多伦多市（Toronto）多伦多大学（University of Toronto）区皇后公园（Queen's Park）以北，其正门位于布洛尔街西（Bloor Street West）。该博物馆成立于 1912 年 4 月 16 日，于 1914 年 3 月 19 日开放，在其历史上一直与多伦多大学保持着密切的关系，经常分享专业知识和资源，并且一直由多伦多大学直接管理。直到 1968 年，这座博物馆才成为安大略省政府的一个独立的皇家机构。它拥有 1 800 多万件藏品和 40 个展厅，其多样化的世界文化艺术品收藏和自然历史收藏在国际上享有盛誉。它的自然历史藏品包含一系列恐龙化石、矿物和陨石等。人类历史文化藏品则来自世界各地，包括欧洲、美洲、非洲、大洋洲、亚洲的古代艺术和文物，还有大量的服装、室内和产品设计作品，以及装饰艺术品等。

图 24-1　多伦多皇家安大略博物馆外景（常青拍摄于 2018 年 2 月 28 日）

博物馆的建设与发展

安大略博物馆于1912年4月16日正式成立,由安大略省政府和多伦多大学共同管理。它的第一批资产是从大学和安大略省教育部(Ontario Department of Education)转移来的,来自其前身多伦多师范学校(Toronto Normal School)的自然历史和美术博物馆(Museum of Natural History and Fine Arts)。1914年3月19日,加拿大总督康诺特公爵(Duke of Connaught,Arthur William Patrick Albert,1850—1942,Governor General of Canada)正式向公众开放皇家安大略博物馆。这个博物馆远离多伦多市的中央商务区,选择这个地点主要是因为它靠近多伦多大学。最初的建筑建在今馆址的西部边缘,其正门面向布洛尔街(Bloor Street)(图24-2)。博物馆设有五个领域:考古学、古生物学、矿物学、动物学和地质学。最初建成的楼,只是由两部分组成的施工计划的第一阶段,旨在向西皇后公园新月(Queen's Park Crescent)一带扩展,最终将博物馆建成一个H形平面的建筑结构。安大略博物馆第一次扩建的建筑于1933年10月12日对公众开放,是面向皇后公园的东翼的建设,并拆除了位于皇后公园100号的维多利亚式豪宅阿盖尔(Argyle House)。

1947年,安大略博物馆法人团体解散,所有资产转移到多伦多大学。此后,博物馆一直是多伦多大学的一部分,直到1968年博物馆和麦克劳克林天文馆(McLaughlin Planetarium)从大学中分离出来,分别成为独立机构。

安大略博物馆的第二个主要扩建项目是位于建筑北侧的伊丽莎白二世女王露台画廊和位于南侧的策展中心,于1978年开工,1984年完工。1984年,英国女王伊丽莎白二世(Queen

图24-2 1922年的安大略博物馆南侧面(安大略博物馆提供)

加拿大

Elizabeth Ⅱ，1926—2022）主持了开放典礼。

从 2002 年开始，博物馆进行了一项被称为"文艺复兴时期安大略博物馆"（Renaissance ROM）的重大翻新和扩建项目。安大略省和加拿大政府都是这项工程的支持者，为该项目捐赠了 6 000 万美元，牙买加裔加拿大亿万富翁、商人迈克尔·李-钱（Michael Lee-Chin，1951—？）捐赠了 3 000 万美元。该活动不仅旨在将每年的游客人数从 75 万人次提高到 140 万—160 万，还创造了额外的资金机会来支持博物馆的研究、保护、展厅和教育公共项目。该项目的核心是一个解构主义的建筑，称为"迈克尔·李-钱水晶宫"（Michael Lee-Chin Crystal），面积约 1.6 万平方米，在两层主体结构中容纳了 7 个展厅和 2 个特别展区，以及新的餐饮区和一个新的主入口大厅。这个"水晶宫"由波兰裔美国建筑师、艺术家、教授和布景设计师丹尼尔·里伯斯金（Daniel Libeskind，1946—   ）设计。"水晶宫"的设计要求拆除露台画廊，同时对现有的展厅和建筑进行了升级。"文艺复兴时期安大略博物馆"项目的第一阶段，即"历史建筑中的十个翻新画廊"，于 2005 年 12 月 26 日向公众开放。"迈克尔·李-钱水晶宫"的建筑开幕式在 2007 年 6 月 1 日举行，加拿大总督米歇尔·让（Michaëlle Jean，1957—   ）出席了开幕式。

这个晶体形式的入口由 25% 的玻璃和 75% 的铝覆盖，位于钢框架的顶部。"水晶"形式的倾斜墙不触及现有历史建筑的侧面（图 24-3）。但是，这个"迈克尔·李-钱水晶宫"主入口取代伊丽莎白二世女王露台画廊是备受争议的，因为这种十分现代风格的建筑形式与传统的旧建筑主体并列在一起显得十分突兀。一些评论家将其列为世界上最丑陋的十座建筑之一。当然，也有不少支持者，并称赞它是一座纪念碑，因为这也是很多欧美旧建筑在翻新时的时尚所在。这个"水晶宫"建筑设计与里伯斯金的其他一些作品相似，都是丹尼尔标志性的棱角

图 24-3　2007 年建成的安大略博物馆"迈克尔·李-钱水晶宫"（2021 年拍摄，安大略博物馆提供）

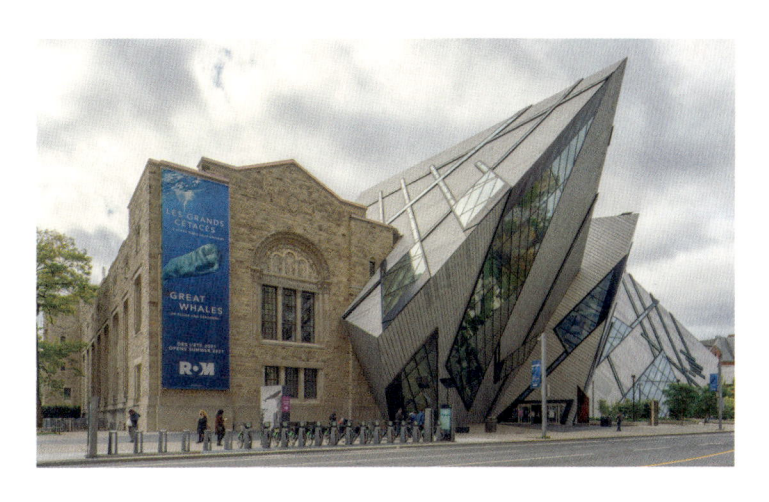

美学和水晶形状，特别是柏林的犹太博物馆（Jüdisches Museum Berlin）、伦敦城市大学（London Metropolitan University）研究生中心和美国科罗拉多州丹佛（Denver, Colorado）的丹佛艺术博物馆（Denver Art Museum）的弗雷德里克·汉密尔顿（Fredric C. Hamilton）大楼。

1973 年 6 月 20 日，多伦多市将安大略博物馆的原始建筑列入市政遗产名录。自 2024 年 2 月以来，博物馆面向布洛尔街的大部分区域进行翻新，同时在尊重里伯斯金原始建筑设计的同时纠正了"水晶宫"的建筑缺陷。

博物馆起初是以主题来给各展厅命名的。但近年来，个别展厅以向该博物馆捐赠大量资金或收藏品的赞助商命名。安大略博物馆是加拿大最大也是拥有最多收藏品的博物馆，它包含的项目有自然科学、动物生态、世界艺术及人类学等。所有展厅分为两大类：自然历史和世界文化。在自然历史类，有各种动物化石和标本，还有各种地质资料如矿石、陨石等，包括矿物和蔚为奇观的脊椎动物化石等。在鸟类馆，种类繁多的鸟类标本按顺序整齐地被放置在抽屉里。博物馆还拥有世界最大的来自不列颠哥伦比亚省的伯吉斯页岩（Burgess Shale）的化石群收藏，拥有超过 15 万个标本。还有昂贵闪亮的珠宝和金饰。最受欢迎的是恐龙化石，在馆内大厅里展出。更有一窟仿造的在牙买加发现的蝙蝠穴在馆内展出。

在众多的世界文化类展厅中，有考古文物与艺术品收藏，展示了来自世界各地的各种物品，从中国和非洲的石器时代器具到20世纪的艺术和设计，涵盖的地域包括亚洲、非洲、美洲、大洋洲等。从展厅的主题方面来看，则有古希腊、古罗马、古代塞浦路斯、欧洲、非洲、埃及、努比亚、青铜时代爱琴海、近东、中东、伊斯兰、北美、中国、韩国、日本、南亚等国家和地区的珍贵收藏品，还有加拿大土著文化藏品。由于该馆的考古学兴趣浓厚，很多文物采取密集的陈列方式，使各种艺术品琳琅满目，令人眼花缭乱。艺术品种类有绘画、雕塑、器物、兵器、乐器等，还有埃及的木乃伊。

怀履光与安大略的中国藏品

安大略的中国藏品来源于很多人的帮助与资助，其中最著名的一位是怀履光（William Charles White，1873—1960）。怀履光是加拿大圣公会传教士主教，后来成为专门从事中国研究的学者（图24-4）。他是河南教区的第一任主教。除了传教工作外，他还是一位中国文物收藏家。他的大部分藏品是加拿大多伦多皇家安大略博物馆中国藏品的基础。他在中国最引人注目的举动，就是为安大略博物馆大量购买洛阳金村东周大墓出土的青铜器。

怀履光于1873年8月22日出生于英格兰德文郡（Devon）。1880年，他的父亲移民到加拿大。1881年，怀履光和他的母亲、兄弟姐妹乘船前往安大略省的诺伍德（Norwood）与父亲团聚。长大后怀履光对改善儿童生活的兴趣使他首先搬到了安大略省的金斯敦（Kingston, Ontario），在那里，他开始了在基督教青年会（YMCA）的职业生涯。在1892年左右，他去了渥太

图24-4　怀履光（1873—1960）
（约拍摄于1920年）

华（Ottawa），最终升任为基督教青年会的管理员，负责规划会议和公共活动，以及筹集资金并与有影响力的人会面，努力与更大的社区分享青年会的使命。

不久，怀履光对传教工作产生了兴趣，便想加入前往中国传教。为了实现这个职业目标，1894年春天，他进入了多伦多的威克里夫学院（Wycliffe College in Toronto）学习宗教、语言和其他学术领域。1896年5月31日，怀履光在多伦多的圣奥尔本大教堂（St. Alban's Cathedral in Toronto）被任命为执事。同年10月，他通过加拿大传教士协会（Missionary Society of Canada）获悉他被任命为下一任中国传教士。1897年1月，他乘船前往中国传教。

此后直到1909年，他一直是福建省的加拿大教会传教士，但也被传教士协会派往中国各地进行调查。在中国，怀履光很快就学会了当地的方言，包括福建方言，并慢慢开始采用中国人的着装方式，以便于在中国传教。1909年，他被召回多伦多并晋升为主教。1910年，他来到了开封，成为河南省的第一任主教，并担任该职位25年。在河南任职期间，他负责建造了11座教堂，每座教堂都有一位被任命的中国牧师。除了传教，他还为河南当地村庄的健康、福利和教育计划做出了重大贡献。他还在河南主持赈灾，受到中国政府多次表彰。同时，河南的圣公会信徒人数也迅速增加到1 000多人。

尽管他在中国期间一直在收集有趣的物品，但开始将主要注意力转向收藏是在20世纪20年代。在中国，怀履光学到了很多关于中国艺术、宗教、工业和传统生活的知识。1924年，在多伦多休假期间，怀履光与查尔斯·柯雷利（Charles T. Currelly，1876—1957）会面，后者是一位富有魅力的考古学家、安大略博物馆的首任馆长。这次偶然的相遇促成了他们长达十年的合作伙伴关系。从此，共同为博物馆寻找藏品，就成了怀履光在中国的一项额外工作。今天的安大略博物馆中国展厅和藏品中的许多文物都是来自怀履光的贡献，包括许多来自洛阳金村的东周王陵青铜器、稷山兴化寺元代巨幅壁画《弥勒经变》，还有很多艺术品，以及从中国运到博物馆重建的建筑部分，都是在他的帮助下促成的。

自1924年以后，怀履光便在中国为安大略博物馆收集文物，而至今受人非议的就是他对金村大墓出土青铜器的收购。金村大墓位于河南省洛阳市以东15千米的金村、汉魏洛阳故城遗址中，时代属战国时期（公元前475—前221）。历史学家唐兰（1901—1979）推测为东周王陵，而王陵可分为周山、王城、金村三大陵区。据《后汉书》等史料记载，周景王（？—前520年）葬于翟泉，而翟泉就在汉魏故城遗址东北隅的金村附近。这里是景王以下共十余代东周天子的陵区，也是东周王最大的陵区。在1928年夏秋之际，洛阳一带突降暴雨，金村部分地面塌陷，金村大墓首次被发现，当地村民和一些古董商闻风而至，组织人力对大墓进行盗掘。他们共挖掘了8座大型木椁墓，出土青铜器、金银器、玉器、漆器等数千件，包括九件一套的编钟、五件一套的编钟、错金银的青铜礼器、铜俑、银俑、龙虎饰大玉璧、车具等一大批文物，其中绝大多数流散海外。据调查所知，收藏洛阳金村古墓珍贵文物的海外机构有安大略博物馆、美国哈佛艺术博物馆、法国人类博物馆（Musée de l'Homme）、美国纳尔逊艺术博物馆、美国弗利尔美术馆、日本永青文库等。国内有三家机构各藏一件金村青铜器，它们是洛阳博物馆、南京大学博物馆和清华大学博物馆。

据安大略博物馆研究人员的说法，怀履光本人从未到过金村现场，都是依靠代理人进行文物收购的。这种说法认为，怀履光的金村文物，一般是从蔺仕庵等开封古董商手中得到的，而蔺仕庵则通过另外三位金村文物代理人张资美、张锡卿、王道中获得的。所以，怀履光并不是直接的金村大墓盗掘者，而盗掘者应该是洛阳金村附近的当地人。根据安大略博物馆的馆藏档案资料来看，怀履光购买金村文物始于 1929 年 12 月，而他给该馆的信中第一次提到"金村文物"是在 1930 年 2 月 4 日。在信中，包括一件青铜跽坐人像、五件错金银青铜车马器和一对青铜承弓器，大约是怀履光在 1929 年 12 月 16 日收购的。在怀履光于 1930 年 2 月 26 日给安大略博物馆查尔斯·柯雷利馆长的信中，他说又买到一件铸造更加精美的青铜跽坐人像，还有部分青铜器、铜带钩、玉器，出于同一座墓。怀履光称这座墓为"A 墓"，属于金村大墓之一。据统计，从 1929—1931 年，共有 97 件金村文物入藏安大略博物馆，种类包括错金银车马器、青铜跽坐人像、编钟、铜镜、玉器等。

然而，中国坊间一直盛传，金村大墓的盗掘，就是怀履光胁迫乡民进行的。还说出土文物装满了大大小小的箩筐，然后用数辆马车运至洛阳，直至转卖给各国的古董商。1995 年官方出版的《洛阳市志·文物志》也有类似的说法："1928 年夏秋之交，因大雨致使墓室塌陷，加拿大传教士怀履光闻讯即觅人盗掘，费时 6 年。"总之，九十多年来，怀履光是否到过金村大墓盗掘现场，众说纷纭，莫衷一是。但从目前所有的资料来看，1927—1931 年，在金村大墓被盗掘期间，怀履光未曾去过现场。至于金村大墓盗掘的结束时间，有人认为是在 1930 年，也有人认为是 1934 年。但更令人信服的研究认为是在 1931 年结束的，并在这一年还有过零星的发掘。怀履光到洛阳的时间是 1932 年 6 月，很可能是为了金村大墓的文物。那么，比较可靠的事实是：他没有直接参与盗掘，却在密切关注着金村大墓文物，并积极依靠代理人进行收购。金村外流文物以安大略博物馆所藏最为丰富（图 24-5），应该与怀履光的努力密不可分。1934 年，怀履光著有《洛阳

图 24-5 安大略博物馆中国通史展厅中的商周青铜器（安大略博物馆提供）

古城古墓考》(Tombs of Old Lo-yang)一书。

1935 年，由于中国的内战，怀履光夫妇决定永久返回多伦多。此后他担任多伦多大学中国研究系主任，至 1948 年退休。他于 1960 年 1 月 24 日去世。

中国展厅与文物

目前馆内收藏的中国文物约有 3.5 万件，内容丰富多彩，不乏国宝级的艺术品。约有 2 200 件精品被陈列展出在一个巨大的场馆空间内，由四个部分组成：怀履光主教中国寺庙艺术展厅（Bishop White Gallery of Chinese Temple Art）、马修斯家族中国雕塑庭院展厅（Matthews Family Court of Chinese Sculpture）、乔伊和托比·塔南鲍姆中国通史展厅（Joey and Toby Tanenbaum Gallery of China）、安大略博物馆中国建筑展厅（ROM Gallery of Chinese Architecture）。

以怀履光主教命名的中国寺庙艺术展厅，永久陈列着来自山西稷山县兴化寺的元代佛教壁画《弥勒经变图》，宽 11.6 米、高 5.8 米；两侧分列的元代壁画尺寸也不小，藏品疑来自山西（平顺）龙门寺，是道教寺庙壁画《朝元图》。三幅壁画均属于世界级的壁画精品。还有宋、辽、金、元、明时期的佛教和道教木雕像等，其中的精品是一组金代制作的木雕菩萨像，精美绝伦，世间少有（图 24-6）。还有明代的木雕观音、文殊、普贤三大士坐像。

马修斯家族中国雕塑庭院展厅是以加拿大商人马修斯（Wilmot Matthews，1850—1919）家族命名的，有中国宗教与世俗雕塑艺术品，以佛教文物为主，既有石雕、木雕、陶瓷、玉器，亦有金铜造像等，横跨中国古代雕刻艺术历史两千年。如来自河南安阳的一尊北齐或隋代大理石雕佛立像、唐代迦叶与阿难石雕像、来自河北易县的辽代三彩罗汉坐像等，还有一些

图 24-6 安大略博物馆的怀特主教中国寺庙艺术展厅（安大略博物馆提供）

如唐代舍利石函、明正德十三年（1518）铜钟等宗教器物。展区中的藏品除佛教文物外，还有犹太教、伊斯兰教和基督教等文物，反映出各种西方宗教在中国的传播。

乔伊和托比·塔南鲍姆中国通史展厅是以收藏家塔南鲍姆夫妇的名字命名的，由2 000多件展品组成，跨越了近7 000年的中国历史。这个展厅分为五个部分："徐氏（T. T. Tsui）史前及青铜时代""秦朝与汉朝""罗氏（Michael C. K. Lo）南北朝、隋、唐""宋、元与边疆各国""明朝与清朝"。每个部分展出以器物为主，如史前陶器、商周青铜器（图24-5）、商代甲骨、玉器、钱币、瓷器、陶俑、清代鼻烟壶、家具等。

安大略博物馆中国建筑展厅陈列着几乎是中国以外最大的与建筑有关的收藏，也是北美第一家中国建筑展厅。展品有清代初年修建的明朝降清武将祖大寿（1579—1656）墓，包括与该墓有关的所有配件，如高约6米的石刻拱门、成对的石人石骆驼、石供桌、石砌墓冢等，再现着墓地的情景（图24-7）。祖大寿是明末悍将，曾经是抗清名将袁崇焕（1584—1630）帐下的四员猛将之一，为大明朝立下了汗马功劳，他也是历史名人吴三桂（1612—1678）的舅舅。祖大寿后来归顺清朝，颐养天年，他的墓地当年以明代的格局修建。祖大寿的墓原来在北

加拿大

京的清河，后来搬迁到加拿大，只有墓冢是复制品，其他全部都是真品。因为当时墓早就被盗了，除地宫和尸骨并没有搬过来外，其余的基本维持原貌。船运这批文物的总重量高达150吨。该展厅还有一座仿北京紫禁城的皇家建筑局部（图24-8）。在侧面的玻璃展柜内还展出了一些明代铁铸造像、明代三彩造像、汉代陶楼阁、来自河南安阳修定寺唐塔的几块砖雕等。

图24-7（左） 安大略博物馆藏祖大寿墓供桌与石刻拱门（1656年，石灰岩，来自北京市海淀区永泰庄，77.5厘米 x 205.1厘米 x 103.5厘米，乔治·克罗夫茨藏品，编号：919.1.27，安大略博物馆提供）

图24-8（右） 安大略博物馆的中国建筑展厅（安大略博物馆提供）

中国古代艺术撷英

洛阳金村出土的西周青铜错银车具

安大略博物馆以收藏来自洛阳金村的东周王陵青铜器而闻名，包括一批错银车具。这些精美的镶嵌配件曾经装饰着豪华战车，即青铜时代表现贵族身份地位的交通工具。在历年中国的考古发掘中，曾经出土了许多保存完好的战车，其历史从商代到秦始皇帝（公元前259—前210）时期。安大略博物馆收藏的这些青铜配件都可以追溯到战国时期，因此可能与在洛阳地区发现的全尺寸战车和在秦始皇皇陵附近发现的半尺寸青铜战车的类型有关。这些战车由四匹马拉着，马具和配件镶嵌着金银或镀金。近年在洛阳还发现了由六匹马拉着的周天子战车。每辆战车都配备了一把十字弓和一把遮阳伞盖，它们的主要功能是举行仪式或狩猎，而不是实战。在发现这些战车之前，安大略的这些车具功能是未知的。这根青铜管子是连接安装在战车车箱中央的遮阳伞杆上的装置，表面以平错的技术镶嵌有银的几何图案（图 24-9）。流畅的弯曲线条与早期东周青铜器上发现的棱角分明的图案不同，显示出受到当时彩绘漆器的影响。

金代木雕彩绘菩萨像

女真族是生活在中国东北地区的少数民族之一，于 1115 年建立了金国政权。1125 年，他们消灭了雄踞北宋北部的辽国。1127 年，又攻灭北宋，占领了中原北方的大部分地区，以淮河为界与南宋对峙。女真人也信仰佛教，并深受辽国与北宋文化的影响。现存金代的佛教艺术主要保存在陕西北部的石窟与山西北部的一些寺院之中。从总体风格来看，深受辽国与北宋的影响。

图 24-9 安大略博物馆藏洛阳金村出土的西周青铜错银车具（前 4 世纪至前 3 世纪晚期，高 8.9 厘米，宽 4.3 厘米，怀履光藏品，编号：933.24.59，安大略博物馆提供）

安大略博物馆收藏了一批来自山西的金代木雕菩萨像，是海外收藏金代造像的代表作，可以看出主要继承了唐代和北宋的风格（图 24-10）。安大略收藏的金明昌六年（1195）木雕妆彩观世音与大势至菩萨立像（922.4.6.A-B、922.4.7），本是胁侍阿弥陀佛像的一对菩萨，来自山西临汾县（原属平阳府洪洞县）。他们头戴高宝冠，面庞方大，上身袒裸，下身着裙，身躯丰满粗壮，身体表面装饰有复杂的冠帔、帔帛、衣裙带，是现存金国单体菩萨像的代表作。921.1.14、918.21.389、923.1.11 也是金代木雕彩绘菩萨立像，与上述明昌六年二菩萨像很相似。921.1.14 这尊菩萨像体量高大，头戴高宝冠，上身袒裸，下身穿长裙，有裙腰，饰有斜向胸巾、项圈、帔帛、臂钏、手镯，保留着唐式菩萨装。他面相长圆，双腮胖大，身材

图 24-10 安大略博物馆怀特主教中国寺庙艺术展厅中央的六尊木雕菩萨像（金代与明代，安大略博物馆提供）

健美，具有男性特征，是典型的金代菩萨像。他的胯部向着其左侧扭动，右臂下伸到身体右侧，左臂弯曲向上，表明他原来应是一组造像中的右胁侍菩萨，很可能表现观音。他的头身比例适度，衣纹写实感极强，展示着高超的雕刻技艺（图 24-11）。923.1.10 是一尊金代木雕菩萨立像，具有类似的身材与面相，只是身上披挂的帔帛与飘带复杂一些。这些安大略的木雕菩萨像的共同特点，就是继承了唐代菩萨的袒裸上身服饰。同时，方大的脸庞与丰满粗壮的身躯也是许多金代木雕佛像所共有的特点。

另外，安大略的金代木雕菩萨像也有接受宋代新型菩萨像影响者，那就是给菩萨像穿上佛装。922.4.9 是一尊木雕金漆白衣观音立像，他的身躯魁梧，面相长圆，双腮胖大，具有男性特征，也是典型的金代菩萨像风格。该像衣纹的写实感极强，展示着高超的雕刻技艺。920.1.21、920.1.22 是一对木雕彩绘立菩萨像，原来有着共同的主尊佛（已佚）。他们均身穿双领下垂式佛装，是五代以后汉族地区菩萨像的一种新样式。此两尊像衣纹写实感极强，也表现着出色的雕刻水平。

上述金代木雕彩绘菩萨立像，是安大略佛教造像收藏中的精华。它们不仅为该馆展厅增添了光彩，也为学术界研究金代佛教雕塑提供了一批珍贵的实物资料。

图 24-11 安大略博物馆藏金代木雕彩绘菩萨像（12—13 世纪，来自山西大宁县，高 304.8 厘米，宽 99.5 厘米，乔治·克罗夫茨藏品，编号：921.1.14，安大略博物馆提供）

稷山兴化寺元代《弥勒经变》壁画

　　安大略博物馆藏的《弥勒经变》壁画（编号 933.6.1）来自山西稷山县兴化寺，可能来自兴化寺中殿北壁或后殿北壁（图 24-12）。兴化寺建于 592 年，于 1942 年毁于火灾。在 1926 年之前，寺内壁画被陆续剥离卖往国外。在 1926 年考古学家、清华大学研究院教授李济（1896—1979）访问兴化寺时，这幅壁画已迁出了该寺。1928 年，怀履光从一位商人手中购得了这幅《弥勒经变》，并于 1929 年运至安大略博物馆收藏。另外需要提及的是，在 20 世纪 20 年代，当一批兴化寺壁画发往北京时，被北京大学马衡教授（1881—1956）以 4 000 元买下，是为来自该寺中殿南壁的《七佛图》壁画，宽 33 米，高 3.2 米，现存北京故宫博物院。另外，这幅壁画的残存部分仍保存在稷山县博物馆内。

　　对于兴化寺壁画的年代，学者们争论的焦点是一则题记中的纪年归属。1926 年，当李济考察兴化寺时，他在后殿（即第三殿）北壁东侧发现了一则纪年题记，其中的年代是"大元国岁次戊戌仲秋冀生十四叶工毕"。学者们获悉后，纷纷认为题

图 24-12　安大略博物馆藏稷山兴化寺元代《弥勒经变》壁画（1320 年或 1358 年，朱好古、张伯渊绘制，502 厘米 x 1101 厘米，怀履光藏品，Flavelle 基金会为纪念 Joseph Flavelle 爵士而捐赠，编号：933.6.1，安大略博物馆提供）

记中的画家与年代都应该与安大略博物馆收藏的《弥勒经变》有关。据中国历史纪年，这个元朝的戊戌年可能是1298年，也可能是1358年。当怀履光派遣的两位当地中国学生在1938年调查兴化寺时，记录了一则含有画家朱好古及其门徒张伯渊的题记，题记后的年代一行基本与李济所记相同，仅其中的纪年被录为"庆申"，而非"戊戌"。怀履光认为，李济与这两位学生记录的是同一则题记，但学生们误录了纪年，因为六十甲子中没有"庆申"并认为安大略壁画为元代活跃于山西南部的壁画名家朱好古、张伯渊二人所绘。但是，还有部分学者相信那两位中国学生抄录的纪年，认为学生们是将"庚申"误录为"庆申"，元朝的"庚申"年即1320年。所以，安大略博物馆藏兴化寺壁画的年代上限在1320年左右，下限约为1358年。

《弥勒经变》壁画中部主佛为倚坐之姿，在中国佛教艺术中为弥勒佛像所常见。坐在弥勒佛左侧的是文殊，他手持一经册，可能是《般若经》。弥勒右侧的坐菩萨应为普贤，是传统的文殊菩萨的搭档。弥勒身后两侧的二弟子为阿难与迦叶，弥勒身前为二位胁侍菩萨。这六身主像的两侧各绘有一组在剃度仪式中的人物，表现了转轮王、国王儴佉（Sankha）与他的王后沙摩婆帝（Syamavati）分别接受剃度的场面。王后位于弥勒右下侧，而国王位于弥勒左下侧。在王后一侧，一侍者手捧王冠。在国王一侧，一童子手拽国王的长袍，应为国王之子提婆犀那（Devasana）。两位国王的侍者为天王：增长天王执一伞，多闻天王持一剑。怀履光以为，在妇女一侧还有两位女性人物，一执剃刀，一托盘，都是菩萨的形象。因为艺术家们想以这两身人物与弥勒左侧国王一组中的两位天王相对称，同时又不想破坏相互对称的两组男女人物在构图上的完整性。这幅壁画是山西元代佛教壁画的上乘之作，它与纳尔逊、大都会的两幅同样来自晋南的壁画，共同展示了山西元代壁画的艺术成就。

元代道教《朝元图》壁画（东壁与西壁）

道教的《朝元图》，描绘诸神朝拜元始天尊的场面，以元代马君祥及其子马七等人在山西芮城永乐宫三清殿创作的《朝元图》壁画为代表，画于元泰定三年（1325）。整个壁画以八个帝后主像为中心，周围有金童、玉女、星宿、力士等共286尊，场面恢宏，是中国道教壁画的经典佳作。元始天尊，全称"玉清元始天尊"，是道教"三清"尊神之一，在"三清"之中位为最尊。明代徐道述《历代神仙通鉴》称他是"主持天界之祖"。

安大略博物馆藏的两幅元代《朝元图》壁画的尺寸虽比永乐宫三清殿的同类题材壁画小，但人物众多，场面宏大，绘画技艺高超，也是元代道教壁画的代表作（图24-13）。这两幅壁画的确切来源不清楚，只知道是来自山西"平阳府"，即今山西省临汾、运城两个地级市及吕梁市石楼县、晋中市灵石县辖境。另一种说法称可能来自山西省一座叫"龙门寺"的寺院。但龙门寺为山西省长治市平顺县的一座佛教寺院，不可能是这对道教大幅壁画的来源。总之，这两幅壁画应来自山西的一座道观的同一所大殿的两侧壁，应是无疑的，而且在人物布局和绘画风格上都与永乐宫壁画有着强烈相似性。

道教提倡"道"的概念，"道"是一种赋予宇宙万物形态的原始力量，它赢得了许多维护自然秩序并管理人类福祉的神灵的最高敬意。《朝元图》自唐代以来一直是道教绘画艺术中

图24-13　安大略博物馆藏元代道教《朝元图》壁画（西壁）（来自山西平阳府，约1300年，306.5厘米 x 1042厘米，编号：933.6.2，Flavelle基金会为纪念Joseph Flavelle爵士而捐赠，安大略博物馆提供）

的流行主题。道教万神殿庞大而复杂，都是以现实世界的官僚结构为蓝本的，是现实世界在道教世界的折射。两幅壁画都以对称平衡的构图方式，描绘了众天神以悠闲的步伐向着同一个方向移动，以便向元始天尊致敬，而元始天尊可能由这两幅画的来源地寺庙大殿内正壁的雕塑所代表。在这两幅大壁画中，每幅的中心都有三个形体高大的主要人物，他们的前后簇拥着形体较小的神灵和侍者。在东墙壁画的左侧前部描绘了披发持剑的真武大帝指挥北斗七星、北极紫薇大帝、玉皇大帝、后土、五大行星及其相应元素的拟人化。这些精湛的演绎和笔触描绘充满了活力，再加之绚丽的色彩，体现了道教众神的理想模式，以及人们希望与全能的神灵建立和谐的关系的愿望。

明末清初墓葬神道双峰骆驼石雕

通往重要陵墓的神道两侧往往排列着一系列石制动物雕像，通常包括绵羊、狮子、马或骆驼等。在华北地区，墓葬中用骆驼很常见，如唐代墓葬雕塑中就常见三彩骆驼陶俑。在中国南方，它们往往被马匹取代。但将石雕骆驼作为一种瑞兽，排列在陵前的神道上，为明孝陵首创，而在明朝以前则不见。明孝陵，位于江苏省南京市玄武区紫金山南麓独龙阜玩珠峰下，始建于明洪武十四年（1381），是明太祖朱元璋（1328—1398）与孝慈高皇后马氏的合葬墓，也是明朝的第一座皇陵。但在明孝陵神道上安置石雕骆驼的时间为永乐十一年（1413）或稍后。明孝陵神道两侧的石象生，列置石兽十二对，依次是狮子、獬豸、骆驼、象、麒麟和马，每类两对，都是一对伫立，一对蹲坐或卧姿，石兽尽头往北折是一对高耸的白石柱，紧接着是两对武将和两对文臣。它们共同组成了规模宏大的石象生群。安大略博物馆收藏的这两件石雕骆驼来自北京市海淀区永泰庄的一座明末清初墓葬神道，均为卧姿，其墓主人应有一定的社会地位（图 24-8、24-14）。

图 24-14 安大略博物馆藏明末清初墓葬神道二双峰骆驼石雕（石灰岩，来自北京市海淀区永泰庄，1656 年以前，134.6 厘米 x 248.8 厘米，乔治·克罗夫茨藏品，编号：919.1.29.A-B。该照片展示原展于博物馆建筑外面的两石雕骆驼、两翁仲、祖大寿墓的石拱门。安大略博物馆提供）

迄今为止，学术界尚未对骆驼出现在陵前神道上的原因做出较为合理的解释。中国的野生骆驼集中分布在新疆、青海、甘肃、内蒙古西界的个别地区。明朝与其北部的北元疆界随着战争交错变化，当时的新疆、青海、甘肃、内蒙古多在北元的势力范围内。也就是说骆驼出现在中原，很有可能和明朝与北元的战争或商业往来有关。同时，骆驼又是西域和蒙古沙漠中的动物，也是外国进贡给明朝的珍贵动物。在神道上安置这样来自异国的动物石雕像，似乎含有大明江山辽阔、四方臣服的含意。

明代铁铸地狱六王与三侍者像

将中国传统诸神纳入佛教神灵体系是 10 世纪以后中国佛教的一大特点，反映在佛教艺术上的一个显著之例便是对地狱十王的崇拜。地狱十王是中国佛教界造出的在"七七日"来审定亡灵之罪业、决定他们轮回去向的神祇。对十王崇拜的正式出现大约在 10 世纪或早些时间，敦煌莫高窟发现的于 926 年写成的写本《十王经》便是一个证明。在这部经中，十王包括印度与中国传统的神祇，如道教中主管地狱的泰山府君等。法国巴黎吉美博物馆（Musee Guimet）收藏的绘于983年的《地藏与十王图》即标有十王的名称。该画应出自当时敦煌一带佛教寺院，表明10世纪的中国佛教界已接受了由中印传统组合而成的十王作为统领地狱的神祇。在10—14世纪间，对十王的崇拜与供奉主要在佛教寺院与道教宫观内进行，表明十王信仰为佛道所共有。

有趣的是，安大略博物馆收藏了一批与十王崇拜有关的造像，成为其明代造像的另一亮点。921.21.290—292为三彩陶塑地狱三王坐像，来自河南省，均为倚坐之姿，作人间官员打扮，有的面为愤怒相，应是已失散的一组十王之三。2000.106.1734.1—2是三彩陶塑地狱二王坐像，原属另一组十王像，均为面相慈善的中年官员形象，也呈倚坐之姿。2000.106.1734.1、2000.106.1735.1、918.21.1018、918.21.1019、918.21.28也是三彩陶塑地狱王坐像，具有相似的时代风格。安大略还收藏了一组铁铸地狱六王与三侍者像（921.1.59—61、66；921.21.135—139），原本属于一组地狱十王与他们的侍者像（图24-15）。这些铁像的背面铸有铭文题记，年代为明弘治三年至弘治五年（1490—1492）。六王均倚坐，均做汉族官员打扮，足下有四足矮台。侍者有男有女，男性也做官员打扮，戴冠；女性头上束有发髻，穿云肩与长裙。这些纯中国化的地狱王与侍者像被融入佛教崇拜，充分展示了佛教汉化的加深。

图24-15 2018年2月22日本书作者常青在安大略博物馆明代铁铸地狱二王与二侍者像展柜内留影（四铁像年代为15世纪晚期，921.21.135—136：高73厘米，宽32厘米，厚27厘米，乔治·克罗夫茨藏品，编号：921.1.60—61、921.21.135—136）

我前后共去过安大略博物馆三次。2001年是第一次，那时，我刚结束了在美国华盛顿弗利尔美术馆的两年高级访问学者项目，准备去堪萨斯大学（University of Kansas）攻读博士学位之前，便驱车前往多伦多访问了我的堂弟，并参观了安大略博物馆展厅和库房里的一些中国佛教金铜造像。

2016年5月，我在达拉斯克劳亚洲艺术博物馆（Crow Museum of Asian Art, The University of Texas at Dallas）工作期间，前往安大略博物馆参加第六届北美亚洲艺术策展人论坛（Forum for American Curators of Asian Art, ACAA），再次参观了该馆的中国展厅。到了2018年2月，我应安大略博物馆副馆长沈辰先生之邀，作为该馆收藏的中国佛教雕塑图录的主要撰写人，再次前往安大略博物馆，详细调查了该馆收藏的所有中国佛教雕塑。我不仅再次访问了几个中国展厅，还在沈辰馆长和博物馆策展人的带领下参观了几个库房。特别是在一个位于多伦多郊区的大库房里，我见到了许多没有在展厅里展出的佛教造像，包括几件金代大型彩绘木雕菩萨像。2月22日，当我想查看在中国建筑展厅里（图24-8）的几个展柜中的明代铁铸地狱王像及其侍者的背面是否有铭文题记时，馆方管理人员为我打开了玻璃展柜，我便进入展柜，记录了几件铁铸像背面的铭文题记。机会难得，便让博物馆的管理人员给我拍照留念（图24-15）。

安大略博物馆，不仅其丰富的藏品深深吸引着我，该馆举办的活动也给我带来了很大震撼。特别是在周五晚上举办的青年人的活动，可以在展出恐龙骨架的大场馆内欣赏旋转灯光秀和音乐，还可以拿着酒杯穿梭在展厅里欣赏世界各地的历代艺术。让艺术充分为人民服务，和人民群众打成一片，这个馆真正做到了！

AUSTRALIA

澳大利亚

25

墨尔本维多利亚国立美术馆

维多利亚国立美术馆（National Gallery of Victoria，简称NGV）位于澳大利亚墨尔本（Melbourne），成立于1861年，是该国最古老和最大的公立美术馆，也是澳大利亚第一家收藏亚洲艺术的博物馆。它目前有两个馆址：NGV 国际（NGV International），位于圣基尔达路（St Kilda Road）（图25-1）；伊恩·波特中心：NGV 澳洲（Ian Potter Centre: NGV Australia），在联邦广场（Federation Square）附近。圣基尔达路的馆址由澳大利亚建筑师罗伊·古朗斯爵士（Sir Roy Grounds，1905—1981）设计，于1968年开放。1999年由意大利建筑师马里奥·贝里尼（Mario Bellini，1935—？）主持设计翻修，于2003年重新开放。该馆内有世界艺术和中国艺术品收藏展览，被列入维多利亚遗产名录。伊恩·波特中心：NGV 澳洲由"实验室建筑工作室"（Lab Architecture Studio）设计，在2002年开放，主要收藏澳大利亚艺术品。还

图25-1 墨尔本维多利亚国立美术馆"NGV 国际"俯瞰

有第三个馆址正在建设，即福克斯：NGV 当代艺术馆（The Fox: NGV Contemporary），计划于 2028 年在墨尔本艺术区开放，它将成为澳大利亚最大的当代艺术博物馆。

博物馆的建设与收藏

墨尔本是澳大利亚南部滨海城市，也是澳大利亚第二大城市及维多利亚州首府。1850 年，新南威尔士州的菲利普港区（Port Phillip District of New South Wales）被批准分离，于 1851 年 7 月 1 日正式成为维多利亚殖民地（colony of Victoria）。同在 1851 年，在墨尔本发现了金矿，吸引了从世界各地前来淘金的人，使墨尔本的人口迅速增长，并逐渐成为澳大利亚最大、最富有的城市，被清朝末年的华人称为"新金山"。墨尔本还有"澳大利亚文化之都"的美誉。随着墨尔本经济的快速发展，人们呼吁建立公共艺术博物馆。1859 年，维多利亚政府承诺斥资 2 000 英镑购买世界著名雕塑作品的石膏模型，以便将这些复制品在艺术博物馆展出。该博物馆由总督亨利·巴克利爵士（Governor Sir Henry Barkly，1815—1898）于 1861 年 5 月在斯旺斯顿街（Swanston Street）公共图书馆（现为维多利亚州立图书馆，State Library of Victoria）南翼底层开放，是为博物馆的开馆之始。在 19 世纪 60 年代初期，政府拨出更多资金用于购买英国和维多利亚时代艺术家的原创绘画。这些作品于 1864 年 12 月在新开张的图画美术馆（Picture Gallery）首次展出，该馆一直由公共图书馆管理，直到 1882 年。

1874 年 5 月 24 日，第一个专门建造的美术馆，被称为"麦克阿瑟美术馆"（McArthur Gallery），在州立图书馆的麦克阿瑟厅（McArthur room of the State Library）对外开放。次年，这座艺术博物馆更名为"维多利亚国立美术馆"。麦克阿瑟美术馆最初只是作为一个临时的博物馆之家，直到更宏伟的场馆得以建成。然而，这样的大场馆并没有在短期内建成，而是在此后的几十年内逐步发展成的。

与美术馆相关的"维多利亚国立美术馆艺术学院"（The National Gallery of Victoria Art School）成立于1867年，直到1910年左右，它一直是澳大利亚领先的学院艺术培训中心。该学院的很多毕业生后来成为澳大利亚的重要艺术家。它后来成为维多利亚艺术学院（Victorian College of the Arts，VCA），在破产后于2007年被墨尔本大学（University of Melbourne）收购。

到了20世纪，美术馆又经历了一些建设。美术馆的藏品由私人赠品和金钱捐赠之购买组成。其中最具重大意义的捐赠是费尔顿遗赠（Felton Bequest），是根据澳大利亚企业家、艺术品收藏家和慈善家阿尔弗雷德·费尔顿（Alfred Felton，1831—1904）的遗嘱于1904年建立的。自1904年以来，这项资金已被用于购买超过1.5万件艺术品。移民澳大利亚的英国人阿尔弗雷德·费尔顿生前是一家成功制药企业的合伙人，收藏艺术品十数载，去世时赠予墨尔本文化交流事业的遗产高达38万英镑（相当于今天的4 000万美元），也是当时全世界数额最高的一笔私人捐赠。有了这个遗赠，博物馆就开始计划建立永久的展览与收藏设施。然而，直到1943年，州政府才选择了亚拉河（Yarra River）以南的沃斯公园（Wirth's Park）为新馆所在地，这个计划也才得以实施。1960年2月提出了300万英镑的建设资金。1962年，罗伊·古朗斯爵士被宣布为该新馆的建筑设计师，并设计了位于圣基尔达路180号（St Kilda Road 180）的美术馆，即现在的NGV国际。这座新的青石覆层建筑于1967年12月完工，1968年8月20日正式对公众开放。维多利亚州州长亨利·博尔特（Henry Bolte，1908—1990）主持了开放仪式。该建筑的特色之一是由澳大利亚艺术家雷奥纳·法兰奇（Leonard William French，1928—2017）设计的彩色玻璃天花板，这是世界上最大的悬空彩色玻璃之一，在下面的地板上投下五颜六色的光线。

图 25-2 维多利亚国立美术馆"NGV 国际"外景（Shkuru Afshar 拍摄于 2024 年）

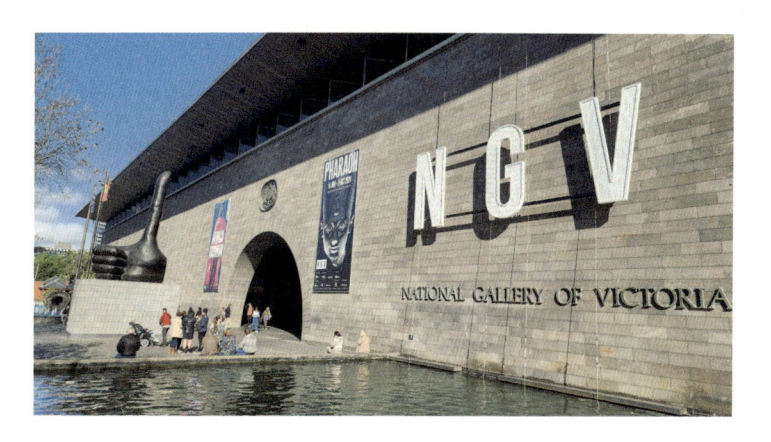

水墙入口是该建筑的另一个亮点。

1997 年，位于圣基尔达路 180 号的 NGV 国际建筑被提议重建。此后，意大利建筑师马里奥·贝里尼被选为建筑设计师。他的设计范围很广，创建了所有新的展厅，只保留了外部、中央庭院和大厅。2003 年 12 月 4 日，州长史蒂夫·布拉克斯（Steve Bracks）主持了该馆重新开放的仪式（图 25-2）。

位于联邦广场的伊恩·波特中心：NGV 澳洲，由建筑师和城市设计师组成的公司"实验室建筑工作室"（Lab Architecture Studio）设计，这是一家总部位于澳大利亚墨尔本、在伦敦和上海设有国际办事处的建筑设计公司。NGV 澳洲用于收藏和展出澳大利亚艺术品，于 2002 年对公众开放。从此，NGV 的藏品就被分类安置在这两座独立的场馆建筑中，而位于圣基尔达路 180 号的场馆建筑就被更名为"NGV 国际"。

NGV 共收藏有艺术品 7.5 万多件，包括极其丰富和世界级别的藏品。NGV 国际的艺术品收藏来自欧洲、亚洲、中美洲、非洲、大洋洲等地，种类包括绘画、雕塑、时装、纺织品、摄影、版画、素描、装饰艺术，以及国际性的当代艺术等。其中的强项有希腊的彩绘陶瓶、埃及的工艺品、欧洲的瓷器、欧洲一些著名艺术家的绘画和雕塑（如毕加索、罗丹等），以及丰富而全面的澳大利亚艺术品。有许多按地区和时代排列的永久

澳大利亚

409

展览。在底层设有用于临时展览的大型空间，位于3楼的当代艺术空间也用于临时展览。该建筑周围环绕着护河和喷泉，而主入口则设有著名的水墙。NGV国际的后方是一个雕塑花园，每年都会通过NGV建筑委员会（NGV Architecture Commission）举办大型装置艺术展。

NGV澳洲收藏了该馆的澳大利亚艺术品，永久展出澳大利亚艺术史，其中有选择地展出2.5万件澳大利亚藏品。NGV澳洲特别关注澳大利亚土著艺术，除了常设展览外，还有一些与澳大利亚艺术和历史相关的临时展览。

还有一个正在建设中的"福克斯：NGV当代艺术馆"。2018年，维多利亚州政府宣布将在艺术中心（Arts Centre）和现有的NGV国际大楼后面建造一个新的当代艺术馆。该项目计划包括1.8万平方米的新公共空间、当代艺术和设计展览的新空间，以及澳大利亚表演艺术馆（Australian Performing Arts Gallery）的新场地。伊恩·波特基金会（The Ian Potter Foundation）承诺为新大楼提供2 000万美元。该片区的总体规划于2022年获得批准。2022年3月宣布，NGV当代艺术馆设计竞赛的获胜者为"安吉洛·坎达莱帕斯及其合伙人"（Angelo Candalepas and Associates）。2022年4月，亿万富翁林赛·福克斯（Lindsay Fox，1937—）和他和妻子葆拉·福克斯（Paula Fox）宣布向NGV当代艺术馆项目捐赠1亿澳元，这是有史以来对澳大利亚艺术博物馆的最大一笔捐赠。因此，这个新馆将被命名为"福克斯：NGV当代艺术馆"。该馆将拥有1.3万平方米的展览空间，计划于2028年开放。届时，它将成为澳大利亚最大的当代美术馆。

中国艺术品收藏

包括中国在内的亚洲艺术，收藏、展出在NGV国际，以中国艺术品收藏最强。这里的亚洲艺术馆由中国、南亚和东南亚、东亚、亚洲专题展览馆等四个部分组成，藏品包括东亚、南亚和东南亚的艺术品与文物，时间跨度从前 5000 年至 21 世纪。收藏的种类也比较全，有绘画、书法、版画、青铜器、雕塑、陶器、瓷器、漆器、玉器、家具、纺织品等，反映了亚洲文化艺术传统的丰富多彩。佛教文化专题则集中展示了印度、尼泊尔以及中国藏传佛教文物，大部分展品时代从 11—17 世纪，材料范围从青铜、黄金、岩石到檀木、织物等，囊括了宗教故事、佛像、上师、法器等不同题材。

NGV 的亚洲艺术品收藏始于 1862 年，即美术馆成立的一年之后，而最早的亚洲收藏是中国艺术品。当时，商人和金融家弗雷德里克·贡纳曼·达尔格蒂（Frederick Gonnerman Dalgety，1817—1894）捐赠了两件中国瓷盘。从 1892—1935 年，英国出生的澳大利亚艺术家、教师伯纳德·霍尔（Lindsay Bernard Hall，1859—1935）担任馆长期间开始系统收藏。此后，该馆收藏不断壮大，如今已有了来自整个亚洲大陆的艺术品。

自 1862 年以后，越来越多的亚洲及中国艺术品进入了这座博物馆。1938 年，中国艺术品收藏家肯特（Herbert Wade Kent，1877—1952）向博物馆捐赠了 129 件精美绝伦的中国文物。肯特的中国艺术品收藏品包括从新石器时代至 18 世纪的陶瓷，以及古代青铜器、玉器、漆器、绘画、家具等。身为墨尔本人，肯特在位于中国和日本的一家船运公司"Butterfield and Swire"工作的 30 年里建立了自己的收藏体系。通过与中国学者的交往，他领悟到了东方美学鉴赏的真谛。肯特的捐赠成了 NGV 中国艺术品收藏的核心。1938—1952 年，肯特在担任博物馆管理董事会成员和东方艺术馆（Oriental Art）的首任名誉馆长期间，使中国艺术品的收藏得以迅速增长，质量达到了前所未有的高度。他是有针对性地选择，而非泛泛求全。

1956—1965 年，墨尔本著名的医学家与中国艺术品收藏家考克斯（Leonard B. Cox，1894—1976）继肯特之后担任了东方艺术馆的名誉馆长。在肯特收藏与工作的基础上，考克斯致力于填补中国收藏的空白，目标包括陶瓷、青铜器、佛像雕塑和漆器。与此同时，日本、韩国、印度、东南亚艺术品收藏在这一时期才作为东方艺术的陈列补充开始进入NGV。1976年，维多利亚艺术基金会（原NGV基金会）的成立提升了NGV购买艺术品的资金实力。从这一年起，NGV开始收藏中国绘画，时间跨度从14—21世纪。经过几代管理者的不懈努力，迄今为止，NGV所藏的亚洲艺术精品已超过4 000件，中国文物陈列于二楼的亚洲馆。

目前，该馆已经收藏了2 000多件中国艺术品。在中国艺术馆，陈列的文物从史前时代直至明、清时期，有仰韶文化彩陶，新石器时代晚期的石雕玉饰，商周时代的青铜礼器，东周时期的铜镜，秦汉的茧形陶壶，西汉彩绘陶俑，东汉陶制模型，魏晋时期的镇墓神兽，来自河北邯郸响堂山石窟的北齐石雕菩萨立像，唐代金铜佛菩萨像，唐代三彩陶俑，唐代银碗，历代铜镜，明代和田白玉人物雕像等。还有定期更换展出的历代书画作品，如北宋李公麟的马画、明代董其昌的山水画、明末清初陈洪绶的草书、清代八大山人的水墨四条屏等书画佳作。在陶瓷展区，主要陈列宋、元、明、清的陶瓷精品，是该馆中国收藏的强项。有定窑的白瓷器，磁州窑的窄口梅瓶，南宋龙泉窑青瓷双龙耳执瓶，金代白地红绿彩瓷碗，钧窑莲瓣纹碗，元代缠枝牡丹鸳鸯戏莲纹青花匜，明代洪武釉里红玉壶春瓶，永乐四季花卉海水云纹官窑青花洗，"大明宣德年制"双圈双行款青花高足碗等，以及明代中后期各朝的代表性青花、单色釉瓷器，明代晚期嘉靖、万历朝的五彩瓷器，清代初年的代表性青花、粉彩、单色釉瓷器精品，清代德化窑的白瓷塑观音像，清代家具和文房用品，以及清代服装、首饰和各色鼻烟壶等。该馆还收藏了很多中国现当代的政治宣传画。这些藏品清晰地勾勒出了中国数千年历史文化的发展脉络。

纵观NGV国际收藏的中国艺术品，虽然绝对数量不算多，但在器物方面比较全面，再加上绘画、纺织品等项目的补充，其中不乏精品，可以比较完整地排列出中国艺术发展史。但许多类似的藏品在中国国内和海外其他中国收藏中也有。相比世界上的一些著名中国文物收藏，它所欠缺的是拥有独一无二的艺术品。下面，笔者选出五件精品加以详细介绍。

中国古代艺术撷英

北宋李公麟《马》

李公麟（1049—1106），字伯时，号龙眠居士、龙眠山人，北宋时期舒州（今安徽桐城，一说安徽舒城）人，著名画家。他在绘画创作题材上涉猎很广，道教与佛教、人物、马、宫室、山水、花鸟等均有所长。在现存他的作品中，有不少是与马有关的，如《五马图》《临韦偃牧放图》等。NGV国际收藏的这幅《马》就很有李公麟的画马风格，将一匹白马漫步行走、边走边食草的姿态描绘得极其生动（图25-3）。且用极为简练的线描把马的身体各部位画得写实而到位，可见作者平时写生的功底。根据现存该画旁边的墨书题记，此画为李公麟所作。

图25-3　维多利亚国立美术馆藏北宋李公麟《马》（纸本着墨与淡彩，1946年费尔顿遗赠，编号：1029.a-b-D4，维多利亚国立美术馆提供）

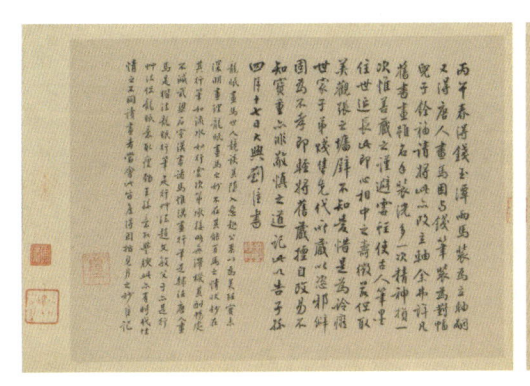

明代董其昌《山水》轴

董其昌（1556—1637），字玄宰，号思白、思翁，别号香光居士，华亭（今上海松江）人。明朝文学家、书画家。他擅长山水，师法五代董源、元朝倪瓒等人，喜欢单纯用水墨来绘画。现存他的著名山水画有《关山雪霁图》《秋兴八景册》《江干三树图》《山川出云图》《山居图》等，都是晚明时期山水画的杰作。根据他的南北宗绘画理论，董其昌通过模仿元代大师并对其进行修改来创作他的山水画。这幅山水画表现了近景、中景、远景，且在近景中有几棵高大的树占据了多数空间，在近景与中景之间留有空白以表现水域，明显是来自倪瓒山水布局的影响（图25-4）。而中景和远景的山体又主要集中在画面左侧，则是南宋宫廷画派和一些明代吴门画家的山水风格。可见董其昌对元代画家与明代吴门文人画派传统的继承。他还以细腻的皴法表现山的立体感，增加了阅画者在画中山水间旅行的印象。根据董其昌于画面右上角的题记，此画绘制于丁巳年（1617）九月，"写赠玄阴使君，时在武林乐至园"。

清代诰命龙凤冠

这件十分华丽的女子头冠饰以镀金金属、翠鸟羽毛、琉璃、羊毛等材料制成，有着精致而复杂的金银丝吉祥图像，以及

图 25-4（左页） 维多利亚国立美术馆藏明代董其昌的《山水》轴（1617 年，纸本着墨，167.5 厘米 ×53.0 厘米，博物馆于 1978 年购买，编号：AS4-1978，维多利亚国立美术馆提供）

图 25-5（右） 维多利亚国立美术馆藏清代诰命龙凤冠（19 世纪，25.9 厘米 × 22.0 厘米 × 21.0 厘米，编号：1894.a-j-D3，1919 年费尔顿遗赠，维多利亚国立美术馆提供）

金色、翠鸟蓝和红色羊毛的华丽色彩（图 25-5）。冠的顶部和中央是一条带有火焰的龙脸，是皇帝或天子的象征。上面是一个类似于扇子的设计图案。龙脸的下面是五个周围有祥云纹的圆形幅面，中部各有一个篆体汉字，分别是奉、天、诰、命、日五字。五字的下部是一周白色珍珠，珍珠下方是一周俯冲的

澳大利亚

415

凤凰，是皇后的象征。众凤凰的喙上挂着流苏，流苏向下垂挂在戴冠女子的面部前方。冠的下缘以镂空的技法做出一周游龙戏珠图案，右侧和左侧有两只较大的凤凰。众流苏制作精致，并带有吉祥的象征，如石磬图案和"寿"字符号等。当佩戴此冠者走路或移动时，这些流苏就会有同步的振动与摇动。可以看出，这件头冠的吉祥、幸福和好运的象征十分明显。

　　诰命夫人是唐、宋、元、明、清各朝对高官的母亲或妻子的加封。诰书，是皇帝封赠官员的专用文书。在明清时期，形成了非常完备的诰封制度，一至五品官员授以诰命，六至九品授以敕命，夫人从夫品级，也就有了"诰命夫人"的称号。在古代，凡是有封号的妇女称为"命妇"。皇帝妃嫔及太子良娣以下为"内命妇"，卿、大夫之妻、母为"外命妇"。也就是说，如果丈夫或儿子为官，帝王就可以授予他们的母亲或妻子封号，并享受一定的地位和待遇。那么，镀金翠凤冠就是清朝时期皇帝赏赐给诰命夫人的凤冠，在冠上一般会錾有或安置"奉天诰命日，官诰重封月"等字。NGV 国际收藏的这件头冠，就是清代的一件做工精良的诰命夫人冠。

清代玉米形瓷鼻烟壶

　　鼻烟壶是一种盛放鼻烟的容器，起源于西方，约在 17 世纪传入中国，鼻烟便很快在中国男子群体中流行。在清代，上自王公贵族，下至贩夫走卒，皆嗜好鼻烟，有的甚至"可一日不饮食，而不可一日不闻鼻烟"。同时，鼻烟还可以用于提神醒脑，如《红楼梦》第五十二回写晴雯头痛，贾宝玉让麝月"取鼻烟来，给她嗅些，痛打几个喷嚏，就通了关窍"。人们先是利用传统药瓶盛放鼻烟，后来就用玛瑙、陶瓷或象牙等多种材料来制作鼻烟壶，成了一种很特殊、奢侈的器具。据现存资料可知，在康熙、雍正时期，中国就可以自制鼻烟壶了，且各种工艺都相当讲究。如今，鼻烟壶早已是人们欣赏、收藏的古董

图 25-6 维多利亚国立美术馆藏清代玉米形瓷鼻烟壶（19世纪，瓶与琉璃，8.2 厘米 × 3.0 厘米，1964 年吉布女士赠，编号：633-D5，维多利亚国立美术馆提供）

类型之一了。NGV 国际收藏的这件瓷鼻烟壶十分别致，有着黄色玉米形瓶身，紫色圆形琉璃瓶盖又与玉米的黄色相补，起到了雅俗共赏的效果（图 25-6）。

清代犀角杯

犀角杯是中国传统酒具中最珍贵的一种，一般有精美的雕刻，是历代帝王将相、文人骚客炫耀财富的一种奢侈品。犀角即为犀牛角，是世界上名贵的角料，比象牙更为稀有。道教文化中的八宝之一就有犀角，但犀角在宋、元以前极为罕见。犀角又分为亚洲犀角和非洲犀角。亚洲犀角的长度一般在17厘米左右，非洲犀角最长的可达将近90厘米。非洲犀角大多出现在清代晚期，从广州进口。由于犀角的珍贵稀有，纯为实用的器具不多，通常被当作以雕刻艺术品来欣赏的，兼具实用功能。犀角的原始形状为圆锥体，下端较大中空，上端尖锐。与其他角所不同的是犀角根部粗大，易于雕成杯形，往往将它倒转过来制成盛酒器。另外，犀角本身也是一种名贵药材。性寒，味苦酸咸，具有清热解毒、止血、镇惊等功效。因此，用犀角杯饮酒，是希望犀角的药性能溶于酒中，达到治病强身的目的，也是达官贵人们的一种时尚生活方式。现存于世的犀角杯不足5 000件，基本都是明、清时期的作品，大部分只是将角的下端做成杯形，再在表面雕刻各种图案，包括山水、花卉、人物、吉祥图案（如虎、龙、蝙蝠）等，还有仿古杯，取形于商周青铜器等。NGV国际收藏的这件犀角杯保持着一件犀牛角的完整形态，在镂空的花卉间穿插着象征长寿的葫芦、象征福气的蝙蝠和象征吉祥的瑞兽图案，是清代犀角杯中的杰作（图25-7）。

图25-7 维多利亚国立美术馆藏清代犀角杯（18世纪，35.0厘米×26.4厘米×15.0厘米，1985年乔治·艾迪赠，编号：AS1-1985，维多利亚国立美术馆提供）

后记

走遍世界寻国宝

在全世界探访流失海外的中国珍宝，需要花费一个人一生的精力。其实，以一个人一生的精力去做这件事，也是远远不够的，但起码在一生中坚持不懈地努力，才能有一些收获。我就是这样的。流失海外的中国国宝部分收藏在已经面向大众的公立或私立博物馆里，而绝大多数文物至今仍在不愿公开信息的私人收藏家手中，还有一些则暂时存放在流通的古董商店铺里。因此，探访海外中国文物，就需要访问博物馆、私人收藏家和古董商行，而以博物馆为主。

初次调查日本博物馆

我在海外探访中国文物的时间可以上溯到1991年。那时，我刚到中国社会科学院考古研究工作一年，时值该所与日本奈良国立文化财研究所签订了互派访问学者的项目。作为第一批中国方面派出的访问学者，我于是年9—10月到日本访学。在日本，我除了在奈良参加了两周的西大寺遗址发掘外，还访问了京都、大阪、福冈、佐贺、兵库、滋贺、三重、东京、仙台、千叶等十一个县市的博物馆、文化财研究所、古坟、考古发掘遗址、神社、佛寺等。特别是对奈良国立博物馆（包括正仓院展）、京都国立博物馆、东京国立博物馆、大阪市立美术馆等的参观，看到了很多流失日本的中国文物，感触颇深。

调查北美博物馆与私人收藏

我真正大规模开始调查流失海外的中国文物，还是在 1999 年以后。1999 年 10 月 1 日，我来到美国，开始在美国访学、读博、工作，最后定居，也开始了我探访海外中国文物之旅。

1999 年 10 月到 2001 年 7 月，我在华盛顿弗利尔美术馆做高级访问学者。那时，我的主要工作是调查与研究弗利尔美术馆收藏的 300 多件中国佛教造像。我每周去库房两次，最终全面记录了这 300 多件造像。这项成果于 2016 年由北京的文物出版社出版，书名为《金石之躯寓慈悲——美国弗利尔美术馆藏中国佛教雕塑》（分研究篇、著录篇二卷）。在访学期间，我还与该馆中国艺术策展人斯美因（Jan Stuart）合作撰写了《对弗利尔美术馆中国佛教雕塑的新认识》一文，于 2002 年发表在了《东方》(Orientations)杂志上。我还于 2003 年在《东方》上发表了《搜寻与研究：弗利尔收藏的龙门石窟造像的归位》一文。

2001 年 1—4 月，我又获得了华盛顿国家美术馆（National Gallery of Art）高级访问学者短期项目资助，前往美国的五个州调查中国的佛教造像。于是，我依次访问了芝加哥的芝加哥艺术研究所、菲尔德博物馆（Field Museum）、堪萨斯城的纳尔逊-阿特金斯艺术博物馆、旧金山亚洲艺术博物馆（位于金门公园的旧馆）、斯坦福大学的坎特艺术中心（Iris & B. Gerald Cantor Center for Visual Arts, Stanford University）、纽约大都会艺术博物馆、波士顿艺术博物馆、哈佛艺术博物馆（即当时的哈佛大学赛克勒艺术博物馆和福格艺术博物馆）等。在去这些博物馆之前，我都通过弗利尔美术馆和国家美术馆的特别介绍，与这些博物馆的策展人取得了联系，得以调查没有公开展出的收藏在库房里的中国佛教造像。与此同时，我也参观了这些博物馆展厅里展出的所有中国古代艺术品。

2001 年 8 月，我在华盛顿弗利尔美术馆的高级访问学者工作结束后，先后参观了三所北美博物馆。我首先从华盛顿驱车前往加拿大多伦多市访问了我的堂弟，并参观了安大略博物馆展厅和库房里的一些中国佛教金铜造像。然后在驱车前往堪萨斯大学攻读博士学位的路上，路过俄亥俄州的克利夫兰市，参观了克利夫兰艺术博物馆。接着再顺路前往密苏里州的圣路易斯市，参观了圣路易斯艺术博物馆。这三馆收藏的中国文物也很丰富，特别是安大略和克利夫兰两馆，给我留下了深刻的印象。

2001—2005年，我在堪萨斯大学攻读博士学位四年。该大学所在地劳伦斯市（Lawrence, KS）离堪萨斯城只有30分钟的车程，如果要乘飞机去别的地方，都要去堪萨斯城的机场。因此，我便得空又多次参观了纳尔逊-阿特金斯艺术博物馆。特别是在2003年，我的导师开了一门"宋元佛教艺术"课，还把一次课放在了纳尔逊博物馆的库房里。

2005—2006年，我在纽约大都会艺术博物馆亚洲部做博士后研究一年。我当时的工作是修改我的博士论文，调查该馆收藏的中国佛教艺术品。其间，我参观、记录了大都会博物馆里的所有中国展厅里的古代艺术品，以及收藏在库房里的中国佛教造像。这一年的工作结束后，我于2007年在《东方》上发表了《再访大都会艺术博物馆的龙门石窟雕像》一文；于2011年在《艺术史研究》第13辑上发表了《关于北美收藏的山西寺院壁画的研究与问题》一文，研究了大都会艺术博物馆、皇家安大略博物馆、纳尔逊-阿特金斯艺术博物馆、宾夕法尼亚大学考古与人类学博物馆收藏的五幅山西壁画；又于2018年在《艺术史研究》第20辑发表了《图像与真伪：大都会艺术博物馆藏图伯纳碑再思考》一文，研究了这通著名的东魏造像碑。

在纽约生活工作的一年里，我还遍访了纽约各著名博物馆，收藏中国艺术品的有亚洲协会、鲁宾艺术博物馆（Rubin Museum of Art）、布鲁克林博物馆（Brooklyn Museum）、普林斯顿大学艺术博物馆（Princeton University Art Museum），以及收藏在纽约哥伦比亚大学艾弗里建筑与艺术图书馆（Avery Architectural & Fine Arts Library）的著名收藏家赛克勒的中国古代艺术赠品。此外，纽约是一个具有丰富的私人收藏的国际性大都市，有很多著名的中国艺术品收藏家生活在这里。在这一年里，我访问了很多中国古代艺术藏家，包括安思远（Robert Hatfield Ellsworth, 1929—2014）、黄蕙英（Dora Wong）等。纽约还有很多古董商办的画廊，收藏与出售中国艺术品，我也访问过不少，包括霍华德夫妇（Howard and Mary Ann Rogers）的怀古堂（Kaikodo Art Gallery）、约翰·埃斯肯纳齐的亚洲艺术品公司（John Eskenazi Ltd.）、蓝理捷（J.J. Lally）亚洲艺术品公司等，还有著名的拍卖行——佳士德（Christie's）与苏富比（Sotheby's）在纽约的分部。

纽约有一个亚洲周纽约协会（Asia Week New York Association, Inc.），在每年的三月下旬举办一个"亚洲周"（Asia Week）。在这一周里，这个协会通常会租用一个大场地，让各大小古董商家来租用、展销自己的收藏品。同时，纽约的各大小古董画廊与商铺也同时在自己的场所展销亚洲文物。佳士德与苏富比也在这一周里做亚洲艺术拍卖前的展览，是其中规模最大、最吸引人的展览。因此，这一周可谓是世界亚洲艺术展销的盛会，吸引着来自全世界的亚洲艺术学者、收藏家、古董商、爱好者。与此同时，有的博物馆、画廊也会请著名学者来做专题演讲。我第一次参观"亚洲周"的展销和各种活动便是在2006年。此后一直到2018年，只要有机会，我都会尽力在"亚洲周"期间前往纽约。总之，在"亚洲周"期间，可以看到许多平时在私人收藏家手中的中国文物，其中不乏精品，如一件来自龙门石窟宾阳中洞北魏孝文帝礼佛图中的大臣头像，便在一年的"亚洲周"中出现过。但缺点是，这些曾经出现在"亚洲周"中的中国国宝，之后又消失了，除非它们被一些博物馆收藏并在日后展出。因为私人藏家普遍不愿透露自己的收藏信息。

2006年上半年，即我在纽约大都会艺术博物馆做博士后研究的下半段时间，博物馆资助我出外参观。我便前往费城、华盛顿参观了费城艺术博物馆（Philadelphia Museum of Art）、宾夕法尼亚大学考古学与人类学博物馆、弗利尔美术馆等。在费城艺术博物馆，在馆内工作人员的帮助下，我访问了库房里收藏的中国文物，特别是几件来自河南安阳修定寺唐塔的砖雕。在弗利尔美术馆，我特地预约了库房管理员，在库房里详细考察了 30 多件传为唐、宋时代的中国绘画作品，包括传为顾恺之的《女史箴图》。

2006—2008 年，我在北卡罗莱纳州教堂山市亚克兰艺术博物馆工作，担任亚洲艺术策展研究员（curatorial fellow of Asian art）两年。在此期间，我主要研究该馆收藏的著名艺术史学家李雪曼捐赠的亚洲艺术品，和在李雪曼的帮助下购买的亚洲艺术品，其中以中国文物为主。此外，我还多次与当地收藏家联系，访问了一些他们的中国收藏。其间，还访问了洛杉矶县立艺术博物馆（Los Angeles County Museum of Art, Los Angeles, CA），其中有亚洲与中国收藏。

2008—2010 年，我在佛罗里达州的瑞格林艺术博物馆（The John and Mable Ringling Museum of Art）担任亚洲艺术副策展人（associate curator of Asian art）。这个博物馆的亚洲与中国艺术品并不丰富，因此不在本书中介绍。为了有充足的艺术品在博物馆里举办亚洲艺术展，我不得不广泛联系当地的亚洲艺术品收藏家，总共联系了 25 位，组织了一个"亚洲艺术品朋友会"（Friends of Asian Art），定期给他们组织活动，如办讲座、访问收藏家、讲解新展览等。在他们之中，我发现了不少中国文物精品，如一位藏家收藏的明代祝允明（1461—1527）的书法等。

2010—2015 年，我先后在密苏里州圣路易斯市的华盛顿大学（Washington University in St. Louis，WashU）和密苏里大学圣路易斯分校（University of Missouri-St. Louis，UMSL）担任博士后讲师（post-doctorial teaching fellow）和客座教授（adjunct professor），教授亚洲艺术史与中国艺术史专题课。我每个学期都要带领班上的学生（最多时达 120 人）去圣路易斯艺术博物馆参观实习，因此对该馆的中国艺术展厅了如指掌。2015 年，我还曾去过华盛顿弗利尔美术馆，拜访老朋友，重温博物馆中的中国珍宝。

2016—2018 年，我在得克萨斯州达拉斯市的克劳亚洲艺术博物馆（Crow Museum of Asian Art）担任研究策展人（research curator），系统地研究了该馆收藏的亚洲艺术品。该馆的中国古代艺术品不算丰富，以清代玉器为主的，有不少精品。因其藏品数量不多，故该馆不在本书介绍之内。同在达拉斯市的达拉斯艺术博物馆（The Dallas Museum of Art）也有亚洲艺术品收藏，但以印度的为主，中国古代的艺术品也不多。

我在达拉斯工作期间，曾前往加拿大多伦多安大略博物馆参加第六届北美亚洲艺术策展人论坛（Forum for American Curators of Asian Art, ACAA），再次参观了该馆的中国展厅。2016年8月，我再次前往旧金山参观亚洲艺术博物馆，是位于旧金山市政府所在的小广场上的新馆。2018年2月，作为安大略博物馆收藏的《中国佛教雕塑图录》的主要撰写人，我再次前往安大略博物馆，详细调查了该馆收藏的所有中国佛教雕塑。

2017年，我还做了一件特别的工作。在19世纪末至20世纪初，很多西方人在中国游历时拍了不少照片，成了珍贵的历史资料。弗利尔在1910—1911年间考察开封、巩县、洛阳和杭州的古迹之时，在中国聘请了一位名叫周裕泰的专业摄影师，帮他拍了很多黑白干板照片。这批照片极具历史价值，可以作为历史文化遗产，因为照片中的许多历史遗迹地点经过半个世纪的变迁早已不存在或改变了原貌，他的照片就为我们留下了历史资料。在时任弗利尔-赛克勒美术馆档案部主任霍大为（David Hogge）先生的帮助下，我系统地整理与研究了这批照片，写成了《物华旧影：1910—1911年弗利尔镜头里的中国文化史迹》一书，于2019年由文物出版社出版。

调查欧洲、日本博物馆

2018年至今，我在四川大学艺术学院任教授、博士生导师，是我调查海外收藏中国珍宝的新的高峰期。这些考察所得的资料，有很多用在了此书中。

2019年6月24日到7月11日，我访问了欧洲七国，先后参观了瑞典斯德哥尔摩东亚博物馆、荷兰阿姆斯特丹国立博物馆、英国伦敦大英博物馆、伦敦大英图书馆、伦敦维多利亚和阿尔伯特博物馆、法国巴黎吉美博物馆、瑞士苏黎士瑞特保格博物馆、罗马国立文明博物馆等，考察与记录了这些博物馆内展出的中国古代艺术品，包括很多独一无二的珍品，都是研究中国艺术史不可或缺的资料。

2019年9月28日至10月12日，我访问了许多印度佛教胜迹，并于9月28日参观了新德里国家博物馆（National Museum, New Delhi）。这里保存了不少英国考古学家斯坦因拿走的新疆佛教壁画。可惜的是，我参观的那天，这些壁画没有展出。

2019年10月31日至11月12日，我访问了日本大阪、奈良、京都、东京等四座城市，先后参观并考察了大阪市立东洋陶瓷美术馆、大阪市立美术馆、奈良国立博物馆、京都国立博物馆、东京国立博物馆等，特别是在奈良和东京国立博物馆举办的两场正仓院展，令人印象深刻。此外，在这四座城市，我还参观了很多与唐代佛教艺术有关的寺院，其中包括一些从中国获得的佛教艺术珍品。

2023年7月19日至8月28日，我做了一次真正的世界环游，从成都出发，在北京出海关，依次前往希腊雅典、奥地利维也纳、德国柏林、西班牙巴塞罗纳和马德里、美国的达拉斯、华盛顿、纽约、火奴鲁鲁、中国台湾台北，再回到成都。此次环游，以考察与参观博物馆为主，以德国柏林的亚洲艺术博物馆收藏的来自新疆的佛教文物为高潮，当时在该馆连续奋战了六小时，连中午饭都没有吃。在美国，我再次参观了达拉斯艺术博物馆、华盛顿的弗利尔美术馆、国家美术馆，还特意去考察了位于达拉斯的金贝尔艺术博物馆（Kimbell Art Museum）的小型亚洲艺术藏品，包括一些中国古代艺术品。8月22日，我来到夏威夷的火奴鲁鲁艺术博物馆，那里也有不少中国古代艺术品藏品。可惜的是，那天博物馆闭馆，而我第二天就要飞往台北了。

长路漫漫

2019—2023年，我在四川大学为本科生讲授"现藏海外的中国美

425

术品研究"课程，系统讲述中国文物在20世纪初期如何被西方学者发掘拿走、古董商又是如何在中国与西方之间游走买卖文物，以及国外的哪些博物馆都收藏了什么精彩的中国文物。还讲了西方国家的中国美术史教学与展览情况。我计划将我的讲课内容出版两本书。《国宝流失百年祭》（与黄山合著，杭州：浙江古籍出版社，2022年）是第一本，本书即为第二本。

2024年，我在中国香港大学做访问教授五个月，为硕士研究生讲授《佛教建筑》课。其间考察了柬埔寨的印度教与佛教寺院、巴基斯坦的犍陀罗艺术遗址等。同年12月，我还前往阿富汗考察了贵霜帝国时期的佛教遗址和著名的巴米扬石窟。这些考察虽然与中国艺术无关，但对我研究中国佛教艺术很有帮助。

我接下来的计划，是再来一次环球之旅，去访问俄罗斯圣彼得堡的艾尔米塔什博物馆、澳大利亚墨尔本的维多利亚国立美术馆，还想访问土耳其、伊朗、新西兰、新加坡等地，看看那里的中国艺术品收藏。同时，还计划参观、考察与中国艺术有关的其他国家的艺术品，如埃及、斯里兰卡、缅甸、尼泊尔、越南、老挝、马来西亚、印度尼西亚等地。

在本书"前言"中已述，据不完全统计，在整个西方与日本的公共博物馆中总共收藏了约160万件中国古代艺术品，但这只是流失海外中国文物的20%左右。而其他80%左右的海外中国文物则收藏在私人手中。若想考察到每一件流失海外的中国国宝，绝非一人一生的精力所能办到的。这需要几代人的努力，还需要更多人参与到"国宝寻踪"的行列中来。

如果此书能为愿意前往海外访问中国国宝的有志之士提供一些帮助，则备感欣慰！

常青

2024年12月31日于成都

附录

收藏中国文物的重要海外博物馆

英国

伦敦大英博物馆　　　　　　　　　　The British Museum, London
伦敦维多利亚和阿尔伯特博物馆　　　Victoria and Albert Museum, London
伦敦大英图书馆　　　　　　　　　　British Library, London

法国

巴黎吉美博物馆　　　　　　　　　　Musée Guimet, Paris
巴黎国家图书馆　　　　　　　　　　Bibliothèque nationale de France, Paris
比亚里兹东方艺术博物馆　　　　　　Asiatica Musée d'Art Oriental, Biarritz

德国

柏林亚洲艺术博物馆　　　　　　　　Museum für Asiatische Kunst, Berlin
科隆东亚艺术博物馆　　　　　　　　Museum für Ostasiatische Kunst, Köln

意大利

罗马国立东方艺术博物馆　　　　　　Museo Nazionale d'Arte Orientale, Roma
都灵东方艺术博物馆　　　　　　　　Museo D'Arte Orientale, Torino

荷兰

阿姆斯特丹国立博物馆　　　　　　　Het Rijksmuseum, Amsterdam

瑞士

苏黎世瑞特保格博物馆　　　　　　　Museum Rietberg, Zürich

瑞典

斯德哥尔摩东亚博物馆　　　　　　　　Östasiatiska museet, Stockholm

希腊

科孚亚洲艺术博物馆　　　　　　　　　Corfu Museum of Asian Art, Corfu Island

匈牙利

布达佩斯费伦茨·霍普东亚艺术博物馆　Hopp Ferenc Kelet-Ázsiai Művészeti Múzeum, Budapest

俄罗斯

圣彼得堡艾尔米塔什博物馆　　　　　　State Hermitage Museum, Sankt Petersburg
圣彼得堡俄罗斯科学院东方写本研究所　Institute of Oriental Manuscripts of the RussianAcademy of Sciences, Sankt Petersburg
莫斯科国立东方艺术博物馆　　　　　　State Museum of Oriental Art, Moskva

日本

东京国立博物馆
东京根津美术馆
东京出光美术馆
东京书道博物馆
大阪市立美术馆
大阪正木美术馆
神户白鹤美术馆
京都国立博物馆
京都藤井有邻馆
京都泉屋博古馆
京都龙谷博物馆
京都大学文学部陈列馆
奈良国立博物馆
奈良东大寺正仓院
奈良宁乐美术馆
奈良天理参考馆
甲贺美秀美术馆
西宫黑川古文化研究所

韩国

首尔国立中央博物馆

印度

新德里国家博物馆 National Museum, New Delhi

土耳其

伊斯坦布尔托普卡比宫 Topkapi Sarayi Müzesi, Istanbul

伊朗

德黑兰伊朗国家博物馆 National Museum of Iran, Tehran

美国

华盛顿弗利尔-赛克勒美术馆	Freer Sackler Galleries, Washington D.C.
华盛顿国会图书馆	Library of Congress, Washington D.C.
波士顿艺术博物馆	Museum of Fine Arts, Boston, MA
哈佛艺术博物馆	Harvard Art Museums, Cambridge, MA
赛勒姆皮博迪·埃赛克斯博物馆	Peabody Essex Museum, Salem, MA
纽黑文耶鲁大学美术馆	Yale University Art Gallery, New Haven, CT
纽约大都会艺术博物馆	Metropolitan Museum of Art, New York, NY
纽约鲁宾艺术博物馆	Rubin Museum of Art, New York, NY
纽约亚洲协会博物馆	Asia Society & Museum, New York, NY
普林斯顿大学艺术博物馆	Princeton University Art Museum, Princeton, NJ
费城艺术博物馆	Philadelphia Museum of Art, Philadelphia, PA
费城宾夕法尼亚大学考古与人类学博物馆	The University of Pennsylvania Museum of Archaeology and Anthropology, Philadelphia, PA
匹兹堡卡内基艺术博物馆	Carnegie Museum of Art, Pittsburgh, PA
教堂山市亚克兰艺术博物馆	Ackland Art Museum, Chapel Hill, NC
萨拉索塔瑞格林艺术博物馆	The John and Mable Ringling Museum of Art, Sarasota, FL
克利夫兰艺术博物馆	Cleveland Museum of Art, Cleveland, OH
托莱多艺术博物馆	Toledo Museum of Art, Toledo, OH
底特律艺术研究所	Detroit Institute of Arts, Detroit, MI
芝加哥菲尔德博物馆	Field Museum, Chicago, IL
芝加哥艺术研究所	Art Institute of Chicago, IL
明尼阿波利斯艺术博物馆	Minneapolis Institute of Arts, Minneapolis, MN
堪萨斯城纳尔逊-阿特金斯艺术博物馆	Nelson-Atkins Museum of Art, Kansas City, MO
圣路易斯艺术博物馆	St. Louis Art Museum, St. Louis, MO
丹佛艺术博物馆	Denver Art Museum, Denver, CO

印第安纳波利斯艺术博物馆	Indianapolis Museum of Art, Indianapolis, IN
达拉斯克劳亚洲艺术博物馆	Crow Museum of Asian Art, Dallas, TX
沃思堡金贝尔艺术博物馆	Kimbell Art Museum, Fort Worth, TX
西雅图亚洲艺术博物馆	Seattle Asian Art Museum, Seattle, WA
旧金山亚洲艺术博物馆	Asian Art Museum, San Francisco, CA
洛杉矶县立艺术博物馆	Los Angeles County Museum of Art, Los Angeles, CA
斯坦福大学坎特视觉艺术中心	Iris & B. Gerald Cantor Center for Visual Arts, Stanford University, Stanford, CA
圣地亚哥艺术博物馆	San Diego Museum of Art, San Diego, CA
火奴鲁鲁艺术博物馆	Honolulu Museum of Art, Honolulu, HI

加拿大

多伦多皇家安大略博物馆	Royal Ontario Museum, Toronto, ON

澳大利亚

墨尔本维多利亚国立美术馆	National Gallery of Victoria, Melbourne

新加坡

亚洲文明博物馆	Asian Civilizations Museum, Singapore

延伸阅读

一、中文文献

斯坦因著，向达译：《西域考古记》，北京：商务印书馆，2013年。

陈梦家编著：《海外中国铜器图录》，北京：中华书局，2017年。

佚名：《雕刻工作者刘开渠等十人向人民日报来信揭发奸商岳彬盗卖龙门石窟的严重罪行》，《文物参考资料》1953年第12期。

王世襄：《记美帝搜刮我国文物的七大中心》，《文物参考资料》1955年第7期，第45—55页。

[英] 彼得·霍普科克著，杨汉章译：《丝绸路上的外国魔鬼》，兰州：甘肃人民出版社，1983年。

台北故宫博物院编辑委员会：《海外遗珍·佛像》，台北：台北故宫博物院，1986年。

金荣华：《斯坦因——敦煌文物外流关键人物探微》，《敦煌研究》1989年第2期。

刘进宝：《伯希和与敦煌遗书》，《西北师大学报（社会科学版）》1989年第4期。

《流散在国外的巩县石窟寺北魏造像简目》，刊于河南省文物研究所：《中国石窟·巩县石窟寺》，北京：文物出版社，1989年。

台北故宫博物院编辑委员会：《海外遗珍·佛像·续》，台北：台北故宫博物院，1990年。

[法] 劳合·福奇兀著，杨汉璋译，杨爱程译审：《伯希和在敦煌收集的文物》，《敦煌研究》1990年第4期。

[英] 珍妮特·米斯基著，田卫疆等译：《斯坦因：考古与探险》，乌鲁木齐：新疆美术摄影出版社，1992年。

[日] 中野照男：《二十世纪初德国考察队对库木吐喇石窟的考察及尔后的研究》，刊于新疆维吾尔自治区文物管理委员会等：《中国石窟·库木吐喇石窟》，北京：文物出版社，1992年。

[日] 东山健吾：《流散于欧美、日本的龙门石窟雕像》，刊于《中国石窟·龙门石窟》第2卷，北京：文物出版社，1992年。

[瑞] 斯文·赫定著，徐十周等译：《亚洲腹地探险八年 1927—1935》，乌鲁木齐：新疆人民出版社，1992年。

俄罗斯科学出版社东方文学部：《俄藏敦煌文献》17册，上海：上海古籍出版社，

1992—2001 年。

王冀青：《斯坦因的第四次中亚亚细亚考察》，《敦煌学辑刊》1993 年第 1 期（总第 23 期）。

张惠明：《1896 至 1915 年俄国人在中国丝路探险与中国佛教艺术品的流失——圣彼得堡中国敦煌、新疆、黑城佛教艺术藏品考察综述》，《敦煌研究》1993 年第 1 期。

[意] G. 杜齐著，张亚莎、李建雄译：《西藏艺术》（上、下），《西藏艺术研究》1993 年第 2 期、1994 年第 2 期。

龙门石窟研究所：《龙门流散雕像集》，上海：上海人民美术出版社，1993 年。

[印] 查雅·巴塔恰尔雅著，杨富学译：《柏林印度艺术博物馆"吐鲁番藏品"中克孜尔出土木质佛像风格研究》，《敦煌研究》1994 年第 1 期。

施萍婷：《有关大谷探险队的答问》，《敦煌研究》1994 年第 4 期。

[俄] 鄂登堡著，杨自福译：《鄂登堡来华考察日记摘译》，《敦煌学辑刊》1994 年第 1 期（总第 25 期）。

唐兰：《洛阳金村古墓为东周墓非韩墓考》，《唐兰先生金文论集》，北京：紫禁城出版社，1995 年，第 399—403 页。

[美] 哈理·斯德本、玛丽琳·赖著，李崇峰、李裕群译：《天龙山雕刻的复原与年代》，《敦煌研究》1995 年第 1 期。

许洋：《丝路上消失的王国：西夏黑水城的佛教艺术》，台北：历史博物馆，1996 年。

王克孝：《俄罗斯国立埃尔米塔什博物馆敦煌文物收藏品概况》，《敦煌研究》1996 年第 4 期。

叶佩兰：《日本东京国立博物馆收藏的中国古陶瓷》，《收藏家》1996 年第 4 期。

曹音：《哈佛大学艺术博物馆》，《文物天地》1997 年第 5 期，第 21、29—33 页。

晁华山：《二十世纪初德人对克孜尔石窟的考察及尔后的研究》，刊于新疆维吾尔自治区文物管理委员等：《中国石窟·克孜尔石窟》第 3 卷，北京：文物出版社，1997 年。

俄罗斯艾尔米塔什博物馆（孟列夫、魏同贤）：《俄罗斯国立艾尔米塔什博物馆藏敦煌艺术品》6 卷，上海：上海古籍出版社，1997—2000 年。

[德] 勒寇克著，陈海涛译：《普鲁士皇家第一次（即德国第二次）新疆吐鲁番考察队的缘起、行程和收获》，《敦煌研究》1999 年第 3 期。

葛承雍：《唐昭陵六骏与突厥葬俗研究》，《中华文史论丛》60 辑，上海：上海古籍出版社，1999 年，第 182—209 页。

葛承雍：《试破唐"昭陵六骏"来源之谜》，《寻根》2000 年第 2 期，第 99—104 页。

[俄] 孟列夫著，廖霞编译：《被漠视的敦煌盗宝人——塞缪尔·马蒂洛维奇·杜丁》，《敦煌学辑刊》2000 年第 2 期（总第 38 期）。

彦生：《从陈万里西行日记看华尔纳第二次剥离敦煌壁画阴谋的破产》，《档案》2000 年第 4 期。

傅云子：《正仓院考古记·白川集》，沈阳：辽宁教育出版社，2000 年。

姜洪源：《华尔纳剥离敦煌壁画的前前后后》，《上海档案》2000 年第 5 期。

[法] 伯希和等著，耿昇译：《伯希和西域探险记》，昆明：云南人民出版社，2001 年。

[瑞] 斯文·赫定著，李宛蓉译：《我的探险生涯：西域探险家斯文·赫定回忆录》，

北京：中国青年出版社，2002年。

景安宁：《元代壁画——神仙赴会图（第2版）》，北京：北京大学出版社，2016年。

谢丹：《加拿大皇家安大略博物馆的组织机构及管理》，《四川文物》2003年第5期，第85—87页。

陈佩秋：《论阎立本步辇图与历代帝王图》，《收藏家》，2003年第4期，第56—61页。

孙迪：《响堂山石窟——流失海外石刻造像研究》，北京：外文出版社，2004年。

谢丹：《为观众着想的博物馆——加拿大皇家安大略博物馆》，《中国博物馆》2004年第2期，第84—89页。

[瑞] 马思中、陈星灿著：《中国之前的中国：安特生、丁文江和中国史前史的发现》，斯德哥尔摩：东方博物馆，2004年。

沈珉：《巴黎吉美博物馆藏中国古代雕塑》（上篇），《收藏界》2005年第2期，第96—99页。

王兴：《法国吉美博物馆的磁州窑瓷器》，《收藏家》2006年第6期，第52—56页。

吴若明：《藏于柏林东亚艺术博物馆内的中国文物精品》，《收藏界》2007年第12期。

吴树：《谁在收藏中国》，太原：山西人民出版社，2008年。

[意] 图齐著，魏正中、萨尔吉主编：《梵天佛地》八册，上海：上海古籍出版社，2009年。

[意] 魏正中、萨尔吉编译：《探寻西藏的心灵——图齐及其西藏行迹》，上海：上海古籍出版社，2009年。

[日] 小林宏光著，施帼玮译：《明代版画的精华——关于科隆市立东亚艺术博物馆所藏崇祯十三年（1640）刊闵齐伋西厢记版画》，《美苑》2010年第5期，第32—38页。

大林、纪平、宝金、王周：《芝加哥艺术研究所馆藏家具（续）》，《家具与室内装饰》2010年，第70—75页。

常青：《关于北美收藏的山西寺院壁画的研究与问题》，《艺术史研究》2011年第13辑，第333—367页。

林瀚：《海外珍藏中华瑰宝——外销瓷》，北京：北京工艺美术出版社，2011年。

吴若明：《万历外销瓷器上的鹿纹装饰研究——从巴黎吉美博物馆藏相关青花瓷器说起》，《南方文物》2012年第3期。

霍宏伟：《守望汉唐：美国宾夕法尼亚大学博物馆藏中国陵墓石刻》，《文史知识》2012年第5期，第5—12页。

霍宏伟：《佛国庄严：美国宾夕法尼亚大学博物馆藏中国佛教造像》，《文史知识》2012年第6期，第5—13页。

霍宏伟：《宝器生辉：美国宾夕法尼亚大学博物馆藏中国古器物》，《文史知识》2012年第7期，第5—13页。

霍宏伟：《妙笔丹青：美国宾夕法尼亚大学博物馆藏中国绘画》，《文史知识》2012年第8期，第8—16页。

霍宏伟：《美国宾夕法尼亚大学考古学与人类学博物馆藏中国文物调查》，《中国国家博物馆馆刊》2013年第2期，第139—156页。

[瑞] 斯文·赫定著，张鸣、赵书玄译：《穿过亚洲》，乌鲁木齐：新疆人民出版社，

2013年。

吕章申主编：《海外藏中国古代文物精粹·英国国立维多利亚与艾伯特博物馆卷》，合肥：安徽美术出版社，2014年。

汪莹：《日本东京国立博物馆的中国文物》，《紫禁城》2014年第3期。

弘毅：《（传）阎立本"历代帝王图"研究》，《中国书画》，2014年第6期，第44—46页。

[美] 查尔斯·兰·弗利尔著，王伊悠、李雯译：《佛光无尽——弗利尔1910年龙门纪行》，上海：上海书画出版社，2014年。

斯坦因收集，[英] 罗德瑞克·韦陀编集解说，林保尧编译：《西域美术：大英博物馆斯坦因搜集品》（上下册），台北：艺术家出版社，2014年。

瞿炼、朱俊：《翰墨荟萃克利夫兰：李雪曼和克利夫兰艺术博物馆的中国绘画收藏》，《紫禁城》2014年第4期，第133—137页。

[法] 罗拉著，卞婉钰译：《卢芹斋传》，北京：中国文联出版社，2015年。

赵莉：《德国柏林亚洲艺术博物馆藏克孜尔石窟壁画》，《文物》2015年第6期。

瞿炼：《温索普藏珍：哈佛大学博物馆收藏的中国古代艺术》，《紫禁城》2015年第8期，第140—153页。

李智瑛、王昕：《东京国立博物馆藏中国唐代陶瓷精品》，《中国陶瓷》2016年第2期，第112—116页。

霍杰娜：《"静宜园"玉玺与静宜园藏画》，《紫禁城》2016年3月刊。

[美] 谢林·布里萨克、卡尔·梅耶著，张建新、张紫微译：《谁在收藏中国》，北京：中信出版社，2016年。

常青：《金石之躯寓慈悲——美国弗利尔美术馆藏中国佛教雕塑》（研究篇、著录篇，共二卷），北京：文物出版社，2016年。

常青：《探寻与研究：弗利尔美术馆藏龙门雕像溯源》，《美成在久》2017年7月总第18期，第52—69页。

常青：《美国大都会艺术博物馆藏龙门雕像再研究》，《美成在久》，2017年7月总第18期，第70—81页。

[德] 劳悟达著，吴若明译：《皇家的机遇——古斯塔夫六世·阿道夫国王的中国艺术品收藏》，《故宫学刊》2017年总第18辑，第363—368页。

[法] 伯希和著，萧菁译：《伯希和北京日记》，桂林：广西师范大学出版社，2017年。

[法] 菲利普·弗朗德兰著，一梧译：《伯希和传》，桂林：广西师范大学出版社，2017年。

沈辰、毛颖：《西方博物馆展览策划的理念与实践：从策展人（Curator）谈起——以皇家安大略博物馆为例专访沈辰先生》，《东南文化》2017年第2期。

蒋成龙：《帝国光辉（中）：加拿大皇家安大略博物馆馆藏古代中国玉器》，《世界博览》，2017年第1期，第80—83页。

唐之森：《瑞典东方博物馆：被国人低估的中国馆藏》，《典藏·古美术》2018年5月号。

常青：《美国的中国佛教艺术品收藏及其研究价值》，《艺品》2018年第1期。

赵莉主编：《海外克孜尔石窟壁画复原影像集》，上海：上海书画出版社，2018年。

朱建军：《海外藏克孜尔石窟壁画及洞窟复原影像集》，兰州：甘肃教育出版社，2019年。

常青：《美国纽约大都会艺术博物馆及其中国艺术品收藏》，《中国美术》2019年第1期。

常青：《物华旧影：1910–1911年弗利尔镜头里的中国文化史迹》，北京：文物出版社，2019年。

赵莉：《克孜尔石窟壁画复原研究》，上海：上海书画出版社，2020年。

常青、黄山：《国宝流失百年祭》，杭州：浙江古籍出版社，2022年。

龙门石窟研究院编：《寰宇聚珍——流散龙门石窟雕像新编》，上海：上海交通大学出版社，2023年。

霍宏伟：《望长安：海外博物馆收藏的中国故事》，北京：生活·读书·新知三联书店，2024年。

二、日文文献

[日] 山中定次郎：《天竜山石仏集》，大阪：山中商會，1928年。

[日] 上原芳太郎編：《新西域記》（大谷家蔵版）上、下，東京：有光社，1937年；東京：井草出版，1984年。

故山中定次郎翁傳編纂會：《山中定次郎傳》，故山中定次郎翁傳編纂會，1939年。

[日] 安藤更生：《正倉院小史》，東京：明和書院，1947年。

[日] 秋山光和：《ペリオ調査團の中央アジア旅程とその考古學的成果》（上、下），《佛教藝術》第19号，1953年，第82—96页；《佛教藝術》第20号，1953年，第56—70页。

東京国立博物館：《大谷探検隊将来品篇》，東京：東京国立博物館，1971年。

[日] 三木文雄、飯島勇、尾崎元春、江口正一ほか：《特集·东京国立博物馆陈列品收集的步み》，东京国立博物馆，1973年。

大英博物館：《西域美術》3卷，東京：講談社，1982年。

[日] 仲嶺真信：《龍門石窟の復元：パリ·ギメ博物館所蔵·旧蓮華洞迦葉像頭部を中心として》，《芸術学論叢》第6期，1983年3月，第23—41页。

ジャック·ジエス（Jacques Giès）編集：《西域美術 ギメ美術館ペリオ·コレクションⅠ》，東京：講談社，1994年。

東京國立博物館編：《シルクロード大美術展》，東京：讀賣新聞社，1996年。

[日] 和田軍一：《正倉院案内》，東京：吉川弘文館，1996年。

[日] 橋本義彦：《正倉院の歴史》，東京：吉川弘文館，1997年。

[日] 長澤和俊編：《シルクロード探検：大谷探検隊》，東京：白水社，1998年。

[日] 米田雄介：《正倉院宝物の歴史と保存》，東京：吉川弘文館，1998年。

三、西文文献

Sven Hedin. *Through Asia*. 2 vols. Methuen, 1898.

Dimitri Klementz. *Turfan und seine Altertumer in Nachrichten uber die von der Kaiserlichen Akademie der Wissenschaften zu St. Petersburg im Jahre 1898 ausgerustete Expedition nach Turfan*. St. Petersburg, 1899.

Dr. A. R. Hoernle. "A Collection of Antiquities from Central Asia." *Journal of the Asiatic Society of Bengal*, Part 1, 1899; Part 2, 1901.

Sven Hedin. *Central Asia and Tibet*. 2 vols. Hurst and Blackett, 1903.

Aurel M. Stein. *Sand-Buried Ruins of Khotan: Personal Narrative of a Journey of Archaeoorgical and Gorgraphical Exploration in Chinese Turkestan*. London: T. F. Uniwn, 1903.

Aurel M. Stein. *Ancient Khotan: Detailed Report of Archaeological Explorations in Chinese Turkestan*. Oxford: Clarendon Press, 1907.

Édouard Chavannes. *Mission Archéologique La Chine Septentrionale*, Paris, 1909.

Albert von Le Coq. *Kokturkisches aus Turfan*. Leipzig, 1909.

Fernand Farjenal. "Les Manuscrits de la mission Pelliot." *La Revue Indigene*. Paris, December, 1910.

Albert von Le Coq. *Sprichworter und Lieder aus Turfan*. Leipzig. 1911.

Aurel M. Stein. *Ruins of Desert Cathy: Personal Narrative of Explorations in Central Asia and Westernmost China*. London: Macmillan, 1912.

Albert Grynwedel. *Alt-Buddhistische Kultstattenin Chinesisch-Turkistan*. Berlin, 1912.

Albert von Le Coq. *Chotscho: Koniglich Turfan-Expedition*. Berlin: Dietrich Reimer, 1913.

Albert Grynwedel. *Alt-Kutscha, Tafelwerk*. Berlin, 1920.

Aurel M. Stein. *Serindia: Detailed Report of Explorations in Central Asia and Westernmost China*. Oxford: Clarendon press, 1921.

Sir A. Stein and L. Binyon. *Ancient Buddhist Painting from the Cave-Temples of Tun-Huang on the Western Frontier of China*. Oxford, 1921.

Albert von Le Coq. *Die Buddhistische Sprtantik in Mittelasien*. Berlin, 1922–1924.

Paul Pelliot. *Les Grottes de Touen-houang*. 6 vols. Paris: Librarie Paul Geuthner, 1922–1924.

Langdon Warner. "The Freer Gift of Eastern Art to America." *Asia*, vol. 23, no. 8, Auguest 1923, pp. 590–594.

Pyotr Kuzmich Kozlov. *Mongolia and Amdo and the Dead City of* Khara-Khoto. Moscow, 1923.

Victor Segalen. *Mission Archuoorgique en Chine (1914 et1917) Atalas*. Paris, 1923–1924.

Osvald Siren. *Chinese Sculpture from the Fifth to the Fourteenth Century*. London: Ernest Benn Ltd.1925; Reprinted by Hacker Art Books, New York, 1970.

Yamanaka & Company, Inc. *Exhibition of Early Chinese Bronzes, Stone Sculptures and Potteries*. New York, 1926.

Langdon Warner. *The Long Old Road in China*. New York: Doubleday, Page & company,

1926.

Aurel M. Stein. *Innermost Asia: Detailed Reported of Explorations in Central Asia, Kan-su, and Eastern Iran*. Oxford: Clarendon press, 1928.

Albert von Le Coq. *Buried Treasures of Chinese Turkestan*. London: George Allen & Unwin Ltd., 1928.

Albert von Le Coq. *Von Land und Leuten in Ostturkistan*. Leipzig: White Lotus Press, 1928.

Langdon Warner. "Ernest Francisco Fenollosa." in the *Dictionary of American Biography*, vol. 6. New York: C. Scribner's sons, 1931, pp. 325–326.

Aurel M. Stein. *On Ancient Asian Tracks: Brief Narrative of Three Expeditions in Innermost Asia and North-West China*. London: Macmillan, 1933.

William Charles White. *Tombs of old Lo-yang.* Shanghai, Kelly & Walsh, limited, 1934.

Laurence Sickman. "Wall Paintings of the Yuan Period in Kuang-Sheng-Ssu, Shansi." *Revue des Arts Asiatiques* 11 (1937): 53.

Laurence Sickman. "Notes on Later Chinese Buddhist Art." *Parnassus* XI, no. 4 (April 1939), pp. 14–15.

C. T. Loo. *An Exhibition of Chinese Stone Sculpture*, New York: C. L. Loo & Co., 1940.

C.T. Loo & Co. *An Exhibition of Ancient Chinese Ritual Bronzes*. Detroit, Mich. : Detroit Institute of Art, 1940.

William C. White. *Chinese Temple Frescoes: A Study of Three Wall Paintings of the Thirteenth Century*. Toronto: The University of Toronto Press, 1940.

Alan Priest. "A Stone Fragment from Lung Men." *Metropolitan Museum of Art Bulletin* 36, no. 5 (May 1941), pp. 114–116.

Yamanaka & Company, Inc. *Collection of Chinese and Other Far Eastern Art*. New York, 1943.

Sven Hedin. *History of the Expedition in Asia, 1927–35*. Parts 1–3. Stockholm, 1943–1944.

Alan Priest. *Chinese Sculpture in the Metropolitan Museum of Art*, New York: Metropolitan Museum of Art, 1944.

Lionel Giles. *Six Centuries at Tunhuang: A Short Account Of The Stein Collection Of Chinese Mss. In The British Museum*. London: China Society, 1944.

Paul Pelliot. *Paul Pelliot*. Paris: Societe Asiatique, 1946.

Richard Hadl. "Langdon Warner's: Buddhist Wall-Paintings." *Artibus Asiae*, Vol. 9, No. 1/3 (1946), pp. 160–164.

Charles E. Kelley. "A Chinese Landscape of the Yuan Dynasty." *The Art Institute of Chicago Quarterly* April/May 1948, pp. 44–46.

Roger Butterfield. "Avery Brundage." *Life,* New York: Time, Inc., June 14, 1948.

White, W. C. & Fernald, H. E. *Chinese frescoes from the Royal Ontario Museum.* Toronto, Ontario: Royal Ontario Museum of Archaeology, 1950.

Van Wyck Brooks. *Fenollosa and His Circle, with Other Essays in Biography.* New York: Dutton, 1962.

Jack A. Dabbs. *History of the Discovery and Exploration of Chinese Turkestan*. Mouton: The

Hague, 1963.

Lawrence W. Chisolm. *Fenollosa: the Far East and American Culture.* New Haven: Yale University Press, 1963.

Paul Pelliot. *Toumchouq.* 2 vols. Paris, 1961, 1964.

Aschwin Lippe. "Buddha and the Holy Multitude". *Metropolitan Museum Bulletin* 23 (May 1965) 326–29.

Harry Vander Stappen and Marilyn M. Rhie. "Sculpture of T'ien Lung Shan: Reconstruction and Dating." *Artibus Asiae*, Vol. 27 (1965), pp.189–237.

Noel Busch. "Avery Brundage: Olympian of Asian Art." Reader's Digest (*October 1968*).

Royal Ontario Museum. *The Bidshop White Gallery, Shansi Wall Paintings and Sculptures from the Chin and Yuan Dynasties.* Ontario: Charles J. Musson, Ltd., 1969.

Hsio-yen Shih. *Chinese Art in the Royal Ontario Museum.* Toronto: The Royal Ontario Museum, 1972.

Lefebvre d'Argence, Rene-Yvon, ed. *The Avery Brundage Collection: Chinese, Korean, and Japanese Sculpture.*, San Francisco: The Asian Art Museum of San Francisco and Kodansha, 1974.

Lewis C. Walmsley. *Bishop in Honan: Mission and Museum in the Life of William C. White.* Toronto: University of Toronto Press, 1974.

Musee Guimet. *Catalogue Raisonne des Objets en bois Provenant de Dunhuang et Conserves au Musee Guimet.* Paris: Editions des Musees Nationaux, 1976.

Jeannette Mirsky. *Sir Aurel Stein: Archaeological Explorer.* Chicago: University of Chicago Press, 1977.

Lars-Erik Nyman. *Great Britain and Chinese, Russian and Japanese Interests in Sinkiang, 1918–1934.* Stockholm: Esselte Studium, 1977.

Peter Hopkirk. *Foreign Devils on the Silk Road: The Search for the Lost Cities and Treasures of Chinese Central Asia.* Amherst: The University of Massachusetts Press, 1980.

Howard Hibbard. *The Metropolitan Museum of Art.* New York: Harper & Row. 1980.

Paul Pelliot. *Les Grottes de Touen-houang, Carnet de Notes de Paul Pelliot.* Paris, 1981.

Herbert Hartel. *Along the Ancient Silk Routes: Central Asian Art from the West Berlin State Museums: an Exhibition Lent by the Museum fur Indishe Kunst. Staatliche Museen Preusscher Kulturbesitz. Berlin, Federal Republic of Germany.* New York: Metropolitan Museum of Art, 1982.

Gerald Killan. *David Boyle: From Artisan to Archaeologist.* Toronto, University of Toronto Press, 1983.

Raniero Gnoli. *Ricordo di Giuseppe Tucci.* Roma, IsMEO, 1985.

Marshall B Davidson and Elizabeth Stillinger. *The American Wing at the Metropolitan Museum of Art.* New York: The Museum, 1985.

Lovat Dickson. *The Museum Makers: the Story of the Royal Ontario Museum.* University of Toronto Press, 1986.

Calvin Tomkins. *Merchants & Masterpieces: The Story of the Metropolitan Museum of Art.*

New York: Henry Holt & Co., 1989.

Royal Ontario Museum. *The Bishop White Gallery: wall paintings and wood sculptures from North China: 12th-15th centuries A.D.* Toronto: Royal Ontario Museum, 1990.

Anning Jing. "The Yuan Buddhist Mural of the Paradise of Bhaisajyaguru." *Metropolitan Museum Journal* 26 (1991): 148–155.

Museum of Fine Arts, Boston, ed. *Selected Masterpieces of Asian Art*. Boston: Museum of Fine Arts, Boston 1992.

Mikhail Piotrovsky, ed., *Lost Empire of the Silk Road: Buddhist Art from Khara Khoto (X-XIIIth Century)*, Milano: Electa; Lugano: Thyssen-Bornemisza Foundation, 1993.

Thomas Hoving. *Making the Mummies Dance: Inside the Metropolitan Museum of Art.* New York: Simon and Schuster, 1993.

Elinor Pearlstein and James T. Ulak. *Asian Art in the Art Institute of Chicago.* Chicago: Art Institute of Chicago, 1993.

Alan McCulloch. *The Encyclopedia of Australian Art*. University of Hawaii Press, 1994.

Geraldine Norman. *The Hermitage: The Biography of a Great Museum.* New York: Fromm International, 1997.

Sherman E. Lee. "My Work in Japan: Arts and Monuments 1946–48." in *The Confusion Era: Art and Culture of Japan during the Allied Occupation 1945–1952,* ed. Mark Sandler. Washington, D.C.: Smithsonian Institution, 1997.

Stephen Little. "Chinese Paintings in the Art Institute of Chicago." *Arts of Asia*, May-June, 1999.

The Art Institute of Chicago. "Clothed to Rule the Universe: Ming and Qing Dynasty Textiles at The Art Institute of Chicago." *Museum Studies*, vol. 26, no. 2. Chicago: The Art Institute of Chicago, 2000. pp. 75–76, 91.

Christoph Baumer. *Southern Silk Road: In the Footsteps of Sir Aurel Stein and Sven Hedin.* Bangkok: White Orchid Books, 2000.

Elizabeth Schwaiger. Museum of East Asian Art Berlin. München: *Prestel,* 2001.

Hartmut Walravens. *Paul Pelliot (1878–1945): His Life and Works - a Bibliography.* Bloomington, Ind.: Indiana University, Research Institute for Inner Asian Studies, 2002.

Jan Stuart and Chang Qing. "Chinese Buddhist Sculpture in a New Light at the Freer Gallery of Art." *Orientations* 33, no. 4 (April 2002): 32–35.

Chang Qing. "Search and Research: The Provenance of Longmen Images in the Freer Collection." *Orientations* 34 (May 2003): 16–25.

Fiskesjö, Magnus and Chen Xingcan. *China before China: Johan Gunnar Andersson, Ding Wenjiang, and the Discovery of China's Prehistory.* Stockholm: Östasiatiska museet, 2004.

Chang Qing. "Revisiting the Longmen Sculptures in the Collection of The Metropolitan Museum of Art." *Orientations*, vol. 38, No. 1, January/February 2007, pp. 81–89.

Oscar Nalesini. "Assembling loose pages, gathering fragments of the past: Giuseppe Tucci and his wanderings throughout Tibet and the Himalayas, 1926–1954". in *Sanskrit Texts from Giuseppe Tucci's Collection Part I*, Ed. by F. Sferra, Roma, IsIAO, 2008, pp. 79–112.

Chang Qing. "Genuine or Forged: Methods of Identifying Forgeries of Chinese Buddhist Sculptures." *Ars Orientalis* 36, 2009, pp. 78–109.

Katherine R. Tsiang, ed. *Echoes of the Past: The Buddhist Cave Temples of Xiangtangshan*. Chicago and Washington DC: Smart Museum of Art, Arthur M. Sackler Gallery, 2010.

Denise Patry Leidy and Donna Strahan. *Wisdom Embodied: Chinese Buddhist and Daoist Sculpture in the Metropolitan Museum of Art*. New York: The Metropolitan Museum of Art, 2010.

Imre Galambos. "Japanese 'spies' along the Silk Road: British suspicions regarding the second Otani expedition (1908–1909)". *Japanese religions*, Vol. 35 (1 & 2), 2010, pp. 33–61.

Michelle A Hamilton. *Collections and Objections: Aboriginal Material Culture in Southern Ontario*. Montreal: McGill-Queen's University Press, 2010.

Oscar Nalesini. "A short history of the Tibetan explorations of Giuseppe Tucci". in *Visibilia invisibilium. Non-invasive analyses on Tibetan paintings from the Tucci expeditions*, ed. by M. Laurenzi Tabasso. M.A. Polichetti, C. Seccaroni. Orientalis Publications, 2011, pp. 17–28.

"ROM's Crystal makes list of world's ugliest buildings". *The Globe and Mail,* Toronto, 23 August, 2012.

Alessandro Pezzati, Jane Hickman, and Alexandra Fleischman. "A Brief History of the Penn Museum." *Expedition* 54, no. 3 (2012): 4–19.

Imre Galambos and Kitsudo Koichi. "Japanese exploration of Central Asia: The Ōtani expeditions and their British connections". *Bulletin of the School of Oriental and African Studies 75*, 2012, pp. 113–134.

Enrica Garzilli. *L'esploratore del Duce. Le avventure di Giuseppe Tucci e la politica italiana in Oriente da Mussolini a Andreotti. Con il carteggio di Giulio Andreotti.* Roma/Milano: Memori, Asiatica, 2012.

Royal Ontario Museum. *Beyond clouds and waves: Daoist paintings in the Royal Ontario Museum*. Toronto, Ontario: Royal Ontario Museum, 2013.

Alice Crisanti. "Il memoriale di Giuseppe Tucci". *Quaderni di storia* 81 (2015), pp. 267–275.

The Art Institute of Chicago, ed. *The Essential Guide.* Chicago: Art Institute of Chicago, 2018.